重庆抗战遗址研究丛书

潘洵 著

重庆大轰炸历史文化资源的保护利用与纪念园建设研究

编委会

主　任：幸　军　程武彦　李华强
编　委：唐昌伦　张荣祥　潘　洵　周大庆
　　　　熊子华　严小红　艾智科

本册作者：潘　洵

重庆出版集团　重庆出版社

图书在版编目(CIP)数据

重庆大轰炸历史文化资源的保护利用与纪念园建设研究 / 潘洵著. —重庆：重庆出版社，2020.10
ISBN 978-7-229-15091-4

Ⅰ.①重… Ⅱ.①潘… Ⅲ.①抗日战争—革命纪念地—研究—重庆 Ⅳ.①K878.24

中国版本图书馆CIP数据核字(2020)第106964号

重庆大轰炸历史文化资源的保护利用与纪念园建设研究
CHONGQING DA HONGZHA LISHI WENHUA ZIYUAN DE BAOHU LIYONG YU JINIANYUAN JIANSHE YANJIU
潘 洵 著

责任编辑：吴　昊
责任校对：何建云
装帧设计：戴　青

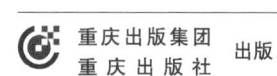

重庆出版集团
重庆出版社　出版

重庆市南岸区南滨路162号1幢　邮政编码：400061　http://www.cqph.com
重庆出版社艺术设计有限公司制版
重庆天旭印务有限责任公司印刷
重庆出版集团图书发行有限公司发行
E-MAIL:fxchu@cqph.com　邮购电话：023-61520646
全国新华书店经销

开本：787 mm × 1092 mm　1/16　印张：26.5　字数：403千
2020年10月第1版　2020年10月第1次印刷
ISBN 978-7-229-15091-4
定价：93.00元

如有印装质量问题，请向本集团图书发行有限公司调换：023-61520678

版权所有　侵权必究

总　序

抗战遗址是重庆宝贵的历史财富。习近平总书记指出："在中国人民抗日战争的壮阔进程中，形成了伟大的抗战精神，中国人民向世界展示了天下兴亡、匹夫有责的爱国情怀，视死如归、宁死不屈的民族气节，不畏强暴、血战到底的英雄气概，百折不挠、坚忍不拔的必胜信念。伟大的抗战精神，是中国人民弥足珍贵的精神财富，永远是激励中国人民克服一切艰难险阻、为实现中华民族伟大复兴而奋斗的强大精神动力。"[①]抗日战争时期，重庆作为中国战时首都，是中国抗战大后方的政治、军事、经济、文化中心和世界反法西斯战争远东指挥中心，是中共中央南方局所在地，也是抗日民族统一战线的重要阵地。重庆抗战遗址是重庆最具特色的珍贵历史文化资源，是重庆历史文化名城的重要支撑，是重庆历史文脉的重要组成部分，是不可多得的爱国主义教育素材，是传承和弘扬抗战精神的重要文化空间。

习近平总书记指出："要把凝结着中华民族传统文化的文物保护好、管理好，同时加强研究和利用，让历史说话，让文物说话。"[②]由此可见，文物的保护、研究和利用是做好文物工作的三个重要方面，缺一不可，重庆抗战遗址保护利用工作成效也主要体现在这三个方面。一是资源底数基本摸清。全市现存抗战遗址395个，分布在全市22个区县，涵盖了重要史迹、外事机构、军事建筑、名人故（旧）居等11个类别，其中全国重点文物保护单位27处101个文物点，市级文物保护单位45处93个文物点；抗战类博物馆纪念馆21

[①] 习近平：《在纪念中国人民抗日战争暨世界反法西斯战争胜利69周年座谈会上的讲话》，《人民日报》，2014年9月4日，第2版。

[②] 2015年2月习总书记到陕西视察工作时的讲话，见《赴陕西看望慰问广大干部群众，习近平向全国人民致新春祝福》，《人民日报》（海外版），2015年2月17日，第1版。

家,馆藏抗战可移动文物92001件套;列入国家级抗战纪念设施名录6处,全国爱国主义教育示范基地2处,A级景区10个。二是文物保护全面发力。在全国率先出台《抗战遗址保护管理办法》《抗战遗址保护利用总体规划》,确立重点保护的61处187个重要抗战遗址及集中保护的15个抗战遗址片区,将主城区314个抗战遗址点纳入城市控制性规划管理,市级及以上抗战文物保护单位抢救保护工作基本完成。三是合理利用得到加强。加强抗战文物内涵价值研究阐发,建成开放重庆抗战遗址博物馆、中国民主党派历史陈列馆等抗战类博物馆纪念馆,推出系列精品展览,充分发挥抗战文物的社会教育功能;大力发展抗战文化游,整合红岩村、歌乐山等40多处抗战和革命文物遗址,打造以上清寺片区、红岩村片区、李子坝片区、南山(黄山)片区等4个抗战遗址风貌区为重点的抗战文化旅游线路;建立海峡两岸文化交流基地,推动抗战文化宣传传播。这些都为重庆今后更好地做好抗战遗址的保护、研究和利用工作奠定了基础。

作为国家出版基金资助项目,《重庆抗战遗址研究丛书》是在重庆社科重大委托项目基础上深化完善的新成果。它的出版,表明重庆抗战遗址研究得到支持。重庆抗战遗址研究可以分为整体研究、分类研究和个案研究,这批丛书总体上属于分类研究。其中,《重庆抗战遗址基础研究档案文献》着重对部分重要机构和名人旧居的档案史料研究,以厘清文物建筑的来龙去脉;《重庆抗战兵器工业遗址群研究》着重对兵工类抗战遗址的历史价值、保护利用展开探讨;《抗战时期同盟国驻渝外交机构遗址群保护利用研究》着重对抗战时期美国、苏联、英国、法国等国家驻渝外交机构遗址进行研究;《重庆大轰炸历史文化资源的保护利用与纪念园建设研究》结合重庆大轰炸的基础研究,着重围绕现存大轰炸遗址的保护利用展开讨论;《日本战俘营旧址、库里申科烈士墓、张自忠墓保护与利用研究》是对重庆抗战遗址中的三个个案作分类比较研究。五项研究成果各具特色,是对重庆抗战遗址进行分类研究的一次探索,具有重要意义。不过,《重庆抗战遗址研究丛书》并没有涵盖重庆所有395处遗址,而是选取了其中的部分遗址或遗址群作探讨,有其示范作用,但也意味着此类研究还有很大的拓展空间。

下一步,我们将在既有研究基础上,重点做好重庆抗战遗址的分类研究和个案研究,最终实现整体研究、分类研究和个案研究的共同推进和有效融合,为文物的保护和利用作出更大的贡献。

幸 军

2019年8月

目　录

总序 / 1

绪论："轰炸记忆"的演变与建构 / 1
　　一、战时对轰炸的记录与书写 / 2
　　二、战后"轰炸记忆"的遮蔽 / 10
　　三、新时期"轰炸记忆"的唤醒与重构 / 15
　　四、"轰炸记忆"演变与建构的思考 / 20

第一篇　保护与利用综合研究 / 25
　第一章　抗战时期的重庆大轰炸及其影响 / 27
　　一、重庆大轰炸是侵华日军无差别轰炸的重要组成部分 / 27
　　二、重庆大轰炸是日军扩大对华侵略的一项重要战略行动 / 31
　　三、重庆大轰炸是一场无差别轰炸的非人道暴行悲剧 / 33
　　四、重庆大轰炸开启了大规模持续战略轰炸的恶例 / 36

　第二章　重庆大轰炸历史文化资源及其价值 / 39
　　一、重庆大轰炸历史文化资源的范畴与类型 / 39
　　二、重庆大轰炸历史文化资源的概况 / 42
　　三、重庆大轰炸历史文化资源的价值 / 46

　第三章　重庆大轰炸历史文化资源保护利用历程及其存在问题 / 55
　　一、重庆大轰炸历史文化资源保护与利用发展历程 / 55
　　二、社会各界对重庆大轰炸历史资源保护利用的关注 / 60

三、重庆大轰炸历史文化资源保护与利用存在的问题 / 62

第四章　重庆大轰炸历史资源保护与利用的对策建议 / 66
一、重庆大轰炸历史资源保护利用的总体目标 / 66
二、重庆大轰炸历史资源保护利用的总体思路 / 68
三、重庆大轰炸历史文化资源保护与利用的对策措施 / 70

第二篇　保护与利用个案研究 / 79

第一章　重大事件遗址的保护与利用 / 81
一、"六五"隧道窒息惨案遗址的保护与利用 / 81
二、黑石子大轰炸被难同胞无名墓地的保护与利用 / 85
三、侵华日军轰炸合川"七二二"惨案纪念碑的保护与利用 / 87
四、合川献机运动旧址的保护与利用 / 90
五、重庆空军抗战纪念园的保护与利用 / 93

第二章　重要建筑遗址的保护与利用 / 97
一、抗战民用防空洞遗址群的保护与利用 / 97
二、兵工署所属工厂抗战生产洞的保护与利用 / 101
三、其他防空洞的保护与利用 / 106
四、陪都跳伞塔遗址的保护与利用 / 112
五、北碚警报台旧址的保护与利用 / 114
六、抗建堂的保护与利用 / 115

第三章　重要机构遗址的保护与利用 / 118
一、万县防空指挥部旧址的保护与利用 / 118
二、广阳坝机场遗址的保护与利用 / 120
三、狮子寨炮台旧址和天生城炮台旧址的保护与利用 / 125
四、泉山炮台遗址的保护与利用 / 127

第四章　重要纪念设施的保护与利用 / 128
一、重庆市消防人员殉职纪念碑的保护与利用 / 128

二、苏联空军抗日志愿者烈士墓的保护与利用 / 132

三、库里申科烈士墓园的保护与利用 / 134

四、孙寒冰教授之墓的保护与利用 / 136

五、佛图关白骨塔的保护与利用 / 139

六、万县大轰炸白骨塔的保护与利用 / 140

第三篇 纪念园建设研究 / 145

第一章 纪念园建设的价值与意义 / 147

一、建设侵华日军重庆大轰炸遇难同胞纪念园的历史必要性 / 147

二、建设重庆大轰炸遇难同胞纪念园的时代紧迫性 / 148

三、建设重庆大轰炸遇难同胞纪念园的现实可能性 / 149

第二章 纪念园的选址与项目建议 / 152

一、重庆大轰炸遇难同胞纪念园的选址 / 152

二、重庆大轰炸遇难同胞纪念园基本建设项目建议 / 153

第三章 纪念园建设的工作建议 / 156

一、加强政府的统筹领导 / 156

二、做好先期的保护规划 / 156

三、邀请一流专家团队进行设计 / 157

四、多渠道筹措建设资金 / 157

第四篇 资料附录 / 159

附录一 加强重庆大轰炸资源保护利用的咨政建议 / 161

一、建议设立侵华日军重庆大轰炸遇难同胞纪念园 / 161

二、在重庆江北区黑石子规划建设重庆大轰炸纪念馆 / 164

附录二 侵华日军重庆大轰炸遇难同胞名录（部分）/ 173

附录三 重庆大轰炸相关诗文选录 / 324

后 记 / 409

绪论：
"轰炸记忆"的演变与建构[①]

历史文化资源的保护利用与历史记忆密切相关。战争是人类历史上的罪恶，而轰炸，尤其是无差别轰炸，更是对人类宝贵生命的漠视，对人道主义和人类共同认可的国际法规的践踏。第二次世界大战中，同盟国与轴心国之间彼此都进行了一系列的轰炸，既有日本、德国等国为扩大侵略战争对中、英等国的轰炸，也有英国、美国等国家为制止侵略战争对德、日等国的轰炸。这些轰炸给被轰炸国，尤其是无辜平民带来了巨大的灾难和持久的伤痛。[②] 然而，在战后的纽伦堡审判和东京审判中，由于没有区分轰炸的正义与非正义性质，实际上采取了"彼此同犯不究"的原则，对轰炸暴行并未予以起诉和追究，进而深刻地影响了不同国家对轰炸性质的认识，从而导致各方对轰炸记忆的不同建构。

日本是第一次世界大战后实施城市无差别轰炸的始作俑者。[③] 侵华日军对中国的无差别轰炸，开始于1931年10月对锦州的轰炸。1932年，日军又对上海及其周边地区实施了无差别轰炸。全面侵华战争爆发后，日军在发动大规模地面军事进攻的同时，即开始对中国城乡滥施轰炸。据不完

[①]参见潘洵、高佳：《抗战时期侵华日军"轰炸记忆"的演变与建构——以"重庆大轰炸"为中心的考察》，《西南大学学报（社会科学版）》，2018年第6期。

[②]关于这些轰炸的必要性及人道主义的讨论一直存在着重大分歧。即使是为制止战争而进行的正义的轰炸，也给人类造成巨大的灾难。如1940年5月至1945年4月，在对德轰炸的五年期间，英美联合进行了44.4万次轰炸，出动轰炸机144万余架次，歼击机268万架次，投弹270万吨，德国人被炸死炸伤100余万人，无家可归者750万人。这是人类历史上难以磨灭的空中浩劫。参见李峰：《大空战——20世纪最著名的八次重大战略空袭》，载《军事历史》，1999年第4期。

[③]西方学界多以1937年4月德军对西班牙格尔尼卡的轰炸为世界无差别轰炸之始。而事实上，早在1931年10月，日军就在侵略中国东北时对锦州实施了无差别轰炸。1932年初又对中国大城市上海进行了无差别轰炸。

统计,仅1937年7月到1938年5月间,日军的轰炸即遍及中国16个省的275个城市及交通线路,①上海、南京、武汉、广州等城市损失惨重。进入相持阶段后,日军无差别轰炸的重点即转向以重庆为中心的大后方地区。据最新研究表明,在中日战争时期(1931—1945年),当时的中国行政区中除吉林、新疆、西藏外,其他所有的省份均遭受过日军的无差别轰炸,被炸城镇超过1000个。②

重庆大轰炸,是第二次世界大战期间,日本在中国制造的与南京大屠杀、731部队细菌战同样血腥的非人道暴行之一,其历时时间之长、次数之多、造成人员伤亡和财产损失之惨重,不仅居于中国各大城市遭受轰炸程度之首,而且与世界反法西斯各国遭轰炸城市相比,也位列前茅。可以说,重庆大轰炸开创了人类战争史上无差别轰炸的新纪录。③ 在战时,由于重庆战时首都的地位,日军对重庆的轰炸曾是一个国际社会广泛关注的焦点事件,在当时的国内外影响甚至超过了南京大屠杀、731部队细菌战等其他侵华暴行。而在战后,由于国际国内形势的变化,重庆大轰炸的"记忆"也经历了深刻的变化。

一、战时对轰炸的记录与书写

"离开了历史,社会记忆将成为空洞皱裂的僵硬躯壳。"④无论是集体记忆,还是个人记忆,都是以历史的记录和体验为基础的。档案、文献等原始历史记录与书写,既是对历史事件的最初记忆和建构,又是进一步建构历史

---

① 江西省政府秘书处统计室编印:《江西统计月刊》,第1卷第7期,民国二十七年七月号,第60—61页。山东省数原表记12,应为20,径改。然表中地名于省区之分布似有不确者,如"山东"栏内之巢县,"鄂城","湖南"栏中之奉化,"湖北"栏内之濮阳等,唯原表如此,或为当时制表者所误,仍留之以存其原。

② 参见航空委员会防空监部编印:《全国空袭状况之检讨》民国二十八年、民国二十九年、民国三十年、民国三十一年、民国三十二年至三十四年,成城出版社承印。

③ 潘洵等:《抗日战争时期重庆大轰炸研究》,商务印书馆2013年版,第329页。

④ 孙德忠:《社会记忆论》,湖北人民出版社2006年版,第118页。

记忆的基础和前提。在"重庆大轰炸"发生的同时,无论是受害方的中国,加害方的日本,还是关联方的英美苏等国家及国际组织;无论是官方还是民间;无论是文件、图书、报刊、档案等纸质的文献,还是影像等非纸质的记录,都有数量庞大的关于重庆大轰炸的书写,留下了关于重庆大轰炸的最早也是最直观的记忆。

(一)轰炸受害方的记录与书写

对于日军在重庆实施的无差别轰炸,当时的中国官方机构、新闻媒体、社会成员等用其自有的方式记录并书写了这段沉重的历史。虽然官方与民间、集体与个体所关注的重点各有不同,作为受害方的记录与书写,却存在高度的一致性。

1. 对日军轰炸及损害情况的记录

这方面的记录以官方档案最为详尽,其中既有航空委员会、军事委员会、内政部有关重庆大轰炸及损害情况的记载,又有重庆地方主管部门的调查统计,如重庆市警察局组织的灾况调查报告,重庆空袭紧急救济联合办事处(后为陪都空袭救护委员会等)关于被炸伤亡和救济工作以及被炸死亡人口殓埋的调查,更有直接主管防空的重庆防空司令部和重庆卫戍总司令部制作的调查历次敌机袭渝情况及伤亡损害表,防空司令部的调查包括"敌机经过路线、空袭次数、被炸弹区次数、警报时间、敌机架数、投弹地点、投弹种类枚数、人口伤亡、建筑物损毁"等 10 余个项目。卫戍总司令部的调查包括"空袭经过情形、投弹时间、投弹种类、投弹数目、炸毁焚塌建筑物数目、伤亡人数"等。这些都是日军轰炸重庆及其损害最权威也最完整的调查记录。其他如新闻媒体、时人日记等也有系统的书写。

2. 对日军轰炸暴行惨状和灾难的报道

当时全国的新闻媒体,尤其是重庆的新闻媒体,对日军历次轰炸暴行的惨状和灾难均有报道和评论。如对 1939 年"五三""五四"轰炸,《新华日报》发表的《这是青天白日下兽性的屠杀》①,《群众》周刊描述了日机轰炸后的惨状,"多少同胞血肉横飞,多少房舍化为灰烬,山城里弥温(漫)了浓烟、火焰,疯狂的侵略者又造成了一笔血债!"②一大批文化名人纷纷撰文,记录下日机轰炸的惨绝人寰和触目惊心,比如,老舍的《五四之夜》:"这红光几乎要使人发狂,它是以人骨、财产、图书为柴,冲天的火光所反射的烈焰,灼干了的血,烧焦了的骨肉,火焰在喊声哭声的上面得意的狂舞,一直把星光月色烧红!"③郭沫若的《惨目吟》:"五三与五四,寇机连日来。渝城遭惨炸,死者如山堆。中间一尸骸,一母与二孩。一儿横腹下,一儿抱在怀。骨肉成焦炭,凝结难分开。呜呼慈母心,万古不能灰!"④同时还特别关注并记录了日军对文化机构和外国使领馆等的轰炸,揭露日机"狂炸此间各大中学、医院、住宅区,以及其他绝无军事目标之区域,徒使无辜男女与青年学子体解肢离,血肉狼藉,多数校舍课室,尽夷为瓦砾之场"⑤。"苏联大使馆亦被投弹多枚,炸毁房屋数间,汽车两辆,高悬该使馆房顶之苏联国旗,亦被炸破碎。德国海通社并中燃烧弹,全部焚毁。法国哈瓦斯社门口亦中弹,房屋震坏……苏联塔斯社中国总社门首落弹多枚,该社房屋全部震毁"⑥。这些记录揭露了日军无差别轰炸和反人类的罪行。

3. 对日军轰炸下市民艰难与困窘生活的书写

时人日记中大量记录了日机轰炸给一般市民乃至公教人员的衣食住行带来的困苦狼狈。陈克文在日记中写道:"前后历七小时多的长时间。许多人还[没]有食晚饭,这种防空洞的生活真是苦极了。"⑦"天气酷热,大部分防

---

①《敌机昨狂炸重庆,无辜市民伤亡极众,繁荣市区多处焚毁》,《新华日报》,1939年5月4日,第2版。
②陆诒:《敌机昨狂炸了重庆》,《群众》,1939年第2卷第24、25期,6月11日,第799—800页。
③老舍:《五四之夜》,《七月》,1939年第4集第1期。
④郭沫若:《郭沫若全集》(文学卷)(第二卷),人民文学出版社,1982年,第417页。
⑤《三大学校长函美人,请勿助寇为虐,从速禁运钢铁石油输日》,《新华日报》1940年5月30日第2版。
⑥《寇机疯狂轰炸下苏大使馆被波及,塔斯社房屋震坏,海通社被毁》,《新华日报》,1940年6月12日,第2版。
⑦陈克文著,陈方正编校:《陈克文日记(1937—1952)》(上),社会科学文献出版社2014年版,第567页。

空洞,人多洞狭,挤拥不堪,空气恶劣,时间又长,苦处更不易说。"①唐纵在日记中写道:"今日敌机三次均炸化龙桥附近。连日空袭,水电均被炸毁。夏天没有水用,困难甚多。现在请人挑水,一元五角一担,许多人不能用水洗澡了。"②王子壮日记记录:"城内经迭次轰炸,水电俱无,用江水一担,有售至十余元者,房屋之摧毁殆尽,而物价则飞涨,真战时恐怖之景象也。"③这样的记录不胜枚举。

4. 对中国人民反轰炸斗争的书写

大量文献记录了日军轰炸下重庆人民的英勇不屈。既有"让你龟儿子轰!让你龟儿子炸!老子们有很好的防空洞,不怕!让你龟儿子轰!让你龟儿子炸!老子们有广大的农村,不怕!让你龟儿子轰!让你龟儿子炸!老子们总要大反攻,怕啥!"的民谣,又有"我空军昨晨痛惩敌机"对中国空军和地面防空部队英勇抗击来犯日机的报道;既有对"我们规定要做的事,必须照着规定的去做"④的讴歌,又有"爱国的情绪,同仇敌忾的心理,只有因轰炸而表现而提高而加强!民族的一切美德,平时蕴藏着的,借轰炸而全盘的烘托出来!同生死,共患难,无分男女、无分贫贱的民族团结力,借敌人的炸弹而锤炼成钢铁般的坚实"的评论⑤。

除了文字的书写,还有1940年防空节的设立及每年的纪念活动,为纪念一次死伤5000人⑥以上的1939年"五四"轰炸而命名的城市中心道路的"五四路",全市修建的最多时候能够容纳超过42万人的防空洞,满目疮痍的城市道路和建筑废墟,以及埋葬轰炸死难者的墓地,都是对日本侵略者血腥暴行的记录。

---

①陈克文著,陈方正编校:《陈克文日记(1937—1952)》(上),社会科学文献出版社2014年版,第588页。
②公安部档案馆编注:《在蒋介石身边八年——侍从室高级幕僚唐纵日记》,群众出版社,1991年,第137页。
③王子壮:《王子壮日记》(手稿本),1941年8月13日,中央研究院近代史研究所2001年编印,第225页。
④《狂炸后的新都广播》,《全民抗战》周刊第70号(1939年5月30日),第1002页。
⑤《要悲壮才能胜利》,《中央日报》1940年6月18日,第2版。
⑥《重庆防空司令部调查5月4日敌机袭渝情况暨伤亡损害概况表》调查统计,轰炸造成死亡3318人,重伤1973人,炸、焚毁房屋2840栋963间。重庆市档案馆档案0053-95-12(二)。

(二)轰炸加害方的记录与书写

加害方日本国的战时轰炸记录和书写也是种类繁多、数量可观。既有官方机构的航空作战部署和指示、命令,也有各作战部队的战斗详报概报;既有与相关国家交涉的外交文书,也有大量新闻媒体的报道宣传。其记录和书写的主题涉及除轰炸后重庆的政治生活、人民生活、重庆防空、悼念颂扬阵亡将士等外,重点关注如下:

1. 对轰炸战略和轰炸进程及战果的记录

以天皇名义下达的"大陆命第241号"、大本营的"大陆指第345号"、《陆海军中央关于航空的协定》,以及陆海军航空队的战斗详报概报等,完整记录了日军轰炸重庆的战略战术,轰炸的实施及其战果。当时的新闻媒体也大量报道轰炸的进程,也经常发表"空袭公表",对轰炸的成果进行整理发布。

2. 新闻媒体大量夸张性的战果报道

日本的《读卖新闻》和《朝日新闻》等主流媒体对重庆大轰炸给予了极大的关注和报道。①《读卖新闻》对重庆的大轰炸有着具体的报道范式。"(时间)陆鹫或海鹫某某小队从某某基地出发,勇敢地冒着敌人防空炮火,实施投弹,完美命中目标后(效果)悠悠(无事)返回基地。"反复使用"悠悠"一词形容日机不慌不忙返回基地的场景,如"中国军队地上的炮火像上次一样没有威力,在完全使重庆停止呼吸后我荒鹫的身影悠悠的在夜空中消失"②。"在重庆城内西部如雨般投下巨弹,确认燃起冲天的火焰之后悠悠返回基地。"③大肆宣传轰炸效果,从新闻标题便可见一斑,如"重庆再遭空袭,荒鹫

---

① 《读卖新闻》报道重庆大轰炸达435篇。《朝日新闻》报道重庆大轰炸达283篇。通过《读卖新闻》的数据库"ヨミダス历史馆"和《朝日新闻》的数据库"闻藏Ⅱ ビジュアル for Libraries"输入关键词"重慶爆擊",时间段1938年1月1日至1943年12月31日检索。
② 「又も重慶を大爆擊」,『読売新聞(朝刊)』,1939年5月13日、1頁(《再次轰炸重庆》,《读卖新闻》(早报),1939年5月13日,第1版)。
③ 「重慶四十六次爆擊」,『読売新聞(朝刊)』,1940年10月27日、1頁(《第46次轰炸重庆》,《读卖新闻》(早报),1940年10月27日,第1版)。

两次空袭,敌都成死城"①、"重庆已是废墟"②、"重庆临死前的死相,在我海鹫翼下屈服"③等,同时也不断报道在轰炸打击下国民政府即将迁都,迁都地点先后出现过成都④、兰州⑤,甚至是西昌和天水。⑥ 甚至还造谣国民政府要人和南方局领导人因为空袭而受重伤和死亡。据不完全统计,被造谣因为重庆大轰炸而受重伤乃至死亡的要人有居正、周恩来⑦、冯玉祥、陈布雷⑧、于右任⑨等。

3. 鲜明的加害方立场

日方文献强调日机的轰炸目标是重要军事设施。突出发动的战争具有正当化的倾向,实际上是对日本国民的"洗脑作战"。⑩ 在《读卖新闻》的报道里可以看出这一倾向,该报竭尽全力地讴歌轰炸部队的战功、强调重庆的军事部署、哀悼自杀性攻击的军机将士的勇猛、赞颂轰炸机驾驶将士的无畏。在报道中,突出轰炸均为军事目标,刻意夸大中方防空力量,甚至歪曲对第

---

① 「重慶で再び空中戦　荒鷲の 2 次空襲　敵都全く死の街」、『読売新聞(夕刊)』、1939 年 5 月 6 日、1 頁(《重庆再遭空袭,荒鹫两次空袭,敌都成死城》,《读卖新闻》(晚报),1939 年 5 月 6 日,第 1 版)。

② 「海鷲、記録の長距離爆撃　重慶、文字通りの廃墟」、『読売新聞(朝刊)』、1941 年 9 月 1 日、1 頁(《海鹫进行破纪录的长途轰炸　重庆已是废墟》,《读卖新闻》(早报),1941 年 9 月 1 日,第 1 版)。

③ 「重慶?断末魔の死相　我海鷲の翼下にしょうふく」、『朝日新聞(朝刊)』、1941 年 7 月 10 日、1 頁(《重庆毁灭前的死相,在我海鹫翼下屈服》,《朝日新闻》(早报),1941 年 7 月 10 日,第 1 版)。

④ 「近く成都へ遷都か　連爆に国府悲鳴を揚ぐ」、『読売新聞(朝刊)』、1939 年 5 月 6 日、1 頁(《近来会向成都迁都吗　连续轰炸国府响起一片悲鸣》,《读卖新闻》(早报),1939 年 5 月 6 日,第 1 版)。

⑤ 「蘭州遷都主張　中共、蔣と対立」、『読売新聞(朝刊)』、1939 年 5 月 10 日、1 頁(《主张迁都兰州　中共与蒋对立》,《读卖新闻》(早报),1939 年 5 月 10 日,第 1 版)。

⑥ 「西昌か、天水か　蔣の落ちゆく先聴診」、『読売新聞(朝刊)』、1940 年 9 月 21 日、3 頁(《西昌还是天水　蒋先打听其落脚处》,《读卖新闻》(早报),1940 年 9 月 21 日,第 3 版)。

⑦ 「周恩来、居正重傷説　我重慶爆撃で」、『読売新聞(朝刊)』、1939 年 8 月 21 日、1 頁(《周恩来、居正　因我重庆轰炸重伤说》,《读卖新闻》(早报),1939 年 8 月 21 日,第 1 版)。

⑧ 「馮玉祥ら　わが重慶爆撃で」、『読売新聞(夕刊)』、1940 年 7 月 23 日、1 頁(《冯玉祥等　因我重庆轰炸重伤说》,《读卖新闻》(晚报),1940 年 7 月 23 日,第 1 版)。

⑨ 「于右任死亡　重慶猛爆に衝撃」、『読売新聞(第二夕刊)』、1939 年 6 月 2 日、1 頁(《于右任死亡　重庆轰炸的冲击》,《读卖新闻》(第二晚报),1939 年 6 月 2 日,第 1 版)。

⑩ 石田収『新聞が日本をダメにした』、現代書林、1995 年、第 58 頁。

三国利益的轰炸,①以强化其正当的战争行为,误导日本民众对轰炸性质的判断和认知。

4. 轰炸关联方权益损失的交涉记录

日方文献记载日军对重庆的轰炸时,一再宣称其轰炸目标为军事设施,强调"不能伤害第三国的权益",一旦击中外国目标,就视为"误炸"。辩解"(美方)屡屡不明确标识其第三国利益,也存在过于接近中方军队、军事机关、军事设施等行为……有鉴于此,轰炸运动中发生偏弹是不可避免的"。并要求美方完备第三国权益标识、提供载有美国权益位置的地图并不靠近中方军事设施和军队。② 外务省最后在1940年6月14日下午由有田外相以公文的形式向英法美德苏等国正式发出通告,要求第三国退避到长江南岸的安全区域内,若在此区域外第三国国家权益受损的话日本政府概不负责。③

（三）轰炸关联方各国的记录与书写

日军对重庆的大轰炸,也引起了西方国家的普遍关注和人道主义的同情与支持。无论是在重庆的官方机构和外交人员,还是在重庆的新闻记者、传教士等,都纷纷记录和报道了重庆大轰炸的实况,特别是轰炸对各国权益的损害,更直接引发外交交涉。因此,在与相关轰炸的西方各国的外交文书、新闻报道、图片影像、纪实作品、私人日记书信等中,同样留下了大量的有关重庆大轰炸的记录和书写。

---

① 《读卖新闻》1939年5月10日报道认为,敌人的卑劣之处在于将有五十余座高射炮、高射机关枪阵地部署在外国领事馆区域,为了反击不得不伤及第三国利益,为此中方负有全部责任。「我空襲部隊の現認した重慶防空陣地」、『読売新聞第二夕刊』、1939年5月10日、第一版。日本陆军部则辩解此种所谓的误炸,"当然是因为最近敌人的空射机枪有所加强;或是因为敌人阴谋制造日本与其他国家的分歧,特别是与美国;或是因为中国军队有意利用外国人的财产或有意在外国人财产邻近设防。"参见美国国务院编,张玮瑛等译:《美国外交文件 日本 1931—1941 选译》,中国社会科学出版社1998年,第276页。

② 「重慶空爆被害への米国抗議に関する日本政府声明（昭和十四年）」、日本外務省編『日本外交文書？日中戦争』第三冊、六一書房、2011年、第2080頁。

③ 「重慶の第三国官民長江南岸へ避難勧告　牢固たる我決意表明」、『読売新聞（朝刊）』、1940年6月15日、1頁（《劝告在重庆的第三国官民向长江南岸退避　我发表牢固意志声明》,《读卖新闻》(早报),1940年6月15日,第1版）。

1. 真实记录和报道了轰炸实况及其影响

各国驻华使领馆不断发回有关重庆大轰炸的最新报告,英国路透社,美国合众社,法国哈瓦斯社,德国海通社、德新社,以及美国的《纽约时报》《基督教科学箴言报》《时代周刊》,英国的《泰晤士报》,苏联的《消息报》等各国设在重庆的新闻机构,不断地把日机狂炸重庆和重庆军民反轰炸斗争的消息传达到世界各地。美国的西奥多·怀特、白修德、贾安娜、埃德加·斯诺、海明威等,英国的詹姆斯·贝特兰、韩素英等记者、作家,向本国发回了大量重庆大轰炸的通讯和报道,唤起了美英各国人民对中国人民的极大同情和关怀。美国《纽约时报》还号召读者前往电影院观看重庆被炸实况,以揭露日本帝国主义的暴行,积极宣传大轰炸下的不屈精神。"实际上,重庆并不像我们意想中那样恐慌⋯⋯日本已经作了好几十次的空袭,投下了好几万磅有高度爆炸力的炸弹和燃烧弹,但它不能毁灭这个首都的精神,那已经是很明白的事情了。"①此外,还有大量的图片影像报道,包括获得奥斯卡奖特别奖的纪录片《苦干》(*Kukan*)等。特别是各大媒体的报道,不仅记录了这场人类战争史上的空中屠杀,更将目光投向了重庆社会的政治、经济和文化生活领域,为我们展示出灾难中重庆城市的多元图景。

2. 特别关注各国在重庆的权益损害

随着轰炸规模的扩大,美、英各国在重庆的利益受损情况日趋严重。尤其是1941年6月,美国在安全区中的大使馆武官办公厅房屋前落弹,炸弹碎片击中美国军舰"图图拉号",英国大使馆也被轰炸。无论是外交文书,还是新闻报道,都有日军在重庆大轰炸中损害各国权益的大量记录和报道。

3. 强烈谴责日军轰炸平民的暴行

从外交文书中可见,由于从1939年起,美、英等国使领馆和外侨财产就不断遭到日机轰炸。除美国通过外交途径一再要求日本政府保证其在华权益外,还多次表达了对日本连续轰炸重庆的谴责,②甚至强烈谴责日军不论何时何地发生的残暴地轰炸平民的行为,指出"日军之空袭造成之破坏几乎

---

① [美]埃德加·斯诺:《为亚洲而战》,《斯诺文集》(第三部),新华出版社1984年版,第125页。
② 《美国抗议日本轰炸重庆》,《纽约时报》1939年7月11日。

全部是对平民之生命及财产"。"在全部这些轰炸中,都是滥炸的,是不分黑白乱投炸弹的,其一定是意图恐吓没有武器的重庆市居民的",强调"美国政府不能接受整个重庆市是空袭的合法目标的说法"①。美英各国方面也多次正式向日本方面提交抗议书,抗议日本飞机轰炸中国首都重庆,致使在中国的本国人民生命和财产受到威胁。美国国务卿赫尔向记者表示,日本果欲与美国增进邦交,则其狂炸重庆,显属走错路径,"此种暴行,无论在何处何时发生,均为吾人所衷心谴责"。②

二、战后"轰炸记忆"的遮蔽

葛兆光先生在论述历史记忆与思想资源时曾指出:过去的历史本身并不彰显,因为它已经消失在时间中,而由书籍、文物、遗迹构筑的历史,却总是被当下的心情、思路和眼光暗中支配着,把一部分事情、一部分人物和一部分年代以及一部分知识和思想的历史从记忆中翻出来。③ 就历史记忆的完整性和真实性而言,距离历史最近的年代应该是历史记忆沉淀、固化的最佳时间节点,战争记忆的重构、形塑更是如此。重庆大轰炸的加害者、受害者、亲历者群体的真实战争体验,是重庆大轰炸战争记忆构成的基本要素。然而,在第二次世界大战结束后,由于国际形势和中日两国局势的变化而失去了沉淀、固化历史记忆的最佳时机。

在战后相当长的时期内,重庆大轰炸几乎湮灭不闻,不仅未被西方二战

---

① 美国国务院编,张玮瑛等译:《美国外交文件 日本 1931—1941 选译》,中国社会科学出版社 1998 年版,第 273、287、304 页。
② 《美国各报反对美日谈判,国务卿赫尔批评敌机暴行》,《新华日报》1940 年 6 月 15 日。
③ 葛兆光:《中国思想史·导论》,复旦大学出版社 2001 年版,第 97—98 页。

史或军事史所提及,①而且在中国和日本国内也逐渐淡出了人们的公共记忆。关于战后、冷战时期重庆大轰炸记忆的丧失,其原因是多方面的,各国原因也不尽相同,但综合而言,主要有三方面的影响因素。

(一)东京审判和战后冷战的影响

在战时,无论是受害方的中国,还是相关方的美、英、苏各国,对日军轰炸重庆无一例外地予以强烈的谴责,一再强调其无差别轰炸残暴屠杀平民的性质。早在1931年日军轰炸锦州后,特别是在日军全面侵华战争爆发后,中国政府就日军的无差别轰炸反复向国际联盟提出申诉,虽然也通过了谴责日本飞机滥行轰炸中国平民决议案,并宣布"对于日本飞机在中国不设防之城市从事空中轰炸一事,予以紧急之考虑,并严正地予以谴责"②。但随着欧战的爆发,此事也就不了了之。

1943年10月20日,英、美、澳、比、加、中、希腊等18个同盟国代表在伦敦成立同盟国调查战争罪行委员会(United Nations War Crime Commission)。1944年2月,国民政府行政院成立了"敌人罪行调查委员会",开始为战后惩处战犯开展罪行调查。在调查的罪行项目中,即有无差别轰炸。1945年6月27日,国民政府外交部向司法行政部提出要求,鉴于轰炸不设防地区给民众造成了巨大生命财产损失,是日军重要战争罪行之一,应当迅速进行调查,尽快提交给调查战争罪行委员会之远东小组委员会。③而远东小组委员会在1946年11月和12月的两次会议上,对如何追究无差别轰炸战争犯罪

---

① 王波编著的《世界大轰炸》(上海人民出版社2006年)一书中提及的二战时期的大轰炸有不列颠大轰炸、偷袭珍珠港、空袭菲律宾群岛、轰炸东京、轰炸汉堡、轰炸柏林、轰炸德累斯顿、轰炸广岛和长崎等。而李峰在《大空战——20世纪最著名的八次重大战略空袭》(《军事历史》,1999年第4期)一文认识20世纪的八大轰炸中,发生在二战的有三次,即不列颠之战、英美对德国的轰炸和美国对日本的轰炸。

② 石源华:《中华民国外交史》,上海人民出版社1994年版,第506页。

③ [日]伊香俊哉:《战争的记忆——日中两国的共鸣和争执》,韩毅飞译,社会科学文献出版社2016年版,第258页。

进行讨论,并在形成问询后提交同盟国调查战争罪行委员会。① 但在同盟国调查战争罪行委员会的回复中,一方面指出"有意识轰炸不设防城市"属于战争犯罪,适用于中日战争,同时也强调就欧洲的状况来看,大范围的轰炸是交战双方都使用的战争手段,德军的无差别轰炸没有成为纽伦堡审判的起诉要件。这表明同盟国调查战争罪行委员会实际上对追究无差别轰炸持消极态度。②

在美国的主导下,东京审判没有将轰炸重庆等地无辜平民的无差别轰炸暴行纳入日军的战争犯罪。不仅没有在法庭上对日军无差别轰炸犯罪进行起诉和审判,也没有对日军无差别轰炸的罪行进行详细调查。更为重要的是,这不仅导致日本在中国犯下的残暴的、非人道的轰炸罪行没有得到任何的追究和清算,混淆了日军对中国的轰炸与盟军对日本轰炸的不同性质,更模糊和扰乱了人们对日军无差别轰炸性质的认识。

战后,国际形势发生巨变,以美国为首的资本主义阵营和以苏联为首的社会主义阵营在全球开始了争夺与较量,冷战局面形成。为适应冷战的需要,美国很快就改变了其在战后初期对日本实行的民主化改革,转而扶植日本成为亚洲对抗共产主义的桥头堡,致使日本军国主义势力和战争犯罪没有得到应有的清算。

因此,战后的日本,把战时日军轰炸的有限记忆几乎都限定在军事史和战争史的范畴。日本方面从总结战争教训的视角对日本航空进攻作战等资料进行了整理,在1966年至1980年间编纂出版了共102卷的《战史丛书》,其中涉及重庆大轰炸的包括《中国方面海军作战》(「中国方面海軍作戦」)(「中国方面陸軍航空作戦」)等。也有服部卓四郎所著《大东亚战争史》「大東亜戦争全史」)等著作。美英等西方国家除极少数经历者撰写回忆外,几乎没有对重庆大轰炸的关注,在长达近40年的时间里,重庆大轰炸完全淡出

---

① 形成三点问询,一是构成有意识轰炸不设防城市的条件是什么,举证责任在谁;二是构成不设防地区的条件是什么,为确定不设防的事实需要什么样的证据;三是在欧洲的同样事例中,伦敦的同盟国调查战争罪行委员会采取了什么样的手续。参见林博史编:《同盟国对日战争犯罪政策资料第1期 同盟国战争犯罪委员会》,第12卷,现代史料出版2008年版,第86页。
② [日]伊香俊哉:《战争的记忆——日中两国的共鸣和争执》,韩毅飞译,社会科学文献出版社,2016年版,第260页。

了公众视野。

(二)中国政局变动与轰炸记忆的遮蔽

抗日战争胜利后,中国国民党与中国共产党由和谈而至战争,经过四年多的时间,中国政局发生了巨大变化,由国民党统治的中华民国,变为由共产党领导的中华人民共和国,国民党政权败退台湾。而在中华人民共和国成立后,面对以美国为首的西方势力的遏制与封锁,迅速完成了民主革命的遗留任务,恢复了在旧中国遭到严重破坏的国民经济,实现了从新民主主义社会到社会主义社会的转变,开始了中国社会主义建设道路的艰辛探索。探索有成功,但也有失误,特别是从1957年开始,出现了比较严重的"左"倾错误,政治运动不断,甚至演变为"文化大革命"这样严重的内乱。国共内战中形成的解放者意识、中华人民共和国成立以后与以美国为首的西方势力的尖锐对立,以及接连不断的政治运动,在一定程度上冲淡了抗日战争时期苦难悲惨的战争记忆,直接或间接地影响了中国社会对抗战历史记忆的沉淀和重构。抗日战争研究"有相当长的一段时间,在历史学和有关的其他学科中,是相当沉寂和偏枯的"[1]。重庆大轰炸的历史记忆在特殊的时代背景下,从某种意义讲也处在从属于国家政治需要的沉寂的状态之中。

在战后初期,重庆地方政府建立"重庆市消防人员殉职纪念碑",以纪念在大轰炸中牺牲的消防人员,这是建构重庆大轰炸记忆的最初尝试。1947年8月19日,"重庆市消防人员殉职纪念碑"在中央公园(现为人民公园)内落成,并建有纪念碑记。[2] 国民党政权败退台湾后,为巩固其统治地位,曾一度宣扬所谓的"重庆精神",重庆大轰炸一度成为中国台湾民众的公共记忆。中华人民共和国成立后,在中苏"蜜月时期"的1959年,曾将抗战时期在保卫重庆领空中牺牲的苏联航空志愿队军官卡特洛夫上校和斯托尔夫上校迁

---

[1] 李侃:《对抗日战争史研究略陈管见》,《抗日战争研究》1995年第1期。
[2] 《建重庆市消防人员殉职纪念碑记》。"惟自七七事变后,政府西迁,命名陪都,绾谷西南,倭寇肆虐,轰炸频仍,全市计遭空袭九十六次火场,达二百九十六处,当时消防人员本服务精神奋不顾身,不□宵旰,竭力抢救,或被弹炸死,或塌屋伤亡,罹难长员计八十一员名,与前方抗战将士壮烈牺牲者无或稍殊,其功甚伟,勒诸于石以志不朽。"

葬于鹅岭公园,并在1962年被定为市级文物保护单位。在那段特殊的时期,这些信息也间接传递着重庆大轰炸的记忆。

但总体而言,在重庆大轰炸结束以后的40余年间,几乎没有将重庆大轰炸的资源视为有价值的历史文化资源,既没有对重庆大轰炸历史的研究,也基本没有对重庆大轰炸历史文化资源的保护、发掘和利用,即使到了1972年中日恢复邦交正常化,抗战历史遗留问题浮出水面,重庆大轰炸仍然没有引起公众的关注。

(三)日本"轰炸记忆"的冲突与断裂

日本具有轰炸"加害方"与"受害方"的双重身份。作为第一次世界大战后无差别轰炸的始作俑者和第二次世界大战中亚洲太平洋战争的发动者,对重庆等中国城乡的无差别轰炸,是日军扩大对华侵略的一项重要战略行动。侵华日军持续不间断地实施轰炸,以制造"恐怖",挫伤抗战意志为目的;以城市为轰炸目标,对毫无军事用途的住宅区、商业区、文化区等进行狂轰滥炸,直指人口稠密和繁华地区;针对重庆城市多为木质结构建筑的特点,每次轰炸均投下大量的燃烧弹,对城市平民和设施进行了大屠杀和大破坏,制造了为全世界所瞩目和受全世界谴责的恐怖行径。从某种意义上讲,重庆大轰炸开启了通向东京轰炸、广岛和长崎的原子弹轰炸的道路,乃至于直接催生了后来的战略轰炸,给人类和平造成了巨大的灾难。

同时,在战争的后期,美国为加速战争进程,迫使日本投降,实施了对日本本土的战略轰炸以及原子弹的投掷,使日本也蒙受了轰炸的摧残。1945年3月9日夜,300架美军B-29战略轰炸机轰炸东京,造成了8万余人死亡,150万人无家可归;8月6日和9日,美军在日本广岛和长崎投下原子弹,两颗原子弹在瞬间就造成了十几万人的死亡。截至1950年,致死人数超过了30万。

历史记忆往往排斥那些对民族所犯恶行的记忆,或者是将这些恶行无辜化。加害者为了摆脱罪责往往否认加害历史的存在,在自身的记忆中有意识地加以遗忘。战后日本的"轰炸记忆"就是典型的代表。无论是学校教育还是社会教育,日本都有意"遗忘"对其他国家的加害历史,而不断强化其战争受害的经历。在日本历史博物馆中,一味突出日本民众的战争受害情况,但几乎没有展示过日本侵略战争和殖民统治等加害行为。

东京大空袭、广岛和长崎的原子弹爆炸等,构成了日本人对战争的主流记忆。特别是广岛、长崎原子弹爆炸在日本社会的战争记忆中扮演了两种不同的战争记忆构建和角色认知:一方面,它是作为人类前所未有的一种灾难出现的,日本成为唯一的核武器受害者;另一方面,它又是掩盖战争真相,成为庇护日本摆脱罪责感的"合理外套"。形成了日本社会浓厚的战争受害者意识。

因此,在战后相当长时期内的日本,在加害者与受害者两种角色意识的冲突和分裂中,从集体记忆和民族记忆的角度而言,已完全没有了重庆大轰炸的记忆,只留下作为受害者的"轰炸记忆"。

三、新时期"轰炸记忆"的唤醒与重构

战争记忆不仅仅是历史问题,同时也是现实问题。20世纪80年代以后,伴随着重庆大轰炸研究的兴起,重庆大轰炸记忆得以重新唤醒和重构。

(一)"轰炸记忆"唤醒与重构的时代背景

重庆大轰炸记忆的唤醒与重构,与20世纪80年代后国际形势发生的重大变化密切相关。其中影响最大的有三个方面。一是冷战时期的结束,和平和发展成为时代的主题,但局部热战时有发生,城市轰炸仍在继续,战争悲剧需要反思。二是中日关系的变化。80年代中期,日本文部省修改教科书、首相中曾根康弘参拜"靖国神社",及其内阁大臣"失言"等一系列事件,中日关系由"友好"迅速转换到"冰冷"。在此背景下,追究日军侵华暴行的战争责任问题再次被提出。对于中日历史遗留问题的历史记忆更加突显。三是中国的改革开放。解放思想、实事求是成为时代的潮流,不仅开创了当代中国发展的新时期,也带来了学术研究领域的繁荣与发展,促进了抗日战

争及其遗留问题的研究。

除此之外,伴随着中国崛起和中华民族伟大复兴的中国梦的提出,西方国家一些学者对中国的昨天,特别是中华民族由衰败走向振兴的转折时期的抗日战争历史更加关注,对抗日战争时期中国经历的苦难和为反法西斯战争胜利做出的贡献有了重新的认识,最具代表性的成果就是牛津大学拉姆·米特教授(Ranaa Mitter)的《中国,被遗忘的盟友》(Forgotten Ally: China's War Ⅱ. 1937-1945),该书在第三部分"孤军奋战"中专章介绍了惨无人道的重庆大轰炸。

(二)中国"轰炸记忆"的重建

战后国内最早对重庆大轰炸的研究开始于抗日战争胜利40周年前夕的1984年,经中宣部批准,西南师范大学(今西南大学)黄淑君副教授承担了这项任务,并于1992年出版了《重庆大轰炸》一书[①]。此后,重庆大轰炸研究逐渐引起人们的关注。西南师范大学还于1998年成立了重庆大轰炸研究中心。

1998年,西南师范大学王孝询教授向重庆市政协提交《挖掘重庆大轰炸历史资源,为我市两个文明建设服务》提案,随后又向全国政协提交《建立重庆大轰炸纪念馆》提案,引起地方和中央媒体的高度关注,特别是当年暑期,在全重庆市开展的"重回烽火岁月,山城青少年在行动"寻访活动,受到《人民日报》《光明日报》《中国青年报》和中央电视台等国内主流媒体的广泛报道。尘封了多年的重庆大轰炸记忆开始被唤醒并走向公众。此后,西南师范大学又组织"重庆大轰炸寻访团",大范围寻访大轰炸的幸存者和见证人,组织了"重庆大轰炸难友会"等。

重庆大轰炸记忆的唤醒和重构,首先得力于学术研究的开展。自20世纪90年代以来,重庆大轰炸的学术研究持续推进,先后出版了徐朝鉴、王孝询主编的《重庆大轰炸》,罗泰祺主编的《重庆大轰炸纪实》,曾小勇等著的《1938—1943:重庆大轰炸》,李金荣主编的《烽火岁月:重庆大轰炸》,潘洵等

[①] 西南师范大学、重庆市档案馆编:《重庆大轰炸》,重庆出版社1992年版。

著的《抗日战争时期重庆大轰炸研究》以及重庆出版社出版的《重庆大轰炸档案文献史料丛书》，为大轰炸记忆重构奠定了坚实的史实和学理基础。

重庆大轰炸记忆的唤醒和重构，还得力于新闻媒体的广泛传播。有学者通过对《重庆日报》《新华网》从2000年至2015年重庆大轰炸的纪念性报道分析认为，大轰炸的纪念性报道以"受害者"作为主导性话语叙事，再现"重庆大轰炸"这一创伤性事件。新闻文本通过叙事者、标题与词语选用等强调施害与受害关系，凸显罪行见证的话语策略，建构重庆大轰炸的意义；通过对纪念日和遗址纪念仪式报道的常规化，对死难者数据和亲历者对日军暴行的口述的有机结合，引导公众对历史事件的想象和理解，实现对创伤记忆的重构。① 一方面，将其建构为中华民族勿忘的"国耻"，通过整合"创伤记忆"的悲愤之情与"振兴中华"的精神资源，以一种共同的根基情感建立民族国家的认同；另一方面，将这一历史事件纳入世界反法西斯战争，超越地方性、民族性而赋予其全人类普适性意义，塑造国际认同。

重庆大轰炸记忆的唤醒和重构，还得力于文艺与影视作品的诠释。无论是《重庆之眼》《重庆！重庆！》等长篇小说，还是《抗战影像志之重庆大轰炸》《重庆大轰炸》《不屈之城》《大后方》《记忆之城》等影视作品，特别是拍摄于战争时期曾获奥斯卡奖的重庆大轰炸纪录片《苦干》的引进，都通过文学形式的创伤叙事，真实记录了日军"空中屠杀"那段难以忘怀的灾难岁月，描写长期被日军轰炸下的民众日常生活及情感状态。并将这种创作体验传达给广大受众，从而形成重庆大轰炸的创伤认同与集体记忆。

重庆大轰炸记忆的唤醒和重构，还得力于轰炸受害者民间诉讼的追问。从2004年开始，重庆大轰炸受害者及其遗属，对日本政府提出了民间索赔。从2006年3月30日首次提起诉讼开始，经历了东京地方法院先后共31次的法庭陈述与辩论，到2015年2月25日一审判决败诉，随后，重庆大轰炸对日索赔案原告继续向东京高等法院提出上诉，并已先后两次开庭。10余年的漫长诉讼，受害者的苦难记忆，索赔诉讼的艰辛历程，从罪行揭露到法律

---

① 贺建平、王永芬、马灵燕：《受难与国耻建构："重庆大轰炸"集体记忆的媒介话语策略》，《国际新闻界》2015年第12期。

维权,一次又一次唤醒和建构了民众对重庆大轰炸的记忆。

重庆大轰炸记忆的唤醒和重构,还得力于政府对大轰炸历史资源的保护与利用。对历史遗址的保护,既是一种对历史的敬畏,更是延续历史记忆的有效途径。1987年7月,重庆市政府在1941年6月5日发生大轰炸窒息惨案的原址上建成日本侵略者轰炸重庆纪事碑;2000年9月7日,将磁器街洞口"六五隧道惨案"遗址确定为直辖后第一批市级文物保护单位。一个小小的防空隧道出入口,成为重庆维持重庆大轰炸记忆的为数不多的遗存;从1995年开始,重庆举办了重庆大轰炸文物资料展,至2005年重庆中国三峡博物馆建设了重庆大轰炸半景画,并在基本陈列"抗战岁月"部分常年展出重庆大轰炸的历史;1998年,重庆市政府决定在每年的6月5日"重庆大轰炸纪念日",在全市试鸣防空警报。无论是每年如泣的防空警报,还是狭窄简陋的轰炸遗址,以及重庆大轰炸的展览,都时刻提醒人们要永远记住那段历史,勿忘国耻,珍爱和平!

(三)日本民间力量客观记忆的努力

20世纪80年代以后,日本的一批良心派学者和法律、媒体人士开始在日本重建重庆大轰炸的记忆。最初把重庆大轰炸作为"不为人所知的现代史的断面"并以"重庆抗战的悲惨"为主题所报告的是广岛大学小林文男教授(《中国现代史的断章》,1986年谷泽书房收录)。与此同时,军事评论家、东京国际大学前田哲男教授撰写的《战略轰炸的思想》则系统建构了重庆大轰炸的历史记忆。通过两次到重庆、成都、武汉等地的实地采访和查阅资料,撰写了以重庆大轰炸为中心的无差别轰炸的研究报告,并于1987年在朝日新闻社社刊《朝日杂志》周刊共分50回连载,1988年结集出版单行本,后又多次到重庆访问与查找资料,于1997年在东京社会思想社出版增补本。该书认为重庆大轰炸是"以城市为对象,非人道的残忍的攻击意图","屠杀者和被屠杀者目光并不对峙,是一种机械的、无知觉的战争","为实现'空中恐怖'，在战术上使用了20世纪的新技术——轰炸机、燃烧弹"。① 伊香俊哉教授在《战争的记忆——日中两国的共鸣与争执》一书中，专门研究了从战略轰炸到投放原子弹的战斗详报，其中记述的重庆轰炸用翔实的史料进行了深入的分析，论证了攻击重庆时使用的无差别轰炸战略，揭示了扩大的"军事目标主义的虚妄"。② 2016年3月，岩波书店出版了潘洵的《重庆大轰炸研究》，该书"遵循'自地面回看'得来的记录与考证，从被害者民众的视角出发凝视这场'空中的侵略战争'，它的出现也为'加害者的空袭观'带来振聋发聩的叩问。"③ 这些著作因与战时的"大本营发表"意识倾向不同，由此传达了都市无差别轰炸的实态，给予日本社会一定的反响和冲击。

使重庆大轰炸被日本社会广为人知的事件是重庆大轰炸受害者及其遗属2006年向东京地方法院提起的"重庆诉讼"。在诉讼的10余年中，日本的志愿者组成了"重庆轰炸受害者连协会"并对诉讼予以支持，每次开庭时都有近100人到场旁听，赴日的受害者与东京空袭的受害者开展交流。这些事件的报道逐渐向日本社会传达了重庆大轰炸的事实。《东京新闻》等媒体还将重庆大轰炸与东京大轰炸联系起来进行报道，重庆大轰炸受害者协会连续召开了38次学习会，支持"重庆诉讼"的法律和研究人员每两月举办一次"空中轰炸研究会"，多次举办"你知道重庆大轰炸吗？"的重庆大轰炸图片展览，通过多种渠道，介绍重庆大轰炸的历史，重构民众对重庆大轰炸的记忆。

2017年5月22日和28日，日本电视台首播和重播了该台制作的反映重庆大轰炸真相的纪录片《战争的开始 重庆大轰炸招致了什么》④，尽管也遭到不少右翼势力的攻击，但非常多的观众反映"完全不知道重庆大轰炸这回事，虽然是让日本人感觉到非常难受的内容，但是非常重要"，这也是日本

---

① [日]前田哲男：《从重庆通往伦敦、东京、广岛的道路》，王希亮译，中华书局2007年版，第2页。
② [日]伊香俊哉：《战争的记忆——日中两国的共鸣与争执》，韩毅飞译，社会科学文献出版社2016年版。
③ [日]前田哲男：「被害民衆の視点から加害を問う」，『しんぶん赤旗』，2016年4月17日。
④ 『戦争のはじまり 重慶爆撃は何を招いたのか』（NNNドキュメント），日本テレビ，2017年5月21日初放送，28日再放送。

的电视台首次制作并播出重庆大轰炸真相的节目。8月12日,日本最大电视台 NHK 播出的《本土空袭全记录》,提到了日本遭受空袭的原因:日本从 1938 年开始对中国各地尤其是重庆进行了大规模的轰炸,重庆遭受的轰炸就达 200 余次,至少造成 1 万多无辜平民死亡;日军偷袭了珍珠港,造成美军 2000 余人死亡。这在以往日本媒体的报道中并不常见。

四、"轰炸记忆"演变与建构的思考

过去已不在,但过去留下的痕迹却无处不在。历史记忆是一个不断被建构的过程,永远处于"记忆"与"遗忘"的互动、"彰显"与"遮蔽"的交替之中,特别是对于"重庆大轰炸"这样的创伤记忆,其演变与建构的过程,不仅与国家民族立场相关,更与时代社会变迁紧密相连。

(一)建构"轰炸记忆"需要立足于时代的要求和人类的共同利益

法国社会学家哈布瓦赫认为,"集体记忆"本质是立足现在对过去的一种重构。[1] 记忆与历史虽然紧密相关,但历史记忆与历史事实本身存在着很大的差异。相对于历史的客观性而言,历史记忆虽以历史事实为基础,但它更多的是被建构出来的。因此,历史事实与历史记忆往往呈现出两种不同的取向,历史立足于客观的"过去",而历史记忆则根据目前的理念、利益和需要,倾向于对"过去"进行选择性的和有目的性的书写和构建,因此又带有很强的主观性。[2]

第二次世界大战结束已经超过 70 年了。70 余年的风风雨雨,带走了许

---

[1] [法]莫里斯·哈布瓦赫:《论集体记忆》,毕然、郭金华译,第 39 页,第 58—59 页,上海人民出版社 2002 年版。

[2] 参见有关抗日战争记忆的研究成果,[美]科布尔:《抗日战争(1937—1945)的中国"新记忆"》,《中国研究季刊》2007 年第 4 期。[美]赖利:《牢记历史而非仇恨:中国抗日战争的集体记忆》,《现代亚洲研究》2011 年第 2 期。

多东西，但也有许多东西是不可能随岁月而消失的。70年后，那场战争对于每个民族和每一个人而言，都各有其被遗忘的部分和被铭记的部分。

对一些日本人来说，他们忘记了对上海、广州、重庆等城市的无差别轰炸，记住了东京、大阪等的轰炸和广岛、长崎的原子弹爆炸。诚然，这些人类悲剧是我们永远不能忘记的。但是，我们也不能忘记其中的因果关系。

在日本，几乎人人知道广岛、长崎原子弹爆炸和东京大轰炸，并以受害者的名义举办各种各样的纪念活动，然而却极少有人了解重庆大轰炸，更不了解日本对重庆的轰炸是为了扩大侵略战争。而盟军对东京、广岛、长崎的轰炸则是为制止侵略战争的手段。更为甚者，在日本，一些人只强调自己是受害者，却故意掩盖、抹煞自己加害其他国家人民的罪行；一些人只一味渲染广岛、长崎的原子惨祸，却闭口不谈造成这种惨祸的原因。特别是日本右翼势力为当年侵略战争翻案的活动愈演愈烈。他们一再参拜靖国神社，一再掩饰甚至美化侵略罪行，从表面上看，这是一种立足民族国家利益的记忆建构，但却是与人类共同利益相冲突的记忆建构，只是一种狭隘的民族主义的记忆，严重威胁着世界的和平与安全。这样的记忆建构，不仅不能正确总结历史教训，同时还将误导没有经历过战争的年轻一代。与之相比，在欧洲，战争中被盟军夷为平地的德累斯顿，其博物馆展览把大轰炸融入欧洲战争以及战争的起因，与斯大林格勒、华沙、鹿特丹、考文垂等被纳粹空军炸毁的城市联系起来，在德累斯顿烧得漆黑的铺路石后，是1940年遭到纳粹德国空军狂轰滥炸的鹿特丹的铺路石，再往后，是纳粹德国空军轰炸的第一座城市波兰维隆的铺路石。它们告诉人们"来自德国、走向世界的战争恐怖回到了我们这座城市"[①]。这才是超越了狭隘民族主义的人类记忆。

应当指出的是，在对二战轰炸历史的反思和记忆构建中，对原子弹轰炸广岛和长崎被视作了与"犹太大屠杀"的同类事件，得到记载与凸显，然而却对有关原子弹轰炸日本的前因后果缺乏深刻的反思，以至于日本和西方各国不少民众根本不知道日本侵华战争，甚至对南京大屠杀、重庆大轰炸知之

---

① 德累斯顿老市场广场牌匾上的铭文。《英媒：德国和日本为何有完全不一样的战争反思》，中国日报网2015年9月4日。

更少,进而把日本视为战争的受害者。

历史的伤痕还在,历史的教训还在,重构重庆大轰炸记忆,铭记重庆大轰炸历史,必须立足于时代和人类的需要,这不是为了延续旧时的仇恨,而是为了尊重历史,以史为鉴,不让历史的悲剧重演,珍视和平,警示未来。

(二)正确认识历史,构建有价值和意义的轰炸记忆

差异化的历史叙述和历史记忆背后是不同的历史认识,对于历史记忆的重构具有各自不同的导向性,也造成了各方,特别是中日双方在轰炸记忆问题上存在的较大差异。

由于日本一再宣称其轰炸是从人道主义立场出发的军事行为,由于战后东京审判中没有追究重庆大轰炸的犯罪行为,这在相当程度上误导或模糊了人们对重庆大轰炸性质及罪行的认识。事实上,无论是当时的国际组织还是西方主流国家,无论是当时反法西斯国家的元首还是一般平民百姓,对日军在中国在重庆实施的无差别轰炸的非人道暴行均有明确而深刻的认识,日军无差别轰炸的暴行从一开始就遭到了国际正义力量的谴责和声讨。从某种意义上讲,日军对重庆的轰炸,不是典型意义上的战争行为,而只是一种国家恐怖主义行动:首先,日本发动对中国的侵略,直到太平洋战争爆发以前,中国没有与日本正式宣战。其次,日本对重庆的轰炸,不是以军事占领为目的,而是以制造威胁恐怖达成扩大侵略为目标。日军对重庆的轰炸和盟军对日本东京、大阪、广岛、长崎等的轰炸,虽然都给人类造成了巨大的灾难,但却是性质完全不同的两种轰炸。日本对中国战时首都重庆实施的残暴的无差别轰炸是为了扩大侵略战争,是非正义的战争暴行,而盟军对东京、大阪、广岛、长崎的轰炸则是制止侵略战争的手段,是正义的战争行为,前者是因,后者是果,是侵略者的自食其果,是日本侵略者种下的仇恨,给无辜的日本人民带来了巨大的灾难。最后,侵华日军对重庆无差别轰炸的犯罪历史,其事实是无法改变的,东京审判没有追究,不等于侵华日军在重庆犯下的残暴罪行就能一并抹去。只有正确认识历史,才能重构有价值和意义的记忆。

（三）加强轰炸历史的教育，避免历史悲剧的重演

加强历史教育与传承，是重构"轰炸记忆"的最有效的途径之一。然而，无论是在中国还是在日本，也无论是学校教育还是社会教育，在重庆大轰炸记忆建构中都存在严重的问题。在日本，没有一本历史教科书有重庆大轰炸的内容，各地的有关二战时期的博物馆中，几乎没有日本对外侵略的史实，也几乎没有重庆大轰炸的内容。[①] 在中国，除了重庆学者主编的中学教材《中国历史》和重庆地方历史教材《重庆历史》外，全国的教科书也几乎没有涉及重庆大轰炸的历史。笔者曾经连续6年在所在大学一年级新生中进行过抽样调查，知道重庆大轰炸的学生不到被调查人数的8%（表示知道的学生中主要是重庆籍的学生）。重庆大轰炸的历史文化资源也没有受到应有的保护和利用，曾经为国际国内高度关注的重庆大轰炸的发生地，至今没有一座关于重庆大轰炸的纪念碑，也没有重庆大轰炸的纪念馆或陈列馆，唯一一处单独的重庆大轰炸纪念设施，只是在1941年隧道窒息惨案发生地封闭的洞口和外墙上刻有反映大轰炸的纪念浮雕，以及在狭小的展室里陈列的一些放大的照片，占地面积还不足20平方米。在德国议会大厦前广场上，有一个用二战时盟军飞机轰炸德国后遗留下的炸弹残片做成的雕塑，在每一片炸弹残片上都刻有曾遭轰炸的德国城市名称和被炸的时间，德国人用这种方式告诫人们战争给人类造成的灾难。而在中国，到底有多少城市遭受了日军的无差别轰炸，我们都还不是完全清楚。在无数遭受侵华日军无差别轰炸的地区，绝大多数城市没有保存下任何轰炸的遗址遗迹来唤起人们的记忆。

轰炸曾经给世界人民带来巨大的灾难，轰炸也还在继续给人类社会制造痛苦，从某种意义上讲，轰炸的灾难和痛苦是记载人类自我毁灭能力的纪念碑。历史的错误或可原谅，历史的真相却不能遗忘。侵华日军重庆大轰炸是属于中国人民的痛苦记忆，也应该是属于世界人民的共同记忆。对于

---

① 仅有立命馆大学国际和平博物馆等极少数博物馆有反映日本对中国的侵略历史，"对中国等国家、地区狂轰滥炸，并使用毒气及细菌武器"。

第二次世界大战时期法西斯制造的非人道的暴行,人类必须永远铭记并予以谴责。只有当重庆大轰炸这样的非人道暴行的集体记忆变成民族记忆,上升为国家记忆,直至人类记忆,这样的悲剧才不会重演。

第一篇
保护与利用综合研究

　　抗日战争时期,侵华日军利用其优势航空兵力,对中国各地城乡实施了大范围的无差别轰炸,制造了众多非人道的暴行。其中,对中国战时首都重庆的轰炸,是侵华日军实施的无差别轰炸中最集中、最典型的代表,是第二次世界大战时期一个吸引国际社会多方关注的焦点事件,同时也开启了第二次世界大战中大规模持续战略轰炸的恶例,成为世界战略轰炸发展进程中的重要链条,对人类和平造成了巨大的灾难。面对日军的残暴轰炸,重庆人民进行了英勇的反轰炸斗争。持续数年的轰炸与反轰炸斗争,留下了极其丰富的历史文化资源。重庆大轰炸历史文化资源,既是日本发动侵略战争、制造非人道暴行的见证,也是中国人民不屈不挠反抗侵略的精神体现,其内涵丰富,意义重大。前事不忘,后事之师。铭记历史,不是为了咀嚼苦难,更不是为了延续仇恨,而是为了正确认识历史,以史为鉴,面向未来,避免历史悲剧的重演。保护和利用好这些资源,不仅有助于还历史一个真实,给世人一个交代,也是留馈后人的一笔宝贵精神财富。

第一章
抗战时期的重庆大轰炸及其影响

侵华日军对重庆及其周边地区的轰炸开始于1938年2月,结束于1944年12月。其中对战时首都重庆城市的大规模无差别轰炸,从1939年始至1941年终,持续达三年时间,开创了人类战争史上持续无差别轰炸的新纪录。

一、重庆大轰炸是侵华日军无差别轰炸的重要组成部分

抗日战争时期,日军利用其优势的航空兵力对中国各地城乡及大量非军事目标进行了大规模、非人道的狂轰滥炸。无论是战争初期主要配合地面进攻的轰炸,还是相持阶段以后主要针对大后方的战略轰炸,都是不区别军事设施和民用设施的"无差别轰炸"。从局部侵华战争开始,侵华日军即开始了对中国东北、上海及华北城乡的无差别轰炸。全面侵华战争爆发后,日军航空部队成为侵华日军地面军事进攻的急先锋和排头兵,对天津、上海、南京、武汉、广州等沿海、沿江大城市和近300多个中小城市及重要交通线进行无差别轰炸。战略相持阶段之后,无差别轰炸更成为日军迫降政策的重要一环,企图以残酷无情的轰炸,尤其是对以战时首都重庆为中心的大后方的猛烈轰炸,毁灭中国人民的抗日意志,达到其迫使国民政府妥协,尽快结束中国战事的战略目的。

1931年9月18日,日本蓄意挑起侵华战争,制造了"九一八"事变。随即紧急从朝鲜驻平壤的飞行第6联队划拨两个中队12架飞机到东北沈阳归入关东军指挥,并随即对沈阳、长春等周边地区进行多次侦察、轰炸和扫射。此时的轰炸,虽主要为扩大侵略行动,协助地面军事占领而展开,但从一开

始就实施对后方城市和普通民众的无差别轰炸。10月8日，日本关东军11架飞机轰炸了锦州，在市区投下炸弹75枚，除政府大楼、兵营等重要目标被炸外，火车站、交通大学、东关石柱子街等地遭到轰炸，许多炸弹落在市区，甚至命中了医院和大学，炸死"民众共计36人，伤的和其他损失更不计其数"。①锦州成为抗日战争时期中国遭受日军无差别轰炸的第一个城市，也是第一次世界大战后国际社会广泛关注的第一个遭到无差别轰炸的城市。1932年"一·二八事变"期间，日本海军航空队不断增兵上海，对上海及其周边地区进行无差别轰炸。上海北火车站被炸成一片废墟，中国当时最大出版机构商务印书馆总厂、印刷部、栈房及尚公小学惨遭炸毁，与上海相邻的苏杭地区也多次遭受日军空袭。

全面侵华战争初期，日军为配合其地面军事进攻，对上海、南京、武汉、广州等地进行了大规模无差别轰炸。据何应钦著《日军侵华八年抗战史》记载，"江苏、杭州、安徽、冀察、太原、归绥、汴洛、济南、广州、南昌、武汉、湖南、西安、兰州各地均遭空袭，计二十六年度(1937年)全国各地共受空袭1269次，机数2254架次，投弹10740枚"②。另据1938年7月，上海文化界国际宣传委员会根据各省市的调查及各种报纸所载的材料，统计编制了《一年来敌机轰炸不设防城市统计》(1937年8月—1938年5月)，轰炸区域遍及16省共273个城市及交通线路。另据日本学者笠原十九司对日军海军作战的统计，仅仅1938年一年，海军航空部队实施的轰炸天数即达316天，也即几乎每天都在中国实施轰炸。③

关于抗战初期日军对不设防城市轰炸造成的损失情况，国民政府内政部根据各省市损失报告编制的损失统计显示，从1937年8月到1938年5月，日军飞机对中国城乡空袭计2204次，投弹26951次，炸死10482人，炸伤13319人，炸毁房屋42087间(栋)。④另据《一年来敌机轰炸不设防城市统计》显示，同期日军对中国各不设防城市及交通线轰炸2473次，投弹33192

---

① 述初：《日军轰炸锦州》，《农民周刊》1931年第7卷第2期，第2页。
② 何应钦：《日军侵华八年抗战史》，黎明文化事业公司1982年版，第332页。
③ [日]笠原十九司：《日中战争时期日本海军航空队实施城市轰炸全貌》(未刊论文)。
④ 江西省政府秘书处统计室编印：《江西统计月刊》，第1卷第8期，《全国各地空袭损失统计表》，民国二十七年八月号，第44页。

枚,炸死16532人、炸伤21752人。① 无论是官方的统计,还是民间的调查,其侵华日军无差别轰炸给中国造成的损失都是极其惨重的。

抗战相持阶段到来后,日本为挫败中国"继续作战的意志","促使蒋政权崩溃",对以战时首都重庆为中心的广大后方地区实施了更大规模的所谓"政战略轰炸"。在此阶段的无差别轰炸中,后方各大城市无疑是侵华日军无差别轰炸的重点。仅就后方省会城市而言,只有西藏的拉萨、新疆的迪化(乌鲁木齐旧称)未遭受日机轰炸。在西南后方,侵华日军重点轰炸了战时首都重庆和成都、昆明、贵阳等省会城市。四川省作为战时支持中国长期抗战的最重要后方基地,无疑成为轰炸的重灾区;②在云南省内,昆明是遭受日机轰炸次数最多、进袭机数最多、投下炸弹最多、损毁房屋最多的城市;在贵州省内,侵华日军曾9次轰炸贵阳市区和近郊地区。③ 在西北后方地区,侵华日军重点轰炸兰州及西安两个省会城市。据统计,抗战时期日机轰炸西安145次,出动飞机1106架次,投弹3440枚,造成1244人死亡,伤1245人,毁坏房屋合计6783间,一次造成死伤百人以上的轰炸达6次。④ 侵华日军对兰州的轰炸开始较早,到1941年9月止,轰炸达36次,共出动飞机670架,投弹2738枚,造成215人死亡、191人受伤,损毁房屋21669间。⑤ 另外,青海省会西宁也遭到日机的空袭,1941年6月23日,日机27架在西宁市投下炸弹230余枚,烧夷弹30余枚,并以机枪疯狂扫射。造成人口死亡43人,重

---

① 《敌机滥炸我国统计》,《时事月报》1938年第19卷第3—4期,第75页。
② 重庆早在成为战时首都前的1938年2月即遭受轰炸,国民政府迁都重庆后,日军对重庆实施了长达三年之久的持续无差别轰炸。1939年5月3、4日,日机在重庆人口稠密的城市中心区域投下大量爆炸弹、燃烧弹,市区十余条主要街道被炸成废墟,数十条街巷房屋起火,大火燃烧近三天才被扑灭,市民炸死4572人、炸伤3637人,炸、焚毁房屋1949幢。1940年实施的地毯式轰炸,1941年实施的疲劳轰炸,"使我万千同胞骨肉横飞,使我数十万城市居民流离失所,使我百万间的崇楼桀阁化为丘墟"。《精神总动员会告市民书》,《国民公报》1940年8月24日。关于重庆大轰炸的研究,成果较多,可参看潘洵等著《抗日战争时期重庆大轰炸研究》,商务印书馆2013年版。
③ 以1939年2月4日轰炸贵阳市中心区造成的破坏和损失最为惨重,敌机向市区投弹124枚(多为燃烧弹),市民死伤1223人(其中死520人,伤703人),炸毁房屋1300余所,经济损失达2500万元。贵阳市志编纂委员会编:《贵阳市志·军事志》,贵州人民出版社1989年版,第133页。
④ 肖银章、刘春兰:《日机飞机轰炸陕西实录》,陕西师范大学出版社1996年3月,第17页。另据《陕西省抗日战争时期人口伤亡和财产损失》(陕西省委党史研究室编,北京:中共党史出版社,2015年,第18页)统计,抗战时期日机轰炸西安147次,被炸死2719人、炸伤1228人,炸毁房屋7972间。二者在轰炸次数、炸伤人数、被毁房屋数量等方面几乎相同,唯有在炸死人数统计上有较大差异。
⑤ 王禄明、陈乐道:《日军轰炸兰州及甘肃各地实录》,《档案》2005年第2期。

伤 12 人，轻伤 16 人，被炸毁房屋 530 间，财产损失折合当时的法币 119000 余元。①

在战时首都和省会城市外，西南、西北后方的中小城市及乡村也频遭侵华日军的无差别轰炸。据初步统计，四川省（含重庆）遭受轰炸的市、县最多，全省 143 个市县，被日机轰炸并有伤亡的市县达到 66 个，占当时四川全省市县总数的 48%；② 云南省被炸地区达 21 县；③ 贵州省被炸县、市有 19 个；④ 陕西省遭受轰炸范围遍及全省 55 个市、县、镇；⑤ 甘肃省有 11 个市县被炸；⑥ 另外，当时中共中央所在地的延安曾遭到 17 次轰炸，共计飞机 257 架次，投弹 1690 枚，死伤人员 398 人，毁坏房屋 15628 间。⑦ 此外，广州、广西、浙江、福建、江西、安徽、湖北、湖南、河南等未完全沦陷的后方区域，也频繁遭到轰炸。

太平洋战争爆发后，侵华日军对后方地区的轰炸明显减少，但直到 1945 年战争结束前夕，轰炸仍在持续。

从某种意义上讲，侵华日军对中国城乡的无差别轰炸，并非典型意义上

---

① 董继瑞：《抗日战争时期西宁曾遭日本飞机轰炸》，《青海工作》2004 年第 9 期。青海省委党史研究室编：《青海省抗日战争时期人口伤亡和财产损失》，中共党史出版社 2015 年版，第 48—49 页。

② 四川省档案馆编：《川魂——四川抗战档案史料选编》，西南交通大学出版社 2005 年版，第 23 页。

③《抗战期间日机袭滇伤亡损失总计》，云南省档案馆编：《日军侵华罪行实录·云南部分》，云南人民出版社 2005 年版，第 416 页。

④ 贵州省地方志编纂委员会编著：《贵州省志·防空战备志》，贵州人民出版社 2000 年版，第 7 页。另据《贵州省抗日战争时期人口伤亡和财产损失》（贵州省委党史研究室编，中共党史出版社 2015 年版，第 4 页）一书记述，抗战期间，贵州的贵阳、清镇、独山、龙里、后坪、桐梓、晴隆、务川、习水、正安、三都、丹寨、龙安、玉屏、镇宁等 15 个县市遭到日机直接轰炸，其轰炸目标主要集中在这些城市的政府机关、商业区、军工厂矿、交通要道、军事基地和桥梁、港口以及平民住宅区、居民疏散区。日机轰炸贵州全省共 38 次，出动飞机 405 架次，造成死亡人数 1051 人，受伤人数 1881 人。

⑤ 肖银章、刘春兰编著：《抗战期间日机飞机轰炸陕西实录》，陕西师范大学出版社 1996 年版，第 4 页。《陕西省抗日战争时期人口伤亡和财产损失》（陕西省委党史研究室编，中共党史出版社，2015 年版，第 18 页）一书沿用了 55 个县市的数据。

⑥ 王禄明、陈乐道：《日军轰炸兰州及甘肃各地实录》，《档案》2005 年第 2 期。另据《甘肃省抗日战争时期人口伤亡和财产损失》（甘肃省委党史研究室编，中共党史出版社 2014 年版，第 10 页）一书记述："抗战期间，日机疯狂轰炸甘肃省的兰州、靖远等 10 余座城市，炸毁房屋 24124 间，造成 10 万余人无家可归"。

⑦ 肖银章、刘春兰编著：《日机飞机轰炸陕西实录》，陕西师范大学出版社 1996 年版，第 43 页。《陕西省抗日战争时期人口伤亡和财产损失》（陕西省委党史研究室编，中共党史出版社 2015 年版，第 403 页）一书在轰炸次数及伤亡人数与前者相同，被毁房屋统计为 8571 间（含过街楼、牌楼、石洞等），远低于前者。

的战争行为,而是一种国家恐怖主义行动,制造了前所未有的恐怖与毁灭,给中国人民造成了巨大的灾难和损失。中央研究院的韩启桐研究员较早开展抗战损失研究,他在《中国对日战事损失之估计》一书中,参考1937—1943年6年内国民政府航空委员会对日军轰炸损害的统计数据,依据"日军作战惯先广泛轰炸,交战地带损失人数将两倍于后方损失人数","同时前方疏散程度,又远不如后方"的判断,认为抗战前6年轰炸死伤人数达762183人。[①]另据国民政府航空委员会防空总监部的调查统计,抗战时期日军无差别轰炸造成损失为:死亡94522人,受伤113146人,损毁房屋457927间。[②]

日军对中国战时首都重庆及其周边地区的无差别轰炸,是侵华日军无差别轰炸的重要组成部分,是侵华日军无差别轰炸最集中、最典型的代表,也是抗战时期日本法西斯在中国制造的与南京大屠杀、731部队细菌战等同样残暴的血腥罪行之一,在当时的国际影响甚至超过了南京大屠杀、731部队细菌战等其他侵华暴行。

二、重庆大轰炸是日军扩大对华侵略的一项重要战略行动

从日本发动局部侵华战争开始,侵华日军即开始了对中国东北、上海及华北城乡的无差别轰炸。侵华日军对重庆长时期的无差别轰炸,是日本军国主义处心积虑扩大对华侵略的重要战略决策。从1937年卢沟桥事变后,日本不断扩大对华侵略战争。日军航空部队成为日军地面军事进攻的急先锋和排头兵,对华北、华东、华中、华南乃至西南、西北广大区域展开了大范围无差别轰炸。武汉、广州会战后,一方面,日军希望"利用攻占汉口、广州之余势,努力解决事变"。另一方面,军力国力的制约、外交上的孤立和战争的长期化,日本当局深感"以抗战情绪日益旺盛的中华民族为对手,在辽阔无垠的大陆上,以派遣军的有限兵力,欲期急速结束事变,几乎认为是不可能的事了","如果再扩

[①] 韩启桐:《中国对日战事损失之估计》,沈云龙主编:《近代中国史料丛刊续编》第89—90辑,第22页。

[②] 航空委员会防空处编印:《民国三十二年度至三十四年度全国空袭状况之检讨》附表。

大战区或增添兵力,无疑要大量消耗国力"。由此被迫确立所谓"政略进攻、战略持久"的战略,强调为减少消耗而限制战争的规模和强度,要以坚强的军力为背景进行政略和谋略工作,将军事打击的重心移向对付敌后的抗日游击战争。同时,在日本看来,"对被压缩中之中国政府若放任不顾,则仍为重大之祸根,必贻后患,故仍须适宜促使其崩溃"。因此,在将军事打击的重点转向敌后战场的同时,企图通过非军事的政略工作并辅之以军事打击,动摇国民政府坚持抗战的意志,迫使其放弃抗战立场,实行对日妥协。而对中国战时首都重庆及其周边地区的轰炸,就是适应这一军事战略,继续扩大侵略,实现战争目的的重要行动。同时,随着国民政府迁都重庆,重庆战略地位空前提高,在很短的时间内,重庆先后升格为行政院直辖市和永久陪都,并迅速发展成为了战时中国大后方的政治、经济、军事、文化中心,而日军对重庆的轰炸,也是日本帝国主义对重庆战略地位提升的必然反映。

侵华日军对重庆的轰炸,是通过1938年12月初以天皇的名义发布的最高指示——"大陆命第241号"——下达的,这一命令明确提出,航空进攻作战"特别要压制和扰乱敌之战略及政略中枢,并须和海军紧密合作,努力歼灭敌人航空作战力量"。[①] 日军参谋总长闲院宫载仁亲王向现地军司令官下发"大陆指第345号",对航空进攻作战做出了具体的指示:"关于对全支那实施航空作战的陆海军中央的协定,另行制定。攻击敌战略与政略中枢须抓准时机,集中战斗力,特别要捕捉敌最高统帅及最高政治机关,一举歼灭之。"[②]日军企图通过轰炸,动摇中国政府的抗战决心和大后方人民的抗战意志,达到以炸迫和,并最终迫使重庆国民政府妥协屈服之目的。

轰炸重庆计划出炉的当月,重庆正处于云雾密布的雾季,日军即迫不及待开始了对重庆大规模的持续轰炸。虽然首次轰炸未能找到目标,但进入1939年1月以后,日军仍然不顾当时恶劣的天气条件,连续实施对重庆的轰炸。据统计,在日军轰炸重庆及其周边地区的前6年多时间里,在每年1月份实施的对市区的轰炸共有4次,而从1939年1月开始,当月轰炸就达到3

[①]日本防卫厅防卫研究所战史室著:《中国事变陆军作战史》(译稿),第2卷第2分册,中华书局1980年版,第70—71页;复旦大学历史系日本史组编译:《日本帝国主义对外侵略史料选编(1931—1945)》,上海人民出版社1975年3月(内部发行),第276页。

[②][日]前田哲男:《从重庆通往伦敦、东京、广岛的道路——二战时期的战略大轰炸》,王希亮译,中华书局2007年版,第55页。

次,充分表明日军对轰炸重庆的迫切。在此之后,日军先后对重庆实施小编队重点轰炸、地毯式轰炸和疲劳轰炸,企图促使重庆政权妥协投降,尽快结束在中国的战争,抽身实施"北上""南进"战略。

三、重庆大轰炸是一场无差别轰炸的非人道暴行悲剧

侵华日军对重庆的轰炸,无论是轰炸的频率、轰炸的强度、大规模持续轰炸的时间,轰炸造成的影响,还是人口伤亡和财产损失,都创造了对中国城市无差别轰炸的新纪录。重庆成为抗战时期遭受日军大规模轰炸持续时间最长、轰炸次数最多,造成损失最惨重的一座城市。

从1939年5月起,日军对重庆及其周边地区开始实施大规模的无差别轰炸,集中轰炸政治、军事设施和繁华市区。仅在5月3、4日两天的轰炸中,日机在人口稠密的城市中心区域投下爆炸弹176枚、燃烧弹116枚,炸死4572人、炸伤3637人,市区10余条主要街道被炸成废墟,数十条街巷的房屋起火,熊熊大火燃烧近3天才被扑灭。到处是焦土烟火,死尸枕藉,甚至树枝电线上也挂着断臂残肢。尽管日军一再宣称轰炸目标为政治军事设施,但两天之内,死伤无辜市民超过8000人。①

1940年春,日军再次集中了超过中国全部空军力量的兵力,配备新型的重型轰炸机,对重庆展开了代号为"101号作战"的地毯式轰炸。6月,日机轰炸达到白热化程度,在13天的轰炸中,出动飞机超过1370架次,投弹3300余枚,平均每天袭渝机数达105架次、投弹250余枚。特别是8月19、20日两天,日军共出动飞机261架次连续4次狂炸重庆,市区上百条街巷被炸,数十处地方起火,主要繁华大街被炸成一片瓦砾,主要商业场所和银行大都被毁,上万市民无家可归。

1941年夏秋,为尽快结束对中国的战争,日军再次调动大批飞机,对以重庆为中心的大后方实施又一轮战略轰炸。此次轰炸行动,日机采取批次

---

① 重庆空袭紧急救济联合办事处,《5月3、4、12、25四日敌机投弹、人物损失及救济工作汇报表》,0053-12-95,重庆市档案馆藏。

多、时间长的疲劳战术连续攻击重庆。集中轰炸市民住宅、机关、学校、商店等人口稠密和繁华地区。重庆市民经常几小时、十几小时处于空袭警报中。震惊中外的"较场口大隧道窒息惨案"就是发生在该年的6月5日。从8月7日开始,日机不分昼夜,以不到6小时的间隙对重庆进行长达一周的持续轰炸。8月10日至13日,市区空袭警报达13次,长达96小时,市内水电皆断,市民断炊、失眠。

1937年11月,日本制定的《航空部队使用法》第103条明确规定:"政略攻击的实施,属于破坏要地内重要的政治、经济、产业等中枢机关。并且至关重要的是直接空袭市民,给敌国国民造成巨大恐怖,以挫败其战争意志。"[①]1939年7月24日,侵华日军参谋长在对陆军大臣板垣征四郎提出的形势判断中强调,陆军航空部队对内地的战略轰炸,"不但要给予敌军及其军事设施以物质上的损害,更要对敌军及其普通民众形成精神上的威胁,让他们在极度恐慌之余产生精神衰弱"。[②] 在重庆大轰炸中,以城市为轰炸目标,对包括毫无军事目标的住宅区、商业区、文化区等在内的所有区域进行狂轰滥炸;针对重庆城市多为木质结构建筑的特点,每次轰炸不仅投下大量爆炸弹,而且还投下许多燃烧弹,目标直指人口稠密和繁华地区,对城市平民和设施进行大屠杀、大破坏,甚至低空使用机枪对密集人群进行扫射。

对绝无军事设施的文化区域进行轰炸是日军违反国际法的重要表现。如对重庆沙坪坝和北碚两大文化区的中央大学、重庆大学、复旦大学、四川省立教育学院、复旦中学、建设中学、中正学校等大肆轰炸,学生与教授同罹浩劫,根据档案资料不完全统计,仅对1940年5月至8月间,日军对重庆大中小学校轰炸情况作一罗列,便可见日军轰炸对国际法的违反:5月26日,复旦中学中弹30余枚,男生教室被炸倒塌,男生宿舍塌屋2屋,仪室储物间被焚,死9人,伤30人,毁房8间;5月27日,复旦大学被炸,著名法学家、复旦大学教务长孙寒冰教授被炸身亡,同时罹难的有文摘社职员汪兴楷、学生刘晚成等7人,贾开基等20人受伤,炸毁房屋50余间;5月28日,巴县中学内落弹2枚,死1人,伤2人;江北治平中学中弹5枚,导致4人死亡,川东师

---

①前防衛庁防衛研修所戦史部著:《陸軍航空の軍備と運用》(1)——昭和十三年初期まで——,朝云新闻社1974年,第554页。

②《远东国际军事审判判决记录》,转引自伊香俊哉:《对日本空战法规与重庆大轰炸的认识》,《中日学者重庆大轰炸论文集》,中国三峡出版社2004年版,第339—340页。

范被炸,投弹多枚,学校办公室等被震毁;5月29日,日机63架轰炸沙坪坝、小龙坎、磁器口文化区,投弹180枚,其中包括9枚燃烧弹。重庆大学、四川省立教育学院、沙坪坝省立职校、沙坪坝第六小学等被炸。四川省立教育学院社会教育系二年级学生黎属明、朱明芬、罗竹修、李恩荣,三年级学生刘仲远,四年级学生林祖烈、刘景福等7人被炸死亡,另有宋益等4人受伤,毁房屋1栋。重庆大学被投爆炸弹35枚,伤1人,工学院炸毁一半。沙坪坝省立职校中爆炸弹和燃烧弹各1枚,2人死亡,16人受伤。树人小学中弹4枚,毁房屋10余间,死1人。大公职校附近投弹27枚,毁房屋10余间,死2人。沙坪坝省立职校中弹2枚,2人死亡,16人受伤;6月6日,重庆市立中学落弹1枚,毁草房数间;6月10日,重庆市国民基础小学中弹1枚,毁校舍1栋,伤1人。两路口市立中学中弹2枚,毁房9间;6月11日,巴渝中学中弹2枚。川东师范中弹4枚,毁房10余间。巴县中学附近着爆炸弹3枚。化龙桥复旦中学中弹8枚,毁房数间;6月24日,巴蜀小学中弹5枚。李园小学中弹3枚,死亡9人,伤12人,毁房2间;6月26日,川东师范内中弹6枚,毁房1间;6月27日,日机90架轰炸沙坪坝学校区。中央大学中弹21枚,试验工厂及教职员住宅等被毁数十幢。三里职业学校中弹3枚;6月28日,国立中央工业职业学校被炸,学生和工友2人死亡,2人重伤,化学馆及电机实验室震毁,学生临时宿舍震塌。川东师范被日机轰炸,学生宿舍等被震毁。求精中学宽仁医院12号病院落爆弹1枚,毁手术室、仪器室、消毒室全部;6月29日,日机117架轰炸沙坪坝学校区,投炸弹171枚、燃烧弹38枚。中央大学中弹21枚,毁房2栋又18间。国立中央工业职业学校中弹10枚,学生第一宿舍、第二宿舍、教职员眷属宿舍及教师住所损毁严重;6月30日,日机54架轰炸重庆,投炸弹181枚、燃烧弹19枚。四川教育学院、新民报社等教育文化机关被炸,损失严重;7月4日,日机89架分3批空袭重庆,其中两批53架轰炸沙坪坝学校区,中央大学和重庆大学再遭浩劫。重庆大学及附近落弹42枚,毁房屋9栋(含农学系、建筑系、理学院办公室、礼堂、教员宿舍、理学院女宿舍),死5人,伤4人。中央大学落弹8枚,毁教室、宿舍4栋,伤1人。南开中学中弹6枚,毁房2栋;7月8日,川东师范中弹3枚。毁房1间;7月31日,四维学校中弹1枚,毁房2间;8月11日,南岸南坪场中心小学中弹1枚,毁房1栋;8月19日,张家花园孤儿院中弹2枚,死亡11人,伤

16人。巴县中学中弹15枚,4死1伤。①

日军对重庆及其周边的无差别轰炸,造成了重大的人口伤亡和财产损失。"使我万千同胞骨肉横飞,使我数十万城市居民流离失所,使我百万间的崇楼桀阁化为丘墟。"②据不完全统计,由轰炸导致的直接人口伤亡超过41000人,财产损失折合1937年法币超过100亿元。③这真是一场无差别轰炸的非人道暴行的悲剧。

四、重庆大轰炸开启了大规模持续战略轰炸的恶例

在第二次世界大战中,各大战场均曾实施过多次战略轰炸行动,在欧洲战场,以德国对英国首都伦敦的轰炸造成的损失最为惨重,而事实上,日本则率先开启了非人道的对城市的大规模持续战略轰炸的恶例,制造了为全世界所瞩目和谴责的恐怖行径。我们不妨把欧洲战场德国对伦敦的轰炸和远东战场日本对重庆的轰炸作一简略的对比。

从轰炸开始的时间来看,日军对重庆的轰炸开始于1938年2月,大规模的持续轰炸开始于1939年的5月;而德军对英国首都伦敦的大规模轰炸开始于1940年8月,与日军对重庆的轰炸相比,晚了一年零三个月。

从轰炸持续的时间来看,德军对伦敦的大规模轰炸主要集中在1940年8月初至1941年5月,持续9个月时间,而日军对重庆的大规模轰炸则从1939年至1941年,持续长达3年之久。

从轰炸的规模看,德国、英国空军数量较之日军、中国的空军数量为多,

---

①参见潘洵、周勇主编:《抗战时期重庆大轰炸日志》,重庆出版社2011年版,第180—238页;唐润明主编:《轰炸经过与人员伤亡(中)》,重庆出版社2015年版,第41—187页。
②《精神总动员会告市民书》,《新华日报》,1940年8月20日。
③潘洵根据档案资料对重庆大轰炸人口伤亡进行重新估计,抗战时期,日军对重庆及其周边地区的轰炸总计造成死亡19446人、受伤22427人、伤亡总数41873人。其中,日军对重庆城区的轰炸共造成11386人死亡、12735人受伤,伤亡合计24121人,在城区外防空监视区域的轰炸共造成3632人死亡、4249人受伤,伤亡合计7881人,在战略外围区域的轰炸共造成4428人死亡、5443人受伤,伤亡合计9871人。(参见潘洵,《抗战时期重庆大轰炸人口伤亡数量再研究》,《四川师范大学学报(社会科学版)》,2015年05期。)

德军也曾多次一天出动1000架次以上的飞机轰炸英国城市,而日军对重庆的轰炸一天出动飞机最多为200多架次。但从敌我双方的实力对比来看,日军对重庆轰炸破坏并不亚于德军对伦敦的轰炸。

从轰炸造成的损失来看,尽管伦敦缺乏统计资料,但从整个英国在轰炸中遭受损失的统计资料进行推测,重庆的损失亦不会比伦敦的损失少。

日军对重庆的战略轰炸,是战争进化史上的一个重要链条,虽然比德国空军轰炸格尔尼卡晚了约一年,但无疑是第二次世界大战中遭受轰炸最早、时间最长、次数最多、造成损失也最惨重的一座城市。时人也有这样的观察,赵宗鼎在《忆战时陪都重庆》一文中认为,"重庆被敌机的破坏,并不亚于英国伦敦和法国巴黎等大都市"。① 从某种意义上讲,日军对重庆实施的无差别轰炸,开启了第二次世界大战中大规模持续无差别轰炸的恶例,给人类和平事业造成了巨大的灾难。

日军对重庆的轰炸,开创了人类战争史上无差别轰炸的模式——持续不间断地实施轰炸,以制造"恐怖",挫伤抗战意志为目的;以城市为轰炸目标,对包括毫无军事目标的住宅区、商业区、文化区等在内的所有区域进行狂轰滥炸;针对城市多为木质结构建筑的特点,每次轰炸不仅投下大量爆炸弹,而且还投下许多燃烧弹,目标直指人口稠密和繁华地区,对城市平民和设施进行大屠杀大破坏,甚至低空使用机枪对密集人群进行扫射;完全不同于配合地面进攻,而是单独进行空中作战,企图使用空中力量达成决定性的效果。所有以上这些战法,都是日本航空部队在轰炸重庆的过程中开发的。

日本对重庆的轰炸在一定程度上进一步导致了美日关系的恶化,而日军轰炸重庆的经验又进一步膨胀了其利用空中力量扩大战争的野心。正如日本学者前田哲男所论,日军对重庆的轰炸,成为通向对英美战争的跳板。② 而美国后来对日本本土的轰炸,从某种意义上讲,也是日本对重庆进行战略轰炸思想的进一步发展。日军空袭重庆时使用的战术,后来被美国空袭日

---

① 赵宗鼎:《忆战时陪都重庆》,《空袭下的中国难民》,《日本在华暴行录》(1928—1945),国史馆编印1985年10月,第739页。
② [日]前田哲男:《从重庆通往伦敦、东京、广岛的道路——二战时期的战略大轰炸》,王希亮译,中华书局2007年版,第253页。

本时照抄照搬,而广岛和长崎也就成为无差别轰炸历史上一条"进化"的链条。[①] 从这个意义上讲,日军对重庆的轰炸,开启了通向东京轰炸、广岛和长崎的原子弹轰炸,乃至于发展成为后来的战略轰炸的终极形态。因此,日本对重庆的轰炸是世界战略轰炸发展进程中一个重要链条,给人类和平事业造成了巨大的灾难。

面对日军的无差别轰炸,英勇的重庆军民并没有被日本帝国主义的淫威所吓倒,他们和伦敦军民一样,在极其艰苦的条件下进行了卓有成效的反轰炸斗争,积极疏散人口,不断改进防空设施,开展救护、救济。正是由于重庆人民英勇的反轰炸斗争,重庆人民生命财产的牺牲和损失才逐年减少。

[①] [日]前田哲男:《从重庆通往伦敦、东京、广岛的道路——二战时期的战略大轰炸》,王希亮译,中华书局2007年版,第322页。

第二章
重庆大轰炸历史文化资源及其价值

侵华日军重庆大轰炸历史文化资源,是近代重庆城市苦难与抗争的最典型代表,见证了日本军国主义侵略中国的罪行,见证了中国人民为了民族独立解放而付出的巨大牺牲。同时也是中华民族伟大抗日精神的有形载体,是弘扬和平主义和爱国精神、进行世界和平教育和爱国主义教育极好的教科书,还是重庆城市精神的重要血脉和体现,是重庆城市发展的一笔宝贵财富。

一、重庆大轰炸历史文化资源的范畴与类型

虽然已经过去70余年,重庆大轰炸的历史也曾一度淡出人们的历史记忆,但重庆大轰炸历史文化资源仍然极其丰富,要保护和利用好重庆大轰炸历史文化资源,必须对重庆大轰炸资源的内涵、类型及其现状有一个科学的认识。

(一)重庆大轰炸历史文化资源的范畴

长期以来,人们对重庆大轰炸历史文化资源的认识是比较曲折、比较片面的。从重庆大轰炸结束以后的40余年间,几乎没有将重庆大轰炸的资源视为有价值的历史文化资源,既没有对重庆大轰炸历史的研究,也没有对重庆大轰炸历史文化资源的保护、发掘和利用。直到抗日战争胜利40周年前夕,中共中央宣传部将重庆大轰炸列入揭露帝国主义侵华罪行研究选题之一,正式启动了重庆大轰炸的历史研究。但当时除了极少数学者的研究之

外,社会各界并没有给予重庆大轰炸历史文化资源足够的关注。

1998年年初,重庆市政协委员、原西南师范大学(现西南大学)王孝询教授向重庆市政协提交了《挖掘重庆大轰炸历史文化资源,为我市两个文明建设服务》的提案。3月,重庆市全国政协委员刘惠君等又向全国政协提交了《建立重庆大轰炸纪念馆》的提案。重庆大轰炸的历史开始引起社会各界的广泛关注。自此以后,人们在学术研究和文物保护的视角加深了对重庆大轰炸历史文化资源的认识,加强了对重庆大轰炸档案资料的汇编与研究,也强化了对重庆大轰炸遗址遗迹的保护。虽然如此,无论是学术界还是文物部门,对重庆大轰炸历史文化资源的认识仍然存在理念和视野上的局限,缺乏从保护与利用角度的全面思考和实际运作,虽然从抗战文化资源的角度开展了一些重庆大轰炸历史文化资源的保护与利用,但至今没有形成对重庆大轰炸历史文化资源保护与利用的整体规划。而在保护和利用的实践中,早期的重庆大轰炸资源保护利用仅仅局限于"重庆大隧道窒息惨案遗址"的保护利用,后来虽然有所拓展,在申报第七批国家重点文物保护单位时,首次将"六五"大隧道惨案遗址、重庆市消防人员殉职纪念碑、抗战民用防空洞遗址群、黑石子大轰炸被难同胞无名墓地和北碚抗战时期警报台旧址五处遗址作为"重庆大轰炸遗址群"提出申报,但未能获得批准。抗日战争时期,重庆大轰炸是一个具有重大国际国内影响的事件,但迄今为止,重庆还没有一处有关重庆大轰炸的遗址遗迹成为国家重点文物保护单位,这不仅是重庆的遗憾,也说明重庆过去在此方面保护和利用工作的缺失。

所谓历史文化资源,对这一概念的界定,不同的学者持有不同的见解和观点。有学者认为:"所谓历史文化资源,就是在过去人类历史发展过程中,人们创造和使用的各种物质文化资源和精神文化资源的总和"。[1] "是以文化形态存在的社会资源,它是人类社会进步的纪录,是人类创造的物质财富和精神财富的积淀,是社会文明的结晶。"[2] 也有学者认为,历史文化资源是指"在人类历史文化遗存的诸多实体当中具有独特的功能、现代资产价值、能够进行科学合理的开发利用,甚至扬弃升华的部分"[3]。一般而言,历史文

---

[1] 董雪梅:《公共历史文化资源的产业开发——以济南为例》,山东大学2008年博士学位论文。
[2] 郑汕、赵康:《历史文化资源的开发与二十一世纪的史学发展趋势》,《云南学术探索》,1998年第1期。
[3]《谈谈资源和历史文化资源》,《武汉大学学报》(人文科学版)2006年第3期。

化资源具有时代性、唯一性、客观性、复合型、价值性等特征。首先,历史文化资源具有鲜明的时代性,是特定时代的产物,它的各个细胞无不铭刻着历史的痕迹和时代的烙印。历史文化资源的时代性和历史性决定它所承载的历史信息、历史材料、历史文化内涵、历史地位作用是不可再生的,是无可替代的。因此,它具有唯一性。历史文化资源是不以人的意识为转移的一种客观资源。历史留下的印记是无法抹去的,它已经留下了历史证据和历史记忆,不论是文物古迹,还是人文精神都是历史留给我们的,是不依托我们的意识而改变的客观存在,更是无法更改和磨灭的。历史文化资源是物质实体和精神内涵二者的复合体。历史文化资源既有博物馆、历史古迹等物质实体,也有历史事件、人物精神等精神内涵,它是二者的有机结合体。历史古迹是历史事件所遗留下来的物质实体,而历史事件依托历史古迹等实体才得以展现出来。历史文化资源的物质实体和精神内涵相互依存,缺一不可。历史文化资源的物质实体给予了我们了解历史文化的实物载体,又给予了我们了解各个历史时期的政治、经济、文化、军事等等方面的信息,而历史文化资源的精神内涵更是人类认识自己、了解自己、改造自己的一面镜子,它蕴含人类发展进程的教训、经验、理念、精神等等的精神财富。

对于重庆大轰炸历史文化资源的范畴,过去主要局限于人们比较多关注的遗址遗迹和日军轰炸造成的损害类资源。事实上,重庆大轰炸历史文化资源是一个内涵丰富、类型多样的资源体系,既有日军轰炸造成的损害类的资源,也有面对日军轰炸重庆人民反轰炸斗争类的资源;既有遗址遗迹类不可移动类资源,也有大量文献档案、实物等可移动类资源;既有物质文化类的资源,也有民谣、故事、口述历史等非物质文化类的资源。所有直接反映日军轰炸重庆和重庆人民反轰炸斗争的遗址、遗迹、文献、档案、实物、记忆、纪念类资源,都应当是重庆大轰炸历史文化资源保护与利用的范畴。

(二)重庆大轰炸历史文化资源的类型

历史文化资源类型丰富多样,依据不同的分类标准可以划分为不同的类型。就重庆大轰炸历史文化资源而言,按照资源的存在形态的不同,可以将重庆大轰炸历史文化资源划分为不可移动性资源和可移动性资源。根据历史文化资源的属性不同,可以将重庆大轰炸历史文化资源划分为物质文化类的资源和非物质文化类的资源。根据历史文化资源的性质不同,还可以将重庆大轰炸历史文化资源划分为日军轰炸类历史文化资源和重庆人民反轰炸类历史文化资源。事实上,每一大类还可以进一步细分,如日军轰炸类资源,就可以细分为计划类(包括日军陆海军中央航空协定等)、作战类(如日军零式战斗机和各类轰炸飞机、战斗详报、战斗概报等)、损害类(日军人员伤亡、建筑损毁等)等等。

下面,根据历史文化资源的表现形式,我们将重庆大轰炸历史文化资源划分为三大类型。

1. 遗址遗迹类:包括重庆大轰炸的重要机构遗址,重大事件遗址,重要建筑遗址等。如保卫重庆的空军机场遗址、防空情报所遗址、防空监视哨遗址、防空警报台遗址、防空洞及防空隧道遗址、防空高射炮及照测部队阵地遗址、轰炸死亡人员墓地遗址等。

2. 实物文物类:包括日军轰炸重庆使用的轰炸机、战斗机、爆炸弹、燃烧弹、轰炸计划与报告、记录轰炸的各类文献、档案、日记、回忆录等,各类损害统计表和统计册、反轰炸使用的战斗机、高射炮及高射机枪、听音机、照空灯、警报器、各类照片、各类相关标识实物等。

3. 记忆纪念类:包括当时命名的纪念性街道(如五四路)、反映重庆大轰炸的民谣、民间传说、故事,后人修建的各类纪念性的建筑、雕塑,有关重庆大轰炸的绘画、电影、电视剧、纪录片等。

所有这些资源,真实地揭露了二战时期日本帝国主义违反国际准则,轰炸不设防城市,滥炸无辜市民的罪恶行径;也表现出了中国人民不畏强暴、爱好和平、坚持正义、坚持抗战的斗争精神,都具有重要的文物价值和现实价值。

二、重庆大轰炸历史文化资源的概况

关于重庆大轰炸历史文化资源,过去人们比较多的关注重庆大轰炸的遗址遗迹和日军轰炸造成的损害类资源,而对其他资源相对关注不够。尽管目前对重庆大轰炸历史文化资源状况缺乏完整的调查,但根据初步调查的情况,重庆大轰炸历史文化资源不仅数量众多,类型多样,而且价值重大。

(一)遗址遗迹类资源数量众多

在渝中区、南岸区、沙坪坝区、北碚区、江北区、巴南区、江津市、合川区乃至万州区、梁平县,至今仍保存有几十处极具历史和文化价值的重庆大轰炸遗址遗迹。

表1　重庆大轰炸遗址遗迹现状

序号	名称	所在区县	保护级别	保存状况 较好	一般	较差
1	"六五"大隧道惨案遗址	渝中区	市级	▲		
2	重庆市消防人员殉职纪念碑	渝中区	市级	▲		
3	苏军烈士墓	渝中区	市级	▲		
4	跳伞塔	渝中区	市级			▲
5	红岩村防空洞	渝中区	国家级		▲	
6	鹅岭抗战防空洞	渝中区	市级		▲	
7	佛图关白骨塔	渝中区				▲
8	抗战民用防空洞遗址群	渝中区	市级		▲	
9	抗建堂旧址	渝中区	文物点	▲		
10	虎头岩报警塔	渝中区	文物点			▲
11	第二十四兵工厂旧址	沙坪坝区	国家级		▲	
12	第二十五兵工厂旧址	沙坪坝区	国家级	▲		
13	广阳坝机场遗址	南岸区	市级			▲
14	黄山防空洞	南岸区	国家级	▲		
15	黄山防空炮位	南岸区	国家级	▲		
16	南山空军坟	南岸区	市级	▲		
17	泉山炮台遗址	南岸区	文物点			▲
18	黑石子大轰炸被难同胞无名墓地	江北区	文物点			▲
19	第十兵工厂抗战生产洞	江北区	国家级		▲	

续表

序号	名称	所在区县	保护级别	保存状况 较好	保存状况 一般	保存状况 较差
20	第五十兵工厂抗战生产洞	江北区	国家级	▲		
21	北碚警报台旧址	北碚区	市级	▲		
22	孙寒冰教授之墓	北碚区	国家级	▲		
23	北碚文星湾抗战防空洞	北碚区	文物点		▲	
24	第二十九兵工厂	大渡口区			▲	
25	第一兵工厂抗战生产洞	九龙坡区	国家级	▲		
26	鱼洞中坝机场遗址	巴南区	文物点			▲
27	孔祥熙官邸防空洞	巴南区	国家级	▲		
28	第二十五兵工厂弹药库洞	渝北区	文物点			▲
29	艾坪山防空洞	江津区				▲
30	米邦沱日机炸弹爆炸点	江津区	文物点		▲	
31	瑞山中学防空洞	合川区	文物点	▲		
32	合川献机运动旧址	合川区	文物点			
33	万县防空指挥部旧址	万州区	文物点	▲		
34	库里申科烈士墓园	万州区	市级	▲		
35	万县大轰炸白骨塔	万州区	市级			▲
36	狮子寨炮台遗址	万州区	文物点			▲
37	天生城炮台遗址	万州区	文物点			▲
38	梁平仁安洞	梁平县	文物点		▲	
39	梁平南岩防空洞	梁平县				▲

以上是目前初步调查的重庆大轰炸遗址遗迹的基本情况,事实上,由于受多方面因素的影响,目前的调查并不全面,特别是重庆各周边区县的调查,过去曾经多次遭受日机轰炸的区县,在调查中居然没有一处有关重庆大轰炸的遗址遗迹。但真实情况可能并非如此,在重庆市的文物普查中,丰都县没有发现一处重庆大轰炸相关遗址遗迹,但根据其他相关资料,在丰都关圣场有一地下防空洞,是抗日战争时期专门为防止日军轰炸,保护学校学生而修建的,这样的遗址也应当是一个重庆大轰炸的文物点。

（二）文物实物类资源极其丰富

馆藏和民间文物资源也数量众多。如美国总统罗斯福致重庆人民卷轴、日机轰炸重庆所投掷的炸弹、中央电影摄影厂摄影师兼陪都空袭救护委员会摄影顾问程默在1941年拍摄的大轰炸照片簿、"重庆大轰炸"幸存者施庚陪保存的溅有亲人血迹的弹片和来信、重庆市民郝可迪日记（记有1939年6月5日至8月6日10余处日机轰炸情况）、市民被炸受伤后在医院的就诊病历、1940年"8·19"轰炸消防人员罹难纪念碑、《全民抗战》（1939年5月5日）韬奋《战时首都被敌狂炸后怎样》、重庆防空司令部司令贺国光《防空演讲》（1942年）、贺耀祖签发重庆防空司令部服务证书、防空洞入洞证（布质）、自备防空洞避难许可证、防空洞洞长袖章、王安娜防空洞入洞证、陪都空袭服务总队部制"防空水壶"、陪都空袭服务总队佩章、陪都空袭服务总队组织组布臂章，以及大量历史照片等等。由于重庆大轰炸是当时日军侵略暴行一个焦点事件，受到当时国际国内各界和各大媒体的高度关注，不仅在国内各大媒体中有对每一次轰炸的报道，在美国、英国、苏联乃至日本等各类报刊中也有对轰炸的相关报道。各类文化名人如国外的斯诺、白修德、史沫特莱、韩素音等，国内的郭沫若、戈矛、陆诒、冯英子、萧红、靳以、璞君、梦星等用他们的笔记录了轰炸的过程。各类日记中也有大量关于重庆大轰炸的记载，如《蒋介石日记》《王子壮日记》《翁文灏日记》《在蒋介石身边八年——侍从室高级幕僚唐纵日记》等。此外还有大量的回忆录（如《蒋碧微回忆录》）、口述资料、文史资料、方志资料，研究著作等等。各类档案资料也数量众多，日本防卫厅防卫研究所战史室有大量日军轰炸战斗详报或战斗概报档案，美国、英国、苏联等国家档案馆中也有大量有关重庆大轰炸档案。在中国，无论是位于台湾的"中华民国国史馆""中国国民党党史馆"，还是位于大陆的中国第二历史档案馆、四川省档案馆等，都藏有数量众多的重庆大轰炸档案，重庆市档案馆保存有丰富的重庆大轰炸档案资料。它除主要藏有重庆防空司令部、重庆卫戍总司令部、重庆市政府、重庆市警察局、工务局、社会局、重庆市参议会、重庆市防空洞工程处和北碚管理局等卷宗外，馆藏其他卷宗内，几乎都有程度不一的涉及和反映。《重庆防空司令部调查日机袭渝情况暨伤亡损害概况表》,是有关"重庆在大轰炸"档案和资料中最为完整、系统和权威的档案资料。详细记录了日机空袭重庆市区及重庆防空司令部监视区域的192次空袭和损害情况,此外震惊中外的"五三""五四"大轰炸、残酷的"八一九""八二〇"大轰炸和"大隧道窒息惨案"的经过情形和善后处理,档案中均有翔实的反映和记载,同时也有的大量反映重庆人民反轰炸斗争的档案。此外,还有大量影视图像类的资料,如美国《生活周刊》等西方新闻媒体拍摄的大量图片资料,中国中央通讯社等媒体拍摄的图片资料和大后方电影机构制作的有关重庆大轰炸的纪录片等。

(三)记忆纪念类资源也数量不少

重庆市渝中区的"五四路",是为纪念1939年5月4日日军对重庆的轰炸而命名的道路,而在当天的轰炸中,造成人员死亡3318人,受伤1973人,是日军对重庆轰炸造成伤亡人数最多的一次轰炸,是中国人民永远不应忘记的日子。渝中区的"红球坝",也与抗战时期在此悬挂防空警报球有关,久而久之,人们便将此地名称之为红球坝。这类资源还有反映重庆大轰炸的民谣,如"让你龟儿子轰!让你龟儿子炸!老子有很好的防空洞!不怕!让你龟儿子轰!让你龟儿子炸!老子们有广大的农村,不怕!让你龟儿子轰!让你龟儿子炸!老子们总要大反攻,怕啥!"陈可之等创作的大型油画《重庆大轰炸》,电影《大轰炸》,长篇小说《重庆之眼》《重庆!重庆!》等,以及《重庆大轰炸》《不屈之城》《抗战影像志之重庆大轰炸》《大后方》《记忆之城》等影视作品,以及轰炸亲历者、受害者的口述回忆等等。

三、重庆大轰炸历史文化资源的价值

重庆大轰炸历史文化资源,既是揭露日本侵华暴行的重要罪证,也是伸张人类公理正义的重要物证,彰显民族爱国精神的重要载体,还是传承重庆城市文脉的重要资源。

（一）揭露日本侵华暴行的重要罪证

由于战时日本一再宣称其轰炸是从"人道主义立场"出发的军事行为，由于战后东京审判中没有追究重庆大轰炸的犯罪行为，这在相当程度上误导或模糊了人们对重庆大轰炸性质及罪行的认识。事实上，无论是当时的国际组织还是西方主流国家，无论是当时反法西斯国家的元首还是一般平民百姓，对日军在中国在重庆实施的无差别轰炸的非人道暴行均有明确而深刻的认识，日军无差别轰炸的暴行从一开始就遭到了国际正义力量的谴责和声讨。从某种意义上讲，日军对重庆的轰炸，不是典型意义上的战争行为，而只是一种国家恐怖主义行动。日本对中国战时首都重庆实施的残暴的无差别轰炸是为了扩大侵略战争，是非正义的战争暴行，而盟军对东京、大阪、广岛、长崎的轰炸则是制止侵略战争的手段，是正义的战争行为，前者是因，后者是果，是侵略者的自食其果，是日本侵略者种下的仇恨，给无辜的日本人民带来了巨大的灾难。侵华日军对重庆无差别轰炸的犯罪历史，其事实是无法改变的，东京审判没有追究，不等于侵华日军在重庆犯下的残暴罪行就能一并抹去。

抗战爆发前，日本就曾参与并批准《海牙公约》等国际条规，其有义务遵守当时已经确立的国际条约。作为现代国家，日本也应该遵守人类在长期历史中形成的文明惯例。但是，日本无视国际条约和文明惯例，对包括重庆在内的大后方不设防城市进行长时间的狂轰滥炸，无论是从法律层面还是从历史事实层面考察，日本都犯下了违背国际法规、破坏人类和平和违反人类道德的罪行。

第二次世界大战结束已经 70 年了。70 年的风风雨雨，带走了许多东西，但也有许多东西是不可能随岁月而消失的。70 年后，那场战争对于每个民族和每一个人而言，都各有其忘记的部分和铭记的部分。

对一些日本人来说，他们忘记了对上海、广州、重庆等城市的战略轰炸，却记住了东京、大阪等的轰炸和广岛、长崎的原子弹。诚然，东京大轰炸是日本人所不能忘记的。1945 年 3 月 9 日夜，300 架美军 B–29 战略轰炸机轰炸东京，造成了 7.8 万人死亡，150 万人无家可归。广岛、长崎的原子弹是全人类所不能忘记的。两颗原子弹在瞬间就造成了十几万人的死亡。到 1950 年,致死人数超过了 30 万。

日本军国主义给重庆人民造成了惨痛的牺牲和巨大损失,狂轰滥炸造成的人口伤亡、建筑损毁,这是日本军国主义发动侵华战争对中华民族犯下的滔天罪行和不容抵赖的铁证。习近平主席《在纪念中国人民抗日战争胜利 69 周年座谈会上的讲话》明确指出:"日本一些政治组织和政治人物依然在矢口否认日军侵略的野蛮罪行,依然在执意参拜双手沾满鲜血的战犯亡灵,依然在发表美化侵略战争和殖民统治的言论,依然在藐视历史事实和国际正义,依然在挑战人类良知。这些做法,不仅违背了日本政府在历史问题上的承诺,而且背离了中日关系的政治基础,严重伤害了中国人民和广大亚洲国家人民的感情。"我们"决不允许否认和歪曲侵略历史,决不允许军国主义卷土重来,决不允许历史悲剧重演!"在中共中央政治局第二十五次集体学习时,习近平总书记特别强调:"要以事实批驳歪曲历史、否认和美化侵略战争的错误言论。""要加强抗战遗迹保护开发,发挥各类抗战纪念设施作用,为开展抗战研究、展示研究成果、进行爱国主义教育提供阵地。"保护和利用好重庆大轰炸历史文化资源,把日本所犯下的轰炸暴行有力证据完好地保存下来,有助于服务国家外交大局,揭露日本法西斯的侵略暴行,让世界人民看清日本右翼势力歪曲历史、美化侵略的反动本质,防止历史悲剧的重演。

(二)伸张人类公理正义的重要物证

1945 年 8 月,日本战败投降,重庆市民终于迎来了胜利的一天。但是"千百年不能忘此历史仇恨"①,希望"获得加倍加利的报复"②的重庆人民,却因国民政府"以德报怨"的政策和严重的国际国内政治斗争而成为泡影。重庆大轰炸虽然已经成为历史,但重庆大轰炸的诸多遗留问题却至今没有解决。

抗战胜利后,由于错综复杂的国际国内形势,战后在美国主导的东京审判中,没有对日机轰炸重庆等无辜平民的无差别轰炸暴行进行起诉,日本教

---

① 《重庆市临时参议会通电》,《新华日报》1940 年 6 月 30 日。
② 《镇静奋斗,救济难胞》,《国民公报》1940 年 8 月 22 日。

科书中也只字未提,从而使日本在重庆犯下的残暴的非人道罪行,没有得到任何清算。重庆大轰炸的策划者和实施者,没有一位受到应有的惩处。日军对重庆无差别轰炸的犯罪历史事实是无法改变的,东京审判没有追究,不等于说日军在重庆犯下的残暴罪行也可一并抹去,如果不能正确认知重庆大轰炸的真相和本质,世界人民将无和平可言,更无正义可论。

战后在对日本战犯的东京审判中,对南京大屠杀,对在广州市、汉口市、长沙市、衡阳市、桂林市、柳州市等城市非法杀害中国平民的罪行进行了起诉。但是,由于在审判中实际上坚持了"彼此同犯不究"的原则,也由于美国为了隐瞒自己在日本城市进行轰炸的行为,重庆大轰炸的罪行被有意排除在诉讼之外,因而东京审判没有对日机轰炸重庆平民罪行的起诉,从而使日本在重庆犯下的残暴的非人道罪行没有得到任何的追究和清算。重庆大轰炸的策划者和实施者,日本海军支那方面舰队参谋长井上成美少将、联合航空队司令官山口多闻、大西泷治郎少将等,没有一位因实施对重庆的轰炸而受到应有的惩处。

日本是在第二次世界大战后进行无差别战略轰炸的始作俑者,直至今天,世界上无差别轰炸的行动仍在不断地蔓延,轰炸造成的悲剧仍在不断地上演,不追究重庆大轰炸的责任,我们就没有资格去谴责当今城市无差别轰炸的暴行,就无法伸张人类的公理和正义,人类的和平就会受到肆意的践踏和破坏。

日本在重庆犯下的残暴罪行已经过去 70 多年了,对于没有经历过那段苦难岁月的人们来说,重庆大轰炸已经是一个十分遥远的过去。但是,对于那些仍然健在的重庆大轰炸的幸存者而言,不仅轰炸造成的生理、心理创伤至今难以愈合,而且日本政府对重庆大轰炸和侵华历史的否认与漠视仍在不断地折磨着他们,重庆大轰炸的阴影在他们心中始终无法抹去。1998 年,重庆大轰炸受害者开始提出民间索赔问题,要让子孙后代永远不忘这段历史,要让日本人民知道事实真相,要让日本政府承担战争责任。这是重庆大轰炸受害者和所有重庆人民的共同心声和普遍心理。牺牲者的鲜血不应该白流,幸存者的创伤也不应该被忽视,重庆大轰炸的无辜受害者理应得到物质的赔偿和精神的抚慰。日本政府应当采取对历史和现实负责的态度,正确认识和对待这段历史,妥善处理好重庆大轰炸的遗留问题。正视历史,面向未来,不仅有益于中日友好,也有助于世界和平。

(三)彰显民族爱国精神的重要载体

面对日军的狂轰滥炸,重庆人民展开了英勇的反轰炸斗争,他们不屈不挠、忠贞爱国,艰苦奋斗、团结互助,慷慨捐输、毁家纾难,谱写了一页页可歌可泣的爱国主义篇章,体现了重庆人民的"坚持国家和民族利益至上,誓死不当亡国奴的民族自尊品格,万众一心、共赴国难的民族团结意识,不畏强暴、敢于同敌人血战到底的民族英雄气概,百折不挠、勇于依靠自己的力量战胜侵略者的民族自强信念,坚持正义、自觉为人类和平进步事业贡献力量的民族奉献精神"。

由于重庆人民英勇的反轰炸斗争,日本的战略企图始终没有得逞,中国的战时首都始终巍然挺立,不仅对于维持国民政府的继续抗战产生了重要的影响,也赢得了国际社会的广泛关注,扩大了中国抗战在国际上的影响,大大提高了重庆和中国在国际上的地位,重庆也由一个僻处内陆腹地的中等城市一跃而成为与伦敦、华盛顿、莫斯科三大城市相提并论的国际名城,在国际上树立了坚韧不拔、愈炸愈奋的形象。

据统计,日机轰炸重庆造成的人口伤亡,1939年度每一枚炸弹死伤约5.5人,1940年度每一枚炸弹死伤约1个人,1941年1至5月底止,约3枚炸弹死伤1人。[①]

1939年"五三"、"五四"大轰炸后,英国《泰晤士报》发表题为"重庆之屠杀"的社论:"日机向重庆人口最密集的住宅区投弹,死者几乎全为平民。而死者之中,大部分是焚烧而毙命。如此大规模之屠杀,实为前此所仅见"。[②] 塔斯社驻渝特派员将日军轰炸重庆之消息电传回国后,各报即一致予以刊登,苏联民众对日机之暴行,无不表示愤慨。[③] 国际反侵略运动各国分会纷纷谴责日机对重庆人民的滥炸,宣传重庆军民的反轰炸斗争。

[①]《空袭伤亡已渐次减少》,《大公报》,1941年6月4日。
[②] 转引自璞君:《渝市惨遭轰炸》,《东方杂志》第36卷第12号(1939年6月16日)。
[③]《苏联人民谴责敌机暴行》,《新华日报》1940年5月30日。

1939年8月，印度国大党领袖尼赫鲁访问重庆，这是抗战爆发以来首次来华访问的外国政党首脑，也是重庆国际影响扩大的象征。重庆举行了盛大的欢迎仪式。访问期间，尼赫鲁经历5次日机的轰炸，在与蒋介石会谈的那一天，因遭日机反复轰炸，会谈中曾三度避入防空洞。尼赫鲁亲眼目睹了重庆遭受日机轰炸的惨境及重庆人民于大轰炸后自强不息、坚持抗战的精神，在对日本飞机的野蛮残酷轰炸表示愤慨的同时，也对英勇的重庆人民表现出无限的敬佩。

　　重庆的反轰炸斗争得到了国际舆论的普遍好评。英国《泰晤士报》记者由重庆回国后撰文赞誉重庆防空设备为世界第一："警报发出后，除中国'飞将军'、高射炮队、防护团体等各就岗位，执行歼灭敌机或减少损害的神圣任务外，市民扶老携幼，鱼贯入洞，仿佛欧美上工厂的情景，解除警报后，鱼贯而出，仿佛下工厂的情景。"①1939年12月，美国新闻通讯社记者杨格访问遭受日军轰炸的重庆返回香港时发表讲话，赞扬"重庆一切，均充满生气，与东京之萎靡不振，实有天壤之别，中国前途甚为光明"②。英国《泰晤士报》针对日机狂炸重庆发表"中国英勇抗战，已蔚为强国，将负恢复远东繁荣重任"的评论。指出："日本飞机最近狂炸重庆，对于战局方面，实无丝毫影响。中国人民过去曾倍尝痛苦且于忍耐力持久力方面，更具悠久之传统，绝不因任何形式之胁迫而放弃其抗战建国之目的。目前全世界任何地域，对于最后胜利信念之坚，恐无出中国之右者。"③斯诺也曾写道他对日机轰炸重庆的观感："日本已经作了好几十次的空袭，投下了好几万磅有高度爆炸力的炸弹和燃烧弹，但它不能毁灭这个首都的精神，那已经是很明白的事情了。""轰炸在中国人的脑子里唤醒一种重建中国的决心，比敌人能够毁灭的还要快。"④白修德也有同样的认识："使重庆成为伟大，而把各种各样参差不齐的男女融合成为一个社会的是大轰炸。"⑤

---

① 《大公报》，1941年6月27日。
② 张弓、牟之先主编：《国民政府重庆陪都史》，西南师范大学出版社1993年版，第143页。
③ 《中国英勇抗战，已蔚为强国，将负恢复远东繁荣重任》，《中央日报》，1941年8月21日。
④ [美]埃德加·斯诺：《斯诺文集》（第三部），新华出版社1984年版，第128页。
⑤ [美]白修德、[美]贾安娜：《重庆——风云际会的焦点》，《中国抗日战争时期大后方文学书系，第十编，外国人士作品选》，重庆出版社1989年版，第262页。

1941年11月,英国驻华大使卡尔在中国国际广播电台发表演讲,对重庆人民的反轰炸斗争给予了高度的评价:"这儿的断瓦残垣,我们无庸掩饰,不过重庆人和英国人一样,满不在乎,炸毁的地方,他们已大半的从新建设起来了。实在说,对于他们的断瓦残垣,我们感到骄傲,因为它们是为争取自由而付出的代价,同时它的存在也象征我们愿意为之付出代价。实在谈起来,在重庆若是住在一间完整的屋子,几乎是一种极坏的享受,这里对于像完整的屋子等并不重视,这些差得太远,这里所重视的以及中国人民所具有的显明的美点,是勇敢的心和不能破碎的精神。并不是所有远东的炸弹足以挫折中国人民的精神。……他们和英国人民一样,以不可动摇的坚毅和永久的愉快来接受这些炸弹,每个炸弹带来的爆炸、死亡、毁坏和废墟,看起来使他们的团结越密切,使他们一贯到底的决心越坚固。"[1]1942年6月15日,英国驻华大使薛穆爵士对英国民众发表广播演说,盛赞重庆的伟大:"自日本开始进侵中国,迄今已有五载,……中国仍屹立不移,足以象征中国不屈不挠的意志和决心之重庆,乃成为全世界各地家喻户晓之一名词。为各自由民族而言,重庆乃联合国家所有振奋之精神之象征;为独裁者而言,重庆乃若干民众甘冒危险忍受痛苦不接受侵略之束缚之象征。……例如余可提及日机故意轰炸各大学,然此等轰炸并未达到其预想之效果,中国学生于临时之大学,继续攻读不辍。吾人于亲眼获睹此等艰苦之余,实感无限欣慰。此乃中国前途最佳保证。重庆之民气仍极高涨,斜枕于扬子江上的重庆城,到处断垣残壁,然附近山丘与河流,均经开发,市民亦孜孜不倦,使一切生活照常进行。在空袭警报网及防空洞方面,重庆直可与世界上任何城市比较而无愧色,重庆之应成为世界理想中之一项事物,实无足异。"[2]罗斯福总统也曾致书重庆市民,对重庆市民在反轰炸斗争中的坚毅精神给予了高度赞颂:"远在世界一般人士了解空袭恐怖之前,贵市人民迭次在猛烈空中轰炸之下,坚毅镇定,屹立不挠。此种光荣之态度,足证坚强拥护自由的人民之精神,绝非暴力主义所能损害于毫末。君等拥护自由之忠诚,将使后

---

[1]《中国人民坚强的精神必能获得生存的权利,英大使对缅甸马来广播》,《中央日报》,1941年11月7日。

[2] 周开庆:《四川与对日抗战》,商务印书馆1970年版,第80页。

代人民衷心感谢而永垂不朽也。"①

重庆大轰炸中有关重庆人民反轰炸斗争的历史文化资源，是中国人民反抗外敌入侵最生动、最直观的记录和见证，是体现中华民族在外敌入侵时团结御侮精神的重要载体。这些遗址遗迹，反映了中国军民抗战的历史，让参观者可以亲眼目睹在那段峥嵘岁月中留下来的遗存，既直观，又具有冲击力、震撼力，是弘扬和平主义和爱国主义精神、对广大人民群众进行爱国主义教育和世界和平教育的极好"教科书"。

70多年过去了，当我们重新审视这段血与火的历史时，我们更加深刻地认识到重庆人民所做的牺牲和贡献，更加深刻感受到面对日军轰炸下的重庆人民的伟大。我们将永远铭记这段历史。在重庆大轰炸中表现出来的伟大的民族精神，不但成为战时激励中国人民团结一心、血战到底的坚实思想基础和强大精神支柱，而且在还通过抗战的烽火的洗礼而得到了新的丰富和升华。这是伟大的抗日战争留给重庆人民的最宝贵的精神财富，我们一定要结合新的时代条件大力继承和发扬。在全面建设小康社会、实现中华民族的伟大复兴而努力奋斗的今天，我们依然要发扬重庆人民在大轰炸过程中所体现出来的伟大民族精神。

（四）传承重庆城市文脉的重要资源

历史遗存，是城市历史最浓缩、最集中的表现，可以让人们集中地了解城市过去的一段历史，无论是在教育后人方面，还是在督促我们牢记历史、不忘过去，努力开拓未来方面，都具有非常重要的意义。

抗战时期，重庆是中国大后方的政治、经济、军事、文化中心，是中国的战时首都，是世界反法西斯战争远东指挥中心，还是以国共合作为基础的抗日民族统一战线的重要活动舞台。正是由于有如此重要的战略地位，重庆才遭受了日本军国主义长时间的战略轰炸。重庆在抗战期间尤其是重庆大轰炸期间为抗战所做出的重大贡献和巨大损失，是应当永远记录在历史的丰碑上的。重庆大轰炸历史文化资源是中国人民抗日战争和世界反法西斯

---

① 重庆抗战丛书编纂委员会编，《重庆抗战大事记》，重庆出版社1995年8月版，第165页。

战争的重大历史见证，是重庆在抗日战争时期重要历史地位、重要历史贡献的价值体现和重要载体，因此加强对重庆大轰炸的研究，挖掘重庆大轰炸的历史文化资源，有利于更加全面和实事求是地评价重庆在抗日战争中的地位和作用。同时也是宣传重庆城市文化最好的窗口。

习近平总书记在纪念中国人民抗日战争暨世界反法西斯战争胜利69周年座谈会上的讲话中指出："在中国人民抗日战争的进程中，苏联、美国、英国等反法西斯盟国为中国人民提供了宝贵的人力物力支持。朝鲜、越南、加拿大、印度、新西兰、波兰、丹麦以及德国、奥地利、罗马尼亚、保加利亚、日本等国的反法西斯战士直接参加了中国人民抗日战争。我们不会忘记给予中国人民道义和物质等方面支持的国家和国际友人，不会忘记在南京大屠杀和其他惨案中为中国难民提供帮助的外国朋友，不会忘记同中国军队并肩作战、冒险开辟驼峰航线的美国飞虎队，不会忘记不远万里前来中国救死扶伤的白求恩、柯棣华医生等外国医护人员，不会忘记真实报道和宣传中国抗战业绩的外国记者，不会忘记在中国战场上英勇献身的苏军烈士！中国人民将永远铭记各国人民为中国人民抗日战争胜利作出的宝贵贡献！"重庆人民反轰炸斗争的胜利，是与苏联、美国等世界反法西斯国家的支持分不开的，也是与中国国民党、中国共产党以及重庆各界群众的团结协作分不开的，不同国家、不同党派、不同地域汇集重庆的人，在反轰炸斗争中结下了深厚的友谊，对重庆人民艰苦卓绝的反轰炸斗争也留下了深刻的印象。重庆大轰炸的遗迹、遗物、纪念设施不仅可以唤起民族记忆、弘扬民族精神、加强爱国主义教育，而且在向世界宣传中国的抗日战争、加强与国外的交流合作等方面发挥了重要的作用。加强对重庆大轰炸历史的研究，发掘重庆大轰炸的历史文化资源，有助于加强对外交流与合作，促进祖国统一。历史不会重来，遗址不可再生，毁灭一个就少一个历史见证。保存历史文化资源就是保存城市的文脉。

第三章
重庆大轰炸历史文化资源保护利用历程及其存在问题

在相当长的历史时期,重庆大轰炸历史文化资源没有受到应有的保护与利用。而真正意义上的保护与利用开始于1985年抗日战争胜利40周年之际,而此时不仅有关重庆大轰炸的历史已经淡出了绝大多数中国人甚至重庆人的记忆(除少数经历过重庆大轰炸的幸存者、见证者),重庆大轰炸的一些重要历史文化资源,也大多在城市发展的进程中消失了。

一、重庆大轰炸历史文化资源保护与利用发展历程

学术研究是重庆大轰炸历史文化保护和利用的重要基础和前提。在抗日战争胜利后近40年间,学术界基本没有关于重庆大轰炸的研究成果问世。直到1978年改革开放以后,随着人们思想的解放,重庆大轰炸的学术研究才正式启动。随着学术研究的进展,重庆大轰炸的历史资源的保护与利用才逐渐受到人们的关注。

(一)学术教育界对重庆大轰炸历史文化的研究利用

在20世纪80年代中期,开始出现了有关重庆大轰炸的文章,据统计,1978至1988年间,直接论述、介绍和回忆重庆大轰炸的文章不到20篇,其

中学术论文仅有《日机对重庆的战略轰炸及其后果》[①]、《重庆大轰炸与日军侵华战略》[②]、《日机对重庆的大轰炸》[③]、《重庆人民的反空袭斗争》[④]等。抗日战争胜利50周年前后,重庆大轰炸研究取得了一批成果。在学术论文方面,有王显乾的《日机轰炸陪都和陪都人民的反空袭斗争》,温贤美的《日机对重庆的"战略轰炸"和重庆的反空袭斗争》,唐守荣的《陪都首届防空节和国民政府的防空建设》[⑤],杨光彦、潘洵的《试论抗战时期重庆反空袭斗争的地位和作用》[⑥],杨光彦、潘洵的《抗战时期日机空袭重庆和重庆反空袭斗争述论》[⑦],杨耀健的《日机轰炸重庆纪实》[⑧],魏励勇的《日机对重庆的大轰炸》[⑨]。在学术专著方面,西南师范大学和重庆市档案馆编(实际由黄淑君主编)的《重庆大轰炸》在1992年由重庆出版社出版,这是国内第一部关于重庆大轰炸的著作。1995年,由唐守荣主编的《抗战时期的重庆防空》作为"重庆抗战丛书"的一种由重庆出版社出版,该书比较全面地论述了日军对重庆的轰炸和在日机轰炸下重庆人民的防空建设与反空袭斗争。

1998年初,原西南师大历史系教授、重庆市政协委员王孝询向市政协提交了《挖掘重庆大轰炸历史文化资源,为我市两个文明建设服务》的提案。3月,由重庆市政协委员牵头又向全国政协提交了《建立重庆大轰炸纪念馆》的提案。两个提案引起社会高度关注。与此同时,"重回烽火岁月,山城青少年在行动"寻访活动在全市迅速开展起来。5月5日,一部真实记录重庆大轰炸的老相册被发现,其中150幅记录1941年6月5日"重庆大隧道惨案"发生前后日机轰炸重庆的照片首次向世人披露。5月,重庆大轰炸受害者董德芳第一个向日本政府提出索赔。到5月底,仅原西南师范大学学生寻访小组就采访到大轰炸幸存者和目击人30余名,整理形成了近6万字的资

[①] 余凡等:《日机对重庆的战略轰炸及其后果》,《重庆社会科学》1985年增刊。
[②] 余凡等:《重庆大轰炸与日军侵华战略》,《重庆抗战纪事》,重庆出版社1985年版。
[③] 唐守荣:《日机对重庆的大轰炸》,《民国春秋》,1985年第4期。
[④] 刘志健:《重庆人民的反空袭斗争》,《抗日战争中的重庆》,西南师范大学出版社1986年版。
[⑤] 均收入《中国重庆抗战陪都史国际学术研讨会论文集》,华文出版社1995年版。
[⑥]《西南师范大学学报》,1995年第3期。
[⑦]《庆祝抗战胜利50周年两岸学术研讨会论文集》,台湾近代史学会1996年出版。
[⑧]《党史博览》,1996年第2期。
[⑨]《航空史研究》,1997年第3期。

料,10余小时的采访录音,近100幅人证物证图片。寻访活动受到《人民日报》《光明日报》《中国青年报》和中央电视台等国内主要新闻媒体的报道。为了推动研究工作的深入开展,原西南师范大学又于1998年7月7日成立了"重庆大轰炸研究中心"。暑假期间,原西南师范大学学生利用暑期社会实践机会再次组织"重庆大轰炸寻访团"开展寻访工作。100多名寻访团员不畏酷暑,穿街过巷,深入渝中区、南岸区、合川县、梁平县等9个区县寻访大轰炸的幸存者和见证人,累计采访500余人次,搜集到了大量的录音和文献资料。帮助组织了"重庆大轰炸难友会"。并筹备组建了"重庆大轰炸幸存者联谊会"和"重庆大轰炸受害者民间对日索赔原告团"。2001年5月重庆市文化局等编的《重庆大轰炸图集》由重庆出版社出版。2002年中央电视台完成5集电视纪录片《重庆大轰炸》。从2002年开始,中国细菌战受害者民间索赔诉讼日方律师一濑敬一郎先生开始关注重庆大轰炸受害者的民间索赔行动,先后邀请了王群生、高原、王孝询、徐勇、潘洵等重庆大轰炸的受害者和研究者访问日本,向日本民众介绍重庆大轰炸的真实历史,并开始调查取证工作,搜集了近300位重庆大轰炸受害者的证言。2006年3月30日,重庆大轰炸受害者在东京地方法院正式向日本政府提起谢罪赔偿诉讼。

与此同时,各类学术活动和学术成果也备受关注,2003年12月召开"殖民主义研究第六届年会暨重庆大轰炸65周年纪念国际学术研讨会"。2004年4月在重庆召开"中日重庆大轰炸学术研讨会",中日两国学者、律师和受害者共同研究和回顾重庆大轰炸的历史及其遗留问题。2007年9月在西南大学召开了"重庆大轰炸暨侵华日军暴行国际学术研讨会"。此次研讨会,是第一次集中探讨有关重庆大轰炸研究的国际学术会议,来自日本、韩国、美国和海峡两岸的80余位专家学者参会,直接论述重庆大轰炸的论文近40篇,在档案史料的发掘上取得了新收获,在基本问题的认识上取得了新进展,在研究领域的拓展上取得了新突破,是重庆大轰炸研究的一个重要里程碑。与此同时,一批普及性、研究性的著作也相继出版,2001年,《重庆大轰炸图集》由重庆出版社出版;2002年,徐朝鉴、王孝询主编的《重庆大轰炸》在西南师范大学出版社出版;2005年,曾小勇、彭前胜、王孝询著的《1938—1943:重庆大轰炸》在湖北人民出版社出版;同年,李金荣主编的《烽火岁月:

重庆大轰炸》在重庆出版社出版,谢世廉主编的《川渝大轰炸——抗战时期日机轰炸四川史实研究》在西南交通大学出版社出版;2011 年,王川平主编的《英雄之城——大轰炸下的重庆》在重庆出版社出版;同年,潘洵、周勇主编的《抗战时期重庆大轰炸日志》在重庆出版社出版;2013 年,潘洵等著的《抗日战争时期重庆大轰炸研究》在商务印书馆出版;2016 年,潘洵著《重庆大轰炸研究》在日本岩波书店出版。档案整理方面有唐润明主编的《重庆大轰炸档案文献·轰炸经过与人员伤亡》《重庆大轰炸档案文献·财产损失》《中国战时首都档案文献》之唐润明主编《反轰炸》[①]等。所有这些活动和成果,既是对重庆大轰炸历史资源的利用,也深化了对重庆大轰炸历史文化资源的认识。

重庆大轰炸历史文化资源也是极其重要的教育资源。在学校教育中,直到 20 世纪 80 年代,在中国的国民教育体系中,无论是中学的历史教科书,还是大学的历史教材,均没有涉及重庆大轰炸的内容。最早把重庆大轰炸历史写进大学历史教材的是由杨光彦教授等主持的《中国现代史》,但该教材的使用范围极其有限。最早把重庆大轰炸的历史写进中学历史教材的是杨光彦等主编的由西南师范大学出版社出版的《中国历史》。但在目前还在使用的大学教材中,几乎都没有重庆大轰炸的内容。而在中学历史教材中,除了重庆地方教材《重庆历史》和重庆五十七中校本教材《重庆大轰炸》(2002 年)外,也几乎没有涉及重庆大轰炸的内容。笔者曾经在西南大学历史专业一年级学生中进行过调查,知道重庆大轰炸的一年级学生占比不到 8%。而其中还绝大多数是重庆籍的学生。在社会教育方面,就重庆而言,除了中国三峡博物馆中有一个展馆陈列有重庆大轰炸的历史外,没有专题的重庆大轰炸的纪念馆和博物馆。

(二)重庆大轰炸历史文化资源的文物保护历程

有关重庆大轰炸遗址纳入文物保护单位的情况,1962 年 2 月重庆市人民委员会公布的重庆市第一批文物古迹保护单位名单中,共有 18 处重庆市

[①]这三部著作皆属于由重庆出版社出版的《中国抗战大后方历史文化丛书》。

文物古迹保护单位,其中涉及重庆大轰炸历史资源的遗址只有苏军烈士墓。1983年12月,重庆市人民政府公布了第一批市级文物保护单位24处,涉及重庆大轰炸历史资源的遗址依然只有苏军烈士墓。而且苏军烈士墓的保护只是从革命史迹、革命文物的角度进行的,算不上严格意义上的重庆大轰炸遗址遗迹的保护。重庆大轰炸遗址遗迹真正的文物保护和利用开始于20世纪80年代后期。最早保护和利用的重庆大轰炸遗址是"六五"隧道惨案遗址。1987年1月重庆市公布了第二批市级文物保护单位(初定名单)82处,与重庆大轰炸有关的遗址有抗建堂、抗战期间复旦大学旧址(含孙寒冰教授之墓)、"六五"隧道惨案遗址三处。1987年7月6日,为纪念"七七"事变50周年,日本侵略者轰炸重庆纪事碑在1941年6月5日发生大轰炸窒息惨案的原址正式落成。1992年3月19日,重庆市人民政府将磁器街洞口列为市级文物保护单位。2000年3月,在磁器街洞口,重庆市人防办公室出资40多万修复,重塑石雕,内部装饰、布展,并对广大群众开放。2000年9月7日,重庆市人民政府将磁器街洞口"六五"隧道惨案遗址列为直辖后第一批市级文物保护单位。一个小小的防空隧道出入口,成为重庆维持重庆大轰炸记忆的为数不多的遗存。1992年3月,重庆市公布了第二批市级文物保护单位,共有88处,与重庆大轰炸有关的遗址名单,在1987年1月重庆市公布了第二批市级文物保护单位(初定名单)三处单位基础上,增加了黄山陪都遗迹、跳伞塔两处。在1997年重庆市成为直辖市以前,重庆是四川省的一个地级市,在四川省公布的历次省级文物保护单位中,没有一处涉及重庆大轰炸的遗址。

2000年9月,重庆市人民政府公布了重庆直辖后的第一批重庆市文物保护单位148处,其中与重庆大轰炸遗址遗迹有关的包括黄山南山陪都遗迹、"六五"隧道惨案旧址、库里申科烈士墓、苏军烈士墓、跳伞塔五处。2009年12月,又公布了第二批重庆市文物保护单位193处,其中与重庆大轰炸遗址有关的包括重庆大轰炸遗址、抗战兵器工业遗址群、广阳岛机场抗战遗址群、山洞抗战遗址群(有防空洞)、鹅岭抗战遗址群(防空洞、苏军烈士墓)、西山抗战遗址群(包括大轰炸白骨塔、抗战阵亡将士纪念碑、库里申科烈士墓等)共六处。其中第一项重庆大轰炸遗址包含有"六五"大隧道惨案遗址、重庆市消防人员殉职纪念碑、抗战民用防空洞遗址群、黑石子大轰炸被难同胞无名墓地和北碚抗战时期警报台旧址。

全国重点文物保护单位是中华人民共和国对不可移动文物所核定的最高保护级别。从1961年至2013年，国家共公布了7批4297项全国重点文物保护单位，其中重庆市的全国重点文物保护单位55项，在前6批公布的全国重点文物保护单位中，没有一项涉及重庆大轰炸遗址。在2013年3月公布的第七批全国重点文物保护单位中，重庆市共有19处、72个抗战遗址被列为国家重点文物保护单位，其中与重庆大轰炸有关的遗址有重庆抗战兵器工业旧址群、重庆黄山抗战旧址群、南泉抗战旧址群，但最直接反映重庆大轰炸历史的重庆大轰炸遗址群却未能通过评审。

二、社会各界对重庆大轰炸历史资源保护利用的关注

1998年年初，原西南师范大学历史系教授、重庆市政协委员王孝询向市政协提交了《挖掘重庆大轰炸历史文化资源，为我市两个文明建设服务》的提案，提出在较场口十八梯隧道惨案遗址建立大轰炸纪念馆的建议。3月，重庆市政协副主席刘惠君等又向全国政协九届一次会上提交了《关于建立重庆大轰炸纪念馆》的提案。重庆大轰炸历史文化资源的保护与利用开始受到社会各界的关注。在以后的重庆"两会"上，几乎都有类似的提案。2005年市政协二届三次会议上，黄顺康委员在《呼吁关注和支持重庆大轰炸受害者真相调查并申办纪念世界反法西斯战争胜利60周年国际和平大会》的提案中，提出四条建议：第一，市政府应关注和支持重庆大轰炸受害者真相调查和民间索赔，同时，建议市政府积极协调相关部门给予大力支持。第二，建议借鉴南京市的做法，向受害者发放证书，给予免费乘坐公交车、游览公园等优惠政策。第三，对受害者中极个别的生活困难者给予政府救济。第四，利用二战胜利60周年，如果在重庆举办一次纪念二战胜利60周年国际和平大会，将有助于世界更加了解重庆的抗战历史，提升重庆的国际知名

度。因此,建议市政府积极出面申请,策划相关事宜。

2009年的重庆"两会"上,重庆市政协学习及文史委员会杨力专职副主任递交了一份《保护大轰炸死难同胞遗址》的调研提案,提出重庆大轰炸中上万遇难同胞,除了在渝中区佛图关公园荒坡上曾经矗立过12座埋葬死难者遗骸的土塔外,在江北区寸滩黑石子新棺山,有一个集中掩埋了大量死难者的"万人坑"。几十年来,相关部门从未对这些遗址进行过保护,很多地方都面临消失的危险,现状堪忧。建议将这些地方纳入抗战遗址保护规划,特别是黑石子"万人坑",应当修建"重庆大轰炸死难同胞纪念碑",让广大重庆市民有一个牢记历史、不忘国耻、寄托哀思、安抚亡灵的悼念场所。也正是在这次会议上,市政协委员、重庆市文物考古所林必忠研究员也提交了一份《设立重庆大轰炸殉难者纪念性标志》的提案。建议在埋葬这段沉痛历史和上万名冤魂的黑石子"万人坑"修建"重庆大轰炸死难同胞纪念碑或广场"。

2013年,民进重庆市委提出《在新形势下进一步打好抗战文化牌的建议》的提案,建议在江北黑石子"万人坑"建立重庆大轰炸遇难同胞纪念馆,建设国内一流的爱国主义教育基地和世界知名的国际和平教育基地。在现有的较场口大隧道惨案遗址基础上,在较场口中心转盘建立重庆大轰炸殉难者纪念碑,警示国人勿忘国耻。

此外,专家学者和社会各界人士也纷纷提出相关建议。早在2003年,西南大学潘洵教授在《重庆抗战文化资源保护、开发的现状与对策》一文中提出要加强抗战文化资源的保护与开发,提出充分利用重庆抗战历史文化资源,建设全国一流的爱国主义和世界和平教育基地。将重庆抗战历史文化资源建成重庆对外交流的重要桥梁和窗口。将抗战历史文化资源建成重庆都市旅游发展的名片和标志。建立重庆抗战历史文化区和重庆抗日战争纪念馆或博物馆。通过对抗战历史文化资源的展示、复制、创造等途径,建立一批具有鲜明个性的历史文化景观等保护和开发的思路。重庆市社科院李重华研究员在重庆市2008年度重大决策咨询研究课题的成果《重庆抗战文化资源保护与利用问题研究》中,也提出在埋葬了大批大轰炸遇难者的地方——江北区黑石子,建立重庆大轰炸遇难同胞纪念馆。重庆大学郭选昌教授曾主持创作重庆中国三峡博物馆《重庆大轰炸——大隧道惨案》大型青铜群雕,提出"希望重庆建大型的、露天的大轰炸群雕"。从 2007 年开始,重庆市五十七中退休教师邹世典提出"建日寇大轰炸重庆纪念馆的建议"。同年 11 月,邹世典老师进一步首次提出"在较场口及十八梯地区建重庆大轰炸主题公园的建议",2008 年 9 月,邹世典老师提出"关于和平公园也可选址枇杷山公园的建议",2009 年 6 月,邹世典老师提出"关于在渝中半岛对岸建重庆和平公园的建议"。2014 年西南大学中国抗战大后方研究中心潘洵教授撰文《建议设立"侵华日军重庆大轰炸遇难同胞纪念园"》,被全国哲学社会科学规划办公室《成果要报》第 27 期(2014 年 4 月 17 日)采用。5 月 15 日重庆市文化委员会组织有关专家对设立"侵华日军重庆大轰炸遇难同胞纪念园"等提议进行了认真讨论并形成初步意见,明确表示支持在江北黑石子建立重庆大轰炸遇难同胞纪念园。认为"潘洵教授主持的课题中对保护开发重庆大轰炸重要遗址遗迹的必要性和紧迫性研究分析得非常透彻,对于重庆大轰炸遇难同胞纪念园作为警示性文化遗产的定位准确,针对方案中提到遗址开发的总体目标与基本思路,专家们非常赞同"。5 月 28 日,市委市府相关领导主持召开"重庆大轰炸纪念园专题会议",对成果建议给予充分肯定,并就如何推进建设重庆大轰炸纪念园进行研究部署。

三、重庆大轰炸历史文化资源保护与利用存在的问题

重庆大轰炸历史文化资源是重庆抗战历史文化资源的重要组成部分,是日本扩大对华侵略、制造非人道暴行的历史见证,也中华民族伟大抗日精神的有形载体。它揭露了日本侵略者的残暴与血腥,记载了重庆人民曾经遭受的屈辱与苦难,也展示了重庆人民不屈不挠的抗争精神,无疑,也是新形势下开展爱国主义教育的重要基地和宝贵资源,它能够警示人民牢记历史、不忘国耻、以史为鉴、面向未来,激发人民的爱国热情,凝聚民族精神,为弘扬社会主义核心价值观,为中华民族的伟大复兴提供不竭动力。

近年来,重庆大轰炸历史文化资源的保护与利用受到社会各界的高度

关注,政府也采取了一些保护与利用的措施,但从保护与利用的实际效果来看,并不十分理想,也难以达到社会各界的愿望和要求。在保护和利用上还存在着不少的问题,比如:重视不够、统筹不够、规划不力、保护无序、建设滞后、利用不足等等。因此,未来的保护与利用工作任务艰巨,责任重大。

(一)重视统筹不够

近年来,社会各界对重庆大轰炸历史资源保护与利用的价值已有较充分的认识,也提出了许多重庆大轰炸历史文化资源保护与开发的建议和方案,在政府方面,也加强了对抗战遗址规划的编制,对抗战历史文化遗址的调查,并建立了数据库,完成了抗战遗址保护标志设立和挂牌保护,以及对抗战遗址的抢救维修。但就整体情况来看,全市对重庆大轰炸历史文化资源的价值还缺乏应有的认识,对重庆大轰炸历史文化资源保护与开发的重要意义和现实紧迫性认识仍然不足,因而对重庆大轰炸文化资源保护与利用并没有给予足够的重视,保护与利用的成效并不显著,城市改造和建设中的遗址遗迹破坏时有发生。特别是与侵华日军南京大屠杀、侵华日军731部队细菌战等国内日军侵华暴行罪证历史资源的保护利用相比较,还存在较大的差距。

重视不够的另一个重要表现是对重庆大轰炸历史文化资源的保护和利用的资金投入不足。目前的重庆市抗战历史文化资源的保护和利用中,明确作为重庆大轰炸遗址保护利用的只有"六五"大隧道惨案遗址和后来增补进入重庆大轰炸遗址群的重庆市消防人员殉职纪念碑、抗战民用防空洞遗址群、黑石子大轰炸被难同胞无名墓地及北碚抗战时期警报台旧址。从1998年政协委员在重庆和全国提出建立重庆大轰炸纪念馆距今已有15年时间,但依然没有重庆大轰炸纪念馆的建设规划,甚至连重庆大轰炸纪念馆建设的立项研究都未能进行,更不用说建立重庆大轰炸纪念馆的任何前期投入和准备了。此外,在保护利用中政府的统筹力度不够,对于具有重大价值和重大影响的重庆大轰炸历史文化资源的保护与利用,应当由市委市政府进行统筹,而不能只是各区县、各职能部门的"零敲碎打",由于在城市开发中保存下来的相关资源极其有限,如果仅仅局限于留存下来的资源的保护与利用,而不是立足于国家战略的高度进行统筹,甚至是人类和平事业,是难以将这一应当具有世界性的资源打造好的。

(二)规划保护不力

由于重庆大轰炸资源的独特价值和巨大影响力,应当对重庆大轰炸历史文化资源开展专门的规划和保护。在过去相当长一段时间,重庆市虽然在抗战历史文化资源的保护和利用方面做了一些工作,重庆市政府也开始重视抗战历史文化资源的保护与利用,在先后制定的《重庆市历史文化名城保护规划(2005—2020)》《重庆城乡总体规划》(2011 年修订)、《重庆抗战历史文化遗址保护利用规划》之中,都有关于抗战遗址遗迹的保护利用的部分规划。近年来随着重庆中国抗战大后方历史文化研究与建设工程的实施,重庆抗战历史文化资源的保护利用取得了明显的成效,也制定了《重庆抗战历史文化遗址保护利用规划》和《重庆抗战遗址保护利用总体规划》。但就重庆大轰炸而言,规划和保护工作并没有受到应有的重视。重庆大轰炸历史文化资源的保护与利用备受社会各界关注,提出了包括建立重庆大轰炸博物馆、重庆大轰炸纪念馆、重庆大轰炸死难同胞纪念碑、重庆大轰炸殉难者纪念性标志、重庆大轰炸群雕、重庆大轰炸主题和平公园等众多的建议方案,但相关建议并未受到政府和规划部门的重视和采纳,在重庆市委市政府审议通过的《重庆抗战遗址保护利用总体规划》中,仅仅只是将"六五"隧道惨案遗址、重庆市消防人员殉职纪念碑、抗战民用防空洞、北碚警报台和大轰炸死难同胞墓地整合为重庆大轰炸遗址群,列入重庆市 61 个重点抗战遗址之中。但由于抗战民用防空洞、北碚警报台和大轰炸死难同胞墓地均不是市级以上单体抗战遗址,其保护力度是极其有限的,同时重庆大轰炸遗址和资源均未纳入文物利用规划。重庆大轰炸遗址相对分散,同时各遗址现实条件也不尽相同,我们应根据各遗址调查所得各遗址的现实状况提出可行的发展策略,进行科学的规划和保护。由于缺乏一个总体的规划和建设,目前的重庆大轰炸历史资源的保护数量偏少、范围过窄、类型单一、分布分散。由于只注重单体遗址的保护,不能充分彰显重庆大轰炸丰富的历史文化内涵,因而也不可能达到真正保护和利用好重庆大轰炸历史文化资源的目的。

(三)建设利用滞后

作为曾经备受国际关注的重庆大轰炸发生地——重庆,至今却没有一座关于重庆大轰炸的纪念碑或纪念馆,而为外界熟知的重庆大轰炸的历史遗址遗迹,只有在原演武厅洞口人行道上建立的重庆大轰炸惨案遗址,而且这还是目前重庆唯一建成的一处单体大轰炸纪念地。

该纪念地占地不足20平方米,只在封闭的洞口和外墙上刻有反映大轰炸的纪念浮雕,在狭小的展室里陈列几张放大的照片,但它们所代表的内容只是大轰炸中的一个片段。该处地方还因占道严重影响行人及车辆通行,可以说此地完全不适合进行参观和悼念活动。在新一轮的重庆大轰炸遗址保护中,重庆大轰炸遗址群虽然增列了重庆市消防人员殉职纪念碑、抗战民用防空洞遗址群、黑石子大轰炸被难同胞无名墓地及北碚抗战时期警报台旧址等四处遗址,但除重庆市消防人员殉职纪念碑外,其他遗址点的保护和建设依然不完善,甚至可以说是处于无规划、无建设的状态,不仅未得到很好的利用,甚至根本无法体现其文化价值。而其他与重庆大轰炸相关的遗址遗迹,则缺乏对重庆大轰炸内涵的发掘和利用。

第四章
重庆大轰炸历史资源保护与利用的对策建议

《世界遗产公约》提出：历史文化资源保护的目标是通过保护和可持续的资源利用，以确保当前和未来文化资源的重要性、完整性和真实性；为了实现这一目标，必须使用一切最有效和最适当的方法，对历史文化资源的性质、空间分布等数据进行收集、整理、检索、维护和交流。重庆大轰炸历史资源是国家抗战历史资源中的一块富矿。仅靠分散的、小型的，乃至非专项的展示，无法承载和铭记这一段厚重的历史，如何创新保护和利用的方式，服务国家战略和人类和平事业，是一个亟待解决的重大问题。

一、重庆大轰炸历史资源保护利用的总体目标

重庆大轰炸历史文化资源的保护与利用，必须要立足于资源价值和国家战略，既要注重于揭露日军侵华暴行和开展爱国主义教育，又应该强化其作为世界文化遗产和国际和平教育资源的重要功能。就重庆大轰炸历史资源保护利用的总体目标而言，大致有以下几个要点：

（一）建成具有世界水准的警示性世界文化遗产

在第二次世界大战中，战争的暴行给人类造成了巨大的灾难，为了让人类反省战争、谴责罪恶，联合国在世界文化遗产中，专门设立了"警示性文化遗产"这一门类。目前，世界上有三处第二次世界大战时期的警示性文化遗产，包括波兰的奥斯维辛集中营、日本广岛原子弹爆炸地和美国珍珠港。其

目的在于揭露罪行、哀悼无辜、反省历史、警示未来。然而,作为第二次世界大战中最大受害国的中国,作为遭受日本军国主义暴行最深的国家,至今还没有这样一个可供纪念与警世的世界文化遗产地。长期以来,我们过多注重了意识形态的宣传,而缺乏保留历史证据的意识,大量的遗址遗迹在风起云涌的城市建设中遭到破坏,宝贵的证据也在岁月的流逝中被丢失和遗弃。经过多年的努力,目前中国也建立了相当数量的警示性遗址,其中最具代表性的有侵华日军南京大屠杀遇难同胞纪念馆和侵华日军第731部队遗址,两处遗址都在为申报世界文化遗产名录而努力。而与之并称为侵华日军三大暴行的重庆大轰炸,至今也只有一处20余平方米的遗址,根本无法承载谴责暴行、警示未来的作用和功能。

重庆大轰炸的遗址遗迹虽然在城市发展的进程中遭到了严重的破坏,目前保存下来的遗址遗迹也极其分散。但我们也应当认识到,重庆大轰炸历史资源保护和利用的价值是世界级的,虽然遗址遗迹保存下来的不多,但只要能够科学合理地规划、保护和建设,这些资源足以被打造成具有警示性的世界文化遗产。

(二)建成国家级的爱国主义教育基地

由于抗日战争在中国和世界历史发展进程中所占的特殊地位和重庆大轰炸历史文化资源在重庆乃至全国抗战历史文化资源中所占的特殊地位,发掘和利用重庆大轰炸历史资源,有助于弘扬爱国主义精神,促进社会主义精神文明建设。因此,保护、发掘和利用好重庆大轰炸历史文化资源,是完全有可能将其打造成为全国一流的爱国主义教育基地的。

(三)建成人类社会共有的国际和平教育交流基地

抗日战争时期,日军对重庆的轰炸受到爱好和平的各国政府和人民的谴责和制裁,重庆人民的反轰炸斗争也得到各国政府和人民的支持和帮助,重庆大轰炸历史文化资源不仅是对日军侵略战争暴行的揭露,也彰显了各国人民反对侵略、维护和平的努力。日军对重庆实施的无差别残酷轰炸,不仅引起美英等国人民和政府的同情和人道主义支援,而且通过重庆军民英勇的反轰炸斗争,还逐步加深了对中国人民的了解和认识,增强了中国抗战必胜的信心。诚如罗斯福总统曾致重庆市民的信上所言,他对重庆市民在反轰炸斗争中的坚毅精神给予了高度赞颂:"远在世界一般人士了解空袭恐怖之前,贵市人民迭次在猛烈空中轰炸之下,坚毅镇定,屹立不挠。此种光荣之态度,足证坚强拥护自由的人民之精神,绝非暴力主义所能损害于毫末。君等拥护自由之忠诚,将使后代人民衷心感谢而永垂不朽也。"而另一方面,加强重庆大轰炸历史文化资源的保护与利用,是对日本企图为其侵略历史翻案行径最好反对和抵制,也是加强国际交流,推进对第二次世界大战历史的正确认知,维护反法西斯各国共同战斗得来的和平成果的现实需要。日军在重庆制造的暴行,应该让全世界特别是西方人民了解,因为现实的情况是,他们对此了解得很少,而日本对战时加害亚洲各国的历史的认知并没有真正得到解决,对日本政府和大多数国民来说,是缺乏一种正视历史、反省历史的勇气的,再加上日本政府这些年一直在掩盖和歪曲史实,因此必须加强宣传,最大可能地发挥这些历史资源的作用。通过各国人民的交流,增进对历史的认识,更好地达成维护战后国际秩序,维护世界和平的共识。

二、重庆大轰炸历史资源保护利用的总体思路

重庆大轰炸历史文化资源保护与利用是重庆抗战历史文化资源保护利用的重要组成部分,因而必须纳入重庆抗战历史文化保护利用的总体规划之中。加强对重庆大轰炸历史文化资源的保护利用,必须立足于国际视野,以全面调查为基础,摸清重庆大轰炸历史资源现状,发掘其历史价值、现实意义与功能。以打造具有世界水准的警示性世界文化遗产、国家级的爱国主义教育基地和人类社会共有的国际和平交流基地为目标,高起点规划、高水平建设、高效率保障、创新保护利用历史资源的方式与路径,形成多层次的保护与利用体系。集中建设好重庆大轰炸历史文化保护区(侵华日军重庆大轰炸遇难同胞纪念园),保护好一批重要的重庆大轰炸遗址遗迹,通过

对重庆大轰炸历史文化资源的展示、复制、创造等途径,建立一批具有鲜明个性的重庆大轰炸历史文化设施。

(一)要进一步提高认识

一个城市的历史和文化,代表着一个城市的特色和灵魂。要充分认识保护与开发重庆大轰炸历史文化资源的价值。它是正视城市发展文脉,尊重城市历史价值的必然要求;是对重庆近代历史上苦难而悲壮一页的纪念和珍视;也是服务国家外交大局,揭露日军暴行,维护二战成果的现实需要;不仅有利于加强对青少年进行爱国主义教育,有利于各国人民对二战历史的记忆和认知,有利于推进国际和平交流,而且对培育重庆城市精神、推动重庆经济社会发展具有十分重要的现实意义。在过去的70余年间,重庆大轰炸的历史文化资源在不断地消失和被破坏,但面对人类曾共同承受的苦难和暴行,我们不应该选择地放弃或遗忘,我们需要从现在开始,珍视这笔人类共同的遗产和财富。

(二)要高起点进行规划

规划是保护与利用的基础,重庆大轰炸历史文化资源保护利用规划必须纳入重庆市抗战历史文化保护利用规划之中。同时应遵循保持历史发展的延续性、特殊性、原真性、认同性和可持续性等理念,制定一个专题的重庆大轰炸历史文化资源保护利用规划。同时拓展重庆对外交流的桥梁和窗口,将其建成重庆都市旅游发展的名片和标志。对重庆大轰炸历史文化遗址遗迹要科学确定保护、开发分级,规划既要以现存遗址遗迹为基础,又不能完全局限于现存的遗址遗迹,一定要充分利用重庆所有的有形无形的重庆大轰炸历史文化资源。创新保护利用历史资源的方式与路径,形成多层次的保护与利用体系。

(三)要高水平加强建设

以建设重庆大轰炸历史文化资源保护区为突破口。目前保存下来的重庆大轰炸历史资源丰富,但遗址遗迹数量有限,且十分分散,不利于开展集中性的保护与利用。因此,必须以代表性遗址遗迹为基础,高水平建设重庆大轰炸历史文化资源保护区。并在保护区内高水平建设遗址显示、标志物显示和博物馆(陈列馆)显示三大体系。并带动其他分散各地的遗址遗迹的保护与利用。通过对重庆大轰炸历史文化资源的展示、复制、创造等途径,建立一批具有鲜明个性的历史文化景观。

(四)要高效率提供保障

要建立行之有效的保护与开发保障体系。重庆大轰炸历史文化资源保护与利用的特殊性需要政府和有关部门积极扶持,提供必要的法律和政策保障。但在市场经济条件下,又必须以深化改革、引入市场机制为动力,采取有力措施强化政策、资金的保障机制。

三、重庆大轰炸历史文化资源保护与利用的对策措施

关于重庆抗战历史文化资源的保护与利用,黄晓东、张荣祥主编的《重庆抗战遗址遗迹保护研究》(重庆出版社,2013年)一书中已有一些对策性的研究,重庆大轰炸历史文化资源是重庆抗战历史文化资源的重要组成部分,对于保护利用重庆抗战历史文化资源的政策性的对策,同样适用于对重庆大轰炸历史文化资源的保护与利用,为避免重复,本节主要立足于重庆大轰炸历史文化资源的价值与现状,借鉴国内外警示性文化遗产保护的经验,提出重庆大轰炸历史文化资源保护利用的对策措施。

(一)强化重庆大轰炸历史文化资源保护与利用的政府主导

重庆大轰炸历史文化资源是具有世界影响和重大现实价值的文化遗产,其保护与利用必须依靠政府的主导。历史文化资源保护是一个社会性问题,它牵涉到经济发展、城市建设、人民生活、旅游、社会教育等方方面面,有赖于政府对文物保护的重视和全民文物保护意识的提高。从文物保护的

经济属性来看,它具有公共服务事业的性质,属于政府经济,主要靠政府的政策导向、统筹协调和建设支持。就管理体制而言,重庆大轰炸历史文化资源保护与利用整体应当纳入重庆抗战大后方历史文化保护管理体制之内,但具有标志性的重庆大轰炸历史文化保护区(侵华日军重庆大轰炸遇难同胞纪念园)的建设则需要成立专门的由市领导牵头负责的组织机构。在保护利用工作严重滞后的情况下,如果想要实施建成与重庆大轰炸影响力相匹配的文化资源保护与利用体系,就必须充分发挥政府的主导作用。同时,重庆大轰炸历史资源保护利用也是一项有较高社会关注度的活动,也可以通过政府的引导,形成社会广泛参与的历史文化资源保护与建设格局。

(二)加强对重庆大轰炸历史文化资源的调查研究

重庆大轰炸历史文化资源保护与利用的滞后,遗址遗迹在城市发展中的消失和破坏固然是原因之一,也有因为认识的误区而导致对这些历史资源的漠视,但最重要的原因,无疑是对重庆大轰炸历史文化资源的调查和研究的不足。保护与利用需要科学的规划和建设,而科学规划与建设的前提是科学的调查与研究。重庆大轰炸历史资源虽然消失和破坏很多,但亡羊补牢犹未晚矣,我们有理由相信,重庆大轰炸资源的丰富性是几百年前甚至几千年、几万年前的众多历史文化遗产所无法比拟的,只要我们认识到这些资源的价值,珍视这段历史,加强对这些资源的调查与研究,是完全可以重建重庆大轰炸丰富的历史信息的。因此我们建议将重庆大轰炸历史文化资源的调查研究纳入重庆市抗战大后方历史文化研究专项课题,依托重庆中国抗战大后方历史文化研究与建设工程建设的研究中心、文献中心、档案中心和重庆中国三峡博物馆,加强对重庆大轰炸历史文化资源的调查研究,在前期抗战文物资源普查的基础上,结合正在着手进行的可移动文物的普查,开展一次重庆大轰炸历史文化资源的专项普查,特别是对重庆大轰炸遇难同胞的基本情况进行一次彻底的调查。并在此基础上深入研究这些资源的价值、利用方式。为科学规划这些资源的保护与利用奠定坚实的基础。

(三)构建整体连续有效的纪念空间体系

根据《威尼斯宪章》的基本观点,遗址保护强调的是保护遗存的整体价值,而其个体价值则是以遗址整体基本形态的完好为前提的,因此,应对重庆大轰炸各遗址纪念地首先进行整合,创造整体性的风貌及空间氛围,形成完整连贯的系统。应当建立以重庆大轰炸遇难同胞纪念园为核心,以重庆市区的重庆大轰炸重要文物保护单位为重点,以重庆市区及其周边地区的重庆大轰炸重要事件发生地纪念设施及文物点为支撑,构建重点突出、整体连续的纪念空间体系。

(四)切实推进侵华日军重庆大轰炸遇难同胞纪念园的建设

目前,重庆大轰炸遗址遗迹的保护与利用现状堪忧,主要问题有:分散各处、数量不多、面积狭窄、质量不高、环境恶劣,尤其是在主城区的遗址遗迹,根本无法建成与其影响力相匹配的保护利用场所。因此对于分散各地的重庆大轰炸遗址遗迹,除极少数遗址外,绝大多数涉及重庆大轰炸的遗址遗迹至今没有明确的保护界限,周边建筑物极为混乱,环境也十分复杂,不利于遗址保护与开发利用。应当根据实际情况,强化原址保护,充实遗址内容。

在市委市府审议通过的《重庆抗战遗址保护利用总体规划》中,有建设重庆中国抗战大后方历史文化博物馆的规划,由于重庆已有重庆抗日战争遗址博物馆,因两个博物馆性质相似,内容重复度高,建议将重庆抗日战争遗址博物馆打造成为以抗战大后方为主题的博物馆,而将规划建设的重庆中国抗战大后方历史文化博物馆改建为侵华日军重庆大轰炸遇难同胞纪念园。

重庆大轰炸历史资源是重庆抗战历史资源中的一块富矿。仅靠分散的、小型的,乃至非专项的展示,无法承载这一段厚重的历史。因此,重庆大轰炸遗址遗迹的保护与利用的重点,是集中建设好重庆大轰炸历史文化保护区(侵华日军重庆大轰炸遇难同胞纪念园)。保护区选址主要考虑三大原则:一是必须是重庆大轰炸的遗址遗迹,不能在一个完全与重庆大轰炸没有关系的地方建设一个保护区;二是遗址遗迹应当揭示和彰显重庆大轰炸丰富的历史内涵,使其具有警示性的价值;三是要有保护、利用的空间,至少应达到建成世界文化遗产的面积要求。综合考虑这三大原则,目前只有黑石子大轰炸遇难同胞无名墓地具备建设的条件。由于种种原因,这一埋葬近万人的重庆大轰炸遇难同胞的墓地遗址,在抗战时期没有留下任何纪念标志和建筑,中华人民共和国建立后,经过土地改革,原属墓地区域大都被改造成农田、耕地或村民宅基地,仅剩少量墓地存留,但无任何纪念设施,至今没有进行保护和利用。有鉴于此,我们建议在黑石子"万人坑"遗址基础上,规划建设侵华日军重庆大轰炸遇难同胞纪念园。在纪念园内,建立侵华日军重庆大轰炸遇难同胞纪念碑、侵华日军无差别轰炸博物馆、侵华日军重庆大轰炸遇难同胞墓园(墓碑)、侵华日军重庆大轰炸遇难同胞纪念广场、侵华日军重庆大轰炸遇难同胞名录墙、侵华日军"五三""五四"轰炸纪念亭、重庆大轰炸"六五"隧道窒息惨案纪念碑、侵华日军"八一九""八二〇"轰炸纪事碑、侵华日军重庆大轰炸纪事诗文碑林、美国罗斯福总统致重庆人民卷轴碑、百鸽图公园、家毁人亡雕塑、国际服务组空袭救护雕塑、僧侣救护队空袭救护雕塑以及学术研究中心、国际和平交流中心等项目。

表2 "侵华日军重庆大轰炸遇难同胞纪念园"主要项目建议一览表

项目名称	主要内容
侵华日军重庆大轰炸遇难同胞纪念碑	纪念侵华日军重庆大轰炸中死亡的万余同胞
侵华日军重庆大轰炸遇难同胞墓园	为上万名重庆大轰炸无辜遇难者立小方碑,有名字的刻上名字,其余为无名碑
侵华日军无差别轰炸暴行陈列馆	全面反映侵华日军在中国各地实施的无差别轰炸
侵华日军重庆大轰炸遇难同胞纪念广场	举行各类纪念活动
侵华日军重庆大轰炸遇难同胞名录墙	镌刻重庆大轰炸遇难人员名单
侵华日军"五三"、"五四"轰炸纪念亭	纪念日军轰炸死亡人数最多的一次轰炸
重庆大轰炸六五隧道窒息惨案纪念碑	纪念日军疲劳轰炸下的大隧道窒息惨案
侵华日军"八一九"、"八二〇"轰炸纪事碑	记录日军对重庆强度最大的轰炸
侵华日军重庆大轰炸纪事诗文碑林	镌刻部分时人或后人记录重庆大轰炸的诗文
美国罗斯福总统致重庆人民卷轴碑	可以卧碑的形式镌刻美国罗斯福总统致重庆人民卷轴全部内容

续表

项目名称	主要内容
百鸽图公园	以抗战时期著名画家张书旂创作并赠送美国罗斯福总统的作品命名的和平公园
家毁人亡雕塑、国际服务组空袭救护雕塑、僧侣救护队空袭救护雕塑、社会各界献机运动雕塑等	表现大轰炸的灾难和各国友好人士、社会各界人士在轰炸面前的不屈抗争
重庆大轰炸研究中心	资料、文物的收集、整理、研究
纪念园国际和平交流中心	对外传播与交流

纪念园的建设要强化"战争、暴行、抗争、和平",突出"缅怀历史、反对战争,谴责暴行、珍惜和平"的主题。突出遗址展示,包括原址展示、修复展示、场景展示和陈列展示。在建设中,要特别注意强化整体开发,强化遗址资料的建设与展示,强化具有震撼力的建筑和景观设计,以及强化重大活动的举办。

(五)加强对重庆大轰炸历史文化资源的传承创新

通过对重庆大轰炸历史文化资源的展示、复制、创造等途径,建立一批重庆大轰炸历史文化纪念设施。抗战时期,不仅当时的重庆主城遭受了日军的狂轰滥炸,重庆周边各区县也几乎都被日军多次轰炸,制造了一个又一个的非人道暴行,但在70年后的今天,几乎所有的区县都难以找到日军轰炸暴行和创伤的遗址,历史不容忘记,对于一个至今仍然不能正确反省和认识侵略历史的国家的暴行,我们更不能漠视和忘记。虽然遗址遗迹消失了,但历史文化资源仍然需要以某种形式继续传承,因此建议在过去遭受日本轰炸的地方,都应在事件发生地的广场、公园等地建立相应的日军轰炸惨案的纪念性设施。

表3　侵华日军重庆大轰炸惨案纪念性设施建议一览表

地点	建议纪念设施	理由
五四路	侵华日军"五三"、"五四"轰炸纪事碑	"五四路"乃因纪念日军1939年5月3日、4日大轰炸而命名,其中3日炸死市民673人、重伤350人,4日炸死市3318人、重伤1973人。5月4日轰炸是日军对重庆轰炸造成的人口伤亡之最的一日。
北碚区	侵华日军"五二七"轰炸北碚纪事碑	抗战时期,日军四次轰炸北碚,1940年5月27日,日军轰炸南京路、武昌路、复旦大学等地,炸死复旦大学教务长孙寒冰等101人,炸伤126人。
合川区	侵华日军"七二二"轰炸合川纪念碑(合川文化局曾建"七二二"纪念碑)	抗战时期,日军九次轰炸合川,1940年7月22日,日军轰炸合川,投爆弹484枚、燃烧弹18枚,造成630人死亡、300余人受伤、210栋又4300间房屋损毁的惨重损失。
梁平县	侵华日军"三二九"轰炸梁山纪事碑	1939年3月29日。日机轰炸梁山,投弹100余枚,炸死259人,炸伤286人,损毁房屋2840间,无家可归灾民3986人,名胜古建筑文庙、朱衣楼、魁星楼等炸成废墟。
梁平县	梁平县侵华日军细菌战受害者纪念碑	1943年8月8日,日机9架袭梁山,投掷爆炸弹20余枚、细菌弹10余枚,轰炸县城和柏家、福禄、石安、城东乡一带。细菌弹散落区受害致死者138人,中毒生病者200余人。
涪陵区	侵华日军"七三一"轰炸涪陵纪念碑	1940年7月31日,日军轰炸涪陵,投爆炸弹141枚、燃烧弹20枚,炸死470人,炸伤340人,损毁房屋1400间。
万州区	侵华日军"七二八"轰炸万县纪念碑	1940年7月28日,日军轰炸万县,投弹321枚,造成367人死亡,422人受伤,毁损房屋1003间。
南川县	侵华日军"一〇一三"轰炸南川纪念碑	1939年10月13日,日军轰炸南川,投爆炸弹88枚、燃烧弹5枚,造成171人死亡,164人受伤,损毁房屋541栋330间。
奉节县	侵华日军"六二八"轰炸奉节纪念碑	1939年6月28日,日机27架分3批轮番轰炸奉节县永安镇,并以机枪扫射人群。日机所投炸弹,以爆破弹为多,余为燃烧弹。共炸死1013人,炸伤1264人,损毁房屋1687间,城区三分之二被炸。
巫山县	侵华日军"七一二"轰炸巫山纪念碑	1939年7月12日上午,日机18架轰炸巫山县城,投弹61枚,炸死居民106人,炸伤168人,炸毁房屋105间。

续表

地　点	建议纪念设施	理　由
重庆大学	重庆大学大轰炸纪念碑	抗战期间,重庆大学工学院楼在日本飞机的狂轰滥炸中三次遭到破坏。重庆大学75周年校庆时候,校友们在工学院大楼后捐建了一座大轰炸纪念碑,这是一块用大堰断墙垒筑的石碑,石碑用镏金文字记录了重庆大学那段烽火中的故事。但该纪念碑过于简陋,文字说明不甚准确。
西南大学	四川省立教育学院"五二九"轰炸遇难师生纪念碑;四川省立教育学院"五二九"轰炸遇难师生名录墙;遇难学生家书	1940年5月29日,日机63架轰炸重庆沙磁文化区,在四川省立教育学院、重庆大学等处投炸弹171枚,燃烧弹9枚,造成68人死亡,95人受伤。其中四川省立教育学院7名学生被炸死,师生4人受伤。
民生公司	抗战时期"民俗"轮被日机炸沉纪念碑	1941年8月22日,民生公司"民俗"轮在巫山青石洞遭日机7架轰炸沉没,死亡250人,其中船员70人、伤兵160人、旅客20人。

以西南大学为例,其办学前身之一的四川省立教育学院,抗战以前是重庆本地仅有的两所高等学校,抗日战争时期,曾多次遭受日军的无差别轰炸。西南大学利用重庆大轰炸历史资源,加强大学生爱国主义和人类和平教育,让广大学生在校园就能够缅怀历史,不忘国耻。为此,在学校规划开展了重庆大轰炸历史文化资源的传承创新系列活动。一是建立四川省立教育学院"五二九"轰炸遇难师生纪念碑。通过建立纪念碑的方式,让广大学生了解军侵略中国的历史,了解学校曾经苦难的历史,也让他们知道今天的和平生活来之不易。纪念碑刻录遇难师生名单见表4。

表4　四川教育学院"五二九"轰炸死伤师生名录

姓名	性别	年龄	籍贯	职业	死伤情况
黎属民	男	23岁	四川涪陵	社会教育系二年级学生	死亡
朱明芬	女	21岁	四川綦江	社会教育系二年级学生	死亡
罗竹修	女	21岁	四川高县	社会教育系二年级学生	死亡

续表

姓名	性别	年龄	籍贯	职业	死伤情况
李恩荣	女	20岁	安徽芜湖	社会教育系二年级学生	死亡
刘仲远	男	24岁	湖南澧县	社会教育系三年级学生	死亡
林祖烈	男	22岁	四川资中	社会教育系四年级学生	死亡
刘景福	男	29岁	四川达县	社会教育系四年级学生	死亡
宋 益	男	22岁	四川犍为	农业教育系四年级学生	重伤
黄 寅	男	21岁	贵州都匀	农业教育系三年级学生	轻伤
毛俊儒	男	26岁	四川仁寿	社会教育系四年级学生	轻伤
郭泽安	男	28岁	江北	司号工人	轻伤

二是在纪念碑周边，石刻林仲岐致林祖烈的最后一封家书和院长颜欷给社会各界的回复。林仲岐致林祖烈的最后一封家书(1940年5月30日)：

烈儿：此间警报，家中车辆破滥堆积，收入减低。余及汝母幼妹皆病，真难支持。兹与汝汇寄来第16699号叁拾元邮兑票一张。务要俭节支用，切戒浮费。将来汝投身社会，自知衣食之难也。此谕。

院长颜欷给社会各界的回复：

吾人虽遭受此次意外损害，仍相信正义人道非暴力可屈，抗战胜利亦□在目前……悲痛之余更坚敌忾……
敌寇摧残文化机关，荼杀无辜学子，适足增吾人敌忾之心。本院师生职工三□□人皆具大无畏精神，抱抗战到底之意志以为死难者复仇……敝院工作进行仍整起精神再接再厉以求最后之胜利。

加强重庆大轰炸历史文化资源的传播交流。除通过遗址显示、标志物显示和博物馆(陈列馆)显示等传播方式外，重点应通过各类网络、报刊、文艺著作加强内容传播,增加重庆大轰炸历史文化资源的巡回展览,以及与其他国家或地区的合作展览,如在2015年纪念第二次世界大战胜利70周年之际,与英国伦敦联合举办"不屈的英雄之城——伦敦大轰炸和重庆大轰炸联展";与日本东京等城市举办无差别轰炸的交流展览,让日本民众更多地了解重庆大轰炸,认识东京轰炸、广岛长崎的原子弹与重庆大轰炸的关系,更好地反省战争;支持重庆大轰炸受害者的对日民间索赔活动,借此扩大重庆大轰炸历史文化资源的国际国内影响;通过设立重庆大轰炸纪念日(可考虑将每年5月3日,即日军大规模轰炸重庆开始的日期,作为重庆大轰炸纪念日),重庆防空纪念日(可考虑将每年6月5日,即1941年重庆大隧道窒息惨案发生日作为重庆防空纪念日)等节点,强化对重庆市民的大轰炸历史教育。

充分利用网络和现代信息技术推进重庆大轰炸历史文化资源的传承与创新,要建立重庆大轰炸的资源数据库,特别是要尽快建立侵华日军重庆大轰炸遇难名单数据库,并逐步扩展,建立侵华日军无差别轰炸遇难同胞名录数据库。要将重庆大轰炸历史资源纳入国民教育体系,至少在重庆的各级国民教育体系的教材中,要加入重庆大轰炸历史的内容。要加强对重庆大轰炸历史文化资源的开发利用,通过开发现代年轻人喜欢的主题游戏、主题电影电视等,传承重庆大轰炸的历史文化资源。

第二篇
保护与利用个案研究

重庆大轰炸的遗址遗迹是重庆大轰炸历史文化资源中最具代表性的资源,从目前留存的重庆大轰炸的遗址遗迹来看,其中,主要涉及相关重大事件遗址遗迹,重要机构遗址遗迹,重要建筑遗址遗迹和相关重要纪念设施。保护和利用好这些重要的个案遗址遗迹,是传承重庆大轰炸记忆最鲜活和最具价值的方式。

第一章
重大事件遗址的保护与利用

在日本实施对重庆城市及其周边的无差别轰炸中，发生过相当数量的重大历史事件，其中有代表性的包括1939年的"五三""五四"轰炸，1940年的"八一九""八二〇"轰炸，1941年的"六五"隧道窒息惨案，1940年璧山空战等。今天仍然保存下来的重庆大轰炸重大事件遗址遗迹并不多，具有代表性的遗址仅有"六五"隧道窒息惨案遗址，黑石子大轰炸被难同胞无名墓地遗迹，合川献机运动遗迹等。

一、"六五"隧道窒息惨案遗址的保护与利用

（一）遗址基本情况

"六五"隧道惨案遗址位于渝中区较场口磁器街，分地上地下两大部分。地下大隧道遗址，始建于1938年，是为应对即将到来的日机轰炸而建造一项大型防空工程，由朝天门至通远门，临江门至南纪门，横贯老城区的南北东西，高度为2米、宽2.5米，全长4公里，分7段，13处出口，总容量4万余人。目前隧道内，主体建筑基本保持原貌。地面大隧道遗址设施，始建于2000年，坐东向西，建筑主体，均由条石砌成，建筑面积59.29平方米，呈正方形厅室，四周均有反映惨案情景的浮雕。是大隧道三个进出口洞门之一。

大隧道惨案发生在该隧道较场口段，这段大隧道凿建于较场口附近一带地下。隧道从地面深挖入地底10米左右岩层，然后平伸约2公里（可通往两路口隧道口）。中途又分成三个叉道口。正常容量为4000余人，拥挤时大容量可达6000人。洞内设置有通风器和发电机，有电灯、油灯、石凳、木凳

等。这段大隧道的进出口有三处：一在磁器街（原名演武厅），一在石灰市，一在十八梯，此三点成鼎足之势。磁器街和石灰市二处，都是平地挖下去的。洞口皆用条石砌成同一形状的坚固掩体，为防日机轰炸，掩体外表均涂成黑色。

（二）相关历史事件及价值

1941年6月5日，日机24架分三批从湖北宜都、松滋等地突然夜袭重庆。本次空袭是典型的小机群、多批次的疲劳轰炸，加之敌机突然夜袭，市民准备仓促，大隧道设施不完善、管理疏忽，而且空袭过程长达5小时9分。轰炸共投掷爆炸弹82枚、燃烧弹13枚，市区七星岗、观音岩、山下安乐洞、神仙洞、通远门、金汤街、两路口、中三路、大田湾、黄家垭口、上清寺等地遭到轰炸，造成11人死亡、8人受伤（不含大隧道窒息死伤人数），损毁房屋117栋又73间。[①] 十八梯、石灰市、演武厅3处大隧道内由于人员太多，相互拥挤，造成缺氧、窒息，造成震惊中外的隧道窒息惨案，死伤巨大，"洞内之手持足压，团挤在一堆。前排脚下之人多已死去，牢握站立之人，解之不能，拖之不动，其后层层排压，有已昏者，有已死者，有呻吟呼号而不能动者，伤心惨目，令人不可卒睹"。根据重庆卫戍总司令部的相关调查，造成776人受伤，[②] 1115人死亡。[③]

"六五"隧道窒息惨案，是抗日战争时期重庆发生的重大事件，是日本法西斯侵略者对中国人民犯下的滔天罪行。这也是第二次世界大战中间接死于轰炸人数最多的一次惨案，是日本法西斯反人道暴行的铁证。它与1938

---

① 《重庆防空司令部调查6月5日敌机袭渝情况暨伤亡损害概况表》。
② 《重庆卫戍总司令部关于大隧道闷毙多人的原因及抢救情形致行政院的报告》（1941年6月6日），另据《重庆防空司令部调查6月5日敌机袭渝情况暨伤亡损害概况表》（1941年6月5日）及《重庆防空司令部关于"六五"惨案情形报告》，统计的受伤人数为重伤165人。
③ 《重庆卫戍总司令部关于"六五"敌机夜袭大隧道窒息死亡人数及善后各情形呈行政院报告》（1941年6月8日）。关于大隧道窒息惨案伤亡人数，各项统计资料略有出入。重庆防空司令部有多个数据，《重庆防空司令部关于"六五"惨案情形报告》为死亡827人，重伤165人，《重庆防空司令部调查6月5日敌机袭渝情况暨伤亡损害概况表》为死亡1008人，重伤165人，《陪都空袭救护委员会关于6月5日夜袭救护经过报告》统计为掩埋尸体888具，各医院救济重伤151人，防空隧道窒息案审查委员会最后公布的数据是死亡992人，重伤151人（大隧道窒息案审查报告），《陪都市民呼吁书》（1941年6月7日）说是死亡7200余人，日本《朝日新闻》称死亡12000人以上等，目前所见此次轰炸的死亡统计数据，最大数据是郭廷以编著的《中华民国史事日志》（第四册第169页）死者三万人，最小数据为重庆防空司令部在惨案发生第二天对外发布的死亡461人、重伤291人（陈理源，《重庆"六五"大隧道惨案采访记》，《重庆文史资料》第31辑，西南师范大学出版社1989年版）。

年6月9日的黄河花园口决堤、同年11月12日的长沙大火,并称为抗战时期的中国三大惨案。

（三）保护与利用建议

1987年7月6日,为纪念"七七"事变50周年,日本侵略者轰炸重庆纪事碑落成仪式在此举行。1992年3月19日,重庆市人民政府将磁器街洞口公布为市级文物保护单位;2000年3月,在磁器街洞口,重庆市人防办公室出资40多万元修复、重塑石雕,内部装饰、布展,并对广大群众开放;2000年9月重庆市人民政府将大隧道惨案遗址列为重庆市市级文物保护单位。

1998年以来,为了纪念被日本侵略军长达5年多空袭轰炸中死难的重庆同胞,尤其是为了纪念"大隧道惨案",重庆市依据《重庆市人民防空条例》第二十九条之规定,于每年六月五日组织一次全市防空警报试鸣放。

2000年9月7日,重庆市人民政府将磁器街洞口公布为直辖后第一批市级文物保护单位。

2014年,为隆重纪念中国人民抗日战争暨世界反法西斯战争胜利69周年,经党中央、国务院批准,国务院发出通知,公布第一批80处国家级抗战纪念设施遗址名录,重庆大轰炸惨案遗址入选。

重庆大轰炸惨案遗址("六五"大隧道惨案遗址)　钱陵摄

"六五"大隧道惨案遗址（撰文）

一九三八年至一九四三年，侵华日军对"陪都"重庆进行了五年野蛮空袭，造成空前浩劫。一九四一年六月五日晚，在日机持续五小时多"疲劳"轰炸中，十八梯、演武厅和石灰市防空隧道发生了避难者窒息践踏伤亡惨案，遇难者约二五〇〇人。此为"六·五大隧道惨案"演武厅出入口遗址。

重庆市人民防空办公室　立

一九九九年十二月

（四）保护与利用状况

"六五"大隧道窒息惨案遗址，是目前重庆市区唯一列入重庆市文物保护单位的日军轰炸暴行遗址。但就其遗址现状及其历史内涵而言，此处遗址难以承载起人们对重庆大轰炸的记忆。就遗址的历史内涵而言，"六五"大隧道窒息惨案无疑是日本法西斯侵略者对中国人民犯下的滔天罪行，但此次惨案的发生，也与国民政府防空机构的玩忽职守有一定的关系，其历史内涵还不能充分揭示日军轰炸的非人道暴行。同时，此处遗址面积过于狭小，周边环境也不利于保护利用。因此，对"六五"大隧道窒息惨案遗址的保护与利用，重点在于对惨案遗址的"原真保护"，而不必进行过度的开发利用。

（五）保护与利用建议

1. 对现有临街纪念设施重新设计规划，适当扩大保护利用面积，加强对周边环境的利用和改造。

2. 规划对地下隧道的开发利用，建立一个定位准确、主题突出、线索清晰、具有国际视野和鲜明特色的地下陈列展览。

3. 在地面或隧道内适当的地方加增一处重庆大轰炸"六五"隧道窒息惨案遇难同胞名录墙,以供后人缅怀。

4. 将此处遗址名称由现在的"重庆大轰炸惨案遗址"改为"重庆大轰炸'六五'窒息惨案遗址"。

二、黑石子大轰炸被难同胞无名墓地的保护与利用

(一)遗址基本情况

黑石子大轰炸被难同胞无名墓位于江北区寸滩黑石子镇匡家湾、李子林和大石坝等3个村。原墓地分三个区域,成品字形分布,坐北朝南,背靠大石坝,面朝长江,总占地面积约100亩。

黑石子所辖之大石坝是该地区最高处,山顶称"老棺山",原属"八省积谷"会地,即重庆外商专属墓区。抗战爆发后,"八省积谷"会地扩大至山下两侧的匡家湾、李子林和白沙沱,称为"新棺山"。"新棺山"东北处,作为内迁伤兵医院墓地;大轰炸初期,伤兵医院墓地左下侧地方(现果园),作为部分无人认领的死难同胞的安息之地;自"五三""五四"大轰炸开始,我被难同胞数量日增,该地已无法容纳,黑石子"浮尸会"便增购黑石子之大石坝、匡家湾、李子林等处土地作为埋尸地,专门掩埋在轰炸中被难的同胞;"六五"惨案的无辜被难同胞绝大多数长眠于此。据有关学者统计,抗战时期,在黑石子大石坝无名墓地,共安葬大轰炸死难同胞有数千人。

(二)相关历史事件及价值

1941年6月5日18时57分至23时27分,日机24架分三批从湖北宜都、松滋等地突然夜袭重庆,造成"六五大隧道窒息惨案"。由于遇难人数太多,国民政府便将黑石子作为遇难者遗体最主要的掩埋地。据《大隧道窒息案审查报告》记录,"(大隧道窒息案)被难者尸体除少数自行埋葬者外,悉由驳船运赴对江黑石子掩埋"。同年7月,重庆市政府发布布告:"兹指定市区黑石子为空袭死难同胞墓地,除分令警察、卫生两局遵照外,合行布告周

知!"这项由时任重庆市市长吴国桢签署的布告明确指定将黑石子作为空袭被难同胞墓地。在大隧道较场口段十八梯、演武厅、石灰市3个出口,共清理出被难同胞992具遗体,除其中38具由其亲属认领自行装殓外,其余用卡车运往朝天门,以便转运至黑石子、大佛寺等处掩埋;其中888具遗体,是由"浮尸会"所属18条木船,分两天转运至黑石子,再由"力行帮"抬至"新棺山"集中掩埋。据黑石子当年负责抬运遇难者遗体的运尸人之一的黄树云回忆,"从1939年到1941年,(我)干了近三年(抬、埋尸体)。当时,我们6个人一组,其中3个是从牢狱里派来的。尸体送到黄桷渡后,我们负责抬上坡,挖坑、掩埋……通常,我们大坑埋10多人,小坑埋几个人。这周围山坡上到处是死人坑,男男女女、老老少少都有"。当时,国民政府于此没有建设任何纪念标志或建筑。抗战胜利后,国府忙于还都南京,更无暇顾及长眠于此的数千同胞。新中国成立后,经过土地改革,原属墓地区域大都被改造成农田、耕地或村民宅基地。

近年来,这些被开发为耕地、农田、果园或宅基地的区域,大部分被征用,仅剩少量墓地,无任何纪念设施。当年令人闻之悲怆、悚然的新棺山坟场,如今已是漫山草木郁郁葱葱,民房鳞次栉比,机器轰鸣,夹杂鸡鸣犬吠,唯独不见凭吊被难同胞之任何标志。当地人们也许忘记了这里埋藏着一段永远无法磨灭的屈辱历史和近万冤魂!

黑石子重庆大轰炸惨案墓地遗址　王南苓摄

(三)保护与利用状况

此处遗址破坏严重,至今也没有进行过任何形式的保护与利用,也没有被列入区级或市级文物保护单位。

鉴于重庆大轰炸及大隧道窒息惨案的重大影响,而黑石子又是大量档案文献明确记载的掩埋重庆大轰炸遇难同胞数量最大的地区。尽管遗址已经遭到严重破坏,在城市建设中也没有足够空间来建设大型纪念性设施,但仍然具有保护和利用的重大价值。

(四)保护与利用建议

1. 建议对遗址进行初步发掘,并在此基础上集中建立侵华日军重庆大轰炸遇难同胞纪念园。

2. 纪念园应至少包括重庆大轰炸遇难同胞墓园、可以举办大型纪念活动的和平广场、重庆大轰炸遇难同胞纪念碑和名录墙,侵华日军无差别轰炸暴行陈列馆等。

3. 在空间不足的情况下,至少应该建设侵华日军重庆大轰炸暴行陈列馆和侵华日军重庆大轰炸遇难同胞纪念碑。

三、侵华日军轰炸合川"七二二"惨案纪念碑的保护与利用

(一)遗址基本情况

为牢记历史,原合川县文化局于1989年10月1日在日本飞机轰炸最严重的久长街建立"七二二"纪念碑。碑文由文履平撰写,著名书法家李云松手书,碑文内容如下:

> 侵华日军曾九次轰炸合川,以一九四零年七月二十二日最为残暴。当天中午,日军连续出动重型轰炸机三批一百零八架次,轮番轰炸合川县城,投弹五百余枚,炸死居民七百余人,伤两千余人,

大火燃烧一天一夜,梓桥街、明月街、久长街全部化为灰烬;柏树街、苏家街、大南街和嘉陵江沿岸街巷被毁大半,江边木船也被炸沉九十余只,共两千户人无家可归。全县人民同仇敌忾,集资购得三架驱逐机,捐献国家,以反击侵略者。历史经验证明,只有国家的富强,才有人民的康乐。

侵华日军轰炸合川"七二二"惨案纪念碑　胡昊摄

(二) 相关历史事件及价值

1940年7月22日下午1时许,日海军第一联空27架、第二联空51架,陆空36架及陆侦4架共118架(中方调查为125架)分四批狂炸合川和綦江。据防空司令部调查,第一批 27 架、第三批 36 架、第四批 35 架在合川县政府、民生公司等处投爆炸弹 484 枚、燃烧弹 18 枚,同时用机关枪追赶扫射街上奔跑人群。城里到处是火,到处是血,瓦砾遍地,哭声震天,街上散落着残肢断腿,电线杆上挂着滴血的肠肝和布片。久长街、梓桥街、明月街全部化为灰烬。苏家街、柏树街、大南街和嘉陵江沿岸街巷被毁大半。这次大轰炸,致使 700 余人死亡,2000 多人受伤,炸毁和燃烧房屋 4000 余幢,炸毁木船 90 余只,2000 多户无家可归,各种物资损失折合法币 3000 多万元,全城三分之二的建筑物遭到严重破坏。①

除 1940 年 7 月 22 日的轰炸外,1939 年 5 月 30 日,日机轰炸合川,投爆炸弹 35 枚、燃烧弹 4 枚,并以机枪扫射,造成死亡 175 人,受伤 149 人,损毁房 89 间。② 1941 年 1 月 14 日,日机 9 架在合川东水门外打铁街、朝阳门、棉子口等地投爆炸弹 33 枚,造成 51 人死亡,34 人受伤,损毁房屋 34 栋又 47 间。③ 2 月 4 日,日机 9 架轰炸合川县城。在小南门、丁家街、古楼街、金市街、白菜园等地共投掷炸弹 44 枚,导致 2 人死亡,10 人受伤,270 间房屋损毁。④ 7 月 28 日,日机 108 架轰炸重庆市区、大足、合川、璧山、内江、自贡、泸州等地,其中在合川投爆炸弹 13 枚,造成 2 死 3 伤,毁房 4 间,木船 2 只。⑤ 8 月 12 日,45 架日机在合川药市街一带投弹 100 余枚,毁房 40 余间,死 1 人,伤 60 余人。⑥ 8 月 14 日,日机 100 分两批轰炸重庆市区、合川等地,在合川蟠龙山、小南门外等地投弹 9 枚,造成 1 人死亡、4 人受伤,损毁房屋 10 间、木船 1 只。⑦ 8 月 22 日,日机 131 架分四批轰炸重庆市区、合川等地,在合川豫丰纱厂、东津沱等地投爆炸弹 47 枚、燃烧弹 3 枚、造成 23 人死亡、82 人受

---

① 据《重庆防空司令部调查 7 月 22 日敌机袭渝情况暨伤亡损害概况表》(1940 年 7 月 22 日),第一批 27 架、第三批 36 架、第四批 35 架在合川县政府、民生公司等处投爆炸弹 484 枚,燃烧弹 18 枚,造成人口死亡 630 人,受伤 300 人,损毁房屋 210 栋 4300 间,木船 90 艘。四川省政府统计 99 架日机轰炸合川,投弹 500 枚,造成 642 人死亡、255 人受伤,损毁房屋 4000 间(《四川各地二十九年空袭损害统计表》,四川省档案馆,档案 41-6151)。
② 《四川各地二十九年空袭损害统计表》,四川省档案馆,档案 41-6151。
③ 《重庆防空司令部调查 1 月 14 日敌机袭合川情况暨伤亡损害概况表》(1941 年 1 月 14 日)。
④ 《重庆防空司令部调查 2 月 4 日敌机袭合川情况暨伤亡损害概况表》(1941 年 2 月 4 日)。
⑤ 《重庆防空司令部调查 7 月 28 日敌机袭(渝)情况暨伤亡损害概况表》(1941 年 7 月 28 日)。
⑥ 《重庆卫成总司令部调查 8 月 12 日敌机袭渝情况暨伤亡损害表》(1941 年 8 月 28 日),中国第二历史档案馆档案,769-1971。
⑦ 《重庆防空司令部调查 8 月 14 日敌机袭渝情况暨伤亡损害概况表》(1941 年 8 月 14 日)。

伤,损毁房屋90间、木船7只。① 8月23日,日机135架分四批轰炸重庆市区、合川等地,在合川投爆炸弹17枚、燃烧弹28枚,造成5人死亡、10人受伤,损毁房屋180间。②

(三)保护与利用状况

目前的纪念碑无论从形式或内容上都缺乏设计,难以达到重大历史事件设置纪念性保护标志的要求。

(四)保护与利用建议

1. 重新设计并在公共区域(如城市公园)建立一个纪念碑,纪念碑名称应当规范,建议使用"侵华日军轰炸合川'七二二'惨案纪念碑"。
2. 在博物馆或在公园文化长廊中陈列展出抗战时期日军轰炸合川暴行史实并利用每年的7月22日开展"勿忘历史,振兴中华"主题教育活动。

四、合川献机运动旧址的保护与利用

(一)遗址基本情况

合川献机运动旧址位于重庆市合川区合阳城街道办事处交通街体育场,西距合川人民公园15米。该体育场建于1929年,中间是足球场,外围为田径场,平面呈椭圆形,占地面积33360平方米。

(二)相关历史事件及价值

抗日战争时期,合川县城先后遭受了日本侵略者的9次轰炸,民众生命财产损失惨重,建筑物绝大部分遭到毁坏。9次轰炸中,尤以1940年7月22

---

① 《重庆防空司令部调查8月22日敌机袭(渝等地)情况暨伤亡损害概况表》(1941年8月22日)。
② 《重庆防空司令部调查8月23日敌机袭(渝等地)情况暨伤亡损害概况表》(1941年8月23日)。

日的轰炸最为惨烈,日军出动战机 108 架次,分三批对合川城区轮番轰炸,投掷炸弹和燃烧弹 500 多枚,全城三分之二的民房遭到严重毁坏,城区繁华商业区全部被日机炸毁。

1940 年 7 月 22 日,日本飞机对合川县城进行了惨无人道的狂轰滥炸,城市繁华区域毁于一旦,全县民众无不义愤填膺,对日本帝国主义的侵华罪行恨之入骨。12 月初,在"民国第一侠女"施剑翘的倡导下,由其兄——驻合中央军校特训班副主任施则凡出面,邀集中央训练团童训班、国立二中、县政府、县党部、中国银行、硝磺局、县商会、县财委和特训班政治部党部的负责人,以及社会各界开会商议,于 12 月 7 日成立合川县各界筹献"合川号"飞机征募委员会,推选出委员 53 人,县长袁雪崖为主任委员,施剑翘为指导长,特聘卢作孚、康泽、陈立夫、胡南先、施则凡为名誉会长。会议决定在全县发起"一元献机运动"(即各乡、镇小康之家 8 岁以上人口,每人捐资 1 元),并向城乡富绅、富商进行"特别征募",以县政府的名义将部分任务分配到各区乡,按完成的实绩,作为乡镇长成绩的考核内容。同月 29 日,征募委员会颁布奖励办法:对捐上 1000 元者,呈请省政府嘉奖;捐上 5000 元者,呈请航空委员会嘉奖。献机运动的首个捐献者,是合川县第三区的区长廖新泽和乡绅张蜀瞿,在一次宴会上,施剑翘提出一元献机,廖新泽就主动认捐一年的田租收入九石两斗黄谷(按现在计算方式,约 3680 斤黄谷),以支持献机运动。当时在宴会上的张蜀瞿见状,说:"有这样急公好义的区长,不能没有急公好义的公民",当即表示认捐相同数额的黄谷,为献机运动开捐赠先例。劝捐工作开始后,公教人员、绅商、工人、学生非常踊跃,城区富商一次认捐 23700 元,其中何达九、郑产之各捐 5000 元。在富商的带动下,有的小业主变卖部分产业捐献。合川豫丰纱厂职工一天就捐献 15000 元,相当于全厂职工 3 天的工资。国立二中、瑞山小学师生会同部分国内名演员,在城区举办献机义演活动,演出话剧《雾重庆》和《法门寺》《南阳关》等戏剧节目,募得捐款 40000 多元。短短 3 个月的劝募活动,大大超过原计划,共募得献机捐款 45 万元。于翌年 4 月汇寄中央航空委员会,实际完成购买 3 架战斗机的任务。1941 年 5 月 30 日,合川各界在县体育场召开"合川人民爱国献机命名典礼大会",参加民众近万人。"合川一号""合川二号""合川三号"3 架战斗机飞临上空,进行飞行表演,并散发抗日救国传单,一时欢声雷动,盛况空前。合川因此被国民政府国防部和航空委员会专电表彰,称其合川"率先倡导"和"全国县级献机最多,首倡成功"。

重庆市合川区合阳城街道办事处交通街体育场是合川献机运动的举办地,见证了合川人民同仇敌忾、勇于牺牲的精神,具有深远的历史意义。

(三)保护与利用建议

1. 建议在献机运动的举办地建立一个抗战时期合川献机运动纪事碑。

2. 建议在纪事碑侧立"民国第一侠女"施剑翘雕塑,以资纪念。

3. 建议把合川在抗战时期形成的"坚忍不屈、急公好义"的文化基因作为合川城市精神的重要组成部分,积极弘扬。

4. 建议将侵华日军轰炸合川惨案遗址遗迹和合川献机运动旧址等统筹规划进行保护与开发利用。

五、重庆空军抗战纪念园的保护与利用

（一）遗址基本情况

重庆空军抗战纪念园是在重庆区汪山空军烈士公墓遗迹基础上建设的纪念性设施，是记录包括璧山空战在内的重庆大轰炸重大反轰炸斗争事件的历史遗存。重庆区汪山空军烈士公墓，民间称之为"空军坟"，始建于1938年，是当年国民政府为埋葬、祭奠遇难的抗日空军将士而修建的，抗战胜利后，国民政府为安葬抗日战争中牺牲的空军将士，特地在重庆南山长房子放牛坪购买200余亩土地，设置公墓安葬烈士，共安葬了重庆大轰炸、武汉保卫战、长沙会战、璧山空战及在其他地方牺牲的242名抗战空军英雄，是迄今为止中国最大的抗日空军阵亡将士实葬墓地。

据资料记载，埋在空军公墓里的将士许多都只有衣服、皮鞋、皮带等遗物，即便有遗体的也大多残缺不全。公墓位于一斜坡丘陵地带，依山建坟，砌石叠土有5层台阶，每台为一坪，坪长约40米，宽约20米，用于埋葬牺牲的将士，每一层台阶设5排，每排12个墓穴共有60个墓穴。平台中间栽着万年青，通往公墓的路面还铺着石阶，两边种着松柏，还有守墓人住的房子等建筑，整片公墓肃穆宏伟。抗战胜利后，部分将士的家属前来认领，将遗骨运回原籍或南京安埋。

据1946年3月29日重庆空军烈士公葬公祭典礼筹备会典礼组制的《重庆区汪山空军烈士公墓次序图》及说明，至1946年3月，公墓已安葬抗战期间阵亡空军将士130名。其中1号至125号为已葬公墓，126号至130号为新葬墓穴。墓地为长方形，中间是一条甬道，分三个平台，墓地呈"品"字形排列，共16行12列。从墓地的排序号中可以发现，最初建设时，墓地排序似为长方形，分为8行10列，每列8个墓穴，共安葬着80位。由于牺牲烈士的增加，原有墓穴的两侧又各增加了4行6列共计约48个墓。第129号、130号墓则分别排在左右两侧第4行第7列。据彭震尧考证，第1号墓安葬着官招盛，第7号墓穴安葬的是符保卢，最后一位安葬的第130号是郑文达。

(二) 历史事件及其价值

在空军将士公墓中,安葬了璧山空战遇难的空军将士。据史料记载,1940年9月13日,"敌以轰炸机三十六架在驱逐机三十六架之掩护下,大举空袭重庆。我第四大队大队长郑少愚奉命为总领队,率同第三大队之飞机,共起飞 E-16 式机三十四架,分四个编队群,迎击来犯敌机。为不使敌人进入渝市上空,乃于璧山附近上空截击,当与敌军遭遇,发生空战。惟敌人在此次战斗中,因拥有极佳之零式机及九七式机两种,其性能远较我机为优。在激烈之空战中,我不仅未因敌机优越而稍怯,反极为奋勇,与敌苦战,前仆后继,不惜任何牺牲,致总领队当场中弹受伤,我机损伤极为惨重,先后被敌击毁十三架,损伤十一架,阵亡受伤十八员"①。璧山空战,是抗战期间中国空军最惨痛的一战,经此一战,中国大后方的空军基本上损失殆尽。自此之后,重庆上空的制空权被日军完全控制,中国空军再也难以组织有力量的大规模的对日空战。

(三) 保护与利用现状

1949年之后,公墓多次遭受劫难。在20世纪50年代,由于无人管理,坟上的石头、木头全部被拆了修建道路、房屋、猪圈,整个公墓被严重破坏。60年代"文化大革命"及"破四旧"运动,有外来"红卫兵"进行打砸,并有闲杂人员,以为墓中有值钱陪葬物品,大规模挖毁墓地,尸骸四散,墓碑等毁灭殆尽。2000年,空军坟被重庆市人民政府公布为重庆市文物保护单位;2005年,社会舆论要求重修空军坟;2007年,项目进入前期准备;2008年,项目开工;2009年1月28日,项目竣工;2010年重庆空军抗战纪念园正式开放。由于资料缺乏,纪念园现有168位空军将士墓碑,但能够查实有名有姓的仅50余人。

---

① 中国国民党中央委员会党史委员会编印:《中华民国重要史料初编——对日抗战时期》第二编《作战经过》(三),1981年9月出版,第113—114页。

璧山空战中阵亡的空军将士统计表

姓名	军职	伤亡情况	战机型号	战机损毁情况
杨梦青	第24中队上尉本级队长	亡:空中飞机中弹着火,人跳伞致脑震荡,面颈均灼伤,左腿骨折断	E-16 2415	毁:空中飞机着火焚毁。
黄栋权	第21中队中尉本级队员	亡:空中被击重伤,随机坠落,身粉碎	E-15 2104	毁:被击落坠毁。
余拔崴	第21中队中尉本级队员	亡:空中被击重伤,随机坠落,头碎,下肢碎断,腰及臀部碎烂	E-15 2115	毁:被击落坠毁。
雷廷枝	第28队队员	亡:空中被击重伤,随机坠落,头颅压碎,腹部破裂,上下肢复杂骨折	E-15 2113	毁:被击落坠毁。
何觉民	第23队分队长	亡:空中阵亡,随机坠落,鼻梁骨中弹穿入脑内,下颌裂,右臀复杂骨折	E-15 3206	毁:被击落坠毁。
刘英役	第23队中尉本级队员	亡:空中飞机重伤迫降,人面部及体上下肢复杂骨折	E-15 2309	空战迫降,毁。
康实忠	第23队中尉本级队员	亡:空中飞机重伤,人跳伞,复坠于树上,头椎骨折,面部切伤,左踝骨折	E-15 2306	毁:机重伤,人跳伞后坠毁。
张展鸿	第27队队员	亡:空中飞机着火,人跳伞,颈部火伤,右下腿骨折,脑震荡。	E-15 2301	毁:空中着火焚毁。
曹 飞	第28队分队长	亡:空中被击,随机坠落,颅底骨折,右耳部切伤,口鼻流血	E-15 2308	毁:空战被击落坠毁。
司徒坚	第21队中尉本级队员	亡:空中被击断右腿骨,跳伞,颅底骨折,颜面切伤,两小腿复杂骨折。	E-15 2123	毁:空战被击伤,人跳伞后坠毁。

抗战时期的中国空军,不仅创造了骄人的战绩,更以独有的战斗精神风貌,赢得了人们的尊敬。这些年轻的中国空军中,有翁文灏的次子翁心翰、张伯苓的儿子张锡祜、林徽因的弟弟林恒、王光美的弟弟王光复、俞大维的儿子俞扬和等等。他们大多出身良好,接受过很好的教育,是当时中国最优秀的一批青年。但他们眼看国家被日寇侵略,同胞被人欺凌,毅然放弃了所

有,抱着"誓死报国不生还"的信念飞赴国难。在残酷的空战中,涌现出无数可歌可泣的英雄人物和英雄群体。中国空军以劣抗优,屡挫强敌,前赴后继,视死如归,始终没有放弃抵抗的意志和行动,虽器不如人,但永不言败,碧血洒长空。在抗战期间,中国空军共出动18509架次,空战4027次,几乎每天就有一次空战,总共有6164名飞行员牺牲,损失飞机2468架,总共击落日机1543架,击伤330架。

(四)保护与利用建议

1. 建议进一步查找和发掘中国空军抗战的资料,考证纪念园内所有安葬的空军将士的生平事迹。

2. 建议建立抗战空军烈士纪念馆或博物馆。

3. 对纪念园建设进行提档升级,努力打造成爱国主义教育和国防教育的基地。

第二章
重要建筑遗址的保护与利用

以防空洞、警报台为代表的相关建筑,在重庆人民的反轰炸斗争中发挥过巨大作用,是保障战时重庆人民生命财产安全,保障战时首都正常的工作、生产与生活秩序,有效减少人口伤亡的最直接、最有效的工具。是重庆人民不屈不挠,英勇抗击法西斯的重要象征。

一、抗战民用防空洞遗址群的保护与利用

(一)遗址基本情况

抗战民用防空洞遗址群位于渝中区李子坝至化龙桥片区,据不完全统计,该区域内共有35座防空洞,均坐南朝北,背靠鹅岭山脉,面临嘉陵江。这些民用防空工事,均于山脚岩石中开凿而成,建筑规格很不统一。最大的防空洞,洞口宽近2米,高近3米,都用条石砌成;最小的防空洞,洞口则宽高均不足1.5米。洞深情况不明。

(二)历史事件及其价值

抗战爆发后,鉴于日机在上海、南京等地的肆虐,1937年8月,重庆防空司令部开始在全市范围内进行防空演习,普及防空知识;建筑简易防空避难所;10月鼓励市民开挖防空壕;1937年年底,开始勘探、设计和建造民用大隧道。1938年2月轰炸开始后,建成13处公共防空避难壕,总容量仅1万余人。此后,重庆建造防空洞的步伐加快,到1938年年底,全市建成公共防空

工事 511 个，可容纳 6.25 万人，私人防空工事 71 个，总容量 0.41 万人。"五三""五四"大轰炸后，全市公、私防空洞建设全面展开，到 1939 年 7 月，仅私人防空洞就达 384 个，总容量 4.26 万人；"六五"惨案发生后，防空洞建设达到顶峰，重庆市政府先后成立防空洞工程处、防空洞工程技术改进委员会与防空洞管理改进委员会和防空洞管理处等四个专门机构，对全市公、私防空洞进行管理和控制。到 1943 年 11 月，轰炸基本结束时，经统计，全市共有各类防空工事 1823 个，总长度 8.4 万米，总容量 44.5 万人。

抗战时期重庆修建的防空洞，是当时世界上最庞大的防空工程网，在日机猖狂、野蛮的轰炸之中，在整个重庆城市近乎瘫痪，各种建筑物资、器械等都十分匮乏的条件下，英勇的重庆人民发挥其勇敢、聪明与勤劳，在短短的 6 年间使重庆的防空设备在数量上增加了近 30 倍，防空洞的容量增加了约 60 倍。这是一个反法西斯侵略战争的奇迹，是恶劣战争环境下由重庆人民创造的伟大奇迹，它在保护重庆人民生命财产安全方面发挥巨大作用的同时，也为人类积累了丰富的防空、反轰炸斗争经验，赢得了同盟各国的赞誉。英国《泰晤士报》记者撰文赞誉重庆防空设备为世界第一。这些防空设施，是数以万计的民工、石工、木工、铁匠、泥水匠、砖瓦匠用最原始的工具、最笨拙的方法，风餐露宿、肩挑背磨、一手一脚、一锤一钎打出来的、挖出来的、凿出来的。

大量防空洞的修建为市民提供了安全稳定的避难场所，为持久抗战的进行提供了完备的防空设施，彻底粉碎了日军妄图通过战略轰炸摧毁民众抗战意志的企图，这也是重庆防空斗争的最大成果。防空洞曾经是一个重要的"符号"，在战乱中是人们安全感的归属，是坚固的象征，是军事的重要防御工具，是人们赖以生存的"第二空间"。防空洞是重庆城市为国家、民族做出巨大贡献的历史见证，是重庆人民不可磨灭的历史记忆。

抗战民用防空洞遗址之一　钱陵摄

抗战民用防空洞遗址之二　钱陵摄

抗战民用防空洞遗址之三　钱陵摄

（三）保护和利用现状

当年支撑战时首都重庆挺过了日军狂轰滥炸的艰难岁月，庇护过数十万生灵的防空洞，在长期的和平环境中已逐渐淡出了人们的记忆。目前，全市遗留下来的民用防空洞的管理、使用权主体归重庆市人防办。它们在市区内已不多见，仅存鹅岭山脉两侧沿江公路内侧相对集中。面临公路的大部分民用防空洞经过改建、装修，作为商业铺面，出租给商家。少量被封堵，仅现轮廓。而位于山腰者，多数被荒芜、闲置。

长期以来，我们缺乏对防空洞的保护与利用，除"六五"大隧道窒息惨案遗址地的防空隧道和极少数附属于重要文物建筑的防空洞外，全市难以计数的防空洞没有一处得到较好的保护与利用。直到2009年12月，为申报国家重点文物保护单位，丰富重庆大轰炸遗址群的内容，才首次将抗战民用防空洞纳入重庆大轰炸遗址群，列入重庆市第二批文物保护单位。

当时使用的防空洞安全证

现在仅存鹅岭山脉两侧沿江公路内侧相对集中的防空洞遗址群，虽然已列入重庆市文物保护单位，但目前还没有开展任何保护行动，没有采取任何的保护措施。

（四）保护与利用建议

1.明确保护利用主体，由文物保护部门进行保护规划与管理，由管理使用权单位实施具体保护利用；

2.按市级文物保护单位的要求，对抗战民用防空洞遗址群划定保护范围和建设控制地带；

3.对遗址群本体进行修复与环境改造，探索多种形式的保护利用。

4.可考虑进行适宜的陈列展示。

二、兵工署所属工厂抗战生产洞的保护与利用

至1940年内迁浪潮结束,我国兵工署直辖的独立兵工厂共17家,其中驻扎重庆的就有11家。而到1945年8月抗战胜利前夕,大后方各省由国民政府直接控制的兵工厂增加到27个(含分厂6个),其中在重庆的兵工厂多达17个(含4个分厂),占大后方总数的63%。抗战时期,大后方还新建了8个兵工生产单位,其中创设于重庆长寿的兵工署第二十六工厂,和位于磁器口的第二十八工厂(后并归第二十四工厂)两个厂出品的是氯酸钾和合金钢,为当时国内仅有的。

(一)遗址基本情况

位于重庆市江北区郭家沱,地处长江铜锣峡口。占地面积约5000平方米,22个洞口,洞内隧道互通,地面上约两尺高的排水渠纵横交错,井然有序,洞壁为抗爆、防炸的钢筋水泥墙体。兵工署第五十兵工厂于1933年在广东清远县浛江建厂,1935年12月1日定名为广东第二兵器制造厂,1936年改名为广东第二兵工厂。1937年为了躲避日军的轰炸,在厂长江杓的带领下,跨越数千里,辎重2000吨,内迁至重庆市江北区郭家沱,1938年5月1日更名为军政部兵工署第五十兵工厂。由于自1938年2月18日起至1943年8月23日,日本对中国战时首都重庆进行了长达5年半的战略轰炸,为避日机,五十兵工厂的许多机器都藏入山洞里,生产车间设在人工开凿的隧道中。山洞车间1939年开始修建,历时四年,1943年完工。山洞车间主要生产炮的核心部件、迫击炮、战防炮、野炮。1939—1945年,五十兵工厂每年生产各种炮和炮弹541门和37937发,在中华民族反抗外来侵略的抗日战争中功不可没,为拯救民族危亡做出了贡献。1947年,由于雨水浸湿,山体垮塌,掩埋了部分洞口,其内部保存完好,重庆解放后这里曾作为望江厂的弹药库房。该处遗址原有22个洞口,由于山体滑坡,有3个洞口被掩埋,但内部保

存完整，其余19个洞中，1个洞内仍在生产，11个闲置，另有7个由天趣温泉中心使用。

军政部兵工署第五十兵工厂抗战生产洞　钱陵摄

兵工署第二十五兵工厂抗战生产洞。兵工署第二十五兵工厂抗战生产洞旧址位于重庆市沙坪坝区双碑嘉陵江畔，该厂创始于1875年清政府上海江南制造总局龙华分局，是中国近代最早的兵工企业之一。抗日战争爆发后，奉命内迁，1938年迁至重庆沙坪坝双碑嘉陵江畔。抗战时期，该厂为兵工署二十五兵工厂，主要生产各类子弹与炮弹，为抗日前线提供了大量弹药补给，为抗战胜利做出杰出贡献。这里有一段长约400米，高50米的山脊，分布着10多个山洞，另山脚也有40余个山洞，是当年二十五兵工厂建的山洞厂房，用于防空和躲避。抗战时期，二十五兵工厂多次遭到日机轰炸，为保障生产，该厂将重要生产设备移入山洞厂房继续生产，1942年10月，迁往山洞的机器安装完毕，山洞生产的效益很快凸显，12月起，工厂具备了月生产600万发枪弹的能力。1943年、1944年连续两年枪弹产量超过5000万发。抗战期间，二十五兵工厂生产的近3亿发子弹，和其他的抗战物资一起，汇集到朝天门，输往抗日前线。现厂内仍然保存有晚清至民国时期的各类子弹制造机器二十台，大部分机器仍在使用。

军政部兵工署第二十五兵工厂弹药库洞　钱陵摄

兵工署第一兵工厂抗战生产洞。兵工署第一工厂抗战生产洞旧址位于重庆市九龙坡区谢家湾街道鹤皋村,其前身为创自清朝光绪年间的汉阳兵工厂,先后设有制枪厂、制炮厂、枪弹厂、机器厂、机关枪厂、动力厂等,是我国历史悠久、产品众多的一个综合性兵工厂。1936年该厂制炮厂被拨划给炮兵技术研究处。抗战爆发,兵工厂内迁过程中,制枪厂被拨划给兵工署第二十一工厂。1938年6月,该厂奉令迁往湖南辰溪。1938年7月,迁移到辰溪的枪弹厂、机关枪厂、机器厂、手榴弹厂、动力厂复工。1939年底内迁重庆。1939年底,因日军轰炸辰溪,工厂从湖南搬迁到重庆谢家湾。在建设厂的前三次搬迁中,当年大批量的机器被转运至重庆。

军政部兵工署第一兵工厂抗战生产洞　钱陵摄

兵工厂车间均开凿于长江边岩壁内，共有9个制造所，107个生产洞（现存50个），计116个隧洞，总计面积21001平方米，洞深30~500米不等，洞与洞相通。兵工厂所在地紧邻长江，交通便捷，为抗日战争提供了必要的军备保障，对抗战的胜利发挥了重要作用。在重庆抗战工业遗产中，兵工署第一兵工厂旧址又名抗战生产洞，是一个非常突出的特点，它们是特殊历史时期的产物。当日本飞机对重庆不分昼夜、不论军用民用进行"无差别轰炸"时，重庆成了火海废墟。但是在重庆九龙坡附近的岩洞里，仍旧是灯火通明，机器轰鸣，兵工工人挥汗如雨，不分昼夜进行生产，武器弹药每天由长江上的小船，山路上的马帮，还有壮丁们的背篓，源源不断运往抗日前线。抗战生产洞对保存工业基础具有十分重大的意义，也是中国人民不屈的抗日精神的见证。

军政部兵工署第十兵工厂抗战生产洞　钱陵摄

先后开工制造的有中正式步枪及各式炮弹、手榴弹等品，后又将手榴弹停制，改造枪榴弹及迫击炮弹。至1945年抗战胜利前夕，该厂有机器1703台，员工兵伕5071人，每月可出步枪0.54万支、七五炮弹0.4万枚。兵工署第一工厂是一处具有重要历史意义的抗战文化遗址。现在大多数洞体保存较好，只是多被废弃，只有部分岩洞还在作为车间使用。这些洞里，三号洞保存最完整，有些洞是独立的洞体，有的洞里有支洞相通。洞的大小各异，如33号洞洞高8.6米，深38米，宽7.5米，55号洞高约3.8米，进深33米，宽4米。兵工署第一兵工厂旧址是全国重点文物保护单位重庆抗战兵器工业旧址群的重要组成部分,不仅保存有抗战时期单厂数量最多的兵工地下生产洞,而且是近代中国兵器工业发展变迁的一个缩影。

此外,第十兵工厂、第二十四兵工厂、第二飞机制造厂海孔洞等均有山洞生产洞。

(二)保护与利用现状

2009年,作为重庆抗战兵器工业遗址群的一个文物点,兵工企业的抗战生产洞被重庆市人民政府公布为第二批市级文物保护单位,2013年由中华人民共和国国务院公布为第七批全国重点文物保护单位。重庆拥有全国规模最大的地下兵工遗址体系。兵工企业的抗战生产洞,是中国军事工业在日军轰炸面前不屈精神的体现,对抗日战争的胜利做出了重要的贡献。具有重要的历史文化价值。

(三)保护与利用建议

1. 在公布为市级文物保护单位和国家重点文物保护单位前,没有对这些遗址实施实质性的保护,必须尽快按照全国重点文物保护单位的要求,制定保护利用规划,划定保护范围和建设控制地带,并对遗址进行复原修复。

2. 加强对遗址及其周边地区的环境整治。场地内部虽有部分陈旧简陋的排水设施,但仍然无法满足排水要求。一旦春夏之交雨季来临,该处遗址场地多处严重积水,一片泽国,其西北部积水最深,甚至淹没至人膝盖以上,该遗产的洞道石质也因此遭受到不同程度的侵蚀,具体表现为岩石面风化脱落、地表污水、洞体渗水,且岩石凸露,破损极为严重,亟待抢救保护。兵工署第一兵工厂旧址周边环境与道路,生物侵害严重,加之野草生长茂盛,也严重影响了道路、洞线的交通功能与美观。周边环境恶劣,由于文物保护意识淡漠,部分遗址保护范围陆续遭到蚕食。由于长期未经修剪,生长凌乱,而且已有树木枯死,并滋生白蚁。

3. 建川博物馆对兵工署第一兵工厂抗战生产洞的开发利用值得借鉴。该馆对24座抗战防空洞进行改造,建立了8个博物馆,包括兵器发展史博物馆、抗战文物博物馆、重庆故事博物馆、民间祈福文化博物馆、中国囍文化博物馆、票证生活博物馆、中医药文化博物馆以及兵工署第一工厂旧址博物馆。将博物馆与防空洞相融合,这是对抗战防空洞保护利用的有益探索。

4. 对部分有条件的防空洞进行规划设计,适时布置复原陈列或专题展示,对公众开放。

三、其他防空洞的保护与利用

(一)梁平仁安洞的保护与利用

位于梁平鸣钟寺内的仁安洞,是抗战时期谢仁安先生出资开凿的防空洞,既是当地百姓防御日军轰炸的避难所,也是战时医治伤员的临时医院。该洞空间深20多米,高2米多,宽3米多,面积70多平方米。仁安洞石刻文字始刻于1941年,洞内从左至右有石刻14龛,其中楷书10龛,隶书3龛,篆书1龛,共1800多字。石刻内容记载了抗战期间梁平人民抗日寇、防空袭、办医院、关民生,梁平人民举杯共庆,欢呼日本投降等事迹,以及"恶病好医,恶习难除"等警示名言。

仁安洞石刻于1988年3月29日被定为梁平县级文物保护单位。

抗日战争时期,由于该县有拱卫战时首都的重要机场——梁山机场,日军海陆空航空队对梁山城乡进行了狂轰滥炸,使之成为遭受日军轰炸最严重的地区之一。据不完全统计,自1938年10月4日起至1944年12月19日止,日军在96天中出动1123架次,分成133批,对梁山机场、梁山县城和广大农村进行轰炸,投弹7855枚(其中爆破弹7281枚、燃夷弹534枚、照明弹30枚、细菌弹10枚,炸死炸伤1927人,炸毁民房5069间。县政府因被炸而被迫三迁乡间,梁山中学等学校、奎星楼等名胜、仁安医院等医疗机构以及蔡伦庙等宗教场所均毁于轰炸。

1. 对目前县级文物单位"仁安洞"进行修复性保护。

2. 在梁山机场原址建立梁山机场抗战纪念碑。

3. 在梁平县细菌战原址或县城公园广场建立梁平县侵华日军细菌战受害者纪念碑。

4. 在县城公园广场适当地方建立"侵华日军轰炸梁山'三二九'惨案纪事碑"。

（二）瑞山中学防空洞的保护与利用

瑞山中学防空洞又名苏家街防空洞，位于重庆市合川区合阳街道瑞山中学内瑞映山中，防空洞贯穿山体南北两端。

瑞山中学前身为南宋养心堂书馆，是南宋理宗淳祐三年（1243年）大府安少卿为纪念北宋理学家、合州通判周敦颐创办。清乾隆四十五年（1780年）改置接龙义学。乾隆五十年（1785）易名瑞山义书。光绪二十二年（1897年）改为瑞山书院。1904年办新学称瑞山小学。1926年改置新学堂。曾从瑞山小学毕业的卢作孚先生，怀着对母校的深厚感情，在学校濒临停办的危急关头，毅然决定由民生公司接办瑞山小学，并亲自担任学校的董事长和校长。1944年秋，卢作孚先生又将瑞山小学扩大为瑞山中学，继续担任学校的董事长。瑞山中学是一所具有光荣革命斗争历史、深厚文化底蕴的学校。

合川瑞山中学防空洞　钱陵摄

1939年，因躲避日机轰炸的需要，该校在瑞映山腰红砂石岩上开凿防空洞。其延伸轨迹按逆时针方向由西北向东偏移，平面呈弧形，平顶、直壁，底部由北向东逐次抬高,顶、壁修整不甚工整。洞顶距山顶5.2米。防空洞通长37.7米,宽3.4米,高2.3米,洞东壁中部,有两岔洞,相距5.9米。该洞现为连接学校北部和东部的通道,作为抗战时期合川人民经历日军轰炸的见证,具有较重要的文物价值。

（1）按抗战文物点要求进行保护,建立文物保护标识牌。

（2）结合瑞山中学校园文化建设。为加强对学生的爱国主义教育,建议结合此防空洞的保护利用,在防空洞附近打造反映日军轰炸合川和合川人民反轰炸斗争的文化景观。

（三）艾坪山防空洞的保护与利用

艾坪山防空洞位于重庆市江津区几江街道办事处艾坪社区7社,修建于抗日战争时期,坐西南朝东北,北偏东25度。

该洞凿于山顶石崖中,呈弧形,洞进深5.85米,洞宽10.93米,洞高17.5米,有左右两个洞口,左边洞口宽2.2米,右边洞口宽4米。洞穴内靠最里面墙壁有小水池一口。

该防空洞是抗战时期为躲避日机轰炸,附近群众自发修建的。这对研究抗日战争时期江津的历史具有重要的意义。

建议按文物点要求进行保护,建立文物保护标识牌。

艾坪山防空洞　钱陵摄

（四）其他附属于重要遗址的重庆大轰炸有关文物点的保护与利用

1. 黄山防空洞和炮台山

黄山防空洞位于南岸区南山公园路 30 号。是黄山抗战遗址群的一个文物点。黄山抗战遗址群无疑是反映战时首都重庆最具代表性的一处文物，是迄今为止反映国民政府抗战遗址中规模最大、保护最完好的遗址群，也是我国现存抗战遗址中具有国际意义的"世界反法西斯战争"遗址。

1913 年，重庆富商黄云阶在黄山购地修建宅邸，"黄山"之名由此而来。黄云阶对黄山进行了多年的经营，修筑了别墅、道路，并进行了大规模的庭院绿化，除保留了原有的森林植被外，还从外地移栽了许多珍贵的树种，如铁树、丹桂等，树木遮天蔽日，环境高雅清幽。

黄山防空洞　钱陵摄

抗日战争爆发后，国民政府迁都重庆，蒋介石侍从室从富商黄云阶手中购得黄山。

1938 年 12 月 8 日，蒋介石率军事统帅部飞抵重庆，当日即进驻黄山官邸办公。蒋介石入住黄山后，在原有建筑的基础上新建了防空洞和部分用房。目前的遗址基本保留了原有的自然环境和状况。

黄山防空洞修建于 1938 年，位于博物馆西侧地下，洞体贯穿云岫楼所在山体。有三个洞口，隐蔽于山凹处，三条通道呈"Y"字形分布。总长 202 米，宽 1.6—2.1 米，高 2.5 米。内设岗亭、应急作战指挥室、食品贮藏室、发电机房等,并配有通风设施。抗战时期为蒋介石、宋美龄及其军政要员躲避日军空袭的隐蔽所和地下指挥掩体。黄山上还有炮台山,原为抗战时期高炮防空阵地,现仍可清楚看见壕沟。

1941年8月8日起,日军对重庆施行7昼夜的"无差别轰炸"。其间,一群日机扑向黄山,一枚炸弹恰好落在蒋介石官邸脚下的专用防空洞洞口,着实引发了一场虚惊。

8月30日,蒋介石正在黄山官邸召开军事会议,偷袭日机突然而至,扔下一批炸弹,击中"云岫楼"一角,炸死卫士2人,4人受伤。蒋介石与参会人员慌忙踏着斑斑血迹躲入防空洞,这才幸免于难。

2. 孔祥熙官邸防空洞

巴南区南泉街道沿花溪河上溯三百多米、右岸建禹山半坡密林之中,一楼一底中西结合式砖木结构建筑,建于1939年。洞长150米,洞内有大小厅室6间,3个出口,时为躲避日机轰炸而建。从地道口侧上设有岗亭哨所,进入后山有一石板便道环山平进。当年蒋介石等民国要员曾客居此山腰豪宅。1992年公布为重庆市九龙坡区文物保护单位,行政区划调整后,现为重庆市巴南区文物保护单位。曾经还设有单独卧室、会议厅、餐厅、厨卫乃至小商店,防空洞内还曾设战时备用的大功率电台,可与国内及盟国反法西斯各战区直接联络。值得

孔祥熙官邸防空洞　钱陵摄

一提的是,孔二小姐很喜欢跳舞,以前孔公馆每周都要举行两次舞会,没有警报的时候就在主楼的舞厅举行,在战时紧张时就在防空洞里跳舞,社会名流时常光顾,通宵歌舞。

3. 红岩村防空洞

1939年初,中共中央南方局和八路军驻重庆办事处在重庆成立,周恩来任书记,董必武、叶剑英、秦邦宪、凯丰、吴克坚等为常委,最初在机房街70号。

1939年5月初,日机大轰炸,机房街70号被炸毁,董必武、博古等率领

南方局和办事处大部分同志迁往红岩，散住在农场工人宿舍和堆放柴草杂物的几处茅草房里。是年秋天，由办事处同志自己设计并修建的办公住宿大楼竣工，南方局、八路军驻重庆办事处全部迁此办公。地方当局将这里的门牌号编为红岩嘴13号（1945年改为红岩村13号）。从此，红岩村这片红色的土地就成为革命的象征。

1940年秋，一颗炸弹就落在了办事处大楼前，震垮了部分墙壁。为防空袭，办事处在水井旁的山脚下挖了一个十余米长的防空洞，并在洞口搭了席棚，种上藤蔓植物隐蔽。每有空袭，南方局和办事处的同志以及农场的工人都到这里来躲避。有时空袭时间很长，周恩来、董必武等领导同志就利用这个时间给大家讲革命故事、讲国内国际形势。重庆夏季气候炎热，而防空洞口却十分凉快，周恩来、董必武等人在酷暑难当时就常在这里办公、看书、写文章。他们还在这里会见过外国友人和新闻记者，接见过爱国青年学生。

其他还有鹅岭公园内防空洞、国民政府军事委员会行营防空洞（渝中区解放西路14号）等，都已列为重庆市级文物保护单位。这些文物点，也都是重庆大轰炸的重要文物资源。

红岩村防空洞　钱陵摄

4. 保护利用建议

对防空洞进行修复与环境改造；建立与文物保护单位整体相适宜保护标识；对防空洞空间进行适度的开发利用。

四、陪都跳伞塔遗址的保护与利用

（一）遗址基本情况

陪都跳伞塔遗址位于重庆市渝中区大田湾体育场内,建筑面积 5.89 平方米,保护范围面积为 2826 平方米。与陪都跳伞塔同时保存的还有中国滑翔总会副会长陈立夫为庆祝跳伞塔落成而亲笔题写的跳伞塔碑文——《陪都跳伞塔记》,原文镌刻于石碑上,立在跳伞塔旁。石碑于 20 世纪 60 年代"文革"时被人挖出扔在一旁,后被一居民捡去作了搓衣板。70 年代被重庆市博物馆(现重庆中国三峡博物馆)发现,运回馆内珍藏。现石碑保存基本完好,但碑文第 3 行至第 6 行的上半部有 19 个字被磨平已不能见。

（二）相关历史事件及价值

抗日战争爆发后,战时首都重庆曾遭受日军的狂轰滥炸,为应对日机轰炸,建设中国空防,国民政府在"空防为国防建设之首要工作,滑翔运动及跳伞技术之普遍化,当为空防建设之初步"的思想指导下,由中国滑翔总会主持,基泰工程公司著名设计师杨廷宝等设计,战时重庆著名的"六合工程公司"施工,在重庆两路口修建了专门训练国民跳伞技术的"跳伞塔"。该塔于 1941 年 10 月动工,1942 年 3 月完成,同年 4 月 4 日举行落成开幕典礼。其塔身为钢筋混凝土结构,呈圆锥形,通高 38 米,实际跳距 28 米,底部围长 13 米。挂伞钢臂 3 只,各

陪都跳伞塔遗址　钱陵摄

长30米,相距120度,向三面伸出并可同时进行跳伞训练。塔身内有螺旋楼梯上下,并装有各种专用机械以及夜航灯、避雷针等安全设备。

陪都跳伞塔是抗战时期国民政府为抗击日军侵略、培养航空人才、建设中国空军而修建的"中国第一座跳伞塔",也是当时远东地区最高、设备最好的跳伞塔。跳伞塔的建成,既开启了中国进行跳伞、滑翔运动之先河,也是战时中国人民不畏强敌、积极抗战的见证。而围绕跳伞塔发生的一系列活动,则是战时重庆各界民众积极动员、坚持抗战的具体体现。因此,跳伞塔包含了战时中国极其丰富的历史文化内涵,具有重要的历史价值。跳伞塔建成后,为培养国民跳伞兴趣提供了重要的训练场所,为建设中国空军做出了重大贡献。新中国成立后,又为国家培养了一大批优秀的世界级跳伞运动员。

陪都跳伞塔遗址作为战时首都重庆,也作为中国抗战重要的文物遗迹之一,是亚洲仅存的第二次世界大战时期的跳伞塔,也是著名建筑大师杨廷宝在重庆留下的唯一作品。不仅建筑本身具有其唯一性、独创性,而且更是中华民族那段悲壮而辉煌历史不可替代的载体,是中国人民不畏日军轰炸,救亡图存民族精神的物化表现,因此,跳伞塔既具有重庆的历史价值,又具有重要的现实意义,是对后人进行爱国主义教育和国防教育的重要载体。

(三)保护和利用状况

陪都跳伞塔遗址的保护与利用历经波折。1992年3月,陪都跳伞塔被重庆市人民政府公布为市级文物保护单位。1997年,跳伞塔的三个铁臂被切割。2000年9月7日重庆市人民政府公布其为直辖后的第一批市级文物保护单位。2003年,被鉴定为危险建筑物,存在较大安全隐患。曾一度准备拆除。2007年7月,重庆大学的梁鼎森等11位教授联名上书有关政府部门,紧急呼吁原址原貌保护这个中国第一座跳伞塔。后又一度考虑异地迁建。最后在各方努力下。进行了原地维修加固,恢复铁臂,并将建成抗战航天体育陈列馆。跳伞塔遗址的保护与利用历程再次证明,文物保护工作任重道远,只要全社会共同努力,文物保护也会出现"柳暗花明又一村"的峰回路转。

（四）保护与利用建议

陪都跳伞塔是在抗战时期兴盛一时的滑翔运动中建立的,建议在保护好跳伞塔遗址的基础上,建立中国近代滑翔运动博物馆。

五、北碚警报台旧址的保护与利用

（一）遗址基本情况

北碚警报台旧址位于北碚城区朝阳街道黑龙江巷,坐东向西,三层碉楼式建筑,砖木结构。呈正方形,长 6.1 米、宽 6.1 米、高 7 米,占地面积 40.2 平方米,建筑面积 120.6 平方米。始建于 1939 年,为防止日机袭击轰炸,预警市民所建,原配有德国进口 7.5 千瓦铜制警报。抗战胜利后,移交给"大明纺织厂",作为上班报时使用。重庆解放后,尤其是在国防紧张的几个特殊时期,仍发挥着积极作用。1998—2005 年间,每到 6 月 5 日,该台都会为纪念"重庆大轰炸"而警钟长鸣,以示勿忘历史。目前,该台建筑主体结构保存完好,内部设施已经毁坏,台旁和台顶各有搭建物一处。

北碚抗战时期警报台　钱陵摄

（二）相关历史事件及价值

在长达五年半的"重庆大轰炸"的艰苦岁月里，国民政府不仅号召重庆各界积极捐资纳输，积极改善落后的防空现状，也尽力建设"迁建区"，疏散市民，开凿数量巨大的消极防空工事，保护市民。同时，重庆防空司令部，也为及时向市民传送空袭情况，预警轰炸，减少伤亡和损失，先后在市区及郊县建立几十处报警塔。具现有档案、文献记载，1938 年 3 月，在纯阳洞、龙门浩、弋阳观、大溪沟、双溪沟 5 处，修建了第一批防空警报台。以后又陆续增设警报台，并设置警报信号台和补助警报台。到 1944 年底，重庆防空司令部建设的警报台已达 49 座，其区域东起唐家沱，南抵李家沱，西至青木关，北达金子山。目前，北碚警报台遗址是保护得最完整的遗址之一。

（三）保护与利用建议

2009 年 12 月，北碚警报台遗址已作为重庆大轰炸遗址群的一个文物点列入了重庆市第二批文物保护单位，但目前未能开展实质性保护工作。

1. 由于此处遗址单体较小，建议按照市级文物保护单位要求，划定保护范围和建设控制地带，并对遗址本体进行修复与环境改造。

2. 在警报台上安装防空警报装置，继续发挥防空警报台功能，每年"六五"轰炸惨案纪念日试鸣防空警报，铭记历史，不忘国耻。

3. 因此遗址临近西南大学，建议对遗址进行适度开发利用，作为大学生国防教育和军事训练的一个场所。

六、抗建堂的保护与利用

（一）遗址基本情况

抗建堂位于重庆市渝中区上纯阳洞街 13 号，1940 年动工修建，1941 年落成，坐北朝南，为中西式砖木结构建筑，有堂厢、楼厢和工作室，总占地面积 1321 平方米,剧场占地 543.28 平方米,建筑面积 817.22 平方米,是专供演映抗战戏剧电影的剧场。

抗日战争时期,重庆成为大后方戏剧运动的中心,一大批知名的剧作家、名导演、名演员云集重庆,话剧运动在重庆形成了空前的高潮。1940 年 4 月,政治部第三厅厅长郭沫若兼任中国电影制片厂所属的中国万岁剧团团长后,决定新建一处话剧剧场,以解决当时重庆戏剧界名家荟萃,而剧场奇缺的困难。名导演史东山的夫人华旦妮具体负责改建,用"抗战建国"口号,取名为"抗建堂"。

抗建堂建成后,为上演进步话剧和进步文艺界集会活动做出过重要的贡献。抗战时期的重庆,由于日机狂轰滥炸,每年很长一段时间无法演出。而重庆每年 10 月至次年 5 月为雾季,这期间,因经常大雾弥漫,不利日机空袭,重庆文艺界遂利用此段时间,举行大规模的盛大演出,史称"雾季公演"。1941 年 10 月到 1942 年 5 月,为重庆首届"雾季公演"。此后,到 1945 年,重庆"雾季公演"在日机轰炸的间隙中坚持了 4 届。"雾季公演"创造了重庆话剧运动,抗建堂建成后,为上演进步话剧和进步文艺界集会活动做出过重要的贡献。也是中国话剧史的黄金时代。郭沫若、曹禺等一大批文化人曾在抗建堂宣传抗日救亡,中国万岁剧团、中央青年剧社、中华剧艺社等著名话剧团体及舒秀文、张瑞芳、秦怡先后在抗建堂演出,郭沫若《棠棣之花》《虎符》,曹禺《北京人》《雷雨》,吴祖光《牛郎织女》等经典话剧的上演让抗建堂成为"中国话剧的圣殿"。

1949 年 12 月 25 日成立于抗建堂的重庆市话剧团,以中国人民解放军西南服务团文艺大队为基础,由戏剧专科学校、孩子剧团和中华剧艺社等单位人员组成。20 世纪 50 年代初期,抗建堂剧场改名为红旗剧场。1957 年,该团改组为市话剧团。作为 20 世纪 50 年代全国十大著名剧团之一,重庆话剧团的历史甚至比著名的北京人艺更早。1986 年,红旗剧场恢复原名抗建堂,剧场改名为抗建堂俱乐部,剧场内部则改建成舞池,旧貌无存。

(二)保护利用现状及价值

1987 年 1 月,重庆市将抗建堂列为市级文物保护单位,2000 年后,因老建筑年久失修,抗建堂原地重建。

抗建堂是抗日战争时期创造中国话剧黄金时代的见证，是在重庆大轰炸时期中国民族精神的重要体现，具有较高的历史文化价值。

抗建堂旧址　钱陵摄

（三）保护与利用建议

1. 在原地重建基础上，在适当的地方建立"抗战时期雾季公演纪事碑"。
2. 建议在原址适当位置建立抗战戏剧博物馆，充分彰显"中国话剧的圣殿"的价值。

第三章
重要机构遗址的保护与利用

抗日战争时期,为防范、应对日机的无差别轰炸,国民党中央政府与重庆地方政府建立了众多防空、反轰炸的机构,纵的方面从国民党中央到重庆地方,再到基层的区、镇、保、甲;横的方面从军事到政治,再从政治到党务、团务、经济、文化、教育,从工厂到公司,从公司到银行、商号乃至各个同业公会,都建有各自系统、单位的防空组织和机构。这些防空组织和机构,最重要的有重庆防空司令部、重庆卫戍总司令部、重庆市防护团、重庆空袭紧急救济联合办事处(陪都空袭救护委员会)、重庆市疏建委员会、重庆市防空洞管理处等,但令人遗憾的是,这些重要机构遗址大多在城市化的进程中消失了,目前保存下来的重要机构遗址已为数不多。

一、万县防空指挥部旧址的保护与利用

(一)遗址基本情况

万县防空指挥部位于万州区太白街道办事处白岩路社区三峡水利大厦院内,也称杨森万县公馆。杨森万县公馆坐北朝南,欧洲园林别墅风格,共二层,砖木结构,建于清末,占地面积220平方米,建筑面积440平方米。底楼、二楼均有走廊,花瓶柱式栏杆,走廊大门、室内大门均为立柱式拱券造型,墙为白石灰抹面,木窗、楼梯、楼板均为赤褐色油漆涂面,上下两层室内为木板吊顶。建筑通高9米,底层通高4.5米,二楼高3.5米。

（二）保护与利用现状

杨森万县公馆建于清代光绪年间。据载，万县富绅李伯皋的祖辈靠销售食盐发家致富后，大修家宅私园，在万县新城镇高笋塘边修建了这栋二层洋楼，被称为李家花园。后来家道中落，李家花园也随之凋败。1925年杨森来万县后，曾在此设立驻军司令部。1928年冬，杨森离开万县，驻军师长王陵墓曾住此楼。1933年至1938年，这里被作为万县警备司令部。1937年至1945年，国民政府在这里设立万县防空指挥部，负责指挥万县及第九区各县的防空工作。万县防空指挥部是抗战期间万县地区修筑城防、调度防空炮火、组织战时军民疏散的指挥中心。在抗战期间对抗击日军飞机轰炸，保护战时人员生命财产安全，减少人员伤亡和经济损失，保存战争潜力起到了重要的作用。

万县防空指挥部旧址（杨森万县公馆）　钱陵摄

重庆解放后，该遗址被作为政府招待所。2008年，万州区政府办公室将该楼出租给三峡水利电力集团。因杨森曾在这里短期居住，故当地老百姓都称其为杨森旧居或杨森公馆。2009年，杨森万县公馆暨民国万县防空指挥部被重庆市文物局公布为重庆市抗战遗址文物保护点，隶属万州区文广新局，由万州区文物管理所进行保护。

此处遗址名称为杨森万县公馆暨民国万县防空指挥部旧址,对其万县防空指挥部的历史价值则发掘不多,抗日战争时期的1939年1月到1944年9月,据不完全统计,日军共出动飞机679架次,对万县实施轰炸,造成1343人死亡,6778间房屋被毁。万县防空指挥部是组织和指挥万县积极防空和消极防空的最重要的组织机构。

(三)保护与利用建议

1. 加强对万县大轰炸历史资料(包括万县民众的反轰炸斗争)进行征集、整理与研究,进一步发掘万县大轰炸的历史内涵。

2. 明确保护范围、建设控制地带和风貌协调区等控制线。

3. 可以考虑在遗址举办抗战时期万县防空陈列展览,成为防空教育的一个重要场所。

4. 杨森是民国时期重要的四川军政人物,同时也可陈列展览杨森史迹。

二、广阳坝机场遗址的保护与利用

(一)遗址基本情况

广阳坝机场位于今天的重庆市南岸区峡口镇上坝村,是抗日战争时期重庆的五大机场之一。广阳坝机场遗址群现存遗址共28处,包括碉堡8个、油库6个、营房8个、美军招待所2个、防空洞2个、发电房1个、钢筋混凝土桥梁1座,分布在6平方公里的岛上,保存基本完好,是目前重庆抗战文物中保存较为完整的、不可替代的军事设施遗址,也是研究中国抗战史,特别是空军抗战史、战时中苏、中美军事合作史重要的实物资料,具有较高的历史价值。

（二）保护与利用现状

1929年9月，时任国民革命军第二十一军军长兼四川省主席刘湘，为扩大自己势力，主持在广阳坝修建飞机场，于当年底建成占地200亩的土质简易机场，是重庆历史上第一个飞机场。1931年春，第21军航空司令部正式成立于重庆广阳坝机场，也是首个军用机场，机场建成后一直作为军事用途。

广阳岛飞机场全景　钱陵摄

广阳岛机场碉堡　钱陵摄

抗战爆发后，随着国民政府迁都重庆，重庆成为日军轰炸的重要目标。

1938年2月18日,日本飞机第一次空袭重庆,在广阳坝机场投弹12枚,炸伤4人、毁房2栋。是年,国民政府征用民工万余人对广阳坝机场进行扩建,广阳坝机场成为大后方最重要的军事机场之一。当时驻守广阳坝的军队有中国空军第四大队(又称"志航大队",以空军英雄高志航命名),第十八、十九中队,军校第一军训班和第十旅炮兵营。中方战机,包括苏联援华志愿空军队的飞机,不少就是从广阳坝机场起飞对日作战,广阳坝机场也多次遭受日军的轰炸,为保卫战时首都重庆,为中国抗日战争的胜利做出过重要的贡献。除了用于军用外,广阳坝机场还是珊瑚坝机场的备用机场。当珊瑚坝机场因汛期来临而停用时,民航班机就转而从广阳坝机场起飞降落。

广阳岛飞机场油库　钱陵摄

广阳岛士兵营房　钱陵摄

新中国成立后,广阳坝机场被重庆白市驿机场所取代,机场跑道亦被改为耕地,由南岸区峡口镇上坝村使用。

广阳坝机场遗址群是中国空军抗战历史的重要历史见证,也是重庆重要的历史文化资源和爱国主义教育资源。具有重要的文物价值和教育价值。

广阳岛上坝美军招待所　钱陵摄

广阳岛飞机场防空洞　钱陵摄

广阳坝机场遗址在2009年12月已正式列入重庆市第二批文物保护单位。文物保护工作也纳入了《重庆抗战遗址保护总体规划》，并规划在此建立抗战军事遗址公园。但由于没有实质性地开展保护工作，在申报国家第七批重点文物保护单位中未能获准通过。

（三）保护与利用建议

广阳坝机场遗址无论文物保护价值、遗址的丰富完整性，或是进一步保护利用的空间，都是重庆抗战遗址中少有的，是值得重点开发利用的抗战遗址。

1. 应加强对广阳坝机场遗址保护利用的论证与规划，高起点、高水平地进行建设，结合此处遗址的历史内涵，建议对《重庆抗战遗址保护总体规划》中建立抗战军事遗址公园的定位进行修正，建立符合遗址内涵，同时也满足市民休闲娱乐的中国空军抗战遗址公园。

2. 明确保护范围、建设控制地带和风貌协调区等控制线。

3. 由于年久失修，所有遗址建筑外表和墙体均受到较大侵蚀，相关单位应尽快对遗址进行保护性修缮。

4. 在对遗址进行原真性、完整性保护的基础上，修建中国空军抗战陈列馆。

5.加强对广阳坝机场和中国空军抗战资料的征集整理和研究,包括中苏、中美空军合作抗战的资料,为今后陈列展览奠定基础。

6.结合区域规划和新区建设,切实改善周边环境和岛内交通状况。

三、狮子寨炮台旧址和天生城炮台旧址的保护与利用

(一)遗址基本情况

狮子寨炮台旧址　钱陵摄

抗日战争时期,为抗击日军的大轰炸,万县防空指挥部在县城城郊的天生城、翠屏山、北山观等11处高地构筑了24个对空射击阵地,每地配置1门高射炮,共同组成强大的火力交织网。当年抵御日军轰炸的高炮阵地,现在仅存狮子寨炮台和天生城炮台两处。

狮子寨炮台旧址位于万州区周家坝街道办事处狮子村九组,炮台于

1938年建于狮子寨古城墙之上,用条石堆砌而成,长11米,宽7.5米,高1.5米,占地面积80平方米。

天生城炮台旧址位于万州区周家坝办事处流水村,于1938年建于天生城古城墙之上,用条石堆砌而成,炮台直径2.9米,高1.2米,面积80平方米。炮台旁边,是抗战期间的"海军第一司令部"旧址。目前炮台仅存台基。

天生城炮台旧址　钱陵摄

2009年,两地都被重庆市文物局公布为重庆市抗战遗址文物保护点,隶属万州区文广新局,由万州区文物管理所进行保护。

（二）保护与利用建议

两处炮台均是抗击日军侵略和日军轰炸的重要见证,具有较强的历史文化价值。

1. 建议进行原址立牌保护;
2. 加强两处遗址相关资料的征集、整理与研究;
3. 在遗址建立一小型陈列室,展陈抗战时期万县地面防空作战情况。

四、泉山炮台遗址的保护与利用

1. 遗址基本情况

泉山炮台遗址位于南岸区南山街道泉山村泉山山顶,现存8个炮台基座,分布在长40米、宽30米的平台上。炮台基座为水泥砌成,深1.2米,入口呈斜坡。8个基座分两排排列,每排4个,平台北端有一营房,为一土木混合式平房建筑。面阔5间16米,进深2间8米。小青瓦屋面,木架梁,筑土墙,木门窗。

该遗址是为反击日军大轰炸所设的高射炮炮台遗址,是中国人民反抗法西斯的重要见证,具有一定的历史研究价值和文物价值。

2. 保护与利用建议

建议原址设立标识保护。

第四章
重要纪念设施的保护与利用

在重庆大轰炸期间及大轰炸结束以后,重庆地方政府或民间人士建立了几处有关重庆大轰炸的纪念性设施,虽然这些设施不是专门为纪念重庆大轰炸而建立的,但对人们纪念和缅怀重庆大轰炸中牺牲的人们,对重建大轰炸历史记忆仍然具有重要意义。

一、重庆市消防人员殉职纪念碑的保护与利用

(一)遗址基本情况

重庆市消防人员殉职纪念碑位于渝中区解放碑街道新华路街人民公园内。1947年8月19日,是重庆市首届消防节,重庆市各界建碑委员会为纪念在重庆大轰炸期间英勇殉职的消防人员而修建的重庆市消防人员殉职纪念碑在中央公园(现为人民公园)内落成。碑体石砌建筑,坐西朝东,占地面积12.76平方米,建筑面积2.09平方米,碑身高6.7米,宽1.89米,厚1.22米;碑座高0.64米,宽3.4米,厚2.46米。常年对外开放,供各界民众凭吊。

(二)相关历史事件与价值

抗日战争时期,日军对中国战时首都重庆实施了狂轰滥炸,近半个市区化为灰烬,造成了巨大的人口伤亡和财产损失。在轰炸中,日军针对重庆大量竹、木甚至纸板结构的建筑和捆绑房屋,不仅投掷爆炸弹,而且投下大量的燃烧弹,市区经常陷入一片火海。当时,重庆消防设备十分简陋,消防器

材十分缺乏,消防工作主要依靠人力,市区共有8000余人的庞大消防队伍,他们中多数是义务人员。在轰炸中,自来水管时常被炸断,更增加了消防工作的难度。但是,每当空袭警报结束,消防人员们就迅速赶往火灾现场,进行扑救,1941年6月3日的《新华日报》对当时的消防人员有这样的报道:"敌机滥炸重庆市区,投下巨量之烧夷弹,惟灾情并不惨重,其所以然者,战时消防总队全体人员之英勇服务与有力焉。渠等均来自民间,且大半为义务职,其勇于工作之精神,实值敬佩。盖每次敌机来袭,投弹甫毕,各区消防人员即以最迅速之行动,冒一切危险驶赴灾区从事工作。"他们"在抗战期中敌机轰炸之下,抢救火灾、保护市民之生命财产,功绩之伟,不亚前方将士。"①。在五年半血与火的岁月里,共有81名英勇的消防人员,在救灾中壮烈牺牲,他们用生命表达了不屈不挠的抗争精神,捍卫了民族尊严。

重庆市消防人员殉职纪念碑　钱陵摄

除了重庆市消防人员殉职纪念碑外,在重庆中国三峡博物馆还保存着一块消防队员的墓碑,碑文记载"廿九年八月九日,敌机袭渝,重庆市消防总队王海云、徐剑两分队长冒险抢救殉职于金马寺。爰志于碑以彰忠烈。中华民国三十一年六月立"。这块碑从时间上来看,早于人民公园内的消防人员殉职纪念碑。两块碑可以互为补充,相映成辉。

正面碑文:

---

①《重庆市各界为发起重庆市战时消防总队抗战殉职人员追悼大会并抚恤暨竖碑纪念募捐启事》(1947年3月),重庆市档案馆馆藏档案:0057-3-204。

建重庆市消防人员殉职纪念碑记

重庆为西南重镇,华洋杂处,人烟稠密,无论昼夜寒暑,一遇火警,辄患燎原,故消防之设备不可一日或缺,惟自七七事变后,政府西迁,命名陪都,□为绾毂西南,倭寇肆虐轰炸频仍,全市计遭空袭九十六次,火场达二百九十六处,当时消防人员本服务精神,奋不顾身,不□宵旰,竭力抢救,或被弹炸死,或塌屋伤亡,罹难长员计八十一员名,与前方抗战将士壮烈牺牲者无或稍殊,其功甚伟,勒诸石,以志不朽,亦其宜也,爰为之铭曰:消防何为,绸缪安燕,七七以还,功同抗战,从事长员,是邦之彦,以仁宅心,以智应变,见义勇为,耻居后殿,赴难争先,勋名共见,并寿河山,允垂史传。

蜀南富邑朱寿珊记

东面碑文:

抗战殉职人员姓名列左

分队长　徐　剑　王海元　李章隶

中队长　陈典文

大队副　钟青云

义勇队士　徐海模、陈渔樵、唐海云、吴树林、周海云、王德云、赵炳生、胡树云、宾成根、周少清、周清云、赖洪章、陈青山、唐松云、崔海云、尚树清、陈伯川、文光明、陈树清、陈其昌、赵群钧、游明清、文海云、辜平章、龙云、沈海臣、杨炳宝、程学文、李金凤、张玉林、曾吉昌、吕丹书、张海廷、李海清、陈万才、万志成、李锡成、彭义祥、曹维新、苏荣程、刘玉廷、李根立、余光廷、刘金廷、钱荣卿、郑学初、陈宝光、李伯山、王敬恒、范生全、陈玉林、戴维成、何治清、赵有亮、陈自云、廖仲尧、雷海清、郑国材、季敬猷、吕玉才、李万全、张义登、江庆峰、邓银山、□　士、潘建三、李初、高齐坤、刘稚、郑健安、伍国卿、赵元顺、杨健高、李绍清、罗世孝、罗绍为

受伤□□、宋佑清、段荣清

西面碑文：

重庆市各界建碑委员会立

发起人　重庆市参议会

　　　　商会

　　　　总工会

　　　　银行公会

　　　　消防联合会

　　　　钱业公会

　　　　妇女会

　　　　渔会

　　　　教育会

张笃伦、唐　毅、胡子昂、范众渠、李　贵、仇秀敷、周懋植、蔡鹤年、陈诗可、刘兆丰、詹郁秋、蒋佽疾、张伯琴、陈文侯、蒋恕诚、杨子文、刘竹湘、李沛然、杨炳文、刘玉麟、尹树荣、□□□、张　绥、李耀光、李子谦、罗绍一、蒋相臣、张寿乔、梁国舫、杨双全、胡禹九、谭级五、钱鹏程、徐炳章、卓德全、阎肇安

　　监修　李湘丞　阎少安　刘竹湘

　　泥工　杨炳文

　　石工　陈永昌

背面碑文：

　　本市消防□□姓名列左

　　□□□　□□□　胡□航　王初□　□□伦　甘承宣　韩□□　□□□　钟晚嵩　□子□　伍□若　明□澄　□□　何俊杰　李宗藩　黄树□　任启裕　李占云　袁鸣龙

　　因公殉职人员姓名列后（略）

重庆市消防人员殉职纪念碑是迄今为止在原址保存的全国唯一的纪念抗战消防人员的纪念碑。是重庆人民不畏强敌,不屈不挠,决不因空袭而动摇其坚强不拔之抗战意志的历史记录,是"本着最大的服务精神和牺牲精神,舍生入死,抢救火灾,保护市民生命财产"的消防人员的生命礼赞。

(三)保护与利用现状

1992年4月27日,渝中区人民政府将消防人员殉职纪念碑列为区级文物保护单位。2009年12月,在重庆市公布的第二批市级文物保护单位中,重庆市消防人员殉职纪念碑作为"重庆大轰炸遗址群"的一个文物点,进入重庆市文物保护单位。经过"文化大革命"的劫难,碑文已经被砸得面目全非。目前,纪念碑主体保存基本完好,但局部呈现粉末状剥落、片状开裂、裂缝等风化现象。

(四)保护与利用建议

1. 加强对纪念碑所涉内容的研究,对相关史实进行考证,对无法辨认的内容进行补充;
2. 明确保护范围、建设控制地带和风貌协调区等控制线;
3. 对纪念碑进行一次保护性修复,由于在"文革"中遭到人为破坏和年久失修,碑体风化严重、字迹模糊不清,需要保护性修复以呈现其完整内容;
4. 加强对周边环境的改造和治理。

二、苏联空军抗日志愿者烈士墓的保护与利用

(一)遗址基本情况

苏联空军抗日志愿者烈士墓,位于渝中区鹅岭正街176号鹅岭公园内,陵墓占地面积约为219.79平方米,墓地铺以花岗石,三面有石栏围护。纪念碑为四方体锥形石碑,由碑座、碑身和碑顶组成。碑顶四面装饰有云纹,下

面是凸浮雕式的苏联国徽,整体造型优美庄严,是为纪念在抗日战争中牺牲的两名苏联空军烈士而修建的。陵墓建于1959年,纪念碑坐西向东,为钢筋混凝土结构,墓碑的正面镌刻有中俄两国文字,中文为:"志愿参加抗日战争牺牲的苏军军官:司托尔夫、卡特诺夫烈士之墓"。一侧立有一块小型石碑,上面用中俄两国文字注明了苏军烈士墓相关情况。

苏联空军抗日志愿者烈士墓　钱陵摄

(二)相关历史事件与价值

长眠于此的两位苏军烈士分别是司托尔夫上校和卡特诺夫上校,真名分别是斯科科夫·彼得·拉普连奇耶维奇和科托鲁密科·瓦西里·德米特里耶维奇,是苏联志愿参加中国抗日战争牺牲的空军军官,两人均因在空战中身负重伤,分别于1941年5月11日和1940年11月15日在重庆宽仁医院医治无效去世。最初由医院安葬于袁家岗左侧山头,后迁至重庆江北杨家花园陵园。因墓地狭小,1959年9月,重庆市委决定将其迁葬于鹅岭公园,并立碑铭文,以志纪念。

在抗日战争时期,苏联曾派遣大批军事专家来华援助抗战,其中空军志愿队即有五个大队,包括两千名航空队员和一千余架飞机。一部分航空队员驾机直接参加了保卫战时首都重庆的空战。

苏军烈士墓反映了中国和苏联两国人民为抗击日本法西斯侵略而共同战斗的历史,是中国和苏联人民友好的象征,具有较高的历史文化价值。

(三) 保护与利用现状

1962年2月,重庆市人民委员会及人民政府公布此墓为文物保护单位。2000年9月又被直辖后的重庆市人民政府确定为第一批市级文物保护单位。苏军烈士墓保护和利用现状良好。

保护与利用建议:

1. 明确保护范围、建设控制地带和风貌协调区等控制线;

2. 由于历史的原因,在中国有40余个城市有苏军烈士墓或纪念碑,为名实相符,彰显主题,建议将重庆的苏军烈士墓改名为"苏联空军抗日志愿者烈士墓"。

3. 建立苏联空军志愿者援华抗战纪念馆或陈列馆。

三、库里申科烈士墓园的保护与利用

(一) 遗址基本情况

库里申科烈士墓园位于万州城区的西山公园内,墓园为砖、石、水泥结构,欧式建筑风格,占地面积1600平方米。其中墓室呈长方形,高1.55米,长3.5米,宽2.7米。墓碑为长方形,高7.3米,宽4米,厚1.8米。正面阴刻"在抗日战争中为中国人民而英勇牺牲的苏联空军志愿队大队长格里戈利·阿基莫维奇·库里申科之墓;一九〇八——一九三九年"。背面为俄文碑文。照壁高3.2米,宽4米,正面阴刻"中俄两国人民鲜血凝成的友谊万岁!"背面:"伟大的国际主义战士永垂不朽!"

(二) 相关历史事件及价值

1939年10月14日,担任苏联空军志愿队大队长的库里申科驾机在对日空战中负伤,驾驶飞机飞抵万县上空时,坠入长江红沙碛,英勇牺牲,时年31岁。1939年11月9日,万州各界民众在西校场举行庄严肃穆的追悼大会。18日举行隆重的安葬仪式,安葬在太白岩南麓白岩书院围墙边,墓室简陋,墓碑矮小,碑文镌刻"空军烈士之墓"六个字。

1958年,万县市人民委员会在西山公园重新选址建设新墓园,并举行了隆重的迁葬仪式。1977年、1985年、1991年国家曾三次拨款对库里申科烈士墓进行修葺,扩充。1987年8月库里申科烈士墓被四川省列为省级重点烈士纪念建筑物保护单位。2000年,又由重庆市人民政府公布为重庆市第一批文物保护单位。2009年,库里申科烈士墓园被重庆市人民政府公布为市级文物保护单位。到2013年,墓园已由省级保护标志、大门、前横碑、花台、头部塑像、墓前直碑、墓室组成,总占地面积由原来的980平方米增到1200平方米,旧貌换新颜。

2013年3月23日,习近平主席在莫斯科国际关系学院演讲时赞扬的来华援助中国人民抗战的英雄库里申科,长眠在重庆万州的烈士墓园里。库里申科烈士墓园是中国和苏联人民友好情谊的象征,也是共同反抗日本法西斯侵略的重要体现,具有很高的历史文化价值。

2009年,库里申科烈士墓与白骨塔、抗战阵亡将士纪念碑合并为"西山抗战遗址群",公布为第二批重庆市级文物保护单位。

库里申科烈士墓　钱陵摄

(三) 保护与利用建议

建议进一步加强保护与建设,争取早日成为国家重点文物保护单位。

1. 明确保护范围、建设控制地带和风貌协调区等控制线;
2. 加强对周边环境的整治,通过绿化隔离成相对独立的空间;
3. 建议重新砌筑墓碑,重塑烈士铜像;
4. 此遗址与白骨塔、抗战阵亡将士纪念碑相邻,保护利用中应综合考虑。

四、孙寒冰教授之墓的保护与利用

(一) 遗址基本情况

抗日战争时期,北碚是战时首都重庆的疏散区,也是著名的文化区,战时大量高等学校和科研单位内迁北碚。然而,就是这样一座文化小镇,却四次遭到日军的轰炸,其中最惨的一次是 1940 年 5 月 27 日的轰炸。日军 27 架轰炸机在北碚黄桷镇嘉陵江两岸,投下百余枚炸弹,炸死平民 101 人,炸伤 126 人。复旦大学被炸,教务长兼法学院院长孙寒冰教授不幸罹难身亡,时年 37 岁。职员汪兴楷,学生陈钟燧、王茂泉、王文炳、刘晚成(曾任过"国民政府财政部部长"的刘航深之长子)和朱锡华等 6 人被当场炸死。

孙寒冰教授时任复旦大学教务长、法学院院长,他从五四运动开始,就投身爱国运动,一生追求真理,矢志不移。1937 年他创办我国第一期《文摘》杂志,并在其中刊登了斯诺写的《毛泽东传》,最早向国民党统治区的人民公开介绍这本书。

孙寒冰教授等 7 位师生罹难后,复旦举行大规模追悼会,全校师生共同哀悼。学校铭刻了《复旦大学师生罹难碑记》,立石于夏坝后山孙寒冰教授墓前("文革"时期,墓地遭到破坏,墓碑被当地农民拆去立作猪栏)。5 月底,全校师生在大礼堂举行了为孙寒冰教授等 7 位师生遇难的追悼大会,主持人为代理校长吴南轩。中国文化界著名人士发表了许多悼念文章,夏衍在《救亡日报》上发表《少了一个说真话的人》;胡愈之的文章讲:孙(寒冰)先生是一个真正的学者,是一个为真理奋斗的文化战士;郭沫若写的一首祭诗云:"战时文摘报,大笔信如椽;磊落余肝胆,鼓吹动地天;成仁何所怨,遗留正无边,黄桷春风至,桃花正灿然。"

孙寒冰生于上海,原籍江苏南汇,美国哈佛大学法学硕士、华盛顿大学学士。回国后先后担任法学院院长,暨南大学商学院院长,中山大学教授,复旦大学迁渝后任教务长兼法学院院长。惨案发生后,复旦大学为死难的师生举行了追悼会,同学们采集了许多鲜花,放置在死难者遗体周围并自觉地守灵,以表达他们的哀思。《新华日报》发表文章《悼念孙寒冰先生》,称他是"文化界战士,青年的导师",他的死"是中国文化界一大损失","他的精神永生"。1941年3月16日,由于右任、叶楚伧等人发起的孙寒冰先生追悼会在夫子池新运服务所礼堂举行,国民党监察院院长于右任、行政院院长孔祥熙及知名人士黄炎培、沈钧儒等均出席,教育部部长陈立夫代表等人在追悼会上发表演说。收到哀挽文件甚多,有国民政府主席林森题"哲人竟霄教泽长存",国民政府军事委员会委员长蒋介石题"立言不朽"等。1941年2月9日,"孙寒冰教授之墓"落成。10月1日,复旦大学在东阳镇新建的校园内,特为罹难者立了纪念碑。

1941年8月初,学校以校长李登辉、代理校长吴南轩、副校长江一平的名义,铭刻了一块3米多高的《复旦大学师生罹难碑记》纪念碑,立于夏坝后山孙寒冰教授墓前,其上书:"……呜呼!惨遭寇弹,哀同国殇。全校师生,悲愤无极,将何以益自淬励我为文化工作之创造神乎?抑何以益自坚强我为民族生存之战斗意志乎?则吾辈后死者矣。礼葬既毕,幽屯以安,爰为伐石纪事,系之以铭,用诏万世,不忘寇仇,其辞曰:'蠢彼倭奴,侵我上国。蹂若学府,文化之贼。死者七人,师生同厄。巴山以惊,巴水为咽。何寇之酷,而祸不测?易利御寇,诗美薄伐。雪耻除凶,誓报先烈'"!

孙寒冰教授之墓是日军侵华暴行的重要物证,是反映重庆大轰炸历史的重要遗址,也是重庆大轰炸遗址中保护最好的遗址之一。

（二）保护与利用现状

1987年12月11日，北碚区人民政府将寒冰教授墓从夏坝后山，迁至登辉堂右后侧，新建墓园，由周谷城题书碑文，铭刻了《孙寒冰教授墓志》和《迁墓记》。

1992年3月19日，孙寒冰教授之墓作为国立复旦大学旧址的一个文物点被列为重庆市第二批文物保护单位。2009年12月又被重庆市人民政府公布为直辖后的第二批市级文物保护单位。

（三）保护与利用建议

1. 明确保护范围、建设控制地带和风貌协调区等控制线；
2. 统筹规划对复旦大学旧址和孙寒冰教授之墓的保护升级，形成一个整体；

孙寒冰教授之墓　钱陵摄

3. 加强对周边环境的整治;

4. 为丰富国立复旦大学旧址和孙寒冰教授之墓的历史内涵,也为纪念在 1940 年 5 月 27 日日军轰炸中遇难的其他同胞,建议在冢址附近建立"侵华日军'五二七'轰炸北碚纪事碑"。

五、佛图关白骨塔的保护与利用

(一)遗址基本情况

佛图关白骨塔位于重庆市渝中区佛图关公园北侧,修建于抗战时期。佛图关白骨塔目前有两处塔址,一座较为完整,在大坪医院山崖之下,佛图关公园重庆阀门厂防空洞顶部坡上;另一座只剩半截,在佛图关公园后门一小路悬崖边残立,残体上爬满青藤,两座白骨塔相隔近百米远,塔基为乱石及灰土,塔身由石灰、红砖垒成,通高约 7 米。

佛图关白骨塔　钱陵摄

（二）相关历史事件及价值

抗日战争时期,日军对重庆实施"无差别轰炸",佛图关周边地区也曾多次被炸,造成了大量的人员伤亡,许多惨死的平民被就近埋葬于佛图关上,轰炸结束后,埋葬于荒坡上的尸骨被收纳后集体下葬,当时共有12座白骨塔。而具体这些白骨塔建于什么时间、由谁建立等历史均不清楚。

佛图关白骨塔是抗日战争时期日军实施无差别轰炸,制造非人道暴行的重要历史见证,具有较高的历史文化价值。

（三）保护与利用建议

目前,对佛图关白骨塔没有进行任何保护与利用。

1. 应对文物点划定保护范围,建设保护标识,进行挂牌保护;
2. 加强对佛图关白骨塔相关资料的征集整理和研究;
3. 对遗址本体进行修复与环境改造。

六、万县大轰炸白骨塔的保护与利用

（一）遗址基本情况

万县大轰炸白骨塔位于万州区西山公园动物园内,占地面积60平方米,建筑面积45平方米,由塔基、塔身组成,重檐式六角形石塔,塔身残,现残存石塔基座和一、二层塔身。

（二）相关历史事件及价值

1940年7月28日,日本侵略者出动飞机62架次轰炸万县城区,此次轰炸万县城区,在二马路、环城路、西山公园、王家坡等48处投弹327枚。使城里到处是废墟瓦砾,死难者的尸体随处可见,西山公园的树干、树枝上到处是残缺尸体,居民死367人,伤422人,房屋炸毁1000余间。在轰炸结束后,数百具遇难者的遗体被集中到了西山公园内埋葬,其上修建起了白骨塔以纪念万县大轰炸的死难者。

万县是抗战时期侵华日军轰炸的重点城市,除1940年的"七二八"轰炸外,还有一系列的轰炸。1939年1月14日,日机6架轰炸万县,共投弹31枚,造成70人死亡,92人受伤,损害房屋45间。2月4日,日机18架第二次轰炸万县,投弹134枚,市民死亡229人、受伤219人,损毁房屋352间。6月7日,日机36架轰炸万县,投弹25枚,造成2死6伤,损毁房屋92间。9月1日,18架日机空袭万县城区,投弹18枚,造成58人死亡,78人受伤,房屋损毁51间。1940年8月17日,投爆炸弹70枚、燃烧弹1枚,造成60人死亡、70人受伤,损毁房屋200余栋。8月18日,日机在万县投弹128枚,炸死12人,炸伤13人,炸毁房屋293间。10月4日,13架日机分两批空袭万县城区,投弹30枚,炸死李兴春、朱有和等10人,炸伤李光福、刘全兴等25人,炸毁房屋60栋。10月13日,36架日机空袭万县,投弹177枚,造成75人死亡、68人受伤,损毁房屋648间。10月27日,日机15架轰炸万县,投弹59枚,造成3人死亡、7人受伤,损毁房屋282间。

1941年5月22日,6架日机空袭万县,投弹58枚,炸死61人,炸伤51人,炸毁房屋80间。6月28日,25架日机空袭万县城区,投弹164枚,投弹224枚,其中有部分燃烧弹,有11枚未炸。敌机的野蛮轰炸造成万县市军民重大人员伤亡和财产损失,共有77人被炸死,116人被炸伤,炸毁房屋463间。7月28日,25架日机空袭万县城区,投弹134枚,炸死76人,炸伤91人,毁损房屋418间。7月30日,日本飞机3架轰炸万县,投弹4枚,造成2人被炸死,1人被炸伤,炸毁房屋24间、木桥1座。7月31日,日机27架空袭重庆万县,投掷爆炸弹32枚,燃烧弹1枚,造成2人死亡,13人受伤,房屋损毁7间。8月15日,日机18架袭击万县城区,投弹95枚,38人被炸死,63人被炸伤,炸毁房屋399间。8月30日,日机12架空袭万县城乡,投弹100余枚,造成35人死亡,损毁房屋39间。

1943年2月24日,日机17架分3批轰炸万县城区,投弹28枚,其中燃烧弹4枚,2枚未炸。炸死13人,炸伤17人,炸毁房屋271间。3月16日,日机27架空袭万县,在盘盘石、西山路、十字街等处投弹90余枚,炸毁停靠在盘盘石旁的木船 28 艘,炸死 41 人,炸伤 51 人,毁房 57 间。8 月 23 日,日军飞机 28 架轰炸万县。投弹 64 枚,其中 1 枚未炸。炸死 23 人,炸伤 29 人,炸毁房屋 529 间。①

万县大轰炸白骨塔是日军侵华暴行的历史见证,也是对大轰炸遇难者的纪念,具有重要的历史文化价值。但目前只有残存部分,应当加强保护。

万县大轰炸白骨塔　钱陵摄

(三)保护与利用现状

万县大轰炸白骨塔是在 2007 年开展的抗战遗址调查中被发现的,2009 年 12 月作为"西山抗战遗址群"的一个文物点被列入重庆市第二批文物保护单位。

(四)保护与利用建议

1. 目前万县大轰炸白骨塔仅有文物点保护标识,应划定万县大轰炸白骨塔的保护范围和建设控制带,并立碑保护;

2. 白骨塔目前只有基座和两层残体,相关部门应按照"修旧如旧"的原

---

① 参见潘洵、周勇主编:《抗战时期重庆大轰炸日志》,重庆出版社 2011 年版。

则进行抢救性修复；

    3.万县大轰炸白骨塔是1940年7月28日日军轰炸万县死难者的纪念设施，可考虑在附近合适的地方修建侵华日军"七二八"轰炸万县纪事碑。

第三篇
纪念园建设研究

  战争是一面镜子,能够让人更好认识和平的珍贵,杜绝历史悲剧重演,侵华日军重庆大轰炸历史资源,是日本军国主义破坏和平、反人类的战争记录,也是近代中国人民苦难与抗争的典型代表;是揭露日本侵华暴行的重要罪证,也是彰显民族爱国精神的重要载体,应该成为全人类的共同记忆遗产,其价值重大;是我们对当年为维护人类自由、正义、和平而牺牲的英灵、对惨遭屠杀的无辜亡灵的最好纪念。建立重庆大轰炸纪念园、纪念馆或纪念碑等纪念性场地和设施是铭记历史,珍爱和平,不让悲剧重演的最好方式。

第一章
纪念园建设的价值与意义

习近平总书记指出,"历史是最好的教科书,也是最好的清醒剂。"我们要"铭记历史、缅怀先烈、珍视和平、警示未来"。在重庆江北黑石子建设侵华日军重庆大轰炸遇难同胞纪念园,是服务国家战略,捍卫历史真相,维护人类正义,开展爱国主义教育和人类和平教育,涵养社会主义核心价值观的有效载体。

一、建设侵华日军重庆大轰炸
遇难同胞纪念园的历史必要性

(一)保存历史证据,揭露日本侵华暴行的需要。

历史是最好的教科书,也是最好的清醒剂。重庆是二战时期反法西斯同盟国首都中遭受无差别轰炸最为严重的城市之一。侵华日军对重庆的大轰炸,是法西斯各国无差别轰炸暴行的最典型的代表,是日本侵华战争中最重要的非人道暴行之一,其轰炸持续时间之长、次数之多、手段之残忍、造成灾难之深重,在世界各国城市中十分罕见,在当时的影响超过了南京大屠杀、731部队细菌战等其他侵华暴行。侵华日军对重庆的空中屠杀,不仅制造了对中国城市无差别轰炸的新纪录,也开启了第二次世界大战中大规模持续战略轰炸的恶例,对人类和平事业造成了巨大的灾难,应该成为全人类共同的记忆遗产。

（二）弘扬爱国主义，开展世界和平教育的需要。

只有铭记历史才能珍视和捍卫来之不易的和平，只有以史为鉴，才能守望和平，继往开来。真实记录历史是对因日本无差别轰炸死难冤魂的告慰，是对漠视侵华历史之人的警醒，是对妄图否认侵华历史的日本右翼势力的回击，更是全世界热爱和平之人的共同愿望。日军无差别轰炸造成的惨痛牺牲和巨大损失，是日本军国主义发动侵华战争犯下的滔天罪行和不容抵赖的铁证。面对日本无差别轰炸的非人道暴行，重庆人民展开了英勇的反轰炸斗争，谱写了可歌可泣的爱国主义篇章。作为一种具有深刻国际影响和重大历史及现实意义的国家级抗战文化资源，重庆大轰炸事件理应成为弘扬爱国主义的重要内容，成为世界和平教育的宝贵素材。

（三）传承城市文脉，弘扬城市文化精神的需要。

日本在实施重庆大轰炸侵略暴行时，重庆人民表现出了不屈不挠的信念和必胜的信心，受到包括美国罗斯福总统在内的同盟国家的高度评价，这是重庆文化和重庆精神的重要组成部分，也是传承城市文脉，弘扬城市文化精神的需要。悲剧不能重演，遗址不可再生，历史见证毁灭一个就少一个，而保存重庆大轰炸文化资源就是保存城市的文脉。因此，修建重庆大轰炸纪念园是弘扬重庆文化，传承重庆精神的重要表现。

二、建设重庆大轰炸遇难同胞纪念园的时代紧迫性

（一）服务国家外交大局，抑制日本右翼军国主义势力膨胀的迫切需要

日本侵华历史问题成为影响中日关系的一个焦点。近年来，日本右翼军国主义势力膨胀，对周边安全构成了严重威胁。日本在越来越多的场合不承认侵略战争，挑战战后国际秩序。这种无视历史的行径，尤应值得我们警醒。因此，建设重庆大轰炸遇难同胞纪念园具有明显的时代紧迫性。它

是以建筑形态和实物载体方式记录日本侵华史的具体行动,是构筑人们铭记历史,珍爱和平的重要平台。

(二)构建合理空间类型布局,满足国内外不同人群了解非人道暴行的迫切需要

对于日本侵华战争暴行的揭露,在中国东部,有侵华日军南京大屠杀纪念馆,在北方有哈尔滨侵华日军第731部队罪证遗址博物馆。而在广大的西部地区,尚无一处具有相当规模的侵华暴行警示性文化遗产。而从暴行类型而言,与国家现有的大屠杀、细菌战、慰安妇等暴行类纪念馆相比,虽然侵华日军对中国除吉林、新疆、西藏以外的所有省份及1000余个城市实施了无差别轰炸,但却没有一处无差别轰炸的纪念馆或博物馆。此外,由于受到地域分布、类型差异和游客承载力的限制,仅有的个别遗址目前还无法满足人们寄托哀思,特别是满足越来越多国际游客了解历史的需要,在此背景下,重庆大轰炸遗址遗迹的保护开发应当得到足够的重视。

(三)打造抗战文化品牌,重塑重庆反法西斯名城的迫切需要

文化是城市的根和魂,是最重要的软实力。抗战文化是重庆历史文化的标杆,是世界反法西斯战争史上的一座丰碑。作为中国的战时首都和世界反法西斯远东战场的指挥中心,面对大轰炸,重庆人民喊出了"愈炸愈强"的豪言壮语,让世界看到了屹立不倒的重庆。发掘和利用重庆大轰炸历史资源,积极打造抗战文化名片,对重庆长远发展有着重要的现实意义。

三、建设重庆大轰炸遇难同胞纪念园的现实可能性

(一)国家和市委市府对抗战遗址保护的高度重视

国家高度重视抗日战争的研究和抗战文化资源的保护与利用。习近平总书记反复强调,让历史说话,用史实发言,深入开展中国人民抗日战争研究。并先后对哈尔滨侵华日军第731部队罪证遗址群、辽宁阜新"万人坑"

遗址等文物保护作出重要指示批示,提出"像爱惜自己的生命一样保护好城市历史文化遗产","让文物活起来","在保护中发展、在发展中保护"等一系列重要论述。强调国家确立的抗战纪念设施和全国爱国主义教育示范基地,是激发爱国热情、凝聚人民力量、培育民族精神的重要场所,应当受到严格保护。善待抗战遗址,既可以见物、见人、见事,更可以见思想、见精神。特别是近年来,经党中央、国务院批准,中国人民抗日战争纪念馆等100余处纪念场馆被公布为第一批国家级抗战纪念设施、遗址名录,将抗战遗址的保护提到了前所未有的高度。重庆市委市府也高度重视抗战遗址的保护利用工作,2009年出台了《重庆市人民政府办公厅关于切实加强危旧房改造工程中文物保护工作的通知》,2010年制定了《重庆市抗战遗址保护利用总体规划》,2015年颁布了《重庆市人民政府办公厅、重庆警备区政治部关于加强抗战遗址保护利用工作的通知》,设立了市级保护专项资金等,同时出台了《重庆市抗日战争遗址保护办法》,进一步提高了保护意识、强化保护措施,扩大开发利用规模、规范开发利用行为。

(二)侵华日军重庆大轰炸有雄厚的研究基础

长期以来,重庆大轰炸受到重庆市民和社会各界的强烈关注。近年来,每年6月5日都通过在大隧道惨案旧址前举行悼念活动等形式表达对这段历史的尊重,和对在轰炸中死难同胞的哀思。一批学者自20世纪90年代开始,对大轰炸幸存者作了口述史调查,但这些幸存者时至今日已越来越少。与此同时,学术界有关重庆大轰炸的研究成果却越来越丰富,如王孝询等主编的《重庆大轰炸》;重庆市文化局、重庆市博物馆、重庆红岩革命纪念馆主编的《重庆大轰炸图集》;李金荣主编的《烽火岁月:重庆大轰炸》;王川平主编的《英雄之城:大轰炸下的重庆》;潘洵等著的《抗日战争时期重庆大轰炸研究》《抗战时期重庆大轰炸日志》;周勇主编的《重庆市抗战时期人口伤亡和财产损失》等等。其中,《抗日战争时期重庆大轰炸研究》入选有国家哲学社会科学最高荣誉之称的《国家哲学社会科学成果文库》,《重庆市抗战时期人口伤亡和财产损失》成为国家抗战损失统计的重要组成部分,受到高度重视。中华学术外译项目成果《重庆大轰炸研究》也已在日本著名出版机构岩波书店出版,引起了国内外广泛关注。潘洵教授目前主持有国家哲学社会科学重大招标项目"侵华日军无差别轰炸的史料整理与研究",正在对侵华日军无差别轰炸史料进行系统的发掘和梳理。近年来,一批重庆市人大代表、政协委员和社会有识之士强烈呼吁,要建设一个能供市民参观、缅怀重庆大轰炸的专门场所,使之成为重要的城市主题文化坐标。在今年国家设立"抗日战争胜利纪念日"前夕,西南大学潘洵教授提出设立"侵华日军重庆大轰炸遇难同胞纪念园"的建议,受到中宣部国家社科规划办的高度重视,入选国家社科规划办《成果要报》,并受到各国学者和社会各界的广泛关注。因此,建设重庆大轰炸遇难同胞纪念园是历史呼唤、人心所向、社会所需。

(三)侵华日军重庆大轰炸丰富的文物资源

重庆大轰炸文物资源丰富,按类型来划分大致有三种:一种是重大事件遗址,即重庆大轰炸期间所发生大事件的相关遗址,包括黑石子大轰炸遇难同胞无名墓地、"六五"大隧道惨案遗址、孙寒冰教授之墓、合川献机运动旧址、米邦沱日机炸弹爆炸点等;第二种是重要机构遗址,包括保卫重庆的空军机场、防空炮台阵地、防空警报台等,如跳伞塔、虎头岩报警塔、广阳坝机场遗址、鱼洞中坝机场遗址、泉山炮台遗址、北碚警报台旧址、万县防空指挥部旧址等;第三种是重要建筑遗址,即为纪念重庆大轰炸死难人员而建的建筑物、遗址等,如重庆市消防人员殉职纪念碑、苏军烈士墓、抗战防空洞遗址群、抗建堂旧址、南山空军坟、库里申科烈士墓园、万县大轰炸白骨塔等。此外,还收集整理了一大批重庆大轰炸的图像视频资料,如由重庆方面引进的由美籍华人李灵爱(Liling-Ai)与美国记者雷伊·斯科特(Rey Scott)合作完成的反映中国抗日战争的奥斯卡获奖彩色纪录片《苦干》,其中有1940年8月19—20日,雷伊·斯科特在美国大使馆的屋顶上,冒着生命危险拍下的日军对重庆实施无差别轰炸的珍贵记录。

第二章
纪念园的选址与项目建议

由于抗战时期侵华日军对重庆实施无差别轰炸,重庆市区的几乎每一条街道,都曾经遭受到日军的轰炸,但由于时间的洗礼和城市的发展,保存下来和重庆大轰炸遗址不仅数量有限,代表性和典型性不够充分,而且也极其分散。要建设一个集中反映重庆大轰炸历史和多功能性的纪念设施,项目选址极其重要。因此,必须对纪念园的选址和项目本身进行充分的调研和论证,选取最具代表性和典型性的地址开展建设。

一、重庆大轰炸遇难同胞纪念园的选址

(一)江北区黑石子的历史沿革:黑石子地处重庆江北区寸滩长江北岸,距朝天门码头约10公里,紧邻江边的黄桷渡、白沙沱。清末以来,民间慈善机构"真德堂"在此设立"浮尸会",出资雇请专人负责江中浮尸的打捞、搬运、埋葬。1891年开埠后,各省商人云集山城,重庆成为川东水陆重镇。为解决客死重庆的外地商人安葬事宜,官府特将黑石子地区作为墓地。由此,黑石子成为重庆外地客商专属墓地。

(二)黑石子是大轰炸遇难者最主要的掩埋地:抗战时期,国民政府迁渝,日机空袭重庆。1939年"五三""五四"大轰炸开始后,黑石子"浮尸会"便开始负责掩埋部分轰炸遇难者尸体,并增购黑石子之大石坝、匡家湾、李子林等处土地作为埋尸地。

1941年"六五"大隧道惨案发生后,因遇难者太多,国民政府便将黑石子作为遇难者遗体最主要的掩埋地。据《大隧道窒息案审查报告》记录,"(大

隧道窒息案）被难者尸体除少数自行埋葬者外,悉由驳船运赴对江黑石子掩埋。"同年7月,重庆市政府发布布告:"兹指定市区黑石子为空袭死难同胞墓地,除分令警察、卫生两局遵照外,合行布告周知!"这项由时任重庆市市长吴国桢签署的布告明确指定将黑石子作为空袭被难同胞墓地。

据黑石子当年负责抬运遇难者遗体的运尸人之一的黄树云回忆,"从1939年到1941年,(我)干了近三年(抬、埋尸体)。当时,我们6个人一组,其中3个是从牢狱里派来的。尸体送到黄桷渡后,我们负责抬上坡、挖坑、掩埋……通常,我们大坑埋10多人,小坑埋几个人。这周围山坡上到处是死人坑,男男女女、老老少少都有"。

（三）黑石子具备建设纪念园的用地条件:根据项目的定位和相应的建设内容,大轰炸纪念园的建设需要相应的建设用地。从目前重庆市内有关大轰炸的遗址群来看,相关的遗址点所处的地理位置空间不足以支撑纪念园的建设。如较场口"六五"大隧道惨案遗址所在地——渝中区较场口磁器街。此处位于重庆市渝中区解放碑商圈,目前而言根本没有合适的空间可用于建设大轰炸遇难者纪念园。

随着两江新区的成立以及寸滩保税港的建设,黑石子附近的经济得到了发展,在此地建设大轰炸纪念园也符合当地综合、全面发展的需要。同时,由于黑石子是抗战时期掩埋轰炸遇难同胞最主要的地方,且具备相对宽阔的地形条件。因此,黑石子是修建大轰炸遇难者纪念园最合适的遗址地。

二、重庆大轰炸遇难同胞纪念园基本建设项目建议

（一）纪念园建设项目的定位

江北黑石子重庆大轰炸遇难同胞纪念园建成后,将成为重要的人类警示性文化遗产、爱国主义教育基地和国际和平教育基地,是展陈抗战历史、纪念空中大屠杀的重要场所。目前,世界上同类主题的纪念园（馆）主要有:波兰的奥斯维辛集中营纪念馆、南京大屠杀纪念馆、哈尔滨的侵华日军第731部队罪证陈列馆等。

作为纳粹德国犯下滔天罪行历史见证的奥斯维辛集中营纪念馆位于波兰南部小镇奥斯维辛。1947年7月2日,波兰政府把奥斯维辛集中营改为殉难者纪念馆,展出纳粹在集中营犯下种种罪行的物证和图片。南京大屠杀纪念馆以日军屠杀旧址"万人坑"为基础,采用复原、历史照片制作、场景创作以及石雕、碑刻、悼念墙等外景布置等形式,展示日本法西斯在南京无视人类生命、丧失人类基本人性的罪恶历史。哈尔滨侵华日军第731部队罪证陈列馆是在731部队本部旧址东侧建立的遗址型博物馆,用遗址、图片、文物等揭露了日本在东北犯下的细菌战、人体实验等战争罪行。以上三个纪念馆的共同特点是:遗址利用充分,陈列规模本身虽不大,但用于烘托空间氛围的附属建筑较多。

黑石子重庆大轰炸遇难同胞纪念园在规划中应该重视上述特点,同时也要结合黑石子的地形要求和重庆地域特色有新的突破,本着简约、大气的要求,明确陈列展览、纪念悼念、和平公园和馆藏交流等功能分区。

(二)纪念园建设的重点项目

关于纪念园的基本建设项目,在本书第四章中已有建议,考虑到纪念园受各方面条件的限制,可能无法完全实施,但一些必要的项目是需要的,包括纪念墓园、纪念广场、纪念碑、名录墙、大轰炸暴行陈列馆等。纪念园基本建设项目可以分期建设,逐步推进,总建设规模100—120亩。

1. 遇难同胞纪念墓园

在集中掩埋大轰炸遇难同胞的区域划定墓园,并将在市区其他地方遇难同胞墓地迁建合葬于此,作为历史遗址进行保护,供观众凭吊缅怀。

2. 和平广场

重庆大轰炸主题性广场,不规则形状,约20000平方米。突出牢记历史,珍爱和平的主题,可以根据需要在广场上增设百鸽图主题雕塑、"五三""五四"轰炸纪念亭、重庆大轰炸纪事诗文碑林、美国罗斯福总统致重庆人民卷轴碑等。

3. 纪念碑

重庆大轰炸主题纪念碑,供市民瞻仰,位于纪念广场中央。与周边建筑相比,纪念碑应有一定高度。纪念碑上应刻有碑文和浮雕。

4. 遇难同胞名录墙

悼念重庆大轰炸死难同胞主题墙,位于纪念广场上某一侧。悼念墙上刻有已知的重庆大轰炸死难同胞名单,并预留空位,以便补充名单。

5. 侵华日军无差别轰炸暴行陈列馆

以照片、文物以及场景复原等形式陈列侵华日军无差别轰炸历史的专题馆,陈列馆展陈面积控制在9000平方米左右,建筑面积控制在15000平方米以内。

第三章
纪念园建设的工作建议

当前,包括在黑石子建设重庆大轰炸遇难同胞纪念园在内的重庆抗战遗址保护利用还存在:统筹协调难度大,城市建设开发与遗址保护的矛盾比较突出,保护建设责任难以落实等困难和问题,为解决此问上述,特提出如下工作建议:

一、加强政府的统筹领导

建议成立由市分管领导任组长的工作组(由文物局具体负责)和相关专家组成的专家委员会,启动对重庆大轰炸遇难同胞墓地遗址保护和侵华日军重庆大轰炸遇难同胞纪念园建设的可行性研究论证,确定遗址概况,发掘遗址遗存,评估保存现状,认定遗址价值,为划定保护区划、编制保护规划、实施保护展示工程和建设遗址纪念园提供科学依据。

二、做好先期的保护规划

鉴于重庆大轰炸资源的独特价值和影响力,应先期做好重庆大轰炸历史文化资源保护与利用的总体规划。同时对已公布为重庆市文物保护单位(文物点)的重庆大轰炸遗址,建议先期按市级文物单位进行抢救发掘和保护。并积极争取将"侵华日军重庆大轰炸遇难同胞纪念园"纳入国家重点文物保护单位名录进行保护和国家重点文化设施建设规划。

三、邀请一流专家团队进行设计

本着"牢记历史、不忘过去、珍爱和平、开创未来"的理念,以展示"侵华日军无差别轰炸暴行的铁证",建设"全国爱国主义教育的基地、全世界悼念遇难同胞的场所、新世纪重庆标志性建筑"等四个方面的任务来定位和实施。从同类型纪念设施建设情况看(南京大屠杀遇难同胞纪念馆由著名建筑设计大师齐康院士设计。南京大屠杀遇难同胞纪念馆新馆由中国工程院院士、中国工程设计大师、中国建筑学会副理事长、首届"梁思成建筑奖"获得者、华南理工大学建筑设计研究院何镜堂院士设计。侵华日军第731部队罪证陈列馆新馆建设方案的总设计师也是何镜堂院士),应当邀请一流专家团队进行设计,建议可考虑邀请南京大屠杀遇难同胞纪念馆新馆和侵华日军第731部队罪证陈列馆设计的何镜堂院士进行设计。

四、多渠道筹措建设资金

鉴于此项保护与建设工程浩大,短期难以完成,可规划进行分期保护与建设,先启动开展第一期保护与建设工作。经费是此项工作的难点之一,建议争取建立保护与建设基金,通过政府引导,社会广泛参与的方式筹集资金。当年重庆大轰炸时期,社会各界掀起了轰轰烈烈的献机运动,在努力实现中国梦的今天,只要创新方式,是可能解决保护与建设经费的。

第四篇
资料附录

附录一
加强重庆大轰炸资源保护利用的咨政建议

一、建议设立侵华日军重庆大轰炸遇难同胞纪念园[①]

西南大学潘洵教授主持的国家社科基金阶段性成果，认为侵华日军重庆大轰炸系列遗址遗迹，价值重大，亟待开发，并提议重点设立侵华日军重庆大轰炸遇难同胞纪念园。

（一）保护开发侵华日军重庆大轰炸重要遗址遗迹的必要性和紧迫性

1. 重庆大轰炸既是日本发动侵略战争、制造非人道暴行的罪证，也是中国人民不屈不挠反抗日本侵略的生动体现。第二次世界大战时期日军对重庆的大轰炸，是侵华日军无差别轰炸最集中、最典型的代表，是当时一个吸引国际社会多方关注的焦点事件，它不仅制造了对中国城市无差别轰炸的新纪录，也开启了第二次世界大战中大规模持续战略轰炸的恶例，对人类和平事业造成了巨大的灾难，在当时的影响甚至超过了南京大屠杀、731部队细菌战等其他侵华暴行。保护并开发重庆大轰炸遗址遗迹，能够进一步揭露日本法西斯的侵略暴行，让国际社会看清日本右翼势力歪曲历史、美化侵略的反动本质，有助于伸张人类公理正义，服务国家外交大局。重庆大轰炸见证了中国人民为追求民族独立解放付出的巨大牺牲，也是弘扬和进行爱

[①] 本文原载于全国哲学社会科学规划办公室：《成果要报》，2014年第27期（2014年4月17日）。

国主义教育、世界和平教育的极好教科书。

2. 当前我国对战争警示性文化遗产的保护利用，尚不能满足全国民众和世界人民缅怀的需要，尽快保护开发重庆大轰炸相应遗址遗迹正当其时。二战给人类带来了巨大的灾难，为了让人类反省战争、谴责罪恶，联合国专门在世界文化遗产中设立"警示性文化遗产"。目前，世界上有三处警示性文化遗产，分别是波兰奥斯维辛集中营、日本广岛和美国珍珠港。然而，作为第二次世界大战中最大受害国，中国不但长期缺乏这样一个可供纪念与警世的世界文化遗产地，而且大量的遗址、遗迹也由于各种各样的原因遭受破坏或边缘化。近年来，随着保留历史证据意识的逐步提高，我国逐渐建设了一些警示性遗址，其中最具代表的有侵华日军南京大屠杀遇难同胞纪念馆和侵华日军第731部队旧址，但是，由于受到地域分布、类型差异和游客承载力的限制，这些遗址目前还无法满足人们寄托哀思，特别是满足越来越多国际游客了解历史的需要，在此背景下，重庆大轰炸遗址遗迹的保护开发应当得到足够的重视。

3. 作为现存最具价值的重庆大轰炸遗址遗迹，黑石子大轰炸遇难同胞墓地亟需加快保护开发。由于各方面原因，重庆大轰炸遗址遗迹保护与利用比较滞后，尚没有一处有影响的、上规模的国家重点文物保护单位、主题纪念碑或纪念馆。在目前保存下来的遗址遗迹中，综合来看，只有江北区黑石子大轰炸遇难同胞墓地，具备建成警示性文化遗产的基本条件。黑石子大轰炸被难同胞无名墓地位于江北区寸滩黑石子镇，此处曾埋葬有从1939年"五三""五四"大轰炸到1941年"六五"隧道窒息惨案共约近万人的遇难同胞，该处遗址最能深刻揭示重庆大轰炸的历史内涵，具备充分的警示意义，同时其周边具有一定的拓展空间，可以达到建成世界文化遗产的要求，在此处建设侵华日军重庆大轰炸遇难同胞纪念园，无疑是开发重庆大轰炸历史遗址遗迹的最佳选择。目前，黑石子墓地长期未能得到实质性的保护利用，破坏严重。尤其是，随着两江新区的开发以及寸滩保税港的建设，该处遗址面临着被破坏的危险，保护利用已刻不容缓。

（二）建立"侵华日军重庆大轰炸遇难同胞纪念园"的初步方案

1. 遗址开发的总体目标与基本思路

突出"缅怀历史、反对战争，谴责暴行、珍爱和平"的主题，在高起点规划、高水平整合、高质量建设上下功夫，将侵华日军重庆大轰炸遇难同胞纪念园建设成具有世界水准的警示性世界文化遗产、国家级的爱国主义教育基地和全人类的国际和平交流基地。在开发思路上，创新历史资源保护利用的方式与路径，无论是前期的调查发掘，论证规划，还是后期的建设与展示，都必须充分发挥政府的主导作用，形成政府主导、社会广泛参与的历史文化资源保护与建设格局。

2. 建设相关纪念、陈列及研究设施

纪念设施：侵华日军重庆大轰炸遇难同胞纪念碑、侵华日军重庆大轰炸遇难同胞纪念广场、侵华日军重庆大轰炸遇难同胞墓园、侵华日军重庆大轰炸遇难同胞悼念厅、侵华日军"五三""五四"轰炸（死亡人数最多的轰炸）纪念亭、侵华日军"八一九""八二〇"轰炸（强度最大的地毯式轰炸）纪事碑、重庆大轰炸"六五"隧道窒息惨案纪念碑、侵华日军重庆大轰炸纪事诗文碑林、美国罗斯福总统致重庆人民卷轴碑、国际服务组空袭救护等系列雕塑。

陈列设施：侵华日军无差别轰炸罪证陈列馆。

研究设施：重庆大轰炸研究中心、国际和平交流中心等。

还可选择在重庆市区五四路，以及北碚区、合川区、梁平县、涪陵区、万州区、南川县、奉节县、巫山县、西南大学、民生公司等十余个大轰炸重大事件遗址，建立地区性的纪念设施。

3. 现有规划的调整

《重庆抗战遗址保护利用总体规划》中的"重庆中国抗战大后方历史文化博物馆"相关建设工作，目前基本处于停滞状态。由于该规划项目与已有"重庆抗日战争遗址博物馆"等性质类似、内容重合度高，建议将规划建设的"重庆中国抗战大后方历史文化博物馆"规划项目直接调整为"侵华日军重庆大轰炸遇难同胞纪念园"。

二、在重庆江北区黑石子规划建设重庆大轰炸纪念馆①

侵华日军重庆大轰炸的这段历史,是日本军国主义破坏和平、反人类的战争罪行记录;是近代中国人民,特别是重庆人民苦难与抗争的典型代表;是日军侵华暴行的重要罪证;也是彰显中华民族爱国主义精神的重要载体。应该成为全人类的共同记忆遗产,其价值重大,亟待保护与开发。

(一)建设重庆大轰炸纪念馆的历史必要性、时代紧迫性和现实可能性

习近平总书记指出,"历史是最好的教科书,也是最好的清醒剂。"我们要"铭记历史、缅怀先烈、珍视和平、警示未来"。在重庆江北黑石子建设重庆大轰炸纪念馆,是服务国家战略,揭露日本帝国主义罪行,捍卫历史真相,维护人类正义,开展爱国主义教育和人类和平教育,涵养社会主义核心价值观的有效载体。

1. 建设重庆大轰炸纪念馆的历史必要性

(1)保存历史证据,揭露日军侵华暴行的需要

历史是最好的教科书,也是最好的清醒剂。重庆是二战时期反法西斯同盟国的首都中遭受无差别轰炸最为严重的城市之一。侵华日军对重庆的大轰炸,是法西斯各国无差别轰炸暴行的最典型的代表,是日本侵华战争中最重要的非人道暴行之一。其轰炸持续时间之长、次数之多、手段之残忍、造成灾难之深重,在世界各国城市中都十分罕见,当时的影响超过了南京大屠杀、731部队细菌战等其他侵华暴行。侵华日军对重庆的空中屠杀,不仅制造了对中国城市无差别轰炸的新纪录,也开启了第二次世界大战中大规模持续战略轰炸的恶例,对人类和平事业造成了巨大的灾难,应该成为全人

---

①本文原载于重庆市社会科学院、重庆市人民政府发展研究中心:《决策建议》,2018年第29期。

类共同的记忆遗产。

(2)弘扬爱国主义,开展世界和平教育的需要

只有铭记历史才能珍视和捍卫来之不易的和平,只有以史为鉴,才能守望和平,继往开来。真实记录历史是对因日本无差别轰炸而死难的冤魂的告慰,是对漠视侵华历史之人的警醒,是对妄图否认侵华历史的日本右翼势力的回击,更是全世界热爱和平之人的共同愿望。日军无差别轰炸造成的惨痛牺牲和巨大损失,是日本军国主义发动侵华战争犯下的滔天罪行和不容抵赖的铁证。面对日本无差别轰炸的非人道暴行,重庆人民展开了英勇的反轰炸斗争,谱写了可歌可泣的爱国主义篇章。作为一种具有深刻国际影响和重大历史及现实意义的国家级抗战文化资源,重庆大轰炸事件理应成为弘扬爱国主义的重要内容,成为世界和平教育的宝贵素材。

(3)传承城市文脉,弘扬城市文化精神的需要

在日军实施重庆大轰炸的侵略暴行时,重庆人民表现出了不屈不挠的信念和必胜的信心,受到包括美国罗斯福总统在内的同盟国家的高度评价,这是重庆文化和重庆精神的重要组成部分。悲剧可能重演,遗址不可再生,历史见证毁灭一个就少一个,而保存重庆大轰炸文化资源就是保存城市的文脉。因此,规划修建重庆大轰炸纪念馆是弘扬重庆抗战文化,传承重庆人文精神的重要表现。

2.建设重庆大轰炸纪念馆的时代紧迫性

(1)服务国家外交大局,抑制日本右翼军国主义势力膨胀的迫切需要

日军侵华历史问题成为影响中日关系的一个焦点。近年来,日本右翼军国主义势力膨胀,对中国周边安全构成了严重威胁。日本在越来越多的场合不承认侵略战争,挑战战后国际秩序。这种无视历史的行径,尤应值得我们警醒。因此,建设重庆大轰炸纪念馆具有明显的时代紧迫性。它是以建筑形态和实物载体的方式记录了日本侵华的历史,构筑起人们铭记历史,珍爱和平的重要平台。然而,在曾经为国际国内高度关注的重庆大轰炸的发生地,至今没有一座关于重庆大轰炸的纪念碑或纪念馆,而为外界熟知的重庆大轰炸的历史遗址遗迹,只有在较场口原演武厅洞口人行道上建的重庆大轰炸惨案遗址——这是目前重庆唯一的大轰炸纪念地。其占地太小不

足20平方米,仅在封闭的洞口和外墙上刻有反映大轰炸的纪念浮雕,仅在狭小的展室里陈列少数放大的照片,而它所代表的内容只是大轰炸中的一个片段、一个点。甚至,它还因占道影响行人及车辆交通的通行,而完全不适合进行参观和悼念活动。

(2) 构建合理空间类型布局,满足国内外不同人群了解非人道暴行的迫切需要

对日本侵华战争暴行的揭露,在我国东部有侵华日军南京大屠杀纪念馆,北方有哈尔滨侵华日军七三一罪证遗址博物馆,而在广大的西部地区,尚无一处具有相当规模的侵华暴行警示性文化遗产。而从暴行类型而言,与国家现有的大屠杀、细菌战、慰安妇等暴行类纪念馆相比,虽然侵华日军对中国除吉林、新疆、西藏以外的所有省份及1000余个城市实施了无差别轰炸,但却没有一处无差别轰炸的纪念馆或博物馆。此外,由于受到地域分布、类型差异和游客承载力的限制,这些遗址目前还无法满足人们寄托哀思,特别是满足越来越多国际游客了解历史的需要,在此背景下,重庆大轰炸遗址遗迹的保护开发应当得到足够的重视。

(3) 打造抗战文化品牌,重塑重庆反法西斯名城的迫切需要

文化是城市的根和魂,是最重要的软实力。抗战文化是重庆历史文化的标杆,是世界反法西斯战争史上的一座丰碑。作为中国的战时首都和世界反法西斯远东战场的指挥中心,面对大轰炸,重庆人民喊出了"愈炸愈强"的豪言壮语,让世界看到了屹立不倒的重庆。发掘和利用重庆大轰炸历史资源,积极打造抗战文化名片,服务地方旅游发展战略,对重庆长远发展有着重要的现实意义。

3. 建设重庆大轰炸纪念馆的现实可能性

(1) 国家和市委市政府对抗战遗址保护的重视

国家高度重视抗日战争的研究和抗战文化资源的保护与利用。习近平总书记反复强调,让历史说话,用史实发言,深入开展中国人民抗日战争研究。习近平总书记先后对哈尔滨侵华日军731部队遗址群、辽宁阜新"万人坑"遗址等文物保护作出重要指示批示,提出"像爱惜自己的生命一样保护好城市历史文化遗产""让文物活起来""在保护中发展、在发展中保护"等

一系列重要论述。强调国家确立的抗战纪念设施和全国爱国主义教育示范基地,是激发爱国热情、凝聚人民力量、培育民族精神的重要场所,应当受到严格保护。善待抗战遗址,既可以见物、见人、见事,更可以见思想、见精神。特别是近年来,经党中央、国务院批准,中国人民抗日战争纪念馆等100余处纪念场馆被公布为第一批国家级抗战纪念设施、遗址名录,将抗战遗址的保护提到了前所未有的高度。重庆市委市府也高度重视抗战遗址的保护利用工作,2009年出台了《重庆市人民政府办公厅关于切实加强危旧房改造工程中文物保护工作的通知》;2010年制定了《重庆市抗战遗址保护利用总体规划》;2015年颁布了《重庆市人民政府办公厅重庆警备区政治部关于加强抗战遗址保护利用工作的通知》,设立了市级保护专项资金等,同时出台了《重庆市抗日战争遗址保护办法》,进一步提高了保护意识、强化保护措施,扩大开发利用规模、规范开发利用行为。在2018年5月16日重庆市旅游发展大会上,陈敏尔书记、唐良智市长反复强调要打好"人文"牌,用足用好"红色"资源、"爱国主义教育题材",积极发展红色旅游,把红色基因和爱国主义精神发扬好传承好。

(2)侵华日军重庆大轰炸雄厚的研究基础

长期以来,重庆大轰炸受到重庆市民和社会各界的强烈关注。近年来,每年6月5日都通过在大隧道惨案旧址前举行悼念活动等形式表达对这段历史的尊重和对在轰炸中死难同胞的哀思。在重庆市委市政府领导下,有关机构和一批学者自20世纪90年代开始,对大轰炸幸存者作了口述史调查并结集。与此同时,学术界有关重庆大轰炸的研究成果也越来越丰富,如王孝询等主编的《重庆大轰炸》;重庆市文化局、重庆市博物馆、重庆红岩革命纪念馆主编的《重庆大轰炸图集》;李金荣主编的《烽火岁月:重庆大轰炸》;王川平主编的《英雄之城:大轰炸下的重庆》;潘洵等著的《抗日战争时期重庆大轰炸研究》《抗战时期重庆大轰炸日志》;周勇主编的《重庆市抗战时期人口伤亡和财产损失》等等。其中,《抗日战争时期重庆大轰炸研究》入选了有国家哲学社会科学最高荣誉之称的《国家哲学社会科学成果文库》,《重庆市抗战时期人口伤亡和财产损失》成为国家抗战损失统计的重要组成部分,受到高度重视。中华学术外译项目成果《重庆大轰炸研究》也已在日本著名出版机构岩波书店出版,引起了国内外广泛关注。由潘洵教授主持的国家哲学社会科学重大招标项目"侵华日军无差别轰炸的史料整理与研究",目前正在对侵华日军无差别轰炸史料进行系统的发掘和梳理。近年来,一批重庆市人大代表、政协委员和社会有识之士强烈呼吁,要建设一个能供市民参观、缅怀重庆大轰炸的专门场所,使之成为重要的城市主题文化坐标。在2015年国家设立"抗日战争胜利纪念日"前夕,西南大学潘洵教授提出设立"侵华日军重庆大轰炸遇难同胞纪念园"的建议,受到中宣部国家社科规划办的高度重视,入选国家社科规划办《成果要报》,并受到各国学者和社会各界的广泛关注。因此,建设重庆大轰炸纪念馆是历史呼唤、人心所向、社会所需。

(3)侵华日军重庆大轰炸较为丰富的文物资源

重庆大轰炸文物资源丰富,按类型来划分大致有三种,一种是重大事件遗址,即重庆大轰炸期间所发生大事件的相关遗址,包括:黑石子大轰炸遇难同胞无名墓地、"六五"大隧道惨案遗址、孙寒冰教授之墓、合川献机运动旧址、米邦沱日机炸弹爆炸点等;第二种是重要机构遗址,包括:保卫重庆的空军机场、防空炮台阵地、防空警报台等,如跳伞塔、虎头岩报警塔、广阳坝机场遗址、鱼洞中坝机场遗址、泉山炮台遗址、北碚警报台旧址、万县防空指挥部旧址等;第三种是重要建筑遗址,即为纪念重庆大轰炸死难人员而建的建筑物、遗址等,如重庆市消防人员殉职纪念碑、苏军烈士墓、抗战防空洞遗址群、抗建堂旧址、南山空军坟、库里申科烈士墓园、万县大轰炸白骨塔等。

(二)选址江北黑石子的主要依据

1. 黑石子的历史沿革

黑石子地处重庆江北区寸滩长江北岸,距朝天门码头约10公里,紧邻江边的黄桷渡、白沙沱。清末以来,民间慈善机构"真德堂"在此设立"浮尸会",出资雇请专人负责江中浮尸的打捞、搬运、埋葬。1891年开埠后,各省商人云集山城,重庆成为川东水陆重镇。为解决客死重庆的外地商人安葬事宜,官府特将黑石子地区作为墓地。由此,黑石子成为重庆外地客商专属墓地。

2.黑石子是大轰炸遇难者最主要的掩埋地

抗战时期,国民政府迁渝,日机空袭重庆。1939年"五三"、"五四"大轰炸开始后,黑石子"浮尸会"便开始负责掩埋部分轰炸遇难者尸体,并增购黑石子之大石坝、匡家湾、李子林等处土地作为埋尸地。

1941年"六五"大隧道惨案发生后,因遇难者太多,国民政府便将黑石子作为遇难者遗体最主要的掩埋地。据《大隧道窒息案审查报告》记录,"(大隧道窒息案)被难者尸体除少数自行埋葬者外,悉由驳船运赴对江黑石子掩埋"。同年7月,重庆市政府发布布告:"兹指定市区黑石子为空袭死难同胞墓地,除分令警察、卫生两局遵照外,合行布告周知!"这项由时任重庆市市长吴国桢签署的布告明确指定将黑石子作为空袭死难同胞墓地。

据黑石子当年负责抬运遇难者遗体的运尸人之一的黄树云回忆,"从1939年到1941年,(我)干了近三年(抬、埋尸体)。当时,我们6个人一组,尸体送到黄桷渡后,我们负责抬上坡,挖坑、掩埋……通常,我们大坑埋10多人,小坑埋几个人。这周围山坡上到处是死人坑,男男女女、老老少少都有"。

3.黑石子具备建设纪念馆的用地条件

根据项目的定位和相应的建设内容,重庆大轰炸纪念馆的建设需要相应的建设用地。从目前重庆市内有关大轰炸的遗址群来看,相关的遗址点所处的地理位置空间不足以支撑纪念设施的建设。如较场口"六五"大隧道惨案遗址所在地——渝中区较场口磁器街,此处位于重庆市渝中区解放碑商圈,现有空间根本不可能建设大轰炸纪念馆。

随着两江新区的成立以及寸滩保税港的建设,黑石子附近的经济得到了发展,就地建设大轰炸纪念馆也符合当地综合、全面发展的需要。同时,由于黑石子是抗战时期掩埋轰炸遇难同胞最主要的地方,且具备相对宽阔的地形条件。因此,黑石子是修建大轰炸纪念馆最合适的选址地。

(三)黑石子重庆大轰炸纪念馆基本建设项目建议

黑石子重庆大轰炸纪念馆建成后,将是重要的人类警示性文化遗产、爱国主义教育基地和国际和平教育基地,是展陈抗战历史、纪念空中大屠杀的重要场所。目前,世界上同类主题的纪念园(馆)主要有:波兰的奥斯维辛集中营纪念馆、南京大屠杀纪念馆、哈尔滨的侵华日军第 731 部队罪证陈列馆等。作为纳粹德国犯下滔天罪行历史见证的奥斯维辛集中营纪念馆位于波兰南部小镇奥斯维辛。1947 年 7 月 2 日，波兰政府把奥斯维辛集中营改为殉难者纪念馆，展出纳粹在集中营犯下种种罪行的物证和图片。南京大屠杀纪念馆以日军屠杀旧址"万人坑"为基础，采用复原、历史照片制作、场景创作以及石雕、碑刻、悼念墙等外景布置等形式，展示日本法西斯在南京无视人类生命、丧失人类基本道德的罪恶历史。哈尔滨侵华日军第 731 部队罪证陈列馆是在 731 部队本部旧址东侧建立的遗址型博物馆，用遗址、图片、文物等揭露了日本在东北犯下的细菌战、人体实验等战争罪行。以上三个纪念馆的共同特点是：利用遗址；陈列规模本身不大；用于烘托空间氛围的附属建筑较多。

黑石子重庆大轰炸纪念馆在规划中应该重视上述特点，同时也要结合黑石子的地形要求和重庆地域特色有新的突破，本着简约、大气的要求，注重陈列展览、纪念悼念、和平公园和馆藏交流等功能分区。其基本建设项目应该包括纪念墓园、纪念广场、纪念碑、悼念墙、大轰炸主题陈列馆等。纪念馆基本建设项目可以分期建设，逐步推进，总建设规模 100~120 亩。

1. 遇难同胞纪念墓园

在集中掩埋大轰炸遇难同胞的区域划定墓园，并将在市区其他地方遇难同胞墓地迁建合葬于此，作为历史遗址进行保护，供公众凭吊缅怀。

2. 和平广场

重庆大轰炸主题性广场，不规则形状，约 20000 平方米。突出"牢记历史，珍爱和平"主题，可以根据需要在广场上增设百鸽图主题雕塑、"五三""五四"大轰炸纪念亭、重庆大轰炸纪事诗文碑林、美国罗斯福总统致重庆人民卷轴碑等。

3. 纪念碑

重庆大轰炸主题纪念碑，供公众瞻仰，位于纪念广场中央。与周边建筑相比，纪念碑应有一定高度。纪念碑上应刻有碑文和浮雕。

4. 遇难同胞名录墙

悼念重庆大轰炸死难同胞主题墙，位于纪念广场上某一侧。悼念墙上刻有已知的重庆大轰炸死难同胞名单,并预留空位,以便补充名单。

5.侵华日军无差别轰炸暴行陈列馆

以照片、文物以及场景复原等形式陈列侵华日军无差别轰炸历史的专题馆,陈列馆展陈面积控制在6000平方米左右,建筑面积控制在10000平方米以内。

(四)在黑石子建设重庆大轰炸纪念馆的工作建议

当前,包括在黑石子建设重庆大轰炸纪念馆在内的重庆抗战遗址保护利用还存在统筹协调难度大、城市建设开发与遗址保护的矛盾比较突出,保护建设责任难以落实等困难和问题,为解决上述问题,特提出如下建议:

1.加强政府的统筹领导

建议成立由分管市领导任组长的工作组(由文物局具体负责)和相关专家组成的专家委员会,启动对重庆大轰炸遇难同胞墓地遗址保护和"重庆大轰炸纪念馆"建设的可行性研究论证。

2.做好先期的保护规划

鉴于重庆大轰炸资源的独特价值和影响力,并已公布为重庆市文物保护单位(文物点),建议先期按市级文物单位进行抢救发掘和保护,并尽最大努力争取"重庆大轰炸纪念馆"纳入国家重点文物保护单位进行保护和国家重点文化设施建设规划。

3.邀请一流专家团队进行设计

本着"牢记历史、不忘过去、珍爱和平、开创未来"的理念,以及"展示侵华日军无差别轰炸暴行的铁证、全国爱国主义教育的基地、全世界和平教育的场所、新世纪重庆标志性建筑"四个方面的任务来定位和实施。目前国内的几处代表性的同类型纪念设施,南京大屠杀遇难同胞纪念馆由著名建筑设计大师齐康院士设计,南京大屠杀遇难同胞纪念馆新馆则是由中国工程院院士、中国工程设计大师、中国建筑学会副理事长、首届"梁思成建筑奖"获得者、华南理工大学建筑设计研究院何镜堂院士设计。侵华日军第731部队罪证陈列馆新馆建设方案的总设计师也是何镜堂院士。从同类型纪念设施建设情况看,应当邀请一流的、具有相关设计经验的专家团队进行设计,建议可考虑邀请南京大屠杀遇难同胞纪念馆新馆和侵华日军第731部队罪证陈列馆设计的何镜堂院士团队进行设计。

4.多渠道筹措建设资金

鉴于此项保护与建设工程浩大,短期内难以完成,可规划进行分期保护与建设,先启动开展第一期保护与建设工作。经费是此项工作的难点之一,建议争取建立保护与建设基金,通过政府主投、社会募集的方式筹集资金。当年重庆大轰炸时期,社会各界掀起了轰轰烈烈的献机运动,在努力实现"中国梦"的今天,只要创新方式,是可能解决保护与建设经费的。

附录二
侵华日军重庆大轰炸遇难同胞名录(部分)

在重庆大轰炸历史文化资源的保护与利用过程中,一直缺乏对侵华日军重庆大轰炸遇难同胞资料的收集整理。这也是严重制约重庆大轰炸历史文化资源保护与利用的一个重要因素。在国际和国内较好的暴行类遗址保护中,无疑都有对暴行受害者的详细调查,特别是一些国外具有警示意义的遗址,都具有扎实的受害者资料的收集整理。如奥斯维辛集中营遗址、广岛和平纪念公园,都有完整详细的受害者资料。国内的侵华日军南京大屠杀遇难同胞纪念馆也建立了受害者名单墙。而关于重庆大轰炸中日军的暴行,过去更多的是关注损害的数据,缺乏对受害者个体的关注,拿不出实实在在的受害者的名单,难以形成具有强烈冲击力的受害暴行的展示。为此,我们对侵华日军重庆大轰炸遇难同胞资料进行了初步的收集整理,建立了一个侵华日军重庆大轰炸遇难同胞数据库,并为建立侵华日军重庆大轰炸遇难同胞名录墙或侵华日军重庆大轰炸遇难同胞纪念碑做好资料准备。

表5 侵华日军重庆大轰炸遇难同胞名录

姓名	性别	年龄	籍贯	住址或遇难地点	遇难时间	资料来源
唐梁氏	女	30	—	中二路200	1938-4-22	档案[1]
唐长娃	男	7	—	中二路200	1938-4-22	同上
唐小妹	女	3	—	中二路200	1938-4-22	同上
叶景春	—	—	—	军政部兵工署第三工厂	1938-4-30	档案[2]

[1]《重庆市第七区造具抗敌伤亡人民调查表》,《重庆大轰炸档案文献·轰炸经过与人员伤亡》(上),重庆出版社2011年版,第160页。

[2]唐润明主编:《重庆大轰炸档案文献·财产损失(军工企业部分)》,重庆出版社2013年版。

续表

姓名	性别	年龄	籍贯	住址或遇难地点	遇难时间	资料来源
李汉清	-	-	-	军政部兵工署第三工厂	1938-4-30	同上
郑金林	-	-	-	军政部兵工署第三工厂	1938-4-30	同上
叶树标	-	-	-	军政部兵工署第三工厂	1938-4-30	同上
吴天民	-	-	-	钢铁厂迁建委员会	1938-5-3	同上
汪楚华	-	-	-	军政部兵工署第三工厂	1938-7-19	同上
周玉山	男	-	-	董家塅	1938-8-25	同上
杨忠心	男	36	-	董家塅	1938-8-25	同上
李培元	男	-	-	董家塅	1938-8-25	同上
王正坤	男	18	-	董家塅	1938-8-25	同上
唐金龙	男	38	-	董家塅	1938-8-25	同上
贾廷才	-	-	-	董家塅	1938-8-25	同上
孙学礼	男	-	-	株洲董家塅厂内	1938-8-31	同上
郭明声	-	-	-	军政部兵工署第十工厂	1938-9-27	同上
周坤生	-	-	-	军政部兵工署第十工厂	1938-9-27	同上
王有生	-	-	-	军政部兵工署第十工厂	1938-9-27	同上
秦树清	男	25	-	-	1938-10-4	著作①
江小娃	男	-	永川	-	1938-10-4	同上
李吉明	男	-	-	-	1938-10-4	同上
范志	男	-	-	郭家沱日机轰炸第二兵工厂地区	1938-10-6	档案②
廖文	男	31	-	重庆警察局中城辖区内	1939-1-15	档案③
李徐氏	女	28	-	重庆警察局中城辖区内	1939-1-15	同上
余陈氏	女	36	-	重庆警察局中城辖区内	1939-1-15	同上
张官氏	女	18	-	重庆警察局中城辖区内	1939-1-15	同上
李徐氏	女	46	-	重庆警察局中城辖区内	1939-1-15	同上
刘郑氏	女	24	-	重庆警察局中城辖区内	1939-1-15	同上

①潘洵、周勇主编，《抗战时期重庆大轰炸日志》，重庆出版社2011年版，第55页。
②重庆市档案馆档案:0186-2-272-274。
③重庆市档案馆档案:0061-16-3866。

续表

姓名	性别	年龄	籍贯	住址或遇难地点	遇难时间	资料来源
陈黑妹	女	10	-	重庆警察局中城辖区内	1939-1-15	同上
周炳荣	男	37	-	重庆警察局中城辖区内	1939-1-15	同上
王聚臣	男	38	-	重庆警察局中城辖区内	1939-1-15	同上
胡明山	男	-	-	重庆警察局中城辖区内	1939-1-15	同上
曾少青	男	-	-	重庆警察局中城辖区内	1939-1-15	同上
朱大贵	男	43	-	重庆警察局中城辖区内	1939-1-15	同上
陈浩然	男	-	-	重庆警察局中城辖区内	1939-1-15	同上
刘怀林	男	36	-	重庆警察局中城辖区内	1939-1-15	同上
孟庆乎太太	女	38	-	重庆警察局中城辖区内	1939-1-15	同上
刘何氏	女	40	-	重庆警察局中城辖区内	1939-1-15	同上
刘才根	男	40	-	重庆警察局中城辖区内	1939-1-15	同上
李七家	男	5	-	重庆警察局中城辖区内	1939-1-15	同上
徐洪章	男	18	-	重庆警察局中城辖区内	1939-1-15	同上
汤东香	男	14	-	重庆警察局中城辖区内	1939-1-15	同上
张荣廷	男	43	-	重庆警察局中城辖区内	1939-1-15	同上
李长康	男	3	-	重庆警察局中城辖区内	1939-1-15	同上
李中中	男	9	-	重庆警察局中城辖区内	1939-1-15	同上
刘洪发	男	34	-	重庆警察局中城辖区内	1939-1-15	同上
刘春林	男	24	-	重庆警察局中城辖区内	1939-1-15	同上
刘海龙	女	24	-	重庆警察局中城辖区内	1939-1-15	同上
张少卿	男	27	-	重庆警察局中城辖区内	1939-1-15	同上
胡云	男	17	-	重庆警察局中城辖区内	1939-1-15	同上
谭费福	女	3	-	重庆警察局中城辖区内	1939-1-15	同上
谭海青	男	22	-	重庆警察局中城辖区内	1939-1-15	同上
江张氏	女	52	-	重庆警察局中城辖区内	1939-1-15	同上
黄包氏	女	34	-	重庆警察局中城辖区内	1939-1-15	同上

续表

姓名	性别	年龄	籍贯	住址或遇难地点	遇难时间	资料来源
刘大发	男	36	-	重庆警察局江北分局辖内	1939-1-15	档案①
刘王氏	女	26	-	重庆警察局江北分局辖内	1939-1-15	同上
李中忠	男	7	-	重庆警察局江北分局辖内	1939-1-15	同上
李弟弟	男	3	-	重庆警察局江北分局辖内	1939-1-15	同上
刘泽根	男	34	-	重庆警察局江北分局辖内	1939-1-15	同上
张荣廷	男	48	-	重庆警察局江北分局辖内	1939-1-15	同上
胡东	男	18	-	重庆警察局江北分局辖内	1939-1-15	同上
汤小妹	女	11	-	重庆警察局江北分局辖内	1939-1-15	同上
刘吉常	男	20	万县	万县□子市(遇难地)	1939-1-14至2-4	档案②
陈兴富	-	20	万县	万县南门河坝	1939-1-14至2-4	同上
何宗玉	-	22	万县	万县南门河坝	1939-1-14至2-4	同上
龙泰荣	-	24	万县	万县樊家沟	1939-1-14至2-4	同上
向林生	-	25	万县	万县南津街	1939-1-14至2-4	同上
涂汉卿	-	32	万县	万县南津街	1939-1-14至2-4	同上
陈崇光	-	32	万县	万县冯家院子	1939-1-14至2-4	同上
冯世泰	-	16	万县	万县冯家院子	1939-1-14至2-4	同上
杨明云	-	21	万县	万县冯家院子	1939-1-14至2-4	同上
冯春林	-	25	万县	万县冯家院子	1939-1-14至2-4	同上
翟异华	-	28	万县	万县何家沟	1939-1-14至2-4	同上
朱元才	-	50	万县	万县何家沟	1939-1-14至2-4	同上

①重庆市档案馆档案:0061-15-3780-2-3。
②重庆万州区档案馆档案:015-222-001。

续表

姓名	性别	年龄	籍贯	住址或遇难地点	遇难时间	资料来源
陈焕然	-	28	万县	万县蔡家坡	1939-1-14至2-4	同上
向少伯	-	28	万县	万县月亮石	1939-1-14至2-4	同上
黎昌和	-	22	万县	万县牛滚凼	1939-1-14至2-4	同上
冉清明	-	22	万县	万县牛滚凼	1939-1-14至2-4	同上
何玉九	-	43	-	-	1939-1-14至2-4	档案①
陈少清	-	48	-	-	1939-1-14至2-4	同上
张正双	-	32	万县	-	1939-1-14至2-4	同上
程地云	男	30	-	-	1939-1-14至2-4	同上
吴正立	-	20	湖北汉阳	钢铁厂迁建委员会万县办事处	1939-2-4	档案②
李清堂	-	28	河南洛河	钢铁厂迁建委员会万县办事处	1939-2-4	同上
袁发荣	-	19	河南许昌	钢铁厂迁建委员会万县办事处	1939-2-4	同上
唐德心	男	-	-	-	1939-3-29	资料③
唐祖荣	男	-	-	-	1939-3-29	同上
唐祖华	男	-	-	-	1939-3-29	同上
谭唐氏	女	-	-	-	1939-3-29	同上
陈朝禄	男	-	-	-	1939-3-29	同上
李继荣	男	-	-	-	1939-3-29	同上
方雄武	男	18	中城镇	梁山县城(遇难地)	1939-3-29	档案④

①重庆万州区档案馆档案:015-149-001。
②唐润明主编:《重庆大轰炸档案文献·财产损失(军工企业部分)》,重庆出版社2013年版。
③四川省档案馆馆,第41宗,第6151卷。中共梁平县委党史研究室编,《梁平县抗战资料选编》,第76—77页,中国文史出版社2008年版。
④重庆梁平县档案馆档案:民政科29年1-2-13。

续表

姓名	性别	年龄	籍贯	住址或遇难地点	遇难时间	资料来源
邓克明	男	31	中城镇	梁山县城(遇难地)	1939-3-29	同上
孙敞远	男	32	梁山警备队	梁山县城(遇难地)	1939-3-29	档案①
石世祥	男	-	清平乡	义壮大队驻地	1939-3-29	档案②
余维正	男	-	恒集乡	义壮大队驻地	1939-3-29	同上
张代祥	男	-	袁驿镇	义壮大队驻地	1939-3-29	档案③
唐祖信	男	-	袁驿镇	义壮大队驻地	1939-3-29	同上
李龙云	男	-	-	梁山镇北门城墙猪市坝附近	1939-3-29	资料④
曹午梅	女	12		梁山福新街	1939-3-29	同上
王代钧	男	-	-	梁山顺城街中段	1939-3-29	同上
王叶氏	女			梁山顺城街中段	1939-3-29	同上
姜清	女	-	-	梁平县城东门东池堰附近100米	1939-3-29	同上
谢周氏	女			梁平县城东门东池堰附近100米	1939-3-29	同上
李善洪	男	-	-	梁山北门街玉佛龙深基洞	1939-3-29	同上
刘云英	女			梁山镇西中街医药局宿舍楼	1939-3-29	同上
刘吴氏	女			梁山镇西中街医药局宿舍楼	1939-3-29	同上
刘云珍	女			梁山镇西中街医药局宿舍楼	1939-3-29	同上
李宗俊3个哥哥	男	-	-	梁山镇北门袁家坡3个防空洞	1939-3-29	同上
李宗俊母	女	-	-	梁山镇北门袁家坡3个防空洞	1939-3-29	同上

①重庆梁平县档案馆档案：民政科28年1-2-83。
②重庆梁平县档案馆档案：兵役科J01-9-92。
③重庆梁平县档案馆档案：民政科28年1-2-24。
④周勇、潘洵等：《重庆大轰炸档案文献·证人证言》，重庆出版社2011年版。

续表

姓名	性别	年龄	籍贯	住址或遇难地点	遇难时间	资料来源
李宗俊姐	女	-	-	梁山镇北正街一排楼	1939-3-29	同上
林朝珍	女	-	-	梁山县北正街	1939-3-29	同上
贺山	男	-	-	梁山县北正街	1905-4-23	同上
詹辑熙	男	-	-	梁山詹家大院	1939-3-29	同上
徐世富	-	-	-	梁山北门街玉佛龙深基洞	1939-3-29	同上
曹何氏	女	-	-	梁山县较场坝中街	1939-3-29	同上
周建毛	男	-	-	梁山县	1939-3-29	同上
邓正玉	女	-	-	梁山县	1939-3-29	同上
何源富母	女	-	-	梁山县较场坝丁字街	1939-3-29	同上
王杜氏	女	40	-	12保3甲金沙正街56号	1939-4-23	档案①
童光玉	男	60	-	12保10甲较场坝9号	1939-4-23	同上
范先采	男	35	-	白沙新运纺织厂	1939-5-3	档案②
范昌宝	男	15	-	白沙新运纺织厂	1939-5-3	同上
裴华	男	-	-	神仙街65号	1939.5.3	档案③
张志中	男	-	-	第三区21保元通寺	1939-5-3	档案④
陈瑞臣	男	-	-	第三区22保张家亭	1939-5-3	同上
沈金山	男	-	-	第三区22保张家亭	1939-5-3	同上
易银和	男	-	-	第三区22保张家亭	1939-5-3	同上
黄炳荣	男	-	-	米亭子镇	1939-5-3	档案⑤
蔡阳昆	男	-	-	米亭子镇	1939-5-3	同上
侯治良	男	-	-	米亭子镇	1939-5-3	同上
李良臣	男	-	-	米亭子镇	1939-5-3	同上

①《重庆市第十四区抗敌伤亡人民调查表》,《重庆大轰炸档案文献·轰炸经过与人员伤亡》(上),重庆出版社2011年版,第166页。
②中国第二历史档案馆档案:11-951。
③重庆市档案馆档案:0344-1-1156。
④《重庆市第三区抗战伤亡人民调查表》,《重庆大轰炸档案文献·轰炸经过与人员伤亡》(上),重庆出版社2011年版,第145页。
⑤重庆市档案馆档案:0053-12-102。

续表

姓名	性别	年龄	籍贯	住址或遇难地点	遇难时间	资料来源
陈文祥	男	-	-	体仁堂镇	1939-5-3	同上
田庆森	男	-	-	重庆电报局内	1939-5-3	档案①
万荣利	男	-	-	金沙岗	1939-5-3	档案②
刘金益	男	-	-	金沙岗	1939-5-3	同上
赖荣森	男	-	-	金沙岗	1939-5-3	同上
邱克承	男	-	-	金沙岗	1939-5-3	同上
廖禹高	男	-	-	金沙岗	1939-5-3	同上
何秦华	女	18	-	中陕西街	1939-5-3	档案③
刘云成	男	25	-	中陕西街	1939-5-3	同上
胡其英	男	38	-	中陕西街	1939-5-3	同上
张一民	男	25	-	中陕西街	1939-5-3	同上
吴学孚	男	32	-	中陕西街	1939-5-3	同上
陈天俊	男	34	-	中陕西街	1939-5-3	同上
刘学云	男	28	-	中陕西街	1939-5-3	同上
陈俊烈	男	30	-	中陕西街	1939-5-3	同上
万福云	男	41	-	中陕西街	1939-5-3	同上
夏馥兴	男	47	-	中陕西街	1939-5-3	同上
刘昌年	男	38	-	中陕西街	1939-5-3	同上
周学良	男	25	-	中陕西街	1939-5-3	同上
张铨镒	男	26	-	中陕西街	1939-5-3	同上
张伯顺	男	29	-	中陕西街	1939-5-3	同上
王清泉	男	17	-	中陕西街	1939-5-3	同上
夏岳年	男	16	-	中陕西街	1939-5-3	同上
刘具发	男	30	-	中陕西街	1939-5-3	同上
郑元成	男	46	-	中陕西街	1939-5-3	同上
刘夏氏	女	45	-	中陕西街	1939-5-3	同上

①重庆市档案馆档案:0344-1-1156。
②重庆市档案馆档案:0061-15-3780。
③重庆市档案馆档案:0061-15-3780-1-3。

续表

姓名	性别	年龄	籍贯	住址或遇难地点	遇难时间	资料来源
周林氏	女	32	-	中陕西街	1939-5-3	同上
赵于民	男	41	-	下陕西街	1939-5-3	同上
苏清和	男	28	-	下陕西街	1939-5-3	同上
杨如云	男	34	-	下陕西街	1939-5-3	同上
玉素南	男	45	-	下陕西街	1939-5-3	同上
冯金生	男	38	-	下陕西街	1939-5-3	同上
王　嫂	女	42	-	下陕西街	1939-5-3	同上
杨明新	男	10	-	下陕西街	1939-5-3	同上
王汉臣	男	32	-	下陕西街	1939-5-3	同上
郭周氏	女	28	-	下陕西街	1939-5-3	同上
王　嫂	女	34	-	下陕西街	1939-5-3	同上
王素卿	男	41	-	下陕西街	1939-5-3	同上
陈佩霞	女	18	-	下陕西街	1939-5-3	同上
田　嫂	女	34	-	下陕西街	1939-5-3	同上
郑彭氏	女	42	-	下陕西街	1939-5-3	同上
金子龙	男	8	-	下陕西街	1939-5-3	同上
袁均可	男	38	-	下陕西街	1939-5-3	同上
蔡清合	男	42	-	下陕西街	1939-5-3	同上
万云三	男	43	-	下陕西街	1939-5-3	同上
唐清云	男	38	-	下陕西街	1939-5-3	同上
围三合	男	42	-	下陕西街	1939-5-3	同上
冯小玲	男	10	-	东升楼街	1939-5-3	档案①
龙曹氏	女	50	-	东升楼街	1939-5-3	
杜青云	男	31	-	东升楼街	1939-5-3	
杜徐氏	女	20	-	东升楼街	1939-5-3	
王刘氏	女	30	-	东升楼街	1939-5-3	
王刘氏	女	21	-	东升楼街	1939-5-3	

①重庆市档案馆档案:0061-15-3780。

续表

姓名	性别	年龄	籍贯	住址或遇难地点	遇难时间	资料来源
张秦氏	女	31	-	东升楼街	1939-5-3	
周刘氏	男	20	-	东升楼街	1939-5-3	
周福生	女	1	-	东升楼街	1939-5-3	
周游氏	女	38	-	东升楼街	1939-5-3	
朱吴氏	男	25	-	东升楼街	1939-5-3	
朱仁寿	男	1	-	东升楼街	1939-5-3	
熊 延	男	27	-	东升楼街	1939-5-3	
陈忠温	男	35	-	东升楼街	1939-5-3	
陈朱氏	女	24	-	东升楼街	1939-5-3	
彭光明	男	30	-	东升楼街	1939-5-3	
彭黄氏	女	21	-	东升楼街	1939-5-3	
何俊明	男	41	-	东升楼街	1939-5-3	
何杨氏	女	42	-	东升楼街	1939-5-3	
但少清	男	46	-	东升楼街	1939-5-3	
但郑氏	女	40	-	二府衙	1939-5-3	档案①
邓明钦	男	36	-	二府衙	1939-5-3	同上
邓胡氏	女	25	-	二府衙	1939-5-3	同上
甘王氏	女	32	-	二府衙	1939-5-3	同上
李世银	男	24	-	二府衙	1939-5-3	同上
李代义	男	46	-	二府衙	1939-5-3	同上
张银山	男	61	-	二府衙	1939-5-3	同上
李治成	男	54	-	二府衙	1939-5-3	同上
胡国恩	男	55	-	二府衙	1939-5-3	同上
王金泉	男	19	-	二府衙	1939-5-3	同上
白相臣	男	21	-	二府衙	1939-5-3	同上
张兴合	男	21	-	二府衙	1939-5-3	同上
王敬光	男	18	-	二府衙	1939-5-3	同上

①重庆市档案馆档案:0061-15-3780-1-3。

续表

姓名	性别	年龄	籍贯	住址或遇难地点	遇难时间	资料来源
石梅春	男	11	-	二府衙	1939-5-3	同上
王林氏	女	21	-	二府衙	1939-5-3	同上
腾礼堂	男	44	-	二府衙	1939-5-3	同上
胡金全	男	43	-	二府衙	1939-5-3	同上
刘东平	男	30	-	二府衙	1939-5-3	同上
柯杨氏	女	41	-	二府衙	1939-5-3	同上
李王氏	女	31	-	二府衙	1939-5-3	同上
张韩氏	女	25	-	打铁街	1939-5-3	档案①
张锡江	男	35	-	打铁街	1939-5-3	同上
杨古氏	女	25	-	打铁街	1939-5-3	同上
王云之	男	23	-	打铁街	1939-5-3	同上
郑唐氏	女	30	-	镇江寺巷	1939-5-3	档案②
邓小女	女	6	-	镇江寺巷	1939-5-3	同上
张万和	男	38	-	镇江寺巷	1939-5-3	同上
高南廷	男	32	-	镇江寺巷	1939-5-3	同上
陈万和	男	42	-	镇江寺巷	1939-5-3	同上
李海山	男	32	-	镇江寺巷	1939-5-3	同上
王成林	男	28	-	镇江寺巷	1939-5-3	同上
杨程氏	女	40	-	重庆市警察局第三分局	1939-5-3	档案③
何光明	男	34	-	重庆市警察局第三分局	1939-5-3	同上
邹远英	男	30	-	重庆市警察局第三分局	1939-5-3	同上
徐笃恭	男	22	-	重庆市警察局第三分局	1939-5-3	同上
周鹏	男	25	-	重庆市警察局第三分局	1939-5-3	同上
郑国才	男	40	-	重庆市警察局第三分局	1939-5-3	同上
徐明东	男	23	-	重庆市警察局第三分局	1939-5-3	同上

① 重庆市档案馆档案:0061-15-3780-1-3。
② 重庆市档案馆档案:0061-15-3780-1-3。
③ 重庆市档案馆档案:0061-16-3866;0061-16-3866-2。

续表

姓名	性别	年龄	籍贯	住址或遇难地点	遇难时间	资料来源
周劳生	男	31	-	重庆市警察局第三分局	1939-5-3	同上
王光业	男	30	-	重庆市警察局第三分局	1939-5-3	同上
岑自贤	男	23	-	重庆市警察局第三分局	1939-5-3	同上
王易成	男	44	-	重庆市警察局第三分局	1939-5-3	同上
罗成林	男	22	-	重庆市警察局第三分局	1939-5-3	同上
吴清荣	男	34	-	重庆市警察局第三分局	1939-5-3	同上
林耀	男	25	-	重庆市警察局第三分局	1939-5-3	同上
李侃	男	35	-	重庆市警察局第三分局	1939-5-3	同上
沈同清	男	33	-	重庆市警察局第三分局	1939-5-3	同上
陈廷渊	男	16	-	重庆市警察局第三分局	1939-5-3	同上
朱子引	男	43	-	重庆市警察局第三分局	1939-5-3	同上
王文才	男	51	-	重庆市警察局第三分局	1939-5-3	同上
朱陈氏	女	44	-	重庆市警察局第三分局	1939-5-3	同上
罗张氏	女	30	-	重庆市警察局第三分局	1939-5-3	同上
陈王氏	女	31	-	重庆市警察局第三分局	1939-5-3	同上
陈其甫	男	18	-	重庆市警察局第三分局	1939-5-3	同上
阎叶氏	女	48	-	重庆市警察局第三分局	1939-5-3	同上
杨陈氏	女	40	-	重庆市警察局第三分局	1939-5-3	同上
黄何氏	女	46	-	重庆市警察局第三分局	1939-5-3	同上
余关氏	女	77	-	重庆市警察局第三分局	1939-5-3	同上
黄何氏	女	46	-	重庆市警察局第三分局	1939-5-3	同上
陈阎氏	女	30	-	重庆市警察局第三分局	1939-5-3	同上
邱臣氏	女	52	-	重庆市警察局第三分局	1939-5-3	同上
黄陈氏	女	43	-	重庆市警察局第三分局	1939-5-3	同上
杨玉明	女	18	-	重庆市警察局第三分局	1939-5-3	同上
程明	男	24	-	重庆市警察局第二分局辖区	1939-5-3	同上
代小娃	男	5	-	重庆市警察局第二分局辖区	1939-5-3	同上
朱蔡氏	女	32	-	重庆市警察局第二分局辖区	1939-5-3	同上

续表

姓名	性别	年龄	籍贯	住址或遇难地点	遇难时间	资料来源
孙海云	男	27	-	重庆市警察局第二分局辖区	1939-5-3	同上
郑学文	男	32	-	重庆市警察局第二分局辖区	1939-5-3	同上
蒋陈氏	女	30	-	重庆市警察局第二分局辖区	1939-5-3	同上
徐德芳	男	26	-	重庆市警察局第二分局辖区	1939-5-3	同上
王西全	男	20	-	重庆市警察局第二分局辖区	1939-5-3	同上
周真祥	男	-	-	重庆市警察局第二分局辖区	1939-5-3	同上
王寿山	男	-	-	重庆市警察局第二分局辖区	1939-5-3	同上
陈国柱	男	-	-	重庆市警察局第二分局辖区	1939-5-3	同上
田洪春	男	32	-	重庆市警察局第二分局辖区	1939-5-3	同上
张成仁	男	42	-	重庆市警察局第二分局辖区	1939-5-3	同上
旷仁民	女	22	-	重庆市警察局第二分局辖区	1939-5-3	同上
谢李氏	女	28	-	重庆市警察局第二分局辖区	1939-5-3	同上
陈明	男	40	-	重庆市警察局第二分局辖区	1939-5-3	同上
廖云清	男	27	-	重庆市警察局第二分局辖区	1939-5-3	同上
陈李氏	女	31	-	重庆市警察局第二分局辖区	1939-5-3	同上
王毛氏	女	62	-	重庆市警察局第二分局辖区	1939-5-3	同上
王正友	男	13	-	重庆市警察局第二分局辖区	1939-5-3	同上
贾福廷	男	54	-	重庆市警察局第二分局辖区	1939-5-3	同上
肖杜氏	女	29	-	重庆市警察局第二分局辖区	1939-5-3	同上
肖国明	男	4	-	重庆市警察局第二分局辖区	1939-5-3	同上
付光卿	男	42	-	重庆市警察局第二分局辖区	1939-5-3	同上
付林	男	3	-	重庆市警察局第二分局辖区	1939-5-3	同上
付杨氏	女	40	-	重庆市警察局第二分局辖区	1939-5-3	同上
付淑	女	14	-	重庆市警察局第二分局辖区	1939-5-3	同上
付树	男	1	-	重庆市警察局第二分局辖区	1939-5-3	同上
徐英华	男	32	-	重庆市警察局第二分局辖区	1939-5-3	同上
陈张氏	女	64	-	重庆市警察局第二分局辖区	1939-5-3	同上
陈小妹	女	6	-	重庆市警察局第二分局辖区	1939-5-3	同上

姓名	性别	年龄	籍贯	住址或遇难地点	遇难时间	资料来源
熊阿毛	男	34	-	重庆市警察局第二分局辖区	1939-5-3	同上
董雪梅	女	18	-	重庆市警察局第二分局辖区	1939-5-3	同上
杨达三	男	-	-	-	1939-5-3	档案①
邓克英	男	-	-	紫金门马路	1939-5-3	档案②
廖俊昌	男	-	-	江北分局	1939-5-3	同上
卢刘氏	女	-	-	通远门七星岗兴隆街	1939-5-3	资料③
卢仁敬	女	-	-	通远门七星岗兴隆街	1939-5-3	同上
王西福父	男	-	-	嘉陵江大河边堆码木材场	1939-5-3	同上
王西福母	女	-	-	嘉陵江大河边堆码木材场	1939-5-3	同上
刘罗氏	女	53	-	江北河边	1939-5-3	同上
甘炎山	男	58	-	七星岗	1939-5-3	同上
刘素芳	女	54	-	七星岗	1939-5-3	同上
甘业兴	男	-	-	七星岗	1939-5-3	同上
吴素华	女	-	-	七星岗	1939-5-3	同上
银娃	男	-	-	七星岗	1939-5-3	同上
三娃	男	-	-	七星岗	1939-5-3	同上
邓明清	男	34	-	打铜街	1939-5-3	同上
邓胡氏	女	30	-	打铜街	1939-5-3	同上
樊炳奎	男	40	-	小什字金沙岗禁烟督察处办公室内	1939-5-3	同上
谭常娃	男	3	-	化龙桥华村牧场后面的防空洞	1939-5-3	同上
王祥荣	男	-	-	化龙桥华村牧场后面的防空洞	1939-5-3	同上
周长生	男	-	-	化龙桥华村牧场后面的防空洞	1939-5-3	同上
岑元彦	男	-	-	化龙桥华村牧场后面的防空洞	1939-5-3	同上
刘荣珍	女	-	-	市中区国泰饭店	1939-5-3	同上
曾广文	男	-	-	市中区国泰饭店	1939-5-3	同上

---

① 重庆市档案馆档案:0270-1-144。
② 重庆市档案馆档案:0061-15-4511-1、-2。
③ 周勇、潘洵等:《重庆大轰炸档案文献·证人证言》,重庆出版社 2011 年版。

续表

姓名	性别	年龄	籍贯	住址或遇难地点	遇难时间	资料来源
彭学珍母	女	-	-	-	1939-5-3	同上
文祖玉	女	4	-	江北钦结堂宝盖寺（现文昌街）	1939-5-3	同上
陈万金	男	-	-	家附近的深基洞	1939-5-3	同上
陈谭氏	女	-	-	家附近的深基洞	1939-5-3	同上
李树生	男	-	-	十八梯双桅子巷	1939-5-3	同上
李胥氏	女	-	-	十八梯双桅子巷	1939-5-3	同上
王老曲	女	16	-	神仙洞	1939-5-3	同上
王曲霞	女	13	-	神仙洞	1939-5-3	同上
王童宁	男	10	-	神仙洞	1939-5-3	同上
包连成父	男	-	-	储奇门	1939-5-3	同上
刘周氏	女	-	-	李家沱槽坊	1939-5-3 或 5-4	同上
刘陈氏	女	-	-	李家沱槽坊	1939-5-3 或 5-4	同上
刘陈氏女	女	-	-	李家沱槽坊	1939-5-3 或 5-4	同上
唐兴成	男	16	-	南岸黄桷垭镇	1939-5-3 或 5-4	同上
唐金万	男	-	-	十八梯大隧道	1939-5-3 或 5-4	同上
饶刘氏	女	-	-	硝房沟(现渝中区)	1939-5-3 或 5-4	同上
苏炳兴	男	-	-	磁器街的经济防空洞	1939-5-3 或 5-4	同上
徐汉清	男	-	-	江北区三洞桥河边	1939-5-3 或 5-4	同上
杨尊轩	男	-	-	巴县白市驿	1939-5-3 或 5-4	同上
杨光福	男	-	-	巴县白市驿	1939-5-3 或 5-4	同上

续表

姓名	性别	年龄	籍贯	住址或遇难地点	遇难时间	资料来源
杨福圣	男	-	-	巴县白市驿	1939-5-3 或 5-4	同上
杨尊轩	男	-	-	巴县白市驿	1939-5-3 或 5-4	同上
杨尊轩	男	-	-	巴县白市驿	1939-5-3 或 5-4	同上
杨光福	男	-	-	巴县白市驿	1939-5-3 或 5-4	同上
杨福圣	男	-	-	巴县白市驿	1939-5-3 或 5-4	同上
口周氏（彭觉玉母）	女	-	-	机口口（现中华路）	1939-5-4	同上
李树柏	男	36	-	-	1939-5-4	同上
唐正氏	女	39	-	临江门护城路	1939-5-4	同上
李长瑞	男	-	-	鸡街54号（现大都会）	1939-5-4	同上
李长果	男	-	-	鸡街54号（现大都会）	1939-5-4	同上
李渊	男	-	-	鸡街54号（现大都会）	1939-5-4	同上
谷兰辉	女	18	-	鸡街54号（现大都会）	1939-5-4	同上
黎德轩	男	-	-	龙家嘴	1939-5-4	同上
刘明兴	男	52	-	现南岸区上新街瓦厂湾二初小学处	1939-5-4	同上
卢汉全（卢仁华）	男	41	-	黄桷街	1939-5-4	同上
唐良举	男	-	-	冠生园附近耗子院	1939-5-4	同上
黄富安	男	25	-	大梁子街,西川旅馆	1939-5-4	同上
张树成妻	女	20	-	通远门兴隆街12号	1939-5-4	同上
钱正光	男	-	-	较场口韭菜园巷	1939-5-4	同上
田庆生	男	-	-	巴县木洞	1939-5-4	档案①
陈洪忠	男	34	-	-	1939-5-4	档案②

①重庆市档案馆档案:0344-1-1106。
②重庆市档案馆档案:0061-16-3866,0061-16-3866-7。

续表

姓名	性别	年龄	籍贯	住址或遇难地点	遇难时间	资料来源
刘万发	男	46	-	重庆市警察局第二分局辖区	1939-5-4	同上
王兴顺	男	45	-	重庆市警察局第二分局辖区	1939-5-4	同上
彭赢发	男	34	-	重庆市警察局第二分局辖区	1939-5-4	同上
黄梓柏	男	26	-	重庆市警察局第二分局辖区	1939-5-4	同上
黄万氏	女	37	-	重庆市警察局第二分局辖区	1939-5-4	同上
黄素贞	女	5	-	重庆市警察局第二分局辖区	1939-5-4	同上
陈福隆	男	28	-	重庆市警察局第二分局辖区	1939-5-4	同上
左伯卿	男	31	-	重庆市警察局第二分局辖区	1939-5-4	同上
余兴发	男	39	-	重庆市警察局第二分局辖区	1939-5-4	同上
范焱清	男	27	-	重庆市警察局第二分局辖区	1939-5-4	同上
李宾如	男	34	-	重庆市警察局第二分局辖区	1939-5-4	同上
张红顺	男	41	-	重庆市警察局第二分局辖区	1939-5-4	同上
杨老幺	男	18	-	重庆市警察局第二分局辖区	1939-5-4	同上
李德胜	男	28	-	重庆市警察局第二分局辖区	1939-5-4	同上
李荣华	男	19	-	重庆市警察局第二分局辖区	1939-5-4	同上
赵贤吕	男	26	-	重庆市警察局第二分局辖区	1939-5-4	同上
王阿三	男	41	-	重庆市警察局第二分局辖区	1939-5-4	同上
王阿宝	男	19	-	重庆市警察局第二分局辖区	1939-5-4	同上
陈 四	男	14	-	重庆市警察局第二分局辖区	1939-5-4	同上
陈刘氏	女	44	-	重庆市警察局第二分局辖区	1939-5-4	同上
李陈氏	女	23	-	重庆市警察局第二分局辖区	1939-5-4	同上
李海清	男	26	-	重庆市警察局第二分局辖区	1939-5-4	同上
王银周	男	34	-	重庆市警察局第二分局辖区	1939-5-4	同上
黄泽林	男	28	-	重庆市警察局第二分局辖区	1939-5-4	同上
刘益精	男	51	-	重庆市警察局第二分局辖区	1939-5-4	同上
李张氏	女	47	-	重庆市警察局第二分局辖区	1939-5-4	同上
李素贞	女	16	-	重庆市警察局第二分局辖区	1939-5-4	同上
陈张氏	女	31	-	重庆市警察局第二分局辖区	1939-5-4	同上

续表

姓名	性别	年龄	籍贯	住址或遇难地点	遇难时间	资料来源
李长清	男	46	-	重庆市警察局第二分局辖区	1939-5-4	同上
陈少清	男	31	-	重庆市警察局第二分局辖区	1939-5-4	同上
张树荣	男	41	-	重庆市警察局第二分局辖区	1939-5-4	同上
胡和尚	男	7	-	重庆市警察局第二分局辖区	1939-5-4	同上
夏德明	男	31	-	重庆市警察局第二分局辖区	1939-5-4	同上
罗明德	男	17	-	重庆市警察局第二分局辖区	1939-5-4	同上
嫂	女	30	-	重庆市警察局第二分局辖区	1939-5-4	同上
陈大元	男	22	-	重庆市警察局第二分局辖区	1939-5-4	同上
陈蒋氏	女	51	-	重庆市警察局第二分局辖区	1939-5-4	同上
周大娃	男	10	-	重庆市警察局第二分局辖区	1939-5-4	同上
周家三	女	5	-	重庆市警察局第二分局辖区	1939-5-4	同上
陈炳云	男	60	-	重庆市警察局第二分局辖区	1939-5-4	同上
杨妈	女	52	-	重庆市警察局第二分局辖区	1939-5-4	同上
黎何氏	女	70	-	重庆市警察局第二分局辖区	1939-5-4	同上
钟唐氏	女	46	-	重庆市警察局第二分局辖区	1939-5-4	同上
钟赵氏	女	29	-	重庆市警察局第二分局辖区	1939-5-4	同上
钟垒氏	女	28	-	重庆市警察局第二分局辖区	1939-5-4	同上
徐钟氏	女	49	-	重庆市警察局第二分局辖区	1939-5-4	同上
万钟氏	女	32	-	重庆市警察局第二分局辖区	1939-5-4	同上
孙唐氏	女	50	-	重庆市警察局第二分局辖区	1939-5-4	同上
李妈	女	56	-	重庆市警察局第二分局辖区	1939-5-4	同上
吴兴富	男	18	-	重庆市警察局第二分局辖区	1939-5-4	同上
王简程	男	30	-	重庆市警察局第二分局辖区	1939-5-4	同上
王黄氏	女	28	-	重庆市警察局第二分局辖区	1939-5-4	同上
王克强	男	57	-	重庆市警察局第二分局辖区	1939-5-4	同上
沈培章	男	32	-	重庆市警察局第二分局辖区	1939-5-4	同上
熊兴发	男	46	-	重庆市警察局第二分局辖区	1939-5-4	同上
邓万发	男	35	-	重庆市警察局第二分局辖区	1939-5-4	同上

续表

姓名	性别	年龄	籍贯	住址或遇难地点	遇难时间	资料来源
陈李氏	女	45	-	重庆市警察局第二分局辖区	1939-5-4	同上
萧长春	男	28	-	重庆市警察局第二分局辖区	1939-5-4	同上
赖得胜	男	26	-	重庆市警察局第二分局辖区	1939-5-4	同上
廖和青	男	21	-	重庆市警察局第二分局辖区	1939-5-4	同上
张小娃	男	6	-	重庆市警察局第二分局辖区	1939-5-4	同上
汪茂林	男	27	-	重庆市警察局第二分局辖区	1939-5-4	同上
杨兴顺	男	28	-	重庆市警察局第二分局辖区	1939-5-4	同上
杨李氏	女	24	-	重庆市警察局第二分局辖区	1939-5-4	同上
张永祥	男	32	-	重庆市警察局第二分局辖区	1939-5-4	同上
赵黄氏	女	32	-	重庆市警察局第二分局辖区	1939-5-4	同上
张治江	男	32	-	重庆市警察局第二分局辖区	1939-5-4	同上
沈治儒	男	52	-	重庆市警察局第二分局辖区	1939-5-4	同上
钟良臣	男	32	-	重庆市警察局第二分局辖区	1939-5-4	同上
周治五	男	38	-	重庆市警察局第二分局辖区	1939-5-4	同上
田青海	男	18	-	重庆市警察局第二分局辖区	1939-5-4	同上
纪炳全	男	32	-	重庆市警察局第二分局辖区	1939-5-4	同上
张子勤	男	61	-	重庆市警察局第二分局辖区	1939-5-4	同上
维阳明	男	44	-	重庆市警察局第二分局辖区	1939-5-4	同上
蔡张氏	女	30	-	重庆市警察局第二分局辖区	1939-5-4	同上
杜刘氏	女	22	-	重庆市警察局第四分局辖区	1939-5-4	同上
杜太兴	男	30	-	重庆市警察局第四分局辖区	1939-5-4	同上
童小女	女	1	-	重庆市警察局第四分局辖区	1939-5-4	同上
童向礼	女	16	-	重庆市警察局第四分局辖区	1939-5-4	同上

续表

姓名	性别	年龄	籍贯	住址或遇难地点	遇难时间	资料来源
童刘氏	女	50	-	重庆市警察局第四分局辖区	1939-5-4	同上
童像银	男	26	-	重庆市警察局第四分局辖区	1939-5-4	同上
王竹修	女	28	-	重庆市警察局第四分局辖区	1939-5-4	同上
卢长生	男	23	-	重庆市警察局第四分局辖区	1939-5-4	同上
易少成	男	32	-	重庆市警察局第四分局辖区	1939-5-4	同上
曹树林	女	40	-	重庆市警察局第四分局辖区	1939-5-4	同上
詹海和	男	42	-	重庆市警察局第四分局辖区	1939-5-4	同上
彭四娃	女	3	-	重庆市警察局第四分局辖区	1939-5-4	同上
彭信华	女	7	-	重庆市警察局第四分局辖区	1939-5-4	同上
彭王氏	女	26	-	重庆市警察局第四分局辖区	1939-5-4	同上
王夏氏	女	52	-	重庆市警察局第四分局辖区	1939-5-4	同上
赵宝玉	男	56	-	重庆市警察局第四分局辖区	1939-5-4	同上
石树荣	男	40	-	重庆市警察局第四分局辖区	1939-5-4	同上
小　娃	女	2	-	重庆市警察局第四分局辖区	1939-5-4	同上
黑　妹	女	4	-	重庆市警察局第四分局辖区	1939-5-4	同上
钟郑氏	女	32	-	重庆市警察局第四分局辖区	1939-5-4	同上
刘小女	女	4	-	重庆市警察局第四分局辖区	1939-5-4	同上
杨小娃	男	8	-	重庆市警察局第四分局辖区	1939-5-4	同上
杨小女	女	6	-	重庆市警察局第四分局辖区	1939-5-4	同上
小　妹	女	16	-	重庆市警察局第四分局辖区	1939-5-4	同上
吴老婆	女	52	-	重庆市警察局第四分局辖区	1939-5-4	同上
赵玉完	男	15	-	重庆市警察局第四分局辖区	1939-5-4	同上
田中玉	男	27	-	重庆市警察局第四分局辖区	1939-5-4	同上
古余氏	女	81	-	重庆市警察局第四分局辖区	1939-5-4	同上
叶二女	女	12	-	重庆市警察局第四分局辖区	1939-5-4	同上
吴质丰	女	22	-	重庆市警察局第四分局辖区	1939-5-4	同上
李少女	男	5	-	重庆市警察局第四分局辖区	1939-5-4	同上

续表

姓名	性别	年龄	籍贯	住址或遇难地点	遇难时间	资料来源
毛周氏	女	36	-	重庆市警察局第四分局辖区	1939-5-4	同上
熊裁缝	男	36	-	重庆市警察局第四分局辖区	1939-5-4	同上
陈古氏	女	18	-	重庆市警察局第四分局辖区	1939-5-4	同上
曹德三	男	52	-	重庆市警察局第四分局辖区	1939-5-4	同上
陈炳林	男	41	-	重庆市警察局第四分局辖区	1939-5-4	同上
黄伟仁	男	52	-	重庆市警察局第四分局辖区	1939-5-4	同上
段有三	男	35	-	重庆市警察局第四分局辖区	1939-5-4	同上
陈小女	女	3	-	重庆市警察局第四分局辖区	1939-5-4	同上
伍德轩	男	36	-	重庆市警察局第四分局辖区	1939-5-4	同上
王金山	男	38	-	重庆市警察局第四分局辖区	1939-5-4	同上
姚奶奶	女	41	-	重庆市警察局第四分局辖区	1939-5-4	同上
姚占州	男	42	-	重庆市警察局第四分局辖区	1939-5-4	同上
何奶奶	女	41	-	重庆市警察局第四分局辖区	1939-5-4	同上
赵奶奶	女	42	-	重庆市警察局第四分局辖区	1939-5-4	同上
叶正元	男	2	-	重庆市警察局第四分局辖区	1939-5-4	同上
付烈武	男	10	-	重庆市警察局第四分局辖区	1939-5-4	同上
付四妹	女	14	-	重庆市警察局第四分局辖区	1939-5-4	同上
杨海山	男	39	-	重庆市警察局第四分局辖区	1939-5-4	同上
周戴氏	女	72	-	重庆市警察局第四分局辖区	1939-5-4	同上
段海云	男	35	-	重庆市警察局第四分局辖区	1939-5-4	同上
黄维仁	男	7	-	重庆市警察局第四分局辖区	1939-5-4	同上
黄王氏	女	37	-	重庆市警察局第四分局辖区	1939-5-4	同上
李杨氏	女	36	-	重庆市警察局第四分局辖区	1939-5-4	同上
萧小女	女	9	-	重庆市警察局第四分局辖区	1939-5-4	同上
刘兴氏	女	18	-	重庆市警察局第四分局辖区	1939-5-4	同上
刘兴才	男	20	-	重庆市警察局第四分局辖区	1939-5-4	同上
陈定国	男	31	-	重庆市警察局第四分局辖区	1939-5-4	同上

续表

姓名	性别	年龄	籍贯	住址或遇难地点	遇难时间	资料来源
李骆子	男	4	-	重庆市警察局第四分局辖区	1939-5-4	同上
冯水娃	男	4	-	重庆市警察局第四分局辖区	1939-5-4	同上
冯青全	男	37	-	重庆市警察局第四分局辖区	1939-5-4	同上
陈小娃	男	2	-	重庆市警察局第四分局辖区	1939-5-4	同上
陈黑娃	男	5	-	重庆市警察局第四分局辖区	1939-5-4	同上
陈雷氏	女	31	-	重庆市警察局第四分局辖区	1939-5-4	同上
李汉臣	男	62	-	重庆市警察局第四分局辖区	1939-5-4	同上
李幺妹	女	2	-	重庆市警察局第四分局辖区	1939-5-4	同上
李九娃	女	6	-	重庆市警察局第四分局辖区	1939-5-4	同上
蔡秀英	女	11	-	重庆市警察局第四分局辖区	1939-5-4	同上
蔡玉祯	女	12	-	重庆市警察局第四分局辖区	1939-5-4	同上
庞玉山	男	75	-	重庆市警察局第四分局辖区	1939-5-4	同上
曹述林	男	38	-	重庆市警察局第四分局辖区	1939-5-4	同上
阮玉林	男	20	-	重庆市警察局第四分局辖区	1939-5-4	同上
王夏氏	女	48	-	重庆市警察局第四分局辖区	1939-5-4	同上
彭小女	女	2	-	重庆市警察局第四分局辖区	1939-5-4	同上
彭信华	女	6	-	重庆市警察局第四分局辖区	1939-5-4	同上
彭王氏	女	27	-	重庆市警察局第四分局辖区	1939-5-4	同上
詹海和	男	40	-	重庆市警察局第四分局辖区	1939-5-4	同上
陈家少	女	15	-	重庆市警察局第四分局辖区	1939-5-4	同上
李记贞	女	14	-	重庆市警察局第四分局辖区	1939-5-4	同上
李喻氏	女	56	-	重庆市警察局第四分局辖区	1939-5-4	同上
李遂照	男	9	-	重庆市警察局第四分局辖区	1939-5-4	同上
李记兴	男	31	-	重庆市警察局第四分局辖区	1939-5-4	同上
何许氏	女	32	-	重庆市警察局第四分局辖区	1939-5-4	同上
陈范氏	女	31	-	重庆市警察局第四分局辖区	1939-5-4	同上
赵云丰	男	30	-	重庆市警察局第四分局辖区	1939-5-4	同上

续表

姓名	性别	年龄	籍贯	住址或遇难地点	遇难时间	资料来源
赵鸠鸠	男	10	-	重庆市警察局第四分局辖区	1939-5-4	同上
赵云斋	男	52	-	重庆市警察局第四分局辖区	1939-5-4	同上
岑陈氏	女	46	-	重庆市警察局第四分局辖区	1939-5-4	同上
谭郑氏	女	21	-	重庆市警察局第四分局辖区	1939-5-4	同上
谭周氏	女	55	-	重庆市警察局第四分局辖区	1939-5-4	同上
谭金山	男	31	-	重庆市警察局第四分局辖区	1939-5-4	同上
粟全福	女	9	-	重庆市警察局第四分局辖区	1939-5-4	同上
谢八娃	男	2	-	重庆市警察局第四分局辖区	1939-5-4	同上
谢徐氏	女	40	-	重庆市警察局第四分局辖区	1939-5-4	同上
李陈氏	女	41	-	重庆市警察局第四分局辖区	1939-5-4	同上
刘胡氏	女	54	-	重庆市警察局第四分局辖区	1939-5-4	同上
李长寿	男	2	-	重庆市警察局第四分局辖区	1939-5-4	同上
李胡氏	女	30	-	重庆市警察局第四分局辖区	1939-5-4	同上
陈孙氏	女	37	-	重庆市警察局第四分局辖区	1939-5-4	同上
陈汉章	男	39	-	重庆市警察局第四分局辖区	1939-5-4	同上
杨素贞	女	10	-	重庆市警察局第四分局辖区	1939-5-4	同上
杨田氏	女	27	-	重庆市警察局第四分局辖区	1939-5-4	同上
田玉发	男	46	-	重庆市警察局第四分局辖区	1939-5-4	同上
李世芳	男	30	-	重庆市警察局第四分局辖区	1939-5-4	同上
谭张氏	女	61	-	重庆市警察局第四分局辖区	1939-5-4	同上
张世民	男	33	-	重庆市警察局第四分局辖区	1939-5-4	同上
陈庆云	男	45	-	重庆市警察局第四分局辖区	1939-5-4	同上
董张氏	女	24	-	重庆市警察局第四分局辖区	1939-5-4	同上
李张氏	女	59	-	重庆市警察局第四分局辖区	1939-5-4	同上
周李氏	女	37	-	重庆市警察局第四分局辖区	1939-5-4	同上
陈梁氏	女	34	-	重庆市警察局第四分局辖区	1939-5-4	同上
陈洪兴	男	44	-	重庆市警察局第四分局辖区	1939-5-4	同上

续表

姓名	性别	年龄	籍贯	住址或遇难地点	遇难时间	资料来源
王八娃	女	2	—	重庆市警察局第四分局辖区	1939-5-4	同上
王长娃	男	12	—	重庆市警察局第四分局辖区	1939-5-4	同上
陶黄氏	女	38	—	重庆市警察局第四分局辖区	1939-5-4	同上
陶炳清	男	42	—	重庆市警察局第四分局辖区	1939-5-4	同上
聂炳南	男	20	—	重庆市警察局第四分局辖区	1939-5-4	同上
曾松云	男	19	—	重庆市警察局第四分局辖区	1939-5-4	同上
杜聂氏	女	18	—	重庆市警察局第四分局辖区	1939-5-4	同上
杜桂安	女	20	—	重庆市警察局第四分局辖区	1939-5-4	同上
杜刘氏	男	22	—	重庆市警察局第四分局辖区	1939-5-4	同上
杜大兴	男	26	—	重庆市警察局第四分局辖区	1939-5-4	同上
李全五	男	40	—	重庆市警察局第四分局辖区	1939-5-4	同上
熊张氏	女	40	—	重庆市警察局第四分局辖区	1939-5-4	同上
赵云成	男	26	—	重庆市警察局第四分局辖区	1939-5-4	同上
王集贤	男	30	—	重庆市警察局第四分局辖区	1939-5-4	同上
刘丁氏	女	43	—	重庆市警察局第四分局辖区	1939-5-4	同上
刘玉兴	男	42	—	重庆市警察局第四分局辖区	1939-5-4	同上
马伯鱼	男	34	—	重庆市警察局第四分局辖区	1939-5-4	同上
李金玉	女	13	—	重庆市警察局第四分局辖区	1939-5-4	同上
李陈氏	女	38	—	重庆市警察局第四分局辖区	1939-5-4	同上
陈黄氏	女	60	—	重庆市警察局第四分局辖区	1939-5-4	同上
刘长久	男	4	—	重庆市警察局第四分局辖区	1939-5-4	同上
洪焕章	男	13	—	重庆市警察局第四分局辖区	1939-5-4	同上
张 二	男	4	—	重庆市警察局第四分局辖区	1939-5-4	同上
蒋朱氏	女	25	—	重庆市警察局第四分局辖区	1939-5-4	同上
王万氏	女	26	—	重庆市警察局第四分局辖区	1939-5-4	同上
王清泉	男	40	—	重庆市警察局第四分局辖区	1939-5-4	同上
邹青山	女	61	—	重庆市警察局第四分局辖区	1939-5-4	同上

续表

姓名	性别	年龄	籍贯	住址或遇难地点	遇难时间	资料来源
姜氏	女	40	-	重庆市警察局第四分局辖区	1939-5-4	同上
刘海云	女	26	-	重庆市警察局第四分局辖区	1939-5-4	同上
袁海青	男	32	-	重庆市警察局第四分局辖区	1939-5-4	同上
杨陈氏	女	30	-	重庆市警察局第四分局辖区	1939-5-4	同上
金贵元	女	5	-	重庆市警察局第四分局辖区	1939-5-4	同上
赵　氏	女	40	-	重庆市警察局第四分局辖区	1939-5-4	同上
钱黄氏	女	40	-	重庆市警察局第四分局辖区	1939-5-4	同上
钱曾氏	女	50	-	重庆市警察局第四分局辖区	1939-5-4	同上
何老太	女	46	-	重庆市警察局第四分局辖区	1939-5-4	同上
魏老太	女	60	-	重庆市警察局第四分局辖区	1939-5-4	同上
魏天一	男	50	-	重庆市警察局第四分局辖区	1939-5-4	同上
蔡钱氏	女	50	-	重庆市警察局第四分局辖区	1939-5-4	同上
刘书全	男	25	-	重庆市警察局第四分局辖区	1939-5-4	同上
杜小女	女	2	-	重庆市警察局第四分局辖区	1939-5-4	同上
杜杨氏	女	30	-	重庆市警察局第四分局辖区	1939-5-4	同上
叶炳南	男	22	-	重庆市警察局第四分局辖区	1939-5-4	同上
杜叶氏	女	20	-	重庆市警察局第四分局辖区	1939-5-4	同上
吴海青	男	46	-	重庆市警察局第四分局辖区	1939-5-4	同上
曾小女	女	14	-	重庆市警察局第四分局辖区	1939-5-4	同上
罗小娃	男	6	-	重庆市警察局第四分局辖区	1939-5-4	同上
曾王氏	女	22	-	重庆市警察局第四分局辖区	1939-5-4	同上
汪纯信	男	42	-	重庆市警察局第四分局辖区	1939-5-4	同上
李乐子	男	4	-	重庆市警察局第四分局辖区	1939-5-4	同上
周家女	女	17	-	重庆市警察局第四分局辖区	1939-5-4	同上
罗兴华	男	59	-	重庆市警察局第四分局辖区	1939-5-4	同上
谢洪发	男	24	-	重庆市警察局第四分局辖区	1939-5-4	同上
孙南三	女	38	-	重庆市警察局第四分局辖区	1939-5-4	同上

续表

姓名	性别	年龄	籍贯	住址或遇难地点	遇难时间	资料来源
梁杜氏	女	40	-	重庆市警察局第四分局辖区	1939-5-4	同上
吴邓氏	女	31	-	重庆市警察局第四分局辖区	1939-5-4	同上
范陈氏	女	60	-	重庆市警察局第四分局辖区	1939-5-4	同上
姚本立	男	58	-	重庆市警察局第四分局辖区	1939-5-4	同上
姚马氏	女	48	-	重庆市警察局第四分局辖区	1939-5-4	同上
彭云武	男	43	-	重庆市警察局第四分局辖区	1939-5-4	同上
殷 氏	女	40	-	重庆市警察局第四分局辖区	1939-5-4	同上
谢彭氏	女	26	-	重庆市警察局第四分局辖区	1939-5-4	同上
黄清云	男	43	-	重庆市警察局第四分局辖区	1939-5-4	同上
熊李氏	女	46	-	重庆市警察局第四分局辖区	1939-5-4	同上
唐小南	男	-	-	重庆市警察局第四分局辖区	1939-5-4	同上
张 炳	男	20	-	重庆市警察局第四分局辖区	1939-5-4	同上
许有财	男	46	-	重庆市警察局第四分局辖区	1939-5-4	同上
周彭氏	女	65	-	重庆市警察局第四分局辖区	1939-5-4	同上
周小妹	女	10	-	重庆市警察局第四分局辖区	1939-5-4	同上
周森林	男	47	-	重庆市警察局第四分局辖区	1939-5-4	同上
吴大仁	男	42	-	重庆市警察局第四分局辖区	1939-5-4	同上
聂炳魁	男	38	-	重庆市警察局第四分局辖区	1939-5-4	同上
刘家齐	男	12	-	重庆市警察局第四分局辖区	1939-5-4	同上
陈吴氏	女	22	-	重庆市警察局第四分局辖区	1939-5-4	同上
张福英	女	18	-	重庆市警察局第四分局辖区	1939-5-4	同上
邓浩然	男	40	-	重庆市警察局第四分局辖区	1939-5-4	同上
周光祖	男	42	-	重庆市警察局第四分局辖区	1939-5-4	同上
蒋兴伯	男	40	-	重庆市警察局第四分局辖区	1939-5-4	同上
黄李氏	女	-	-	重庆市警察局第四分局辖区	1939-5-4	同上
吴汉臣	男	36	-	重庆市警察局第四分局辖区	1939-5-4	同上
薛曹氏	女	34	-	重庆市警察局第四分局辖区	1939-5-4	同上

续表

姓名	性别	年龄	籍贯	住址或遇难地点	遇难时间	资料来源
杜家妹	女	14	-	重庆市警察局第四分局辖区	1939-5-4	同上
祝二合	男	-	-	重庆市警察局第四分局辖区	1939-5-4	同上
何海丰	男	-	-	重庆市警察局第四分局辖区	1939-5-4	同上
陈甫清	男	-	-	重庆市警察局第四分局辖区	1939-5-4	同上
蒋吉成	男	-	-	重庆市警察局第四分局辖区	1939-5-4	同上
何钟氏	女	-	-	重庆市警察局第四分局辖区	1939-5-4	同上
赖世五	男	32	-	重庆市警察局第四分局辖区	1939-5-4	同上
周兴五	男	-	-	重庆市警察局第四分局辖区	1939-5-4	同上
李春山	男	43	-	重庆市警察局第四分局辖区	1939-5-4	同上
白老婆	女	60	-	重庆市警察局第四分局辖区	1939-5-4	同上
刘兴才	男	21	-	重庆市警察局第四分局辖区	1939-5-4	同上
蓝赵氏	女	36	-	重庆市警察局第四分局辖区	1939-5-4	同上
谭松廷	男	70	-	-	1939-5-4	档案①
何大均	男	-	-	重庆下石板街	1939-5-4	档案②
杨秉信	男	-	-	-	1939-5-4	档案③
钱长清	男	28	-	龙王庙	1939-5-4	档案④
刘绍轩	男	24	-	龙王庙	1939-5-4	同上
胡子文	男	18	-	龙王庙	1939-5-4	同上
何申三	男	52	-	龙王庙	1939-5-4	同上
张平举	-	-	-	龙王庙	1939-5-4	同上
罗兴华	-	-	-	龙王庙	1939-5-4	同上
彭云武	-	-	-	龙王庙	1939-5-4	同上
吴邓氏	-	-	-	龙王庙	1939-5-4	同上
谢洪发	-	-	-	龙王庙	1939-5-4	同上

---

① 重庆市档案馆档案:0061-16-3866。
② 重庆市档案馆档案:0344-1-1156。
③ 重庆市档案馆档案:0053-12-95。
④ 重庆市档案馆档案:0061-15-3780。

续表

姓名	性别	年龄	籍贯	住址或遇难地点	遇难时间	资料来源
孙南三	-	-	-	龙王庙	1939-5-4	同上
何荣春	男	-	-	龙王庙	1939-5-4	同上
曹银顺	男	-	-	龙王庙	1939-5-4	同上
赵成江	男	-	-	龙王庙	1939-5-4	同上
姚长春	男	-	-	龙王庙	1939-5-4	同上
杨屏理	男	-	-	龙王庙	1939-5-4	同上
段青荣	男	-	-	龙王庙	1939-5-4	同上
兰住淳	男	-	-	龙王庙	1939-5-4	同上
曾惠生	男	-	-	龙王庙	1939-5-4	同上
沈维宾	男	-	-	龙王庙	1939-5-4	同上
冯禹周	男	-	-	龙王庙	1939-5-4	同上
郭文英	女	-	-	龙王庙	1939-5-4	同上
熊家少	男	-	-	龙王庙	1939-5-4	同上
吴载阳	男	-	-	龙王庙	1939-5-4	同上
钟长松	男	-	-	龙王庙	1939-5-4	同上
邵力生	男	-	-	龙王庙	1939-5-4	同上
王大毛	男	20	-	龙王庙	1939-5-4	同上
王小毛	男	16	-	龙王庙	1939-5-4	同上
王三毛	男	12	-	龙王庙	1939-5-4	同上
周德光	男	55	-	龙王庙	1939-5-4	同上
周德清	男	54	-	龙王庙	1939-5-4	同上
周九娃	男	15	-	龙王庙	1939-5-4	同上
周张氏	女	40	-	龙王庙	1939-5-4	同上
沈张氏	女	24	-	龙王庙	1939-5-4	同上
沈主儿	男	1	-	龙王庙	1939-5-4	同上
张德相	男	51	-	龙王庙	1939-5-4	同上
张陈氏	女	49	-	龙王庙	1939-5-4	同上

续表

姓名	性别	年龄	籍贯	住址或遇难地点	遇难时间	资料来源
廖风云	女	28	-	龙王庙	1939-5-4	同上
王　智	女	24	-	龙王庙	1939-5-4	同上
肖　国	男	6	-	龙王庙	1939-5-4	同上
王梦霞	女	16	-	龙王庙	1939-5-4	同上
李素华	女	21	-	龙王庙	1939-5-4	同上
秦素卿	女	19	-	龙王庙	1939-5-4	同上
周子氏	女	45	-	龙王庙	1939-5-4	同上
廖张氏	女	60	-	龙王庙	1939-5-4	同上
黄汉卿	男	64	-	龙王庙	1939-5-4	同上
廖甘氏	女	54	-	龙王庙	1939-5-4	同上
石梅香	女	12	-	龙王庙	1939-5-4	同上
邵玉明	男	24	-	龙王庙	1939-5-4	同上
梁小楼	女	17	-	龙王庙	1939-5-4	同上
梁阿富	男	7	-	龙王庙	1939-5-4	同上
丁品三	男	39	-	龙王庙	1939-5-4	同上
罗周氏	女	40	-	龙王庙	1939-5-4	同上
梁元春	女	17	-	龙王庙	1939-5-4	同上
梁慧霞	女	19	-	龙王庙	1939-5-4	同上
梁小妹	女	4	-	龙王庙	1939-5-4	同上
梁董氏	女	43	-	龙王庙	1939-5-4	同上
梁大妹	女	15	-	龙王庙	1939-5-4	同上
郑王氏	女	23	-	龙王庙	1939-5-4	同上
张相成	男	28	-	龙王庙	1939-5-4	同上
严海清	男	28	-	龙王庙	1939-5-4	同上
胡绍周	男	70	-	龙王庙	1939-5-4	同上
高陈氏	女	41	-	龙王庙	1939-5-4	同上
高文海	男	17	-	龙王庙	1939-5-4	同上

续表

姓名	性别	年龄	籍贯	住址或遇难地点	遇难时间	资料来源
陈其源	男	13	-	龙王庙	1939-5-4	同上
宋汉祥	男	54	-	龙王庙	1939-5-4	同上
王兴	男	4	-	龙王庙	1939-5-4	同上
宋佩珍	女	30	-	龙王庙	1939-5-4	同上
刘廷隆	男	28	-	龙王庙	1939-5-4	同上
刘炳堂	男	69	-	龙王庙	1939-5-4	同上
王刘荣	女	43	-	龙王庙	1939-5-4	同上
王峥嵘	男	58	-	龙王庙	1939-5-4	同上
钟正芳	男	49	-	龙王庙	1939-5-4	同上
徐吕云	男	30	-	龙王庙	1939-5-4	同上
刘杨氏	女	36	-	龙王庙	1939-5-4	同上
刘少女	女	2	-	龙王庙	1939-5-4	同上
刘双全	男	43	-	龙王庙	1939-5-4	同上
张炳南	男	50	-	龙王庙	1939-5-4	同上
徐东清	男	38	-	龙王庙	1939-5-4	同上
余淑芳	女	12	-	龙王庙	1939-5-4	同上
谭烧□	男	16	-	龙王庙	1939-5-4	同上
汪金廷	男	60	-	龙王庙	1939-5-4	同上
杨健卿	男	30	-	龙王庙	1939-5-4	同上
赵熙荣	男	26	-	龙王庙	1939-5-4	同上
张周氏	女	64	-	龙王庙	1939-5-4	同上
刘开智	女	12	-	龙王庙	1939-5-4	同上
牟春山	男	45	-	龙王庙	1939-5-4	同上
牟胡氏	女	50	-	龙王庙	1939-5-4	同上
牟鸿恩	男	25	-	龙王庙	1939-5-4	同上
蒋少卿	男	43	-	龙王庙	1939-5-4	同上
李华封	男	32	-	龙王庙	1939-5-4	同上

续表

姓名	性别	年龄	籍贯	住址或遇难地点	遇难时间	资料来源
徐明发	男	71	-	龙王庙	1939-5-4	同上
许杨氏	女	40	-	龙王庙	1939-5-4	同上
何吉顺	男	50	-	龙王庙	1939-5-4	同上
何冯氏	女	48	-	龙王庙	1939-5-4	同上
何代全	男	25	-	龙王庙	1939-5-4	同上
何王氏	女	24	-	龙王庙	1939-5-4	同上
何代英	男	15	-	龙王庙	1939-5-4	同上
何小妹	女	5	-	龙王庙	1939-5-4	同上
曾明友	女	36	-	龙王庙	1939-5-4	同上
刘喜慧	女	8	-	龙王庙	1939-5-4	同上
游仿离	男	68	-	龙王庙	1939-5-4	同上
曾葛氏	女	28	-	龙王庙	1939-5-4	同上
彭益之	男	58	-	龙王庙	1939-5-4	同上
阎相臣	男	49	-	龙王庙	1939-5-4	同上
阎王氏	女	38	-	龙王庙	1939-5-4	同上
王炳生	男	28	-	龙王庙	1939-5-4	同上
胡耀宗	男	24	-	龙王庙	1939-5-4	同上
刘芳培	男	67	-	龙王庙	1939-5-4	同上
彭泽高	男	41	-	龙王庙	1939-5-4	同上
彭陈氏	女	56	-	龙王庙	1939-5-4	同上
彭三妹	女	1	-	龙王庙	1939-5-4	同上
唐家贵	女	3	-	龙王庙	1939-5-4	同上
卢汉泉	男	45	-	龙王庙	1939-5-4	同上
唐牟氏	女	62	-	龙王庙	1939-5-4	同上
唐道纯	男	7	-	龙王庙	1939-5-4	同上
唐黄氏	女	39	-	龙王庙	1939-5-4	同上
唐明瑜	女	19	-	龙王庙	1939-5-4	同上

续表

姓名	性别	年龄	籍贯	住址或遇难地点	遇难时间	资料来源
唐段氏	女	44	-	龙王庙	1939-5-4	同上
唐明瑾	女	14	-	龙王庙	1939-5-4	同上
周翔鸣	男	12	-	龙王庙	1939-5-4	同上
潘卢氏	女	32	-	龙王庙	1939-5-4	同上
刘明显	男	54	-	龙王庙	1939-5-4	同上
唐丰腴	男	21	-	龙王庙	1939-5-4	同上
毛德成	男	36	-	龙王庙	1939-5-4	同上
马廷铨	男	22	-	龙王庙	1939-5-4	同上
张国卿	女	95	-	龙王庙	1939-5-4	同上
徐炳清	男	38	-	龙王庙	1939-5-4	同上
陈沈氏	女	52	-	龙王庙	1939-5-4	同上
刘王员	女	10	-	龙王庙	1939-5-4	同上
刘黄氏	女	54	-	龙王庙	1939-5-4	同上
孙田氏	女	56	-	龙王庙	1939-5-4	同上
孙树云	男	19	-	龙王庙	1939-5-4	同上
孙 策	女	21	-	龙王庙	1939-5-4	同上
刘银廷	男	37	-	龙王庙	1939-5-4	同上
蓝吉轩	男	50	-	龙王庙	1939-5-4	同上
陈保民	男	4	-	龙王庙	1939-5-4	同上
陈王氏	女	35	-	龙王庙	1939-5-4	同上
陈肖氏	女	51	-	龙王庙	1939-5-4	同上
赖伯川	男	15	-	龙王庙	1939-5-4	同上
夏文氏	女	57	-	龙王庙	1939-5-4	同上
冯邦元	男	26	-	龙王庙	1939-5-4	同上
冯赵氏	女	60	-	龙王庙	1939-5-4	同上
赵杜氏	女	40	-	龙王庙	1939-5-4	同上
赵芸芬	女	10	-	龙王庙	1939-5-4	同上
喻明清	男	13	-	龙王庙	1939-5-4	同上

姓名	性别	年龄	籍贯	住址或遇难地点	遇难时间	资料来源
王李氏	女	32	-	龙王庙	1939-5-4	同上
陈元生	男	22	-	龙王庙	1939-5-4	同上
杨根廷	男	38	-	龙王庙	1939-5-4	同上
杨世荣	男	24	-	龙王庙	1939-5-4	同上
杨萍青	女	18	-	龙王庙	1939-5-4	同上
杨超云	男	8	-	龙王庙	1939-5-4	同上
徐承锡	男	22	-	龙王庙	1939-5-4	同上
陈光连	男	19	-	龙王庙	1939-5-4	同上
刘焕章	男	26	-	龙王庙	1939-5-4	同上
萧郑氏	女	62	-	龙王庙	1939-5-4	同上
邓清明	男	30	-	龙王庙	1939-5-4	同上
张金合	男	36	-	龙王庙	1939-5-4	同上
邓胡氏	女	27	-	龙王庙	1939-5-4	同上
张傅氏	女	38	-	龙王庙	1939-5-4	同上
张宪玉	女	15	-	龙王庙	1939-5-4	同上
张小女	女	6	-	龙王庙	1939-5-4	同上
何荣耀	男	55	-	龙王庙	1939-5-4	同上
何守成	男	36	-	龙王庙	1939-5-4	同上
何田氏	女	28	-	龙王庙	1939-5-4	同上
何胡氏	女	21	-	龙王庙	1939-5-4	同上
戚镜儒	男	36	-	龙王庙	1939-5-4	同上
刘张氏	女	27	-	龙王庙	1939-5-4	同上
刘金全	男	36	-	龙王庙	1939-5-4	同上
宋佩玉	女	25	-	龙王庙	1939-5-4	同上
陈兴发	男	42	-	三区15保1甲花街子2	1939-5-4	档案[1]
沈王氏	女	46	-	三区15保1甲花街子2	1939-5-4	同上

---

[1]《重庆市第三区抗战伤亡人民调查表》,《重庆大轰炸档案文献·轰炸经过与人员伤亡》(上),重庆出版社2011年版,第145页。

续表

姓名	性别	年龄	籍贯	住址或遇难地点	遇难时间	资料来源
雷真洋	男	19	-	第三区善果街27	1939-5-4	同上
黄艾李白	女	24	-	铁板街官家院子	1939-5-4	档案①
黄茂茗	男	4	-	铁板街官家院子	1939-5-4	同上
黄茂荪	女	8	-	铁板街官家院子	1939-5-4	同上
王氏	女	45	-	铁板街官家院子	1939-5-4	同上
何大均	男	29	-	下石板坡街	1939-5-4	同上
陈祖光	男	-	-	石板街电台	1939-5-4	同上
张慕员	-	-	-	-	1939-5-4	资料②
李尧卿	-	-	-	-	1939-5-4	同上
袁楚善	男	30	-	警察局第一分局龙王庙所辖区	1939-5-12	档案③
朱家理	男	24	-	警察局第一分局龙王庙所辖区	1939-5-12	同上
强应宗	男	40	-	警察局第一分局龙王庙所辖区	1939-5-12	同上
胡长宗	男	35	-	警察局第一分局龙王庙所辖区	1939-5-12	同上
曹仲辉	男	28	-	警察局第一分局龙王庙所辖区	1939-5-12	同上
余善熏	男	16	-	警察局第一分局龙王庙所辖区	1939-5-12	同上
况良成	男	45	-	警察局第一分局龙王庙所辖区	1939-5-12	同上
胡绍江	男	31	-	警察局第一分局龙王庙所辖区	1939-5-12	同上
钟丽波	男	27	-	警察局第一分局龙王庙所辖区	1939-5-12	同上
常晓南	男	28	-	警察局第一分局龙王庙所辖区	1939-5-12	同上

①重庆市档案馆档案:0344-1-1156。
②王文彬编著:《中国现代报史资料汇辑》,重庆出版社1996年第1版,第938页。
③重庆市档案馆档案:0061-15-3780。

续表

姓名	性别	年龄	籍贯	住址或遇难地点	遇难时间	资料来源
蔺文江	男	45	-	警察局第一分局龙王庙所辖区	1939-5-12	同上
王子序	男	28	-	警察局第一分局龙王庙所辖区	1939-5-12	同上
王应□	男	30	-	警察局第一分局龙王庙所辖区	1939-5-12	同上
蓝疏影	男	45	-	警察局第一分局龙王庙所辖区	1939-5-12	同上
陆四成	男	52	-	警察局第一分局龙王庙所辖区	1939-5-12	同上
伍可善	男	45	-	警察局第一分局龙王庙所辖区	1939-5-12	同上
楚荣利	男	20	-	警察局第一分局龙王庙所辖区	1939-5-12	同上
顾海林	男	16	-	警察局第一分局龙王庙所辖区	1939-5-12	同上
袁仲母	男	40	-	警察局第一分局龙王庙所辖区	1939-5-12	同上
邹元祥	男	28	-	警察局第一分局龙王庙所辖区	1939-5-12	同上
廖正邦	男	22	-	国珍街29号	1939-5-12	同上
熊德卿	男	41	-	国珍街29号	1939-5-12	同上
罗潘氏	女	39	-	国珍街29号	1939-5-12	同上
李□阳	男	52	-	警察局江北分局辖区	1939-5-12	档案①
李谭氏	女	49	-	警察局江北分局辖区	1939-5-12	同上
陈子衡	男	32	-	警察局江北分局辖区	1939-5-12	同上
吴海清	男	32	-	警察局江北分局辖区	1939-5-12	同上
吴周氏	女	56	-	警察局江北分局辖区	1939-5-12	同上
秦海云	男	36	-	警察局江北分局辖区	1939-5-12	同上
陈治卿	男	38	-	警察局江北分局辖区	1939-5-12	同上
陈李氏	女	36	-	警察局江北分局辖区	1939-5-12	同上

① 重庆市档案馆档案:0061-15-3780。

续表

姓名	性别	年龄	籍贯	住址或遇难地点	遇难时间	资料来源
陈小女	女	2	-	警察局江北分局辖区	1939-5-12	同上
贺银山	男	55	-	警察局江北分局辖区	1939-5-12	同上
王长发	男	33	-	警察局江北分局辖区	1939-5-12	同上
吴兴发	男	65	-	警察局江北分局辖区	1939-5-12	同上
戴陈氏	女	52	-	警察局江北分局辖区	1939-5-12	同上
陈银州	男	45	-	警察局江北分局辖区	1939-5-12	同上
张炳云	男	47	-	警察局江北分局辖区	1939-5-12	同上
秦玉堂	男	43	-	警察局江北分局辖区	1939-5-12	同上
侯绍卿	男	26	-	警察局江北分局辖区	1939-5-12	同上
廖森	男	32	-	警察局江北分局辖区	1939-5-12	同上
赵春廷	男	58	-	警察局江北分局辖区	1939-5-12	同上
郑辉先	男	21	-	警察局江北分局辖区	1939-5-12	同上
刘冈义	男	18	-	警察局江北分局辖区	1939-5-12	同上
何子臣	男	25	-	警察局江北分局辖区	1939-5-12	同上
唐双合	男	30	-	警察局江北分局辖区	1939-5-12	同上
米海清	男	22	-	警察局江北分局辖区	1939-5-12	同上
刘海山	男	42	-	警察局江北分局辖区	1939-5-12	同上
邓张氏	男	33	-	警察局江北分局辖区	1939-5-12	同上
朱清云	男	40	-	警察局江北分局辖区	1939-5-12	同上
朱氏	女	36	-	警察局江北分局辖区	1939-5-12	同上
朱大毛	男	8	-	警察局江北分局辖区	1939-5-12	同上
朱小毛	男	6	-	警察局江北分局辖区	1939-5-12	同上
张炳云	男	40	-	警察局江北分局辖区	1939-5-12	同上
郝伦煌	男	28	-	警察局江北分局辖区	1939-5-12	同上
黄权盖	男	26	-	警察局江北分局辖区	1939-5-12	同上
简郑清	男	53	-	警察局江北分局辖区	1939-5-12	同上
江云业	男	45	-	警察局江北分局辖区	1939-5-12	同上

续表

姓名	性别	年龄	籍贯	住址或遇难地点	遇难时间	资料来源
胡氏	女	42	-	警察局江北分局辖区	1939-5-12	同上
周紫光	男	16	-	警察局第二分局辖区	1939-5-12	同上
王沛元	男	45	-	警察局第二分局辖区	1939-5-12	同上
梁明章	男	42	-	警察局第二分局辖区	1939-5-12	同上
王志远	男	32	-	警察局第二分局辖区	1939-5-12	同上
王元成	男	25	-	警察局第二分局辖区	1939-5-12	同上
宾海清	男	51	-	警察局第十一分局蒋山	1939-5-12	档案①
宾田氏	女	48	-	警察局第十一分局蒋山	1939-5-12	同上
宾素珍	女	13	-	警察局第十一分局蒋山	1939-5-12	同上
曾作舟	男	39	-	警察局第十一分局蒋山	1939-5-12	同上
曾张氏	女	35	-	警察局第十一分局蒋山	1939-5-12	同上
张老山	男	45	-	警察局第十一分局蒋山	1939-5-12	同上
杨明万	男	17	-	警察局第十一分局蒋山	1939-5-12	同上
甘治祥	男	29	-	警察局第十一分局蒋山	1939-5-12	同上
甘周氏	女	25	-	警察局第十一分局蒋山	1939-5-12	同上
唐陈氏	女	32	-	警察局第十一分局蒋山	1939-5-12	同上
唐小女	女	3	-	警察局第十一分局蒋山	1939-5-12	同上
唐冬	男	7	-	警察局第十一分局蒋山	1939-5-12	同上
蒋尹氏	女	56	-	警察局第十一分局蒋山	1939-5-12	同上
蒋小毛	男	7	-	警察局第十一分局蒋山	1939-5-12	同上
蒋奶女	女	1	-	警察局第十一分局蒋山	1939-5-12	同上
胡炳祥	男	53	-	警察局第十一分局雷打石	1939-5-12	同上
周硅伍	男	-	-	-	1939-5-13	档案②
任少卿	男	-	-	-	1939-5-13	同上

①重庆市档案馆档案:0061-15-3780。
②重庆市档案馆档案:0061-15-4511-1、-2。

续表

姓名	性别	年龄	籍贯	住址或遇难地点	遇难时间	资料来源
阮德成	-	-	-	-	1939-5-25	资料①
喻家惠四婶	女	-	-	现西永镇兴隆沟六社彭家湾	1939-7-17	资料②
张颇廉父	男	-	-	-	1939-8-28	同上
陈高氏	女	-	-	-	1939-9-28	同上
侯世青	男	-	-	-	1939	档案③
陈锡光	男	-	-	-	1939	同上
卢孔修	男	-	-	-	1939	同上
李丞烈	男	-	-	-	1939	同上
杨炳云	男	-	-	-	1939	同上
徐笃恭	男	-	-	-	1939	同上
罗鹏飞	男	-	-	-	1939	同上
周鹏程	男	-	-	-	1939	同上
刘少青	男	-	-	-	1939	同上
徐海模	男	-	-	-	1939	同上
倪双发	男	-	-	-	1939	同上
郑国材	男	-	-	-	1939	同上
牟敬献	男	-	-	-	1939	同上
李金全	男	-	-	日机轰炸造成防护团员伤亡	1939	档案④
谢镛峥	男	-	-	日机轰炸造成防护团员伤亡	1939	同上
吴全富	男	-	-	日机轰炸造成防护团员伤亡	1939	同上
白海清	男	-	-	日机轰炸造成防护团员伤亡	1939	同上
杨少卿	男	-	-	日机轰炸造成防护团员伤亡	1939	同上
邓海廷	男	-	-	日机轰炸造成防护团员伤亡	1939	同上

①余庚林编:《中国近代新闻界大事记》,成都新新新闻报馆1941年第1版,第39页。
②周勇、潘洵:《重庆大轰炸档案文献:证人证言》,重庆出版社2011年版。
③重庆市档案馆档案:0061-15-4511-1、-2。
④重庆市档案馆档案:0053-12-114:1。

续表

姓名	性别	年龄	籍贯	住址或遇难地点	遇难时间	资料来源
王有光	男	-	-	日机轰炸造成防护团员伤亡	1939	同上
朱金廷	男	-	-	日机轰炸造成防护团员伤亡	1939	同上
钟绍陵	男	-	-	日机轰炸造成防护团员伤亡	1939	同上
童鑫泽	男	-	-	日机轰炸造成防护团员伤亡	1939	同上
赵银成	男	-	-	日机轰炸造成防护团员伤亡	1939	同上
张树林	男	-	-	日机轰炸造成防护团员伤亡	1939	同上
王炳章	男	-	-	日机轰炸造成防护团员伤亡	1939	同上
何有光	男	21	-	警察局第三分局辖区	1939-5-25	档案①
李张氏	女	30	-	警察局第三分局辖区	1939-5-25	同上
唐锡斌	-	-	-	龙王庙	1939-5-25	档案②
陈锡彬	-	-	-	-	1939-5-25	同上
黄静怡	-	-	-	-	1939-5-25	同上
周尚武	-	-	-	-	1939-5-25	同上
邓良清	-	-	-	-	1939-5-25	同上
夏祯祥	-	-	-	-	1939-5-25	同上
吴世华	-	-	-	龙王庙	1939-5-25	同上
李占云	-	-	-	-	1939-5-25	同上
包治全	-	-	-	-	1939-5-25	同上
丁可有	-	-	-	-	1939-5-25	同上
刘光武	-	-	-	-	1939-5-25	同上
何伯谦	-	-	-	-	1939-5-25	同上
董树廷	-	-	-	-	1939-5-25	同上
夏树江	-	-	-	-	1939-5-25	同上
刘益舟	-	-	-	-	1939-5-25	同上
赵朝九	-	-	-	-	1939-5-25	同上

①重庆重庆市档案馆:0061-16-3866档案;重庆市档案馆,钢铁厂迁建委员会,第15目,第3780卷。
②重庆市档案馆档案:0061-15-4511-1-2。

续表

姓名	性别	年龄	籍贯	住址或遇难地点	遇难时间	资料来源
陈怀清	-	-	-	-	1939-5-25	同上
陈昌彬	-	-	-	-	1939-5-25	同上
周万清	-	-	-	-	1939-5-25	同上
李新贵	-	-	-	-	1939-5-25	同上
童相如	-	-	-	-	1939-5-25	同上
彭焕章	-	-	-	-	1939-5-25	同上
龚载阳	-	-	-	-	1939-5-25	同上
熊少咸	男	34	-	警察局龙王庙所辖区	1939-5-25	档案[①]
赵长江	男	35	-	警察局龙王庙所辖区	1939-5-25	同上
胡洲里	男	28	-	警察局龙王庙所辖区	1939-5-25	同上
余圣孔	男	42	-	警察局龙王庙所辖区	1939-5-25	同上
古一品	男	37	-	警察局龙王庙所辖区	1939-5-25	同上
郁有三	男	27	-	警察局龙王庙所辖区	1939-5-25	同上
刘尽中	男	42	-	警察局龙王庙所辖区	1939-5-25	同上
郑有奇	男	32	-	警察局龙王庙所辖区	1939-5-25	同上
孔里君	男	33	-	警察局龙王庙所辖区	1939-5-25	同上
杨有德	男	40	-	警察局龙王庙所辖区	1939-5-25	同上
谭青云	男	38	-	警察局龙王庙所辖区	1939-5-25	同上
赵炳章	男	27	-	警察局龙王庙所辖区	1939-5-25	同上
古勋喜	男	30	-	警察局龙王庙所辖区	1939-5-25	同上
石羽一	男	26	-	警察局龙王庙所辖区	1939-5-25	同上
曹子良	男	43	-	警察局龙王庙所辖区	1939-5-25	同上
李由三	男	29	-	警察局龙王庙所辖区	1939-5-25	同上
梁永明	男	50	-	警察局龙王庙所辖区	1939-5-25	同上
方祥武	男	43	-	警察局龙王庙所辖区	1939-5-25	同上
孟家善	男	28	-	警察局龙王庙所辖区	1939-5-25	同上

---

① 重庆市档案馆档案:0061-15-3780-1-1。

续表

姓名	性别	年龄	籍贯	住址或遇难地点	遇难时间	资料来源
喻□□	男	28	-	警察局龙王庙所辖区	1939-5-25	同上
余良安	男	-	-	石桥乡	1939-5-26	档案①
杨少文	男	-	-	石桥乡	1939-5-27	同上
杨戴氏	女	-	-	石桥乡	1939-5-27	同上
老王	男	-	-	石桥乡	1939-5-27	同上
朱张氏	女	-	-	石桥乡	1939-5-26	同上
姚盖匠	男	-	-	石桥乡	1939-5-27	同上
无名氏	-	-	-	石桥乡	1939-5-27	同上
老曾	-	-	-	石桥乡	1939-5-27	同上
喻致清	-	-	-	江北平儿院	1939-5-28	档案②
陈俊民	男	28	-	中山3路24	1939-5	档案③
祝士文	-	34	江苏	-	1939-6-1	档案④
杨玉青邻居	男	-	-	合川	1939-6-1	资料⑤
廖正武	男	35	-	第七区5保农家村2	1939-6-2	档案⑥
罗小女	女	14	-	第七区5保农家村2	1939-6-2	同上
刘少清	男	40	-	第七区5保农家村2	1939-6-2	同上
文华廷	男	50	-	警察局第三分局辖内	1939-6-5	档案⑦
文家妹	女	14	-	警察局第三分局辖内	1939-6-5	同上
陈东山	男	30	-	警察局第三分局辖内	1939-6-5	同上
丝正清	男	45	-	警察局第三分局辖内	1939-6-5	同上

①四川省档案馆档案:180-1579。
②重庆市档案馆档案:0067-13-5107。
③《重庆市第七区造具抗敌伤亡人民调查表》,《重庆大轰炸档案文献·轰炸经过与人员伤亡》(上),重庆出版社2011年版,第161页。
④唐润明主编:《重庆大轰炸档案文献·财产损失(军工企业部分)》,重庆出版社2013年版。
⑤李丹柯:《女性、战争与回忆:35位重庆妇女的抗战讲述》,重庆出版社2015年版。
⑥《重庆市第七区造具抗敌伤亡人民调查表》,《重庆大轰炸档案文献·轰炸经过与人员伤亡》(上),重庆出版社2011年版,第161页。
⑦重庆市档案馆档案:0061-16-3866-2。

续表

姓名	性别	年龄	籍贯	住址或遇难地点	遇难时间	资料来源
赵金山	男	40	-	警察局第三分局辖内	1939-6-5	同上
陈直季	男	-	-	-	1939-6-7	档案①
宋洪德	男	-	-	-	1939-6-7	同上
章长庆	男	-	-	-	-	同上
尤福楼	男	-	-	-	1939-6-7	同上
方继增	男	-	-	-	1939-6-7	同上
孟令坤	男	-	-	-	1939-6-7	同上
高棣棠	男	-	-	-	1939-6-7	同上
小孩	男	-	-	-	1939-6-7	同上
胡春顺	男	24	-	警察局一分局龙王庙所	1939-6-9	档案②
梁祝史	男	30	-	警察局一分局龙王庙所	1939-6-9	同上
许银昌	男	36	-	警察局一分局龙王庙所	1939-6-9	同上
张泽三	男	21	-	警察局一分局龙王庙所	1939-6-9	同上
何颂民	男	40	-	警察局一分局龙王庙所	1939-6-9	同上
鲁容敏	男	23	-	警察局一分局龙王庙所	1939-6-9	同上
施奉良	男	32	-	警察局一分局龙王庙所	1939-6-9	同上
秦泽三	男	37	-	警察局一分局龙王庙所	1939-6-9	同上
周杨德	男	42	-	警察局一分局龙王庙所	1939-6-9	同上
余子善	男	26	-	警察局一分局龙王庙所	1939-6-9	同上
江应平	男	25	-	警察局一分局龙王庙所	1939-6-9	同上
柯形权	男	40	-	警察局一分局龙王庙所	1939-6-9	同上
古万全	男	35	-	警察局一分局龙王庙所	1939-6-9	同上
段作谋	男	27	-	警察局一分局龙王庙所	1939-6-9	同上
钟可善	男	25	-	警察局一分局龙王庙所	1939-6-9	同上
杨理之	男	35	-	警察局一分局龙王庙所	1939-6-9	同上

①重庆市档案馆档案:0053-12-95。
②重庆市档案馆档案:0061-15-3780

续表

姓名	性别	年龄	籍贯	住址或遇难地点	遇难时间	资料来源
涂羽新	男	24	-	警察局一分局龙王庙所	1939-6-9	同上
龚家理	男	30	-	警察局一分局龙王庙所	1939-6-9	同上
曹安民	男	28	-	警察局一分局龙王庙所	1939-6-9	同上
杜长江	男	26	-	警察局一分局龙王庙所	1939-6-9	同上
唐牟氏	女	66	-	警察局一分局上洪学巷	1939-6-9	档案①
唐黄氏	女	41	-	警察局一分局上洪学巷	1939-6-9	同上
唐道纯	男	4	-	警察局一分局上洪学巷	1939-6-9	同上
唐明瑜	女	21	-	警察局一分局上洪学巷	1939-6-9	同上
唐明璞	女	12	-	警察局一分局上洪学巷	1939-6-9	同上
唐段氏	女	66	-	警察局一分局上洪学巷	1939-6-9	同上
刘明显	男	46	-	警察局一分局上洪学巷	1939-6-9	同上
潘陆氏	女	36	-	警察局一分局上洪学巷	1939-6-9	同上
周贤明	男	12	-	警察局一分局上洪学巷	1939-6-9	同上
张白氏	女	36	-	警察局一分局上洪学巷	1939-6-9	同上
刘黄氏	女	52	-	警察局一分局上洪学巷	1939-6-9	同上
王吉生	男	58	-	警察局一分局上洪学巷	1939-6-9	同上
王俊德	男	12	-	警察局一分局上洪学巷	1939-6-9	同上
陈嫂	女	30	-	警察局一分局上洪学巷	1939-6-9	同上
顾金华	男	46	-	警察局一分局上洪学巷	1939-6-9	同上
顾田氏	女	38	-	警察局一分局上洪学巷	1939-6-9	同上
顾运龙	男	11	-	警察局一分局上洪学巷	1939-6-9	同上
顾小毛	男	1	-	警察局一分局上洪学巷	1939-6-9	同上
孙田氏	女	56	-	警察局一分局上洪学巷	1939-6-9	同上
张树云	男	15	-	警察局一分局上洪学巷	1939-6-9	同上
童海山	男	64	-	警察局第三分局辖内	1939-6-9	档案②

①重庆市档案馆档案:0061-15-3780。
②重庆市档案馆档案:0061-16-3866。

续表

姓名	性别	年龄	籍贯	住址或遇难地点	遇难时间	资料来源
伍海洲	男	45	-	警察局第三分局辖内	1939-6-9	同上
黄万发	男	56	-	警察局第十一分局石桥段	1939-6-9和7-24	档案①
黄文氏	女	34	-	警察局第十一分局石桥段	1939-6-9和7-24	同上
黄素华	女	14	-	警察局第十一分局石桥段	1939-6-9和7-24	同上
李印氏	女	45	-	警察局第十一分局石桥段	1939-6-9和7-24	同上
李玉卿	女	15	-	警察局第十一分局石桥段	1939-6-9和7-24	同上
陈玉发	男	75	-	警察局第十一分局石桥段	1939-6-9和7-24	同上
陈在之	男	45	-	警察局第十一分局石桥段	1939-6-9和7-24	同上
陈伯华	男	32	-	警察局第十一分局石桥段	1939-6-9和7-24	同上
曾许氏	女	26	-	警察局第十一分局石桥段	1939-6-9和7-24	同上
萧云亭	男	45	-	警察局第十一分局石桥段	1939-6-9和7-24	同上
曹汉卿	男	30	-	警察局第十一分局石桥段	1939-6-9和7-24	同上
唐光才	男	63	-	警察局第十一分局石桥段	1939-6-9和7-24	同上
万金山	男	28	-	警察局第十一分局石桥段	1939-6-9和7-24	同上
王兴顺	男	58	-	菜园坝米帮河坝	1939-6-11	档案②
卢志	男	24	-	菜园坝米帮河坝	1939-6-11	同上
田开泽	男	30	-	菜园坝米帮河坝	1939-6-11	同上
蔡焕云	男	36	-	警察局十一分局玄坛庙河坝	1939-6-12	档案③

· ①重庆市档案馆档案:0061-15-3780。
②重庆市档案馆档案:0061-15-3780。
③重庆市档案馆档案:0061-15-3780。

续表

姓名	性别	年龄	籍贯	住址或遇难地点	遇难时间	资料来源
周老么	男	34	-	警察局十一分局玄坛庙河坝	1939-6-12	同上
周李氏	女	32	-	警察局十一分局玄坛庙河坝	1939-6-12	同上
周小娃	女	4	-	警察局十一分局玄坛庙河坝	1939-6-12	同上
丁洪章	男	41	-	警察局十一分局玄坛庙河坝	1939-6-12	同上
蓝遗三	-	-	-	-	1939-6-19	档案①
顾 氏	女	-	-	李子坝	1939.6.28	档案②
周刘氏	-	-	-	忠县白银坪	1939-6-28	档案③
周 毛	-	-	-	忠县白银坪	1939-6-28	同上
周萧氏	-	-	-	忠县白银坪	1939-6-28	同上
周刘氏	-	-	-	忠县白银坪	1939-6-28	同上
周显廷	-	-	-	梁山	1939-6-30	档案④
陈兴如	-	-	-	梁山	1939-6-30	同上
陈发生	-	-	-	梁山	1939-6-30	同上
蒋清富	-	-	-	梁山	1939-6-30	同上
龙黄氏	-	-	-	梁山	1939-6-30	同上
何玉成	男	22	-	警察局第一分局马王庙所三门洞	1939-7-5	档案⑤
李村美	男	21	-	警察局第一分局马王庙所三门洞	1939-7-5	同上
张洁清	男	50	-	警察局第一分局马王庙所三门洞	1939-7-5	同上
沈周氏	女	42	-	警察局第一分局马王庙所三门洞	1939-7-5	同上
刘海清	男	39	-	警察局第一分局马王庙所三门洞	1939-7-5	同上
沈周氏	女	28	-	警察局第一分局马王庙所三门洞	1939-7-5	同上

---

① 重庆市档案馆档案:0061-15-4511:1:2。
② 重庆市档案馆档案:0344-1-1156。
③ 四川省档案馆档案:41-2037。
④ 四川省档案馆档案:41-6165。
⑤ 重庆市档案馆档案:0061-15-3780。

续表

姓名	性别	年龄	籍贯	住址或遇难地点	遇难时间	资料来源
石玉青	男	43	-	警察局第一分局马王庙所三门洞	1939-7-5	同上
罗桂青	男	39	-	警察局第一分局马王庙所三门洞	1939-7-5	同上
段起云	男	50	-	警察局第一分局马王庙所三门洞	1939-7-5	同上
段张氏	女	49	-	警察局第一分局马王庙所三门洞	1939-7-5	同上
段小女	女	19	-	警察局第一分局马王庙所三门洞	1939-7-5	同上
林树青	男	20	-	警察局第一分局马王庙所三门洞	1939-7-5	同上
王云章	男	32	-	警察局第一分局马王庙所三门洞	1939-7-5	同上
周占青	男	35	-	警察局第一分局马王庙所三门洞	1939-7-5	同上
苏炳全	男	50	-	警察局第一分局马王庙所三门洞	1939-7-5	同上
黄占廷	男	37	-	警察局第一分局马王庙所三门洞	1939-7-5	同上
黄少青	男	36	-	警察局第一分局马王庙所三门洞	1939-7-5	同上
赵少全	男	36	-	警察局第一分局马王庙所三门洞	1939-7-5	同上
陶青云	男	56	-	警察局第一分局马王庙所三门洞	1939-7-5	同上
廖云英	男	36	-	警察局第一分局马王庙所三门洞	1939-7-5	同上
税金山	男	30	-	警察局第一分局马王庙所三门洞	1939-7-5	同上
杨九林	男	25	-	警察局第一分局马王庙所三门洞	1939-7-5	同上
曾兴开	男	55	-	警察局第一分局马王庙所三门洞	1939-7-5	同上
吕青合	男	42	-	警察局第一分局马王庙所三门洞	1939-7-5	同上
蒲玉合	男	42	-	警察局第一分局马王庙所三门洞	1939-7-5	同上

续表

姓名	性别	年龄	籍贯	住址或遇难地点	遇难时间	资料来源
曾繁盛	男	30	-	警察局第一分局马王庙所三门洞	1939-7-5	同上
易家二	男	20	-	警察局第一分局马王庙所三门洞	1939-7-5	同上
陈合顺	男	35	-	警察局第一分局马王庙所三门洞	1939-7-5	同上
肖吉之	男	35	-	警察局第一分局马王庙所三门洞	1939-7-5	同上
张宗智	男	45	-	警察局第一分局马王庙所三门洞	1939-7-5	同上
曾广才	男	50	-	警察局第一分局马王庙所三门洞	1939-7-5	同上
赵海清	男	49	-	警察局第一分局马王庙所三门洞	1939-7-5	同上
贾小女	女	17	-	警察局第一分局马王庙所三门洞	1939-7-5	同上
黄吉安	男	50	-	警察局第一分局马王庙所三门洞	1939-7-5	同上
阮兴顺	男	42	-	警察局第一分局马王庙所三门洞	1939-7-5	同上
段李氏	女	35	-	警察局第一分局马王庙所三门洞	1939-7-5	同上
周良之	男	45	-	警察局第一分局马王庙所三门洞	1939-7-5	同上
刘忠祥	男	32	-	警察局第一分局马王庙所三门洞	1939-7-5	同上
谢重开	男	29	-	警察局第一分局马王庙所三门洞	1939-7-5	同上
傅合贵	男	28	-	警察局第一分局马王庙所三门洞	1939-7-5	同上
尹受禄	男	33	-	警察局第一分局马王庙所三门洞	1939-7-5	同上
尹小女	女	17	-	警察局第一分局马王庙所三门洞	1939-7-5	同上
尹段氏	女	29	-	警察局第一分局马王庙所三门洞	1939-7-5	同上
陈海云	男	50	-	警察局第一分局马王庙所三门洞	1939-7-5	同上

续表

姓名	性别	年龄	籍贯	住址或遇难地点	遇难时间	资料来源
周占青	男	36	-	警察局第一分局马王庙所三门洞	1939-7-5	同上
高廷虞	男	34	-	警察局第一分局马王庙所三门洞	1939-7-5	同上
喻德三	男	44	-	警察局第一分局马王庙所三门洞	1939-7-5	同上
吴炳全	男	45	-	警察局第一分局马王庙所三门洞	1939-7-5	同上
王海青	男	50	-	警察局第一分局马王庙所三门洞	1939-7-5	同上
刘海全	男	52	-	警察局第一分局马王庙所三门洞	1939-7-5	同上
刘少成	男	36	-	警察局第一分局马王庙所三门洞	1939-7-5	同上
宋嘉祥	男	30	-	警察局第一分局龙王庙辖区	1939-7-6	档案①
曹玉轩	男	24	-	警察局第一分局龙王庙辖区	1939-7-6	同上
游文利	男	50	-	警察局第一分局龙王庙辖区	1939-7-6	同上
官子加	男	45	-	警察局第一分局龙王庙辖区	1939-7-6	同上
胡四维	男	35	-	警察局第一分局龙王庙辖区	1939-7-6	同上
鲁孝恩	男	26	-	警察局第一分局龙王庙辖区	1939-7-6	同上
张容许	男	45	-	警察局第一分局龙王庙辖区	1939-7-6	同上
赵子眉	男	34	-	警察局第一分局龙王庙辖区	1939-7-6	同上
冯逊华	男	20	-	警察局第一分局龙王庙辖区	1939-7-6	同上
刘省责	男	54	-	警察局第一分局龙王庙辖区	1939-7-6	同上
楚善章	男	40	-	警察局第一分局龙王庙辖区	1939-7-6	同上
钟容光	男	36	-	警察局第一分局龙王庙辖区	1939-7-6	同上
蒋文英	女	28	-	警察局第一分局龙王庙辖区	1939-7-6	同上
王春三	男	24	-	警察局第一分局龙王庙辖区	1939-7-6	同上
黄安国	男	34	-	警察局第一分局龙王庙辖区	1939-7-6	同上
周玉环	男	28	-	警察局第一分局龙王庙辖区	1939-7-6	同上

①重庆市档案馆档案:0061-15-3780。

续表

姓名	性别	年龄	籍贯	住址或遇难地点	遇难时间	资料来源
傅长治	男	30	-	警察局第一分局龙王庙辖区	1939-7-6	同上
冯文藻	男	43	-	警察局第一分局龙王庙辖区	1939-7-6	同上
刘杨善	男	36	-	警察局第一分局龙王庙辖区	1939-7-6	同上
钟惠羽	男	27	-	警察局第一分局龙王庙辖区	1939-7-6	同上
吕文奎	男	-	-	中国电影制片厂	1939-7-6	著作①
余瑞华	-	-	-	丰瑞桥街	1939-7-6	档案②
廖张氏	女	32	-	丰瑞桥街	1939-7-6	同上
吴建澄	男	25	-	丰瑞桥街	1939-7-6	同上
李武华	男	48	-	丰瑞桥街	1939-7-6	同上
汤金山	男	51	-	丰瑞桥街	1939-7-6	同上
廖小娃	男	2	-	丰瑞桥街	1939-7-6	同上
张金廷	男	45	-	丰瑞桥街	1939-7-6	同上
周刘氏	女	27	-	丰瑞桥街	1939-7-6	同上
宋嘉祥	-	-	-	王庙所	1939-7-6	同上
蒋文英	-	-	-	王庙所	1939-7-6	同上
胡四维	-	-	-	王庙所	1939-7-6	同上
游文利	-	-	-	王庙所	1939-7-6	同上
曾玉轩	-	-	-	王庙所	1939-7-6	同上
毛义顺	-	-	-	第十一分局瓦厂湾	1939-7-7	同上
杨徐氏	-	-	-	第十一分局瓦厂湾	1939-7-7	同上
毛冯氏	-	-	-	第十一分局瓦厂湾	1939-7-7	同上
刘永福	-	-	-	第十一分局瓦厂湾	1939-7-7	同上
刘明星	-	-	-	第十一分局瓦厂湾	1939-7-7	同上
熊绍虞	男	35	-	警察局第十一分局马鞍山	1939-7-7	档案③
王学智	男	35	-	警察局第十一分局马鞍山	1939-7-7	同上

① 徐朝鉴、王孝询主编:《重庆大轰炸》,西南师范大学出版社2002年4月,第51页。
② 重庆市档案馆档案:0061-15-3780。
③ 重庆市档案馆档案:0061-15-3780。

续表

姓名	性别	年龄	籍贯	住址或遇难地点	遇难时间	资料来源
李家智	男	26	-	警察局第十一分局马鞍山	1939-7-7	同上
袁正鹏	男	37	-	警察局第十一分局马鞍山	1939-7-7	同上
王栈云	男	28	-	警察局第十一分局马鞍山	1939-7-7	同上
冯信成	男	26	-	警察局第十一分局马鞍山	1939-7-7	同上
龚茂颖	男	28	-	警察局第十一分局马鞍山	1939-7-7	同上
罗家言	男	32	-	警察局第十一分局马鞍山	1939-7-7	同上
严意间	男	18	-	警察局第十一分局马鞍山	1939-7-7	同上
程义礼	男	26	-	警察局第十一分局马鞍山	1939-7-7	同上
冯伯良	男	34	-	警察局第十一分局马鞍山	1939-7-7	同上
汪桂生	男	29	-	警察局第十一分局马鞍山	1939-7-7	同上
戴海清	男	40	-	巫山县城内外	1939-7-12	档案①
刘长清	男	30	-	巫山县城内外	1939-7-12	同上
杨李氏	女	48	-	巫山县城内外	1939-7-12	同上
向谭氏	女	68	-	巫山县城内外	1939-7-12	同上
向周氏	女	42	-	巫山县城内外	1939-7-12	同上
卢蔡氏	女	65	-	巫山县城内外	1939-7-12	同上
任罗氏	女	70	-	巫山县城内外	1939-7-12	同上
杨张氏	女	47	-	巫山县城内外	1939-7-12	同上
王吴氏	女	68	-	巫山县城内外	1939-7-12	同上
刘大发	男	46	-	巫山县城内外	1939-7-12	同上
陈黄氏	女	39	-	巫山县城内外	1939-7-12	同上
周水娃	女	13	-	巫山县城内外	1939-7-12	同上
王么娃	男	13	-	巫山县城内外	1939-7-12	同上
向贺氏	女	35	-	巫山县城内外	1939-7-12	同上
向大娃	女	12	-	巫山县城内外	1939-7-12	同上
向二娃	男	5	-	巫山县城内外	1939-7-12	同上

① (台北)国史馆档案:302-1686。

续表

姓名	性别	年龄	籍贯	住址或遇难地点	遇难时间	资料来源
易天秀	女	12	-	巫山县城内外	1939-7-12	同上
陈蔡氏	女	13	-	巫山县城内外	1939-7-12	同上
熊耳之	男	13	-	巫山县城内外	1939-7-12	同上
杜云波	男	38	-	巫山县城内外	1939-7-12	同上
黄何氏	女	70	-	巫山县城内外	1939-7-12	同上
陈文良	男	50	-	巫山县城内外	1939-7-12	同上
向周氏	女	42	-	巫山县城内外	1939-7-12	同上
黄成禄	男	35	-	巫山县城内外	1939-7-12	同上
黄周氏	女	40	-	巫山县城内外	1939-7-12	同上
黄祖相	男	70	-	巫山县城内外	1939-7-12	同上
林绍全	男	48	-	巫山县城内外	1939-7-12	同上
黄春廷	男	68	-	巫山县城内外	1939-7-12	同上
李正云	男	43	-	巫山县城内外	1939-7-12	同上
李云华	男	47	-	巫山县城内外	1939-7-12	同上
杨应娃	男	8	-	巫山县城内外	1939-7-12	同上
杨毛娃	男	13	-	巫山县城内外	1939-7-12	同上
傅结女	女	3	-	巫山县城内外	1939-7-12	同上
何邦银	女	38	-	巫山县城内外	1939-7-12	同上
何陈氏	女	30	-	巫山县城内外	1939-7-12	同上
何引娃	女	4	-	巫山县城内外	1939-7-12	同上
查何氏	女	28	-	巫山县城内外	1939-7-12	同上
查和尚	男	2	-	巫山县城内外	1939-7-12	同上
谭田氏	女	34	-	巫山县城内外	1939-7-12	同上
胡祖元	男	45	-	巫山县城内外	1939-7-12	同上
胡小娃	男	13	-	巫山县城内外	1939-7-12	同上
陈少抖	男	54	-	巫山县城内外	1939-7-12	同上
吴冉氏	女	62	-	巫山县城内外	1939-7-12	同上

续表

姓名	性别	年龄	籍贯	住址或遇难地点	遇难时间	资料来源
邱歧林	男	63	-	巫山县城内外	1939-7-12	同上
任盛波	男	-	-	巫山县城内外	1939-7-12	同上
陈文殿	男	-	-	巫山县城内外	1939-7-12	同上
郑孙氏	女	-	-	巫山县城内外	1939-7-12	同上
刘光汉	男	-	-	巫山县城内外	1939-7-12	同上
陈昭举	男	-	-	巫山县城内外	1939-7-12	同上
杨自祥	男	-	-	巫山县城内外	1939-7-12	同上
余舒氏	女	47	-	南川乾坤乡	1939-7-16	档案①
吴正寿	男	31	-	梁山镇	1939-7-18	资料②
温政顺	男	48	-	上清寺(中三路131对面)	1939-7-24	档案③
姜兴仁	男	36	-	警察局江北分局辖区	1939-7-24	同上
李达海	男	33	-	警察局江北分局辖区	1939-7-24	同上
胡春	女	15	-	警察局江北分局辖区	1939-7-24	同上
汪炳虎	男	37	-	警察局江北分局辖区	1939-7-24	同上
胡陈氏	女	27	-	警察局江北分局辖区	1939-7-24	同上
苏易	男	28	-	警察局江北分局辖区	1939-7-24	同上
邓郑氏	女	40	-	警察局江北分局辖区	1939-7-24	同上
黄老么	男	14	-	菜园坝兜子背	1939-7-24	档案④
吴松云	男	31	-	菜园坝兜子背	1939-7-24	同上
黄金山	男	32	-	菜园坝兜子背	1939-7-24	同上
黄老么	男	15	-	菜园坝兜子背	1939-7-24	同上
刘福云	男	31	-	菜园坝兜子背	1939-7-24	同上
田清云	男	32	-	菜园坝兜子背	1939-7-24	同上
陈海山	男	28	-	菜园坝兜子背	1939-7-24	同上

---

① 重庆南川县档案馆档案:民国政府秘书科5007卷。
② 周勇、潘洵等:《重庆大轰炸档案文献·证人证言》,重庆出版社2011年版。
③ 重庆市档案馆档案:0061-15-3780;0061-16-3866。
④ 重庆市档案馆档案:0061-15-3780。

续表

姓名	性别	年龄	籍贯	住址或遇难地点	遇难时间	资料来源
胡少清	男	35	-	菜园坝兜子背	1939-7-24	同上
张树三	男	31	-	菜园坝兜子背	1939-7-24	同上
王少清	男	28	-	菜园坝兜子背	1939-7-24	同上
李述钦	男	30	-	菜园坝兜子背	1939-7-24	同上
李汉清	男	40	-	菜园坝兜子背	1939-7-24	同上
贺子全	男	23	-	菜园坝兜子背	1939-7-24	同上
陶伯昌	男	24	-	菜园坝兜子背	1939-7-24	同上
李治平	男	23	-	菜园坝兜子背	1939-7-24	同上
周伯林	男	28	-	巫山县城内外	1939-7-25	档案①
谭世与	男	49	-	巫山县城内外	1939-7-25	同上
汪王氏	女	36	-	巫山县城内外	1939-7-25	同上
罗李氏	女	49	-	巫山县城内外	1939-7-25	同上
何树元	男	58	-	巫山县城内外	1939-7-25	同上
无名船夫	男	-	-	巫山县城内外	1939-7-25	同上
林杨氏	女	38	-	巫山县城内外	1939-7-25	同上
汪老妈	女	56	-	巫山县城内外	1939-7-25	同上
冯敬松	男	52	-	巫山县城内外	1939-7-25	同上
陈庚满	男	38	-	巫山县城内外	1939-7-25	同上
杨发树	男	50	-	巫山县城内外	1939-7-25	同上
谢向氏	女	46	-	巫山县城内外	1939-7-25	同上
王华玉	男	35	-	菜元坝兜子背片区	1939-8-2	档案②
罗发元	男	38	-	菜元坝兜子背片区	1939-8-2	同上
李述清	男	25	-	菜元坝兜子背片区	1939-8-2	同上
王伯均	男	-	-	菜元坝兜子背片区	1939-8-2	同上
何自发	男	24	-	菜元坝兜子背片区	1939-8-2	同上

① (台北)国史馆档案:302-1686。
② 重庆市档案馆档案:0061-15-3780。

续表

姓名	性别	年龄	籍贯	住址或遇难地点	遇难时间	资料来源
王纪年	男	24	-	菜元坝兜子背片区	1939-8-2	同上
李述清	男	43	-	菜元坝兜子背片区	1939-8-2	同上
赵恩江	男	60	-	菜元坝兜子背片区	1939-8-2	同上
何有林	男	20	-	菜元坝兜子背片区	1939-8-2	同上
孙道德	男	40	-	菜元坝兜子背片区	1939-8-2	同上
冯兴志	男	30	-	菜元坝兜子背片区	1939-8-2	同上
蒋泽民	男	36	-	菜元坝兜子背片区	1939-8-2	同上
罗王氏	女	35	-	菜元坝兜子背片区	1939-8-2	同上
汪其昌	男	49	-	菜元坝兜子背片区	1939-8-2	同上
刘万林	男	80	-	菜园坝米帮河坝大水井	1939-8-5	档案①
严济安	男	28	-	牛角沱26号	1939-8-5	档案②
李海清	男	42	-	牛角沱26号	1939-8-5	同上
刘河清	男	36	-	牛角沱26号	1939-8-5	同上
吴海云	男	28	-	牛角沱26号	1939-8-5	同上
蒲志诚	男	30	-	牛角沱26号	1939-8-5	同上
俞海廷	男	30	-	牛角沱26号	1939-8-5	同上
杜老幺	男	22	-	牛角沱26号	1939-8-5	同上
胡金三	男	37	-	牛角沱26号	1939-8-5	同上
赵五合	男	48	-	牛角沱26号	1939-8-5	同上
周少清	男	28	-	牛角沱26号	1939-8-5	同上
赵二娃	男	18	-	牛角沱26号	1939-8-5	同上
张鸿顺	男	36	-	牛角沱26号	1939-8-5	同上
张二合	男	26	-	牛角沱26号	1939-8-5	同上
杜金元	男	-	-	小龙坎	1939-8-28	档案③
余立才	男	-	-	小龙坎	1939-8-28	同上

①重庆市档案馆档案:0061-15-3780。
②重庆市档案馆档案:0061-16-3866-3。
③重庆市档案馆档案:0194-2-56。

续表

姓名	性别	年龄	籍贯	住址或遇难地点	遇难时间	资料来源
陆登山	男	-	-	小龙坎	1939-8-28	同上
曾本初	男	-	-	小龙坎	1939-8-28	同上
李全武	男	-	-	小龙坎	1939-8-28	同上
罗炳生	男	-	-	小龙坎	1939-8-28	同上
郑少成	男	-	-	小龙坎	1939-8-28	同上
刘炳清	男	-	-	小龙坎	1939-8-28	同上
向柏林妻	女	-	-	小龙坎	1939-8-28	同上
吴炳山	男	86	-	红岩咀	1939-8-28	档案①
庞大全	男	半岁	-	庞家岩	1939-8-28	同上
唐小娃	男	18	-	庞家岩	1939-8-28	同上
姜海云	男	21	-	庞家岩	1939-8-28	同上
何向氏	女	20	-	庞家岩	1939-8-28	同上
庞家金	男	17	-	庞家岩	1939-8-28	同上
庞钟氏	女	26	-	庞家岩	1939-8-28	同上
谭朱氏	女	38	-	庞家岩	1939-8-28	同上
唐叶氏	女	30	-	庞家岩	1939-8-28	同上
何平安	男	86	-	庞家岩	1939-8-28	同上
陈建章	男	30	-	茶亭	1939-8-28	同上
袁少云	男	22	-	茶亭	1939-8-28	同上
马永林	男	24	-	茶亭	1939-8-28	同上
马刘氏	女	21	-	茶亭	1939-8-28	同上
胡老么	男	14	-	茶亭	1939-8-28	同上
陈胡子	男	40	-	茶亭	1939-8-28	同上
陈元泰	男	16	-	茶亭	1939-8-28	同上
罗少成	男	28	-	茶亭	1939-8-28	同上
陈树清	男	28	-	茶亭	1939-8-28	同上

①重庆市档案馆档案：0061-15-3780。

续表

姓名	性别	年龄	籍贯	住址或遇难地点	遇难时间	资料来源
周志清	男	25	-	茶亭	1939-8-28	同上
曹炳康	-	-	-	南川县鸣玉镇曹家院子	1939-8-30	档案①
陈 元	-	-	-	南川县鸣玉镇曹家院子	1939-8-30	同上
曹玉林	-	-	-	南川县鸣玉镇曹家院子	1939-8-30	同上
曹建珍	-	-	-	南川县鸣玉镇曹家院子	1939-8-30	同上
曹建国	-	-	-	南川县鸣玉镇曹家院子	1939-8-30	同上
曹梁氏	-	-	-	南川县鸣玉镇曹家院子	1939-8-30	同上
曾双合	男	57	-	第三区善果街	1939-8	档案②
石汤元	-	-	-	梁山县	1939-9-29	档案③
刘洪升	-	-	-	梁山县	1939-9-29	同上
徐世福	-	-	-	梁山北门	1939-9-29	档案④
倪孙女	女	6	-	第三区善果街	1939-9	档案⑤
袁雪廷	-	-	-	南川县城郊外	1939-10-13	档案⑥
王洪德	-	-	-	同上	1939-10-13	同上
黄质彬	-	-	-	同上	1939-10-13	同上
罗克振	-	-	-	同上	1939-10-13	同上
谭省春	-	-	-	同上	1939-10-14	档案⑦
库里申科	-	-	-	-	1939-10-14	文献⑧
伍昆三	男	35	-	巫山县城内外	1939-10-24	档案⑨

---

①重庆市防空司令部调查8月30日敌机袭击(巴)情况暨伤亡损害概况表。南川县民国政府秘书科5007卷。

②《重庆市第三区抗战伤亡人民调查表》,《重庆大轰炸档案文献·轰炸经过与人员伤亡》(上),重庆出版社2011年版,第145页。

③四川省档案馆档案:41-6165。

④重庆梁平县档案馆档案:民政科1-2-23。

⑤《重庆市第三区抗战伤亡人民调查表》,《重庆大轰炸档案文献·轰炸经过与人员伤亡》(上),重庆出版社2011年版,第145页。

⑥四川省档案馆档案:41-9511。

⑦重庆南川县档案馆档案:民国政府秘书科档案。

⑧万县志编纂委员编,《万县志》,第20页,四川辞书出版社1995年9月。

⑨(台北)国史馆档案:302-1686。

续表

姓名	性别	年龄	籍贯	住址或遇难地点	遇难时间	资料来源
李邦荣	男	24	-	巫山县城内外	1939-10-24	同上
吴发江	男	60	-	巫山县城内外	1939-10-24	同上
韩易氏	女	45	-	巫山县城内外	1939-10-24	同上
吴昌金	男	12	-	巫山县城内外	1939-10-24	同上
吴昌凤	女	7	-	巫山县城内外	1939-10-24	同上
向永贵	男	30	-	巫山县城内外	1939-10-24	同上
刘以武	男	23	-	巫山县城内外	1939-10-24	同上
邓功太	男	31	-	巫山县城内外	1939-10-24	同上
冯奎	男	29	-	巫山县城内外	1939-10-24	同上
湛祖林	男	32	-	巫山县城内外	1939-10-24	同上
向昆仑	男	44	-	巫山县城内外	1939-10-24	同上
向向氏	女	42	-	巫山县城内外	1939-10-24	同上
许和尚	男	12	-	巫山县城内外	1939-10-24	同上
谭世成	男	32	-	巫山县城内外	1939-10-24	同上
左秀峰	男	-	-	奉节县城	1939-10-25	资料①
倪老太婆	女	72	-	第三区善果街	1939-10	档案②
王吉云	-	-	-	梁山	1939-12-18	档案③
王永平	-	-	-	梁山	1939-12-18	同上
王九儿	-	-	-	梁山	1939-12-18	同上
庄怀邦	男	17	-	-	1939	档案④
方瑞英	-	41	-	国府路	1939	同上
张明修	-	-	-	-	1939	同上

①周勇、潘洵等:《重庆大轰炸档案文献·证人证言》,重庆出版社2011年。
②《重庆市第三区抗战伤亡人民调查表》,《重庆大轰炸档案文献·轰炸经过与人员伤亡》(上),重庆出版社2011年,第145页。
③四川省档案馆档案:41-2037。
④重庆市档案馆档案:0344-1-1156。

续表

姓名	性别	年龄	籍贯	住址或遇难地点	遇难时间	资料来源
喻刘氏	女	32	-	重庆市警察局第十二分局	1939	档案①
杨达山	男	40	-	重庆市警察局第十二分局	1939	同上
李萧氏	女	19	-	重庆市警察局第十二分局	1939	同上
李海清	男	51	-	重庆市警察局第十二分局	1939	同上
马家少	女	15	-	重庆市警察局第十二分局	1939	同上
周家水	男	9	-	重庆市警察局第十二分局	1939	同上
牟启林	男	16	-	重庆市警察局第十二分局	1939	同上
袁少衡	男	30	-	重庆市警察局第十二分局	1939	同上
袁胡氏	女	30	-	重庆市警察局第十二分局	1939	同上
翁炳卿	男	32	-	重庆市警察局第十二分局	1939	同上
尹长久	男	4	-	重庆市警察局第十二分局	1939	同上
邓△△	男	40	-	重庆市警察局第十二分局	1939	同上
陈△△	男	50	-	重庆市警察局第十二分局	1939	同上
邓选中父	男	-	-	渝中区兴隆街	1939	资料②
邓选中母	男	-	-	渝中区兴隆街	1939	同上
王清泉	-	28	-	-	1939	同上
王延鑫	-	28	-	-	1939	同上
汪康孚	男	10	-	观音岩罗家湾	1939	同上
叶树之	女	3	-	领事巷及永兴当巷	1939	档案③
钟李氏	女	35	-	领事巷及永兴当巷	1939	同上
黎建修	男	32	-	领事巷及永兴当巷	1939	同上
向明山	男	22	-	领事巷及永兴当巷	1939	同上
王长兴	男	56	-	三区1保12甲仓坝子14	1940-2-5	档案④

---

① 重庆市档案馆档案:0061-15-3780。
② 周勇、潘洵等:《重庆大轰炸档案文献·证人证言》,重庆出版社2011年版。
③ 重庆市档案馆档案:0061-15-3780。
④《重庆市第三区抗战伤亡人民调查表》,《重庆大轰炸档案文献·轰炸经过与人员伤亡》(上),重庆出版社2011年版,第145页。

续表

姓名	性别	年龄	籍贯	住址或遇难地点	遇难时间	资料来源
刘柏生	-	-	-	中央通讯社的办公处	1940-4-4	报刊①
李炳章	男	55	-	夏家湾3号	1940-4-14	档案②
李绍富	女	8	-	夏家湾3号	1940-4-14	同上
陈王氏	女	29	-	大龙坎13号	1940-4-21	档案③
陈树云	男	-	-	大龙坎13号	1940-4-21	同上
叶杨氏	女	23	-	中山3路10	1940-4-23	档案④
叶长九	男	5	-	中山3路10	1940-4-23	同上
许清华	男	27	-	石桥铺烟墩山第10号	1940-4-23	档案⑤
杨占云	男	45	-	白市镇	1940-4-25	档案⑥
周海清	男	49	-	白市镇	1940-4-25	同上
杨绍武	男	45	-	白市镇	1940-4-25	同上
孙树安	男	20	-	第7区2保飞来寺26	1940-4	档案⑦
傅开河	男	15	-	菜市场棚户6	1940-4	同上
咸凤吉	-	48	北平	-	1940-5-1	档案⑧
李勋臣	男	-	-	较场口石灰市都邮街	1940-5-1	资料⑨
钟万山女	女	3	-	菜市场街	1940-5-4	档案⑩

①《国民公报》1940年5月8日第3版。
②《重庆市第十七区区公所为报该区抗战伤亡人民调查表呈重庆市民政局文(1946年7月12日)》,《重庆大轰炸档案文献·轰炸经过与人员伤亡》(上),重庆出版社2011年版,第169页。
③《重庆市第十七区区公所为报该区抗战伤亡人民调查表呈重庆市民政局文(1946年7月12日)》,《重庆大轰炸档案文献·轰炸经过与人员伤亡》(上),重庆出版社2011年版,第169页。
④《重庆市第七区造具抗敌伤亡人民调查表》,《重庆大轰炸档案文献·轰炸经过与人员伤亡》(上),重庆出版社2011年版,第162页。
⑤《重庆市第十七区区公所为报该区抗战伤亡人民调查表呈重庆市民政局文(1946年7月12日)》,《重庆大轰炸档案文献·轰炸经过与人员伤亡》(上),重庆出版社2011年版,第169页。
⑥四川省档案馆档案:180-1579-111。
⑦《重庆市第七区造具抗敌伤亡人民调查表》,《重庆大轰炸档案文献·轰炸经过与人员伤亡》(上),重庆出版社2011年版,第160-161页。
⑧唐润明主编:《重庆大轰炸档案文献·财产损失(军工企业部分)》,重庆出版社2013年版。
⑨周勇、潘洵等:《重庆大轰炸档案文献·证人证言》,重庆出版社2011年版。
⑩《重庆市第七区造具抗敌伤亡人民调查表》,《重庆大轰炸档案文献·轰炸经过与人员伤亡》(上),重庆出版社2011年版,第162页。

续表

姓名	性别	年龄	籍贯	住址或遇难地点	遇难时间	资料来源
梁周氏	女	40	-	20保4甲双碑相子园	1940-5-5	档案①
梁张氏	女	18	-	20保4甲双碑相子园	1940-5-5	同上
梁陈氏	女	52	-	20保4甲双碑相子园	1940-5-5	同上
梁素芬	女	19	-	20保4甲双碑相子园	1940-5-5	同上
唐世俊	男	35	-	20保10甲桂家桥50号	1940-5-5	同上
唐张氏	女	31	-	20保10甲桂家桥52号	1940-5-5	同上
唐小女	女	5	-	20保10甲桂家桥52号	1940-5-5	同上
涂兴发	男	72	-	三区15保13甲守备街41	1940-5-11	档案②
陈海洲	男	45	-	千斯门水巷子	1940-5-11	同上
陈沈氏	女	46	-	第千斯门水巷子	1940-5-11	同上
陈小女	女	6	-	千斯门小巷子	1940-5-11	同上
黄云廷	男	70	-	巫山县大河边	1940-5-15	档案③
龙何氏	女	26	-	巫山县大河边	1940-5-15	同上
罗学甫	男	30	-	巫山县大河边	1940-5-15	同上
王福尚	男	21	-	巫山县大河边	1940-5-15	同上
马正祥	男	50	-	巫山县大河边	1940-5-15	同上
谢克家	男	40	-	巫山县大河边	1940-5-15	同上
谢克元	男	40	-	巫山县大河边	1940-5-15	同上
谢克容	男	35	-	巫山县大河边	1940-5-15	同上
胡行忠	男	28	-	巫山县大河边	1940-5-15	同上
陈应祥	男	28	-	巫山县大河边	1940-5-15	同上
杨□卿	男	36	-	巫山县大河边	1940-5-15	同上
廖志六	男	34	-	巫山县大河边	1940-5-15	同上
宋宏南	男	35	-	巫山县大河边	1940-5-15	同上

①《重庆市第十四区抗敌伤亡人民调查表》,《重庆大轰炸档案文献·轰炸经过与人员伤亡》(上),重庆出版社2011年版,第166-168页。
②《重庆市第三区抗战伤亡人民调查表》,《重庆大轰炸档案文献·轰炸经过与人员伤亡》(上),重庆出版社2011年版,第145页。
③四川省档案馆档案:省防部-1579。

续表

姓名	性别	年龄	籍贯	住址或遇难地点	遇难时间	资料来源
吴彦必	男	36	-	巫山县大河边	1940-5-15	同上
何贞林	男	38	-	巫山县大河边	1940-5-15	同上
张仁钧	男	40	-	巫山县大河边	1940-5-15	同上
何吉才	男	41	-	巫山县大河边	1940-5-15	同上
骆成良	男	38	-	巫山县大河边	1940-5-15	同上
张吉三妻	女	30	-	巫山县大河边	1940-5-15	同上
赵德三	男	57	-	巫山县大河边	1940-5-15	同上
王康益	男	34	-	巫山县大河边	1940-5-15	同上
陈云丙	男	18	-	巫山县大河边	1940-5-15	同上
谢老壳	男	43	-	巫山县大河边	1940-5-15	同上
唐家政	男	43	-	巫山县大河边	1940-5-15	同上
陈玉祥	男	31	-	巫山县大河边	1940-5-15	同上
胡必忠	男	32	-	巫山县大河边	1940-5-15	同上
刘陶氏	女	32	-	巫山县大河边	1940-5-15	同上
涂明红	男	58	-	巫山县大河边	1940-5-15	同上
□胡氏	女	40	-	巫山县大河边	1940-5-15	同上
张朱氏	女	38	-	巫山县大河边	1940-5-15	同上
艾清三	男	18	-	巫山县大河边	1940-5-15	同上
艾官源	男	32	-	巫山县大河边	1940-5-15	同上
赵绍武	男	36	-	巫山县大河边	1940-5-15	同上
骆正端	男	30	-	巫山县大河边	1940-5-15	同上
湛光富	男	38	-	巫山县大河边	1940-5-15	同上
谢启才	男	38	-	巫山县大河边	1940-5-15	同上
黄如秀	男	36	-	巫山县大河边	1940-5-15	同上
彭祖元	男	30	-	巫山县城内外	1940-5-15	档案[1]
石之楠	男	32	-	巫山县城内外	1940-5-15	同上

[1] 四川省档案馆档案:省防部-1580。

续表

姓名	性别	年龄	籍贯	住址或遇难地点	遇难时间	资料来源
苏顺春	男	28	-	巫山县城内外	1940-5-15	同上
王龙才	男	36	-	巫山县城内外	1940-5-15	同上
伍华清	男	56	-	巫山县城内外	1940-5-15	同上
贺邦全	男	40	-	巫山县城内外	1940-5-15	同上
□维善	男	50	-	巫山县城内外	1940-5-15	同上
陈仲朝	男	48	-	巫山县城内外	1940-5-15	同上
向□氏	女	38	-	巫山县城内外	1940-5-15	同上
向□□	女	8	-	巫山县城内外	1940-5-15	同上
田永延	-	-		梁山县	1940-5-21	档案①
田青云				梁山县	1940-5-21	同上
李弗民	-	-		空军第二总站医务股长	1940-5-22	文献②
柯海清	男	42	-	第三区4保13甲	1940-5-22	档案③
倪树槐	男	-		广阳坝	1940-5-22	档案④
倪树槐妻	女	-		广阳坝	1940-5-22	同上
邓银成	男	69	-	白市镇	1940-5-26	档案⑤
彭富堂	男	22	-	白市镇	1940-5-26	同上
李德凤	女	12	-	开县葛藤坝	1940-5-26	档案⑥
李华祥	男	18	-	大坪沙井湾（现渝中区大坪宾馆附近）	1940-5-26	资料⑦
郑接炉	男	-		白市驿	1940-5-26	同上
姚子章	男	-		嘉陵江北碚至草街子段	1940-5-27	同上

① 四川省档案馆档案:41-2037。
② 中国第二历史档案馆编:《抗日战争正面战场》(下),第2275-2276,凤凰出版社2005年版。
③《重庆市第三区抗战伤亡人民调查表》,《重庆大轰炸档案文献·轰炸经过与人员伤亡》(上),重庆出版社2011年版,第145页。
④ 四川省档案馆档案:180-1579-119。
⑤ 四川省档案馆档案:41-6155。
⑥ (台北)国史馆档案:302-1696。
⑦ 周勇、潘洵等:《重庆大轰炸档案文献·证人证言》,重庆出版社2011年版。

续表

姓名	性别	年龄	籍贯	住址或遇难地点	遇难时间	资料来源
姚周氏	女	-	-	嘉陵江北碚至草街子段	1940-5-27	同上
姚□□	女	-	-	嘉陵江北碚至草街子段	1940-5-27	同上
王 成	男	-	-	兵工24厂	1940-5-27	档案①
李福元	男	-	-	兵工24厂	1940-5-27	同上
李治渊	男	-	-	兵工24厂	1940-5-27	同上
李海山	男	-	-	兵工24厂	1940-5-27	同上
孙寒冰	男	39	-	北碚黄桷树镇复旦大学	1940-5-27	文献②
汪兴楷	男	24	-	北碚黄桷树镇复旦大学	1940-5-27	同上
陈思枢	男	-	-	北碚黄桷树镇复旦大学	1940-5-27	同上
王茂全	男	28	-	北碚黄桷树镇复旦大学	1940-5-27	同上
王文炳	男	21	-	北碚黄桷树镇复旦大学	1940-5-27	同上
朱锡华	男	24	-	北碚黄桷树镇复旦大学	1940-5-27	同上
刘晚成	男	22	-	北碚黄桷树镇复旦大学	1940-5-27	同上
李郑氏	女	25	-	北碚镇	1940-5-27	档案③
郑一成	男	27	-	北碚镇	1940-5-27	同上
史根夫	男	26	-	北碚镇	1940-5-27	同上
龚定国	男	31	-	北碚镇	1940-5-27	同上
林显碧	女	18	-	北碚镇	1940-5-27	同上
蒋学银	男	20	-	北碚镇	1940-5-27	同上
黄青全	男	30	-	北碚镇	1940-5-27	同上
蒋云华	男	36	-	北碚镇	1940-5-27	同上
曹培之	男	29	-	北碚镇	1940-5-27	同上
刘玉全	男	56	-	北碚镇	1940-5-27	同上
荀显珍	男	46	-	北碚镇	1940-5-27	同上
邹老二	男	45	-	北碚镇	1940-5-27	同上

①四川省档案馆档案:0178-1-1790。
②《孙寒冰等不幸遇难》,《新华日报》1940年5月30日。
③重庆市档案馆档案:0083-1-359;四川省档案馆档案:北管局4-602-3。

续表

姓名	性别	年龄	籍贯	住址或遇难地点	遇难时间	资料来源
冯才源	男	36	-	北碚镇	1940-5-27	同上
荀兴术	男	56	-	北碚镇	1940-5-27	同上
陈黄氏	女	30	-	北碚镇	1940-5-27	同上
肖德芳	男	16	-	北碚镇	1940-5-27	同上
付培根	男	53	-	北碚镇	1940-5-27	同上
胡黄氏	女	50	-	北碚镇	1940-5-27	同上
刘述全	男	20	-	北碚镇	1940-5-27	同上
唐玉全	男	45	-	北碚镇	1940-5-27	同上
宋白清	男	32	-	北碚镇	1940-5-27	同上
肖海云	男	22	-	北碚镇	1940-5-27	同上
张宪灵	男	25	-	北碚镇	1940-5-27	同上
官国卿	男	20	-	北碚镇	1940-5-27	同上
陈鉴全	男	23	-	北碚镇	1940-5-27	同上
胡何氏	女	56	-	北碚镇	1940-5-27	同上
秋素芳	女	22	-	北碚镇	1940-5-27	同上
陈干全	男	22	-	北碚镇	1940-5-27	同上
陈华廷	男	28	-	北碚镇	1940-5-27	同上
许素贞	女	12	-	北碚镇	1940-5-27	同上
蒋德明	男	30	-	北碚镇	1940-5-27	同上
杨志全	男	34	-	北碚镇	1940-5-27	同上
杨思全	男	30	-	北碚镇	1940-5-27	同上
左华和	男	42	-	北碚镇	1940-5-27	同上
刘善美	男	56	-	北碚镇	1940-5-27	同上
赵正元	男	26	-	北碚镇	1940-5-27	同上
郭桂农	男	25	-	北碚镇	1940-5-27	同上
吴赖氏	女	20	-	北碚镇	1940-5-27	同上
熊小娃	男	10	-	北碚镇	1940-5-27	同上

续表

姓名	性别	年龄	籍贯	住址或遇难地点	遇难时间	资料来源
李述云	男	32	-	北碚镇	1940-5-27	同上
王宗里	男	32	-	北碚镇	1940-5-27	同上
金朋连	男	56	-	北碚镇	1940-5-27	同上
官国玉	男	27	-	北碚镇	1940-5-27	同上
秋全安	男	41	-	北碚镇	1940-5-27	同上
蒋作彬	男	38	-	北碚镇	1940-5-27	同上
牛尚书	男	64	-	北碚镇	1940-5-27	同上
熊仁鹤	男	42	-	北碚镇	1940-5-27	同上
李兴万	男	38	-	北碚镇	1940-5-27	同上
柳兴发	男	50	-	北碚镇	1940-5-27	同上
蔡德清	男	26	-	北碚镇	1940-5-27	同上
何忠云	男	22	-	北碚镇	1940-5-27	同上
谢素芳	女	10	-	北碚镇	1940-5-27	同上
周吴氏	女	64	-	北碚镇	1940-5-27	同上
伍万一	男	43	-	北碚镇	1940-5-27	同上
伍思兰	女	7	-	北碚镇	1940-5-27	同上
蒋张氏	女	26	-	北碚镇	1940-5-27	同上
张毛二	男	14	-	北碚镇	1940-5-27	同上
刘陈氏	女	48	-	北碚镇	1940-5-27	同上
汪炳林	男	52	-	北碚镇	1940-5-27	同上
王治光	男	39	-	北碚镇	1940-5-27	同上
王小妹	女	8	-	北碚镇	1940-5-27	同上
刘吉臣	男	31	-	北碚镇	1940-5-27	同上
殷合均	女	10	-	北碚镇	1940-5-27	同上
王小妹	女	2	-	北碚镇	1940-5-27	同上
汪禄吉	男	22	-	北碚镇	1940-5-27	同上
刘之三	男	52	-	北碚镇	1940-5-27	同上

续表

姓名	性别	年龄	籍贯	住址或遇难地点	遇难时间	资料来源
刘毛女	女	12	-	北碚镇	1940-5-27	同上
冯燮扬	男	27	-	北碚镇	1940-5-27	同上
李元贞	女	12	-	北碚镇	1940-5-27	同上
甘小女	女	9	-	北碚镇	1940-5-27	同上
吴海成	男	52	-	北碚镇	1940-5-27	同上
杨国安	男	18	-	北碚镇	1940-5-27	同上
黎小夫	女	30	-	北碚镇	1940-5-27	同上
谭变南	女	4	-	北碚镇	1940-5-27	同上
朱金华	男	52	-	北碚镇	1940-5-27	同上
张海三	男	36	-	北碚镇	1940-5-27	同上
王青三	男	56	-	北碚镇	1940-5-27	同上
蒋银三	男	36	-	北碚镇	1940-5-27	同上
何云中	男	30	-	北碚镇	1940-5-27	同上
蔡小女	女	11	-	北碚镇	1940-5-27	同上
郑兴才	男	24	-	北碚镇	1940-5-27	同上
刘之义	男	31	-	北碚镇	1940-5-27	同上
李艰州	男	29	-	北碚镇	1940-5-27	同上
王国章	男	20	-	北碚镇	1940-5-27	同上
龚正明	女	12	-	北碚镇	1940-5-27	同上
陈玉仙	女	18	-	北碚镇	1940-5-27	同上
郑王氏	女	54	-	北碚镇	1940-5-27	同上
陈锺燧	男	24	-	北碚镇	1940-5-27	同上
龚 氏	女	60	-	北碚镇	1940-5-27	同上
小 娃	男	15	-	北碚镇	1940-5-27	同上
张忠华	男	18	-	北碚镇	1940-5-27	同上
汪明清	男	21	-	市政府	1940-5-28	档案①

①重庆市档案馆档案:0061-15-215。

续表

姓名	性别	年龄	籍贯	住址或遇难地点	遇难时间	资料来源
庞延富	男	-	-	化龙桥	1940-5-28	同上
黄树江	男	-	-	化龙桥	1940-5-28	同上
候显明	男	-	-	-	1940-5-28	同上
吴应富	男	24	-	飞来寺	1940-5-28	同上
张周氏	女	25	-	重庆市警察局第十分局辖区	1940-5-28	档案①
陈德光	男	△	-	重庆市警察局第十分局辖区	1940-5-28	同上
张祺园	男	32	-	重庆市警察局第十分局辖区	1940-5-28	同上
周瑞风	男	42	-	重庆市警察局第十分局辖区	1940-5-28	同上
包素芳	女	13	-	重庆市警察局第十分局辖区	1940-5-28	同上
邓唐氏	女	58	-	重庆市警察局第十分局辖区	1940-5-28	同上
陈李氏	女	43	-	重庆市警察局第十分局辖区	1940-5-28	同上
李唐氏	女	36	-	重庆市警察局第十分局辖区	1940-5-28	同上
陈巨卿	男	32	-	重庆市警察局第十分局辖区	1940-5-28	同上
王吉山	男	36	-	重庆市警察局第十分局辖区	1940-5-28	同上
江炳全	男	58	-	重庆市警察局第十分局辖区	1940-5-28	同上
陈友山	男	45	-	重庆市警察局第十分局辖区	1940-5-28	同上
李七娃	男	10	-	重庆市警察局第十分局辖区	1940-5-28	同上
颜述云	男	30	-	重庆市警察局第十分局辖区	1940-5-28	同上
李述清	男	20	-	重庆市警察局第十分局辖区	1940-5-28	同上
徐长发	男	40	-	重庆市警察局第十分局辖区	1940-5-28	同上
聂王氏	女	52	-	重庆市警察局第十分局辖区	1940-5-28	同上
魏海洲	男	37	-	重庆市警察局第十分局辖区	1940-5-28	同上
唐海云	男	30	-	重庆市警察局第十分局辖区	1940-5-28	同上
李克之	男	52	-	重庆市警察局第十分局辖区	1940-5-28	同上
郭生娃	男	4	-	重庆市警察局第十分局辖区	1940-5-28	同上
黎属明	-	-	-	四川省立教育学院	1940-5-29	档案②

①重庆市档案馆档案:0061-15-2952。
②《专科以上学校呈报遭受日机轰炸损失情形的文电》,中国第二历史档案馆档案:5-5284。

续表

姓名	性别	年龄	籍贯	住址或遇难地点	遇难时间	资料来源
刘景福	-	-	-	四川省立教育学院	1940-5-29	同上
林祖烈	-	-	-	四川省立教育学院	1940-5-29	同上
刘仲远	-	-	-	四川省立教育学院	1940-5-29	同上
李恩荣	-	-	-	四川省立教育学院	1940-5-29	同上
罗竹修	-	-	-	四川省立教育学院	1940-5-29	同上
朱明芬	-	-	-	四川省立教育学院	1940-5-29	同上
孙藻永	男	60	-	20保18甲孙家湾新市场	1940-5	档案①
孙启岷	男	12	-	20保18甲孙家湾新市场	1940-5	同上
孙启萼	女	16	-	20保18甲孙家湾新市场	1940-5	同上
李肇裕	女	13	-	20保18甲孙家湾新市场	1940-5	同上
李何氏	女	50	-	20保18甲孙家湾新市场	1940-5	同上
张王氏女	女	18	-	中山3路111	1940-5	档案②
张王氏女	女	16	-	中山3路111	1940-5	同上
谭陈氏	女	18	-	中山3路棚户23	1940-5	同上
李怀安	男	40	-	菜市场棚户9	1940-5	同上
何晏平	男	24	-	菜市场棚户9	1940-5	同上
陈静河	男	24	-	菜市场棚户9	1940-5	同上
钟述成	-	-	-	江北通顺桥47号	1940-6-2	档案③
郑四维氏	女	-	-	白市驿阴阳沟	1940-6-6	档案④
李耀全	男	-	-	白市驿阴阳沟	1940-6-6	同上
李超权	男	-	-	白市驿阴阳沟	1940-6-6	同上
李国呀	男	-	-	白市驿阴阳沟	1940-6-6	同上

---

①《重庆市第十四区抗敌伤亡人民调查表》,《重庆大轰炸档案文献·轰炸经过与人员伤亡》(上),重庆出版社2011年版,第167页。

②《重庆市第七区造具抗敌伤亡人民调查表》,《重庆大轰炸档案文献·轰炸经过与人员伤亡》(上),重庆出版社2011年版,第161-162页。

③重庆市档案馆档案:0053-12-114。

④重庆市档案馆档案:0066-1-44。

续表

姓名	性别	年龄	籍贯	住址或遇难地点	遇难时间	资料来源
胡陈氏	女	30	-	含谷乡	1940-6-6	档案①
陈廷富	男	13	-	含谷乡	1940-6-6	同上
李朝全	男	8	-	含谷乡	1940-6-6	同上
李朝友	男	12	-	含谷乡	1940-6-6	同上
李朝权	男	13	-	含谷乡	1940-6-6	同上
曾俊侠	男	-	-	兵工24厂	1940-6-10	档案②
何海廷	男	-	-	兵工24厂	1940-6-10	同上
王绅	男	-	-	兵工24厂	1940-6-10	同上
张彦修	男	-	-	兵工24厂	1940-6-10	同上
黄树辉	男	-	-	兵工24厂	1940-6-10	同上
庞明奎	男	-	-	兵工24厂	1940-6-10	同上
陈志隆	男	-	-	兵工24厂	1940-6-10	同上
林昌美	女	-	-	兵工24厂	1940-6-10	同上
刘定国	男	-	-	兵工24厂	1940-6-10	同上
刘相华	男	-	-	兵工24厂	1940-6-10	同上
吕正才	男	-	-	两路口	1940-6-11	档案③
叶游氏	女	70	-	重庆市警察局第十分局	1940-6-11	档案④
曾友福	男	28	-	重庆市警察局第十分局	1940-6-11	同上
刘定国	男	24	-	重庆市警察局第十分局	1940-6-11	同上
杨永兴	男	20	-	重庆市警察局第十分局	1940-6-11	同上
贾明善	男	26	-	重庆市警察局第十分局	1940-6-11	同上
李银青	男	30	-	重庆市警察局第十分局	1940-6-11	同上
赖洪章	男	48	-	重庆市警察局第十分局	1940-6-12	档案⑤
李元胜	男	61	-	重庆市警察局第十分局	1940-6-12	同上

① 四川省档案馆档案:41-6155-20。
② 四川省档案馆档案:0178-1-1790。
③ 重庆市档案馆档案:0066-1-44。
④ 重庆市档案馆档案:0061-15-2952-5。
⑤ 重庆市档案馆档案:0061-15-2952。

续表

姓名	性别	年龄	籍贯	住址或遇难地点	遇难时间	资料来源
蒲长坤	男	27	-	重庆市警察局第十分局	1940-6-12	同上
余焕章	男	50	-	重庆市警察局第十分局	1940-6-12	同上
姜喜海	男	29	-	重庆市警察局第十分局	1940-6-12	同上
吴长发	男	56	-	重庆市警察局第十分局	1940-6-12	同上
吴小女	女	4	-	重庆市警察局第十分局	1940-6-12	同上
马国文	男	△	-	重庆市警察局第十分局	1940-6-12	同上
唐述云	男	△	-	重庆市警察局第十分局	1940-6-12	同上
赖白述	男	△	-	重庆市警察局第十分局	1940-6-12	同上
周百寿	男	△	-	重庆市警察局第十分局	1940-6-12	同上
叶杨氏	女	50	-	重庆市警察局第十分局	1940-6-12	同上
梁柏操	-	-	-	城区、江北区警察局职员（警察局第二分局）	1940-6-12	档案①
朱辉	-	-	-	城区、江北区警察局职员	1940-6-12	同上
陈志清	-	-	-	城区、江北区警察局职员（警察局第二分局）	1940-6-12	同上
喻吉清	-	-	-	城区、江北区警察局职员（警察局第二分局）	1940-6-12	同上
陈治国	-	-	-	城区、江北区警察局职员	1940-6-12	同上
张荣生	-	-	-	城区、江北区警察局职员	1940-6-12	同上
王俊	-	-	-	城区、江北区警察局职员	1940-6-12	同上
周懋勤	-	-	-	城区、江北区警察局职员	1940-6-12	同上
侯显明	-	-	-	城区、江北区警察局职员	1940-6-12	同上
彭锡均	-	-	-	城区、江北区警察局职员（中营街）	1940-6-12	同上
邓钧	-	-	-	城区、江北区警察局职员（警察局第二分局）	1940-6-12	同上
戴傅荣	-	-	-	城区、江北区警察局职员	1940-6-12	同上
许述珍	女	-	-	野猫溪、五桂石	1940-6-12	档案②

① 重庆市档案馆档案:0061-15-215。
② 重庆市档案馆档案:0066-1-44。

续表

姓名	性别	年龄	籍贯	住址或遇难地点	遇难时间	资料来源
董海清	-	-	-	防护团团员	1940-6-16	文献①
吕正才	-	-	-	防护团团员	1940-6-16	同上
黄树江	-	-	-	防护团团员	1940-6-16	同上
庞延福	-	-	-	防护团团员	1940-6-16	同上
徐谦	-	-	-	服务总队队员	1940-6-16	同上
万贵生	男	-	-	米亭子	1940-6-16	档案②
陈祥忠	男	-	-	朝天门	1940-6-18	资料③
程子云	男	38	-	北碚镇	1940-6-24	档案④
加立贞	女	8	-	北碚镇	1940-6-24	同上
加立秀	男	6	-	北碚镇	1940-6-24	同上
张海全	-	40	-	北碚镇	1940-6-24	同上
金陆氏	妇	18	-	北碚镇	1940-6-24	同上
张宪林	男	25	-	北碚镇	1940-6-24	同上
加门氏	女	35	-	北碚镇	1940-6-24	同上
加立修	女	2	-	北碚镇	1940-6-24	同上
唐桂生	男	18	-	北碚镇	1940-6-24	同上
金家让	男	45	-	北碚镇	1940-6-24	同上
金应辛	男	9	-	北碚镇	1940-6-24	同上
王占云	男	29	-	北碚镇	1940-6-24	同上
周清辉	男	25	-	北碚镇	1940-6-24	同上
袁小娃	女	1	-	北碚镇	1940-6-24	同上
周宪章	-	-	-	北碚镇	1940-6-24	同上
龚杨氏	女	43	-	北碚镇	1940-6-24	同上
蔡学良	男	35	-	北碚镇	1940-6-24	同上

①《救护人员忠勇殉职,定明日晨开会追悼》,《新华日报》1940年6月13日。
②重庆市档案馆档案:0061-15-215。
③周勇、潘洵等:《重庆大轰炸档案文献·证人证言》,重庆出版社2011年。
④四川省档案馆档案:北管局4-602-3。

续表

姓名	性别	年龄	籍贯	住址或遇难地点	遇难时间	资料来源
袁汪氏	女	39	-	北碚镇	1940-6-24	同上
左李氏	女	29	-	北碚镇	1940-6-24	同上
徐禄田	男	40	-	北碚镇	1940-6-24	同上
徐吴氏	女	40	-	北碚镇	1940-6-24	同上
徐菲菲	女	7	-	北碚镇	1940-6-24	同上
徐庆庆	女	1	-	北碚镇	1940-6-24	同上
孙开清	男	26	-	北碚镇	1940-6-24	同上
老 陈	男	30	-	北碚镇	1940-6-24	同上
张伙房	男	28	-	北碚镇	1940-6-24	同上
王少发	男	22	-	北碚镇	1940-6-24	同上
周兴斌	男	18	-	北碚镇	1940-6-24	同上
王鹏飞	男	23	-	北碚镇	1940-6-24	同上
唐吉玉	男	30	-	北碚镇	1940-6-24	同上
张海云	男	36	-	北碚镇	1940-6-24	同上
相宝仙	女	25	-	北碚镇	1940-6-24	同上
方阜云	男	32	-	北碚镇	1940-6-24	同上
张 洁	女	26	-	北碚镇	1940-6-24	同上
徐文华	女	28	-	北碚镇	1940-6-24	同上
鲍秀衡	女	26	-	北碚镇	1940-6-24	同上
方太太	女	30	-	北碚镇	1940-6-24	同上
张小宝	男	5	-	北碚镇	1940-6-24	同上
刘 嫂	女	42	-	北碚镇	1940-6-24	同上
龚积德	男	16	-	北碚镇	1940-6-24	同上
张永富	男	16	-	北碚镇	1940-6-24	同上
熊少卿	男	24	-	重庆市警察局第十分局	1940-6-24	档案[①]
赖德康	男	35	-	重庆市警察局第十分局	1940-6-24	同上

① 重庆市档案馆档案:0061-15-2952。

续表

姓名	性别	年龄	籍贯	住址或遇难地点	遇难时间	资料来源
廖小女	女	1	-	重庆市警察局第十分局	1940-6-24	同上
杨舒氏	女	75	-	大中坝附近	1940-6-24	资料①
杨金合	男	54	-	大中坝附近	1940-6-24	同上
杨泽清	男	32	-	大中坝附近	1940-6-24	同上
杨李氏	女	30	-	大中坝附近	1940-6-24	同上
杨云全	女	3	-	大中坝附近	1940-6-24	同上
杨家绍	女	7	-	大中坝附近	1940-6-24	同上
杨树堂	男	48	-	大中坝附近	1940-6-24	同上
杨余氏	女	46	-	大中坝附近	1940-6-24	同上
杨泽乐	女	22	-	大中坝附近	1940-6-24	同上
杨贵先	女	14	-	大中坝附近	1940-6-24	同上
杨卓氏	女	30	-	大中坝附近	1940-6-24	同上
杨群先	女	7	-	大中坝附近	1940-6-24	同上
骆世银	男	17	-	万县吊岩坪西山公园处	1940-6-24	同上
严国全	男	34	-	19保15甲杨公桥	1940-6-26	档案②
王星成	男	25	-	第7区1保12甲	1940-6-18	档案③
段彭氏	女	20	-	开县大池山(遇难地)	1940-6-25	档案④
段辉成	男	1	-	开县大池山	1940-6-25	同上
段馥香	女	18	-	开县大池山	1940-6-25	同上
张李氏	女	40	-	开县大池山	1940-6-25	同上
张吴氏	女	81	-	开县大池山	1940-6-25	同上
张步富	男	1	-	开县大池山	1940-6-25	同上

①周勇、潘洵等:《重庆大轰炸档案文献·证人证言》,重庆出版社2011年版。
②《重庆市第十四区抗敌伤亡人民调查表》,《重庆大轰炸档案文献·轰炸经过与人员伤亡》(上),重庆出版社2011年版,第166页。
③《重庆市第七区造具抗敌伤亡人民调查表》,《重庆大轰炸档案文献·轰炸经过与人员伤亡》(上),重庆出版社2011年版,第160页。
④(台北)国史馆档案:302-1696。

续表

姓名	性别	年龄	籍贯	住址或遇难地点	遇难时间	资料来源
周刘氏	女	42	-	忠县白银坪	1940-6-27	档案①
周刘氏	女	26	-	忠县白银坪	1940-6-27	同上
周萧氏	女	19	-	忠县白银坪	1940-6-27	同上
周 毛	-	5	-	忠县白银坪	1940-6-27	同上
王师尧	男	-	-	太和乡	1940-6-28	档案②
王海云	男	42	-	重庆市警察局第十分局	1940-6-29	档案③
王张氏	女	44	-	重庆市警察局第十分局	1940-6-29	同上
黄玉发	男	53	-	重庆市警察局第十分局	1940-6-29	同上
吴兴发	男	△	-	重庆市警察局第十分局	1940-6-29	同上
陈进之	男	38	-	重庆市警察局第十分局	1940-6-29	同上
余大兴	男	32	-	重庆市警察局第十分局	1940-6-29	同上
王黄娃	男	12	-	重庆市警察局第十分局	1940-6-29	同上
龙炳生	男	△	-	重庆市警察局第十分局	1940-6-29	同上
△ 娃	女	△	-	重庆市警察局第十分局	1940-6-29	同上
颜泽渊	男	25	江北	-	1940-7-1	档案④
陈海清	男	56	-	11保13甲大碑19号	1940-7-4	档案⑤
刘祥华	男	12	-	13甲大碑19号附1号	1940-7-4	同上
刘祥云	男	4	-	13甲大碑19号附1号	1940-7-4	同上
白荣华	男	-	-	菜园坝	1940-7-4	档案⑥
周崇文	男	-	-	-	1940-7-4	同上
简从周	男	-	-	-	1940-7-4	同上
张 龙	男	-	-	綦江保安27中队（遇难地）	1940-7-5	档案⑦

①《抗战时期的四川·档案史料汇编（中）》，重庆出版社2014年版，第1093页。
②四川省档案馆档案：41-6155。
③重庆市档案馆档案：0061-15-2952。
④唐润明主编：《重庆大轰炸档案文献·财产损失（军工企业部分）》，重庆出版社2013年版。
⑤《重庆市第十四区抗敌伤亡人民调查表》，《重庆大轰炸档案文献·轰炸经过与人员伤亡》（上），重庆出版社2011年，第166页。
⑥重庆市档案馆档案：0061-15-215。
⑦重庆市綦江县档案馆档案：文-7-3085。

续表

姓名	性别	年龄	籍贯	住址或遇难地点	遇难时间	资料来源
黄国卿	男	-	-	綦江保安27中队	1940-7-5	同上
王惠吕	男	-	-	綦江保安27中队	1940-7-5	同上
吴炳成	男	-	-	綦江保安27中队	1940-7-5	同上
张绍桢	男	-	-	綦江保安27中队	1940-7-5	同上
苏杰生	男	22	-	綦江典狱署	1940-7-5	同上
向长仁	男	20	-	綦江典狱署	1940-7-5	同上
王鑫镒	男	-	-	警察所	1940-7-5	同上
罗开堂	男	-	-	綦江北街	1940-7-5	同上
赵老大	男	-	-	綦江北街	1940-7-5	同上
杜世华	男	-	-	忠县县府	1940-7-5	资料①
柳发廷	男	-	-	綦江北街	1940-7-5	档案②
危永庄（又名危利民）	男	41	-	綦江县古南镇县城北门	1940-7-5	资料③
廖张氏	女	40	-	石笋学堂村黄丘湾处	1940-7-7	同上
蒋炳和	男	-	-	罗家湾	1940-7-8	档案④
夏明珠	男	-	-	鱼洞镇	1940-7-9	档案⑤
唐英国	男	22	-	桂花街	1940-7-16	档案⑥
赵不怯	男	21	-	中央公园	1940-7-16	档案⑦
唐小娃	男	1	-	重庆市警察局第十分局	1940-7-16	档案⑧
黄七	男	4	-	衣服街大隧道	1940-7-16	档案⑨
彭太富	男	17	-	衣服街大隧道	1940-7-16	同上

①《抗战时期的四川·档案史料汇编（中）》，重庆出版社2014年版，第1093页。
②重庆市綦江县档案馆档案：文-2181。
③周勇、潘洵等：《重庆大轰炸档案文献·证人证言》，重庆出版社2011年版。
④重庆市档案馆档案：0061-15-215。
⑤四川省档案馆档案：180-1580-137。
⑥重庆市档案馆档案：0061-15-215。
⑦重庆市档案馆档案：0066-3-5117。
⑧重庆市档案馆档案：0061-15-2952。
⑨重庆市档案馆档案：0084-1-231。

续表

姓名	性别	年龄	籍贯	住址或遇难地点	遇难时间	资料来源
李小娃	男	13	-	衣服街大隧道	1940-7-16	同上
李小女	女	7	-	衣服街大隧道	1940-7-16	同上
李治云	男	12	-	衣服街大隧道	1940-7-16	同上
江 四	男	1	-	衣服街大隧道	1940-7-16	同上
谢春福	男	19	-	衣服街大隧道	1940-7-16	同上
曾胡氏	女	42	-	衣服街大隧道	1940-7-16	同上
熊全德	男	16	-	衣服街大隧道	1940-7-16	同上
陈吉祥	男	16	-	草药街15号	1940-7-16	同上
戴刘氏	男	25	-	南岸丁家嘴	1940-7-16	同上
杨礼臣	男	-	-	綦江警察所	1940-7-22	档案①
蒋王氏	女	40	-	合川县营盘上街塔耳门	1940-7-22	资料②
蒋联涧	男	8	-	合川县营盘上街塔耳门	1940-7-22	同上
蒋张氏	女	22	-	合川县营盘上街塔耳门	1940-7-22	同上
陈 海	男	-	-	青竹湾	1940-7-22	同上
过锡彤	男	48	-	中央公园	1940-7-25	档案③
陈相善	-	-	-	万县	1940-7-28	档案④
成君明	-	-	-	万县	1940-7-28	同上
龙有溪	-	-	-	万县	1940-7-28	同上
李 元	-	-	-	万县	1940-7-28	同上
陈占云	-	-	-	万县	1940-7-28	同上
潘景发	男	-	-	万县	1940-7-28	档案⑤
刘吉祥	男	-	-	万县	1940-7-28	同上

①重庆市綦江县档案馆档案：文-7-3085。
②周勇、潘洵等：《重庆大轰炸档案文献·证人证言》，重庆出版社2011年版。
③重庆市档案馆档案：0066-3-5117。
④四川省档案馆档案：41-6151；180-1150。另据《万县志》记载，28日下午，日机62架，向万县城二马路、环城路、西山公园、王家坡等48处投弹327枚。市民炸死273人，伤352人，房屋炸毁1003间，损失折款91万元，此为万县被炸最凶、损失最大的一次（万县志编纂委员会编，《万县志》，第546页，四川辞书出版社1995年9月）。
⑤重庆市万州区档案馆档案：41-9518。

续表

姓名	性别	年龄	籍贯	住址或遇难地点	遇难时间	资料来源
王少云	男	-	-	万县	1940-7-28	同上
王桂廷	男	-	-	万县	1940-7-28	同上
周 嫂	女	-	-	万县	1940-7-28	同上
黄 嫂	女	-	-	万县	1940-7-28	同上
汪 嫂	女	-	-	万县	1940-7-28	同上
钟德沛	-	-	-	万县	1940-7-28	同上
黄 氏	男	-	-	万州区王家坡	1940-7-28	资料①
万合廷	男	36	-	北碚镇	1940-7-31	档案②
李成章	女	42	-	北碚镇	1940-7-31	同上
李汪氏	男	43	-	北碚镇	1940-7-31	同上
李质根	男	7	-	北碚镇	1940-7-31	同上
郭青云	男	38	-	北碚镇	1940-7-31	同上
黎玉青	女	38	-	北碚镇	1940-7-31	同上
王小英	女	29	-	北碚镇	1940-7-31	同上
郑耀宗	男	29	-	北碚镇	1940-7-31	同上
李云洲	男	24	-	北碚镇	1940-7-31	同上
李海洲	男	22	-	北碚镇	1940-7-31	同上
方章云	男	38	-	北碚镇	1940-7-31	同上
陈椅云	男	37	-	北碚镇	1940-7-31	同上
冯栋良	男	23	-	北碚镇	1940-7-31	同上
唐少清	男	31	-	北碚镇	1940-7-31	同上
刘海泉	男	41	-	北碚镇	1940-7-31	同上
冯海全	男	36	-	北碚镇	1940-7-31	同上
刘炳清	男	23	-	北碚镇	1940-7-31	同上
杜青云	男	24	-	北碚镇	1940-7-31	同上
万合廷	男	36	-	北碚镇	1940-7-31	同上

①周勇、潘洵等:《重庆大轰炸档案文献·证人证言》,重庆出版社2011年版。
②四川省档案馆档案:北管局4-602-3。

续表

姓名	性别	年龄	籍贯	住址或遇难地点	遇难时间	资料来源
李成发	男	44	-	北碚镇	1940-7-31	同上
杜友如	男	44	-	北碚镇	1940-7-31	同上
李质庚	男	7	-	北碚镇	1940-7-31	同上
谢松山	男	26	-	北碚镇	1940-7-31	同上
房代珠	男	19	-	相国寺	1940-7-31	档案①
殷本文	-	32	湖北黄陂	-	1940-8-1	档案②
鲍松亭	-	29	江苏江宁	-	1940-8-1	同上
陈后和	-	20	浙江鄞县	-	1940-8-1	同上
周锡用	-	20	江苏无锡	-	1940-8-1	同上
杨中正	-	24	四川璧山	-	1940-8-1	同上
方能德	-	22	浙江浦江	-	1940-8-1	同上
柏延俊	-	24	山东济南	-	1940-8-1	同上
邓玉周	男	-	-	海棠溪街	1940-8-9	档案③
叶胡氏	女	50	-	警察局第十分局陈家馆	1940-8-9	档案④
陈志方	男	33	-	警察局第十分局陈家馆	1940-8-9	同上
王子君	男	33	-	警察局第十分局陈家馆	1940-8-9	同上
李汉江	男	△	-	警察局第十分局陈家馆	1940-8-9	同上
邓小娃	男	12	-	警察局第十分局陈家馆	1940-8-9	同上
彭炳云	男	36	-	警察局第十分局陈家馆	1940-8-9	同上
陈少林	男	57	-	警察局第十分局陈家馆	1940-8-9	同上
陈国卿	男	54	-	警察局第十分局陈家馆	1940-8-9	同上
鲍松廷	男	32	-	警察局第十分局陈家馆	1940-8-9	同上
殷本文	男	28	-	警察局第十分局陈家馆	1940-8-9	同上
匡金山	男	41	-	警察局第十分局陈家馆	1940-8-9	同上

①四川省档案馆档案:0193-2-57。
②唐润明主编:《重庆大轰炸档案文献·财产损失(军工企业部分)》,重庆出版社2013年版。
③重庆市档案馆档案:0061-15-215。
④重庆市档案馆档案:0061-15-2952。

续表

姓名	性别	年龄	籍贯	住址或遇难地点	遇难时间	资料来源
匡杨氏	女	32	-	警察局第十分局陈家馆	1940-8-9	同上
申宗文	男	-	-	南岸海棠溪丁家嘴上场口	1940-8-9	资料①
潘王民	女	52	-	川道拐大水井	1940-8-9	同上
申中文	男	20多	-	南岸丁家嘴	1940-8-9	同上
蒋万玲	男	-	-	重庆市原草药街	1940-8-9	同上
蒋万玲妻	女	-	-	重庆市原草药街	1940-8-9	同上
牟登武	男	-	-	璧山安川桥边	1940-8-9	同上
梁久州	男	46	-	南岸黄桷渡	1940-8-9	同上
张桂芝	女	41	-	南岸黄桷渡	1940-8-9	同上
梁国清	男	16	-	南岸黄桷渡	1940-8-9	同上
宋方生（又名宋启民）	男	40	-	南岸南园后面黑岩洞内	1940-8-11	同上
宋方生妻	女	-	-	南岸南园后面黑岩洞内	1940-8-11	同上
郭王氏	女	60	-	警察局第十分局	1940-8-11	档案②
候显铭	男	-	-	-	1940-8-13	档案③
高思中	男	-	-	-	1940-8-14	资料④
杨海云	男	-	-	永川城内	1940-8-17	档案⑤
林玉山	男	-	-	永川城内	1940-8-17	同上
许世和	男	-	-	永川城内	1940-8-17	同上
杨照临	男	-	-	永川城内	1940-8-17	同上
肖镇华	男	-	-	永川城内	1940-8-17	档案⑥
胡金廷	男	22	-	永川城内	1940-8-17	同上

①周勇、潘洵等：《重庆大轰炸档案文献·证人证言》，重庆出版社2011年版。
②重庆市档案馆档案：0061-15-2952。
③重庆市档案馆档案：0061-15-4511：2。
④周勇、潘洵等：《重庆大轰炸档案文献·证人证言》，重庆出版社2011年版。
⑤重庆市永川区档案馆档案：1001-111。
⑥重庆市永川区档案馆档案：1001-517。

续表

姓名	性别	年龄	籍贯	住址或遇难地点	遇难时间	资料来源
黄唐氏	女	25	-	永川城内	1940-8-17	同上
唐 二	男	1	-	永川城内	1940-8-17	同上
曾仿舟	男	40	-	永川城内	1940-8-17	同上
吴李氏	女	30	-	永川城内	1940-8-17	同上
胡容光	男	59	-	永川城内	1940-8-17	同上
廖月卿	男	58	-	永川城内	1940-8-17	同上
罗华章	男	56	-	永川城内	1940-8-17	同上
吴定西	男	-	-	永川城内	1940-8-17	同上
代蒋氏	女	62	-	永川城内	1940-8-17	同上
龙陈氏	女	34	-	永川城内	1940-8-17	同上
杨世如	男	-	-	永川城内	1940-8-17	同上
陈海廷	男	50	-	永川城内	1940-8-17	同上
黄孝全	男	19	-	永川城内	1940-8-17	同上
晏海卿	男	26	-	永川城内	1940-8-17	同上
刘李氏	女	24	-	永川城内	1940-8-17	同上
闫泽民	男	36	-	永川城内	1940-8-17	同上
张子才	男	19	-	永川城内	1940-8-17	同上
胡海全	男	46	-	永川城内	1940-8-17	同上
韦四容	女	-	-	永川城内	1940-8-17	同上
韦 中	女	-	-	永川城内	1940-8-17	同上
林烘春	男	48	-	永川城内	1940-8-17	同上
桑荣轩	男	-	-	永川城内	1940-8-17	同上
萧天祥	男	35	-	永川城内	1940-8-17	同上
张见成	男	56	-	永川城内	1940-8-17	同上
邓汉臣	男	47	-	永川城内	1940-8-17	同上
谭光祥	男	68	-	永川城内	1940-8-17	同上
余张氏	女	59	-	永川城内	1940-8-17	同上

续表

姓名	性别	年龄	籍贯	住址或遇难地点	遇难时间	资料来源
余方氏	女	69	-	永川城内	1940-8-17	同上
张尧氏	女	-	-	永川城内	1940-8-17	同上
王小娃	男	-	-	永川城内	1940-8-17	同上
蒋赵氏	女	53	-	永川城内	1940-8-17	同上
曾吴氏	女	48	-	永川城内	1940-8-17	同上
彭定国	男	50	-	永川城内	1940-8-17	同上
肖□氏	女	39	-	永川城内	1940-8-17	同上
彭关氏	女	24	-	永川城内	1940-8-17	同上
唐龙氏	女	60	-	永川城内	1940-8-17	同上
沈翰阳	男	40	-	永川城内	1940-8-17	同上
孙海轩	男	40	-	永川城内	1940-8-17	同上
蒋继南	男	39	-	永川城内	1940-8-17	同上
李队长	男	38	-	永川城内	1940-8-17	同上
曾陈氏	女	67	-	永川城内	1940-8-17	同上
陈代氏	女	50	-	永川城内	1940-8-17	同上
皮化相	男	9	-	永川城内	1940-8-17	同上
杨连长	男	36	-	永川城内	1940-8-17	同上
唐世洪	男	58	-	永川城内	1940-8-17	同上
林树樊	男	47	-	永川城内	1940-8-17	同上
黄荣安	男	48	-	永川城内	1940-8-17	同上
王早云	男	43	-	永川城内	1940-8-17	同上
蒋王氏	女	25	-	永川城内	1940-8-17	同上
颜　姑	女	16	-	永川城内	1940-8-17	同上
韩罗氏	女	60	-	永川城内	1940-8-17	同上
曾马氏	女	16	-	永川城内	1940-8-17	同上
张玉发	男	79	-	永川城内	1940-8-17	同上
王泽均	男	44	-	永川城内	1940-8-17	同上

续表

姓名	性别	年龄	籍贯	住址或遇难地点	遇难时间	资料来源
张安杰	男	6	-	永川城内	1940-8-17	同上
王青狗	男	11	-	永川城内	1940-8-17	同上
杨烧箕	男	47	-	永川城内	1940-8-17	同上
廖一清	男	57	-	永川城内	1940-8-17	同上
刘邓氏	女	46	-	永川城内	1940-8-17	同上
康杨氏	女	-	-	永川城内	1940-8-17	同上
罗成君	女	-	-	永川城内	1940-8-17	同上
张 烈	男	-	-	凤凰台口	1940-8-19	档案①
王海元	男	-	-	-	1940-8-19	档案②
徐 剑	男	-	-	-	1940-8-19	同上
程永丰	男	-	-	重庆两路口	1940-8-19	资料③
伍仁杰	男	-	-	重庆两路口	1940-8-19	同上
程永芳	女	-	-	重庆两路口	1940-8-19	同上
罗吉成	男	-	-	大湾	1940-8-20	档案④
罗绍伯	男	-	-	大湾	1940-8-20	同上
王春健	男	-	-	-	1940-8-23	档案⑤
朱陈氏	女	-	-	26保10甲	1940-8-25	档案⑥
李许氏	女	-	-	26保10甲	1940-8-25	同上
张玉发	男	-	-	26保10甲	1940-8-25	同上
吕伯寿	男	-	-	26保10甲	1940-8-25	同上
吕董氏	女	-	-	26保10甲	1940-8-25	同上
刘项氏	女	-	-	26保10甲	1940-8-25	同上

①重庆市档案馆档案:0061-15-215。
②重庆市档案馆档案:0061-15-4364:1。
③周勇、潘洵等:《重庆大轰炸档案文献·证人证言》,重庆出版社2011年版。
④重庆市档案馆档案:19-1-1159。
⑤重庆市档案馆档案:0270-1-146。
⑥《重庆市第十四区抗敌伤亡人民调查表》,《重庆大轰炸档案文献·轰炸经过与人员伤亡》(上),重庆出版社2011年版,第168页。

续表

姓名	性别	年龄	籍贯	住址或遇难地点	遇难时间	资料来源
韩炳林	男	-	-	-	1940-9-1	档案①
陈青云	男	-	-	钢铁厂	1940-9-1	同上
刘志舟	男	-	-	钢铁厂	1940-9-1	同上
郑继新	男	-	-	钢铁厂	1940-9-1	档案②
刘洪兴	男	-	-	江北潮音寺	1940-9-1	同上
杨兴发	男	-	-	江北潮音寺	1940-9-1	同上
杨梦青	-	-	-	空军24中队	1940-9-13	档案③
黄栋权	-	-	-	空军21中队	1940-9-13	同上
余拔峰	-	-	-	空军21中队	1940-9-13	同上
雷廷枝	-	-	-	空军28队	1940-9-13	同上
何觉民	-	-	-	空军23队	1940-9-13	同上
刘英役	-	-	-	空军23队	1940-9-13	同上
康保忠	-	-	-	空军24队	1940-9-13	同上
张鸿藻	-	-	-	空军27队	1940-9-13	同上
曹 飞	-	-	-	空军28队	1940-9-13	同上
司徒坚	-	-	-	空军21队	1940-9-13	同上
高王氏	-	-	-	夫子池门口公共防空洞	1940-9-13	档案④
谢振国	-	-	-	夫子池门口公共防空洞	1940-9-13	同上
岳立和	-	-	-	夫子池门口公共防空洞	1940-9-13	同上
唐溪山	-	-	-	夫子池门口公共防空洞	1940-9-13	同上
何吴氏	-	-	-	夫子池门口公共防空洞	1940-9-13	同上
李兴春	-	-	-	-	1940-10-4	档案⑤
杨和清	-	-	-	-	1940-10-4	同上

①重庆市档案馆档案:0182-5-1013。
②重庆市档案馆档案:0053-12-102。
③中国第二历史档案馆编:《抗日战争正面战场》(下),第2360—2364页,凤凰出版社2005年版。
④重庆市档案馆档案:0066-1-44。
⑤四川省档案馆档案:41-6151。

续表

姓名	性别	年龄	籍贯	住址或遇难地点	遇难时间	资料来源
周炳章	-	-	-	-	1940-10-4	同上
朱有和	-	-	-	-	1940-10-4	同上
王松庭	男	46	-	北碚镇	1940-10-10	档案①
黄陈氏	女	74	-	北碚镇	1940-10-10	同上
黄小娃	男	2	-	北碚镇	1940-10-10	同上
郑行林	男	50	-	北碚镇	1940-10-10	同上
雷有才	男	18	万县	万县北山公园	1940-10-13	档案②
陈癞子	男	-	-	-	1940-10-13	同上
颜光祥	男	64	忠县	万县大码头	1940-10-13	同上
张德臣	男	-	-	-	1940-10-13	同上
蒋光云	男	32	遂宁	-	1940-10-13	同上
冉大才	-	-	-	万县上沱杜家湾	1940-10-13	档案③
方朝文	-	-	-	万县上沱杜家湾	1940-10-13	同上
阎治元	-	-	-	万县上沱杜家湾	1940-10-13	同上
张有富	-	-	-	万县上沱杜家湾	1940-10-13	同上
蒲元严	-	-	-	万县上沱杜家湾	1940-10-13	同上
何取才	-	-	-	万县驷马桥	1940-10-13	同上
何云波	-	-	-	万县驷马桥	1940-10-13	同上
周万顺	-	-	-	万县驷马桥	1940-10-13	同上
何少清	-	-	-	万县驷马桥	1940-10-13	同上
袁光才	-	-	-	万县驷马桥	1940-10-13	同上
刘青云	-	-	-	万县驷马桥	1940-10-13	同上
周昭理	-	-	-	万县驷马桥	1940-10-13	同上
陈洪顺	-	-	-	万县驷马桥	1940-10-13	同上
黎青云	-	-	-	万县驷马桥	1940-10-13	同上

①四川省档案馆档案:北管局4-602-3。
②重庆市万州区档案馆档案:015-173-001。
③重庆市万州区档案馆档案:015-226-001。

续表

姓名	性别	年龄	籍贯	住址或遇难地点	遇难时间	资料来源
温炳林	-	-	-	万县驷马桥	1940-10-13	同上
王心顺	-	-	-	万县驷马桥	1940-10-13	同上
郭福和	-	-	-	万县驷马桥	1940-10-13	同上
韩长贵	-	-	-	万县驷马桥	1940-10-13	同上
冯四海	男	-	-	万县驷马桥	1940-10-13	同上
李和明	男	38	-	万县城区	1940-10-13	同上
范杨氏	女	25	-	万县城区	1940-10-13	同上
徐吴氏	女	46	-	万县城区	1940-10-13	同上
黄告妹	女	12	-	万县城区	1940-10-13	同上
徐炳云	男	52	-	万县城区	1940-10-13	同上
徐郭氏	女	46	-	万县城区	1940-10-13	同上
钱幸氏	女	56	-	万县城区	1940-10-13	同上
谭少娃	男	8	-	万县城区	1940-10-13	同上
崔吉廷	男	30	-	万县城区	1940-10-13	同上
邓礼和	男	32	-	万县城区	1940-10-13	同上
谭顺华	男	49	-	万县城区	1940-10-13	同上
刘顺和	男	52	-	万县城区	1940-10-13	同上
张昌思	男	13	-	万县城区	1940-10-13	同上
冉孔氏	女	40	-	万县城区	1940-10-13	同上
吴毛	男	12	-	万县城区	1940-10-13	同上
吴妹	女	8	-	万县城区	1940-10-13	同上
张三妹	女	6	-	万县城区	1940-10-13	同上
周碧清	男	56	-	万县城区	1940-10-13	同上
陈邦文	男	46	-	万县城区	1940-10-13	同上
幸中和	男	55	-	万县城区	1940-10-13	同上
张厚生	男	26	-	万县城区	1940-10-13	同上
沈远福	男	46	-	万县城区	1940-10-13	同上

续表

姓名	性别	年龄	籍贯	住址或遇难地点	遇难时间	资料来源
沈远秀	女	16	-	万县城区	1940-10-13	同上
王牟氏	女	26	-	万县城区	1940-10-13	同上
王牟氏	女	39	-	万县城区	1940-10-13	同上
张正元	男	26	-	万县城区	1940-10-13	同上
王冉氏	同上	36	-	万县城区	1940-10-13	同上
张佑福	男	60	-	万县城区	1940-10-13	同上
李子清	男	29	-	万县城区	1940-10-13	同上
邓云武	男	40	-	万县城区	1940-10-13	同上
黄大妹	女	18	-	万县城区	1940-10-13	同上
沈家田	女	58	-	万县城区	1940-10-13	同上
马汪氏	女	42	-	万县城区	1940-10-13	同上
向毛	男	16	-	万县城区	1940-10-13	同上
张吉云	男	18	-	万县城区	1940-10-13	同上
张家妹	女	20	-	万县城区	1940-10-13	同上
林何氏	女	35	-	万县城区	1940-10-13	同上
姜长严	男	15	-	万县城区	1940-10-13	同上
晏荣成	男	42	-	万县城区	1940-10-13	同上
朱启严	男	23	-	万县城区	1940-10-13	同上
朱坤元	男	36	-	万县城区	1940-10-13	同上
李昌元	男	18	-	万县城区	1940-10-13	同上
吴东娃	男	6	-	万县城区	1940-10-13	同上
何锡文	男	41	-	万县城区	1940-10-13	同上
张启凤	男	43	-	万县城区	1940-10-13	同上
范杨氏	女	18	-	万县城区	1940-10-13	同上
杨光才	男	46	-	万县城区	1940-10-13	同上
谭文吉	男	32	-	万县城区	1940-10-13	同上
黄美廷	男	40	-	万县城区	1940-10-13	同上

续表

姓名	性别	年龄	籍贯	住址或遇难地点	遇难时间	资料来源
蔡吴氏	女	36	-	万县城区	1940-10-13	同上
刘黎氏	女	36	-	万县城区	1940-10-13	同上
胡长元	男	50	-	万县城区	1940-10-13	同上
丁能凤	男	22	-	万县城区	1940-10-13	同上
隋凤吉	男	30	-	万县城区	1940-10-13	同上
熊家妹	女	26	-	万县城区	1940-10-13	同上
姜少云	男	35	-	万县城区	1940-10-13	同上
何海清	男	-	-	信义街	1940-10-25	档案①
戴王氏	女	-	-	赣江街8号	1940-10-25	同上
蒋合先	男	-	-	万县电报路	1940-10-27	档案②
李学仲	男	16	-	三区15保1甲花街子15	1940-10	档案③
李海洲	男	-	-	南区马路	1940	档案④
胡树山	男	-	-	涪陵兴隆场	1940	档案⑤
周 二	男	-	-	綦江大中坝	1940	档案⑥
辛安贞	-	-	-	贵阳南门外黔灵山下中央医院	1940	资料⑦
李茂之	男	-	-	铜梁县巴川镇公园镇藕塘湾黄河(今巴川派出所宿舍楼附近)	1940	同上
李谢氏	女	-	-	铜梁县巴川镇公园镇藕塘湾黄河(今巴川派出所宿舍楼附近)	1940	同上

---

①重庆市档案馆档案:0066-1-44。
②四川省档案馆档案:180-1150。
③《重庆市第三区抗战伤亡人民调查表》,《重庆大轰炸档案文献·轰炸经过与人员伤亡》(上),重庆出版社2011年版,第145页。
④重庆市档案馆档案:0066-1-44。
⑤重庆市涪陵区档案馆档案:J010-1-585。
⑥重庆市綦江区档案馆:文6-2757。
⑦周勇、潘洵等:《重庆大轰炸档案文献·证人证言》,重庆出版社2011年版。

续表

姓名	性别	年龄	籍贯	住址或遇难地点	遇难时间	资料来源
洪志玉父	男	-	-	渝中区较场口十八梯	1940	同上
王昌鹤	-	-	-	兵工署24厂	1941-1-22	档案①
唐技良	-	31	湖南零陵	-	1941-3-1	档案②
朱石氏	女	56	-	大田湾347	1941-4-22	档案③
钟贵德	-	-	-	梁山县城	1941-4-29	档案④
姜邓氏	女	-	-	重庆市市中区太平桥下	1941-5-1	资料⑤
姜国珍	女	-	-	重庆市市中区太平桥下	1941-5-1	同上
彭林氏	女	45	-	重庆菜园坝	1941-5-3	同上
戚李氏	女	38	-	重庆市警察局第十分局	1941-5-3	档案⑥
吕肖氏	女	44	-	重庆市警察局第十分局	1941-5-3	同上
赵广祐祖父	男	-	-	-	1941-5-4	资料⑦
赵广祐祖母	女	-	-	-	1941-5-4	同上
白兴丛	男	45	-	重庆市警察局第十分局	1941-5-9	档案⑧
唐田氏	女	46	-	重庆市警察局第十分局	1941-5-10	同上
但华廷	男	41	-	三区1保13甲仓坝子13	1941-5-11	档案⑨
蒋荣森	男	24	-	衣服街大隧道	1941-5-11	档案⑩
王素华	女	27	-	衣服街大隧道	1941-5-11	同上

---

①重庆市档案馆档案:0178-1-3384。
②唐润明主编:《重庆大轰炸档案文献·财产损失(军工企业部分)》,重庆出版社2013年版。
③《重庆市第七区造具抗敌伤亡人民调查表》,《重庆大轰炸档案文献·轰炸经过与人员伤亡》(上),重庆出版社2011年版,第161页。
④重庆市梁平县档案馆档案:民政科1-2-23。
⑤周勇、潘洵等:《重庆大轰炸档案文献·证人证言》,重庆出版社2011年版。
⑥重庆市档案馆档案:0061-15-2952。
⑦周勇、潘洵等:《重庆大轰炸档案文献·证人证言》,重庆出版社2011年版。
⑧重庆市档案馆档案:0061-15-2952。
⑨《重庆市第三区抗战伤亡人民调查表》,《重庆大轰炸档案文献·轰炸经过与人员伤亡》(上),重庆出版社2011年版,第145页。
⑩重庆市档案馆档案:0084-1-231。

续表

姓名	性别	年龄	籍贯	住址或遇难地点	遇难时间	资料来源
彭银盛	男	21	-	衣服街大隧道	1941-5-11	同上
叶登富	男	16	-	衣服街大隧道	1941-5-11	同上
彭义祥	男	19	-	重庆观音岩	1941-5-11	同上
齐文永	男	16	-	重庆大隧道	1941-5-11	同上
王德平	-	-	-	万县城区	1941-5-22	档案①
余世玉	-	-	-	万县城区	1941-5-22	同上
向梁氏	-	-	-	万县城区	1941-5-22	同上
向砯和	-	-	-	万县城区	1941-5-22	同上
谢刘氏	-	-	-	万县城区	1941-5-22	同上
龙云清	男	38	-	黄家垭口99	1941-6-1	档案②
龙赵氏	女	26	-	黄家垭口99	1941-6-1	同上
龙杜氏	女	26	-	黄家垭口144	1941-6-1	同上
李何氏	女	40	-	黄家垭口97	1941-6-1	同上
江国禄	男	42	-	黄家垭口81	1941-6-1	同上
江刘氏	女	41	-	黄家垭口81	1941-6-1	同上
王同铃	男	12	-	黄家垭口81	1941-6-1	同上
王云霞	女	13	-	黄家垭口81	1941-6-1	同上
王云芳	女	9	-	黄家垭口81	1941-6-1	同上
张郑氏	女	56	-	黄家垭口81	1941-6-1	同上
张小女	女	13	-	黄家垭口81	1941-6-1	同上
张老幺	男	12	-	黄家垭口81	1941-6-1	同上
陈海清	男	58	-	黄家垭口81	1941-6-1	同上
吴小娃	男	7	-	黄家垭口81	1941-6-1	同上
石天文	男	38	-	金汤街66	1941-6-1	同上

① 四川省档案馆档案:41-6151。
② 《重庆市第四区公所抗战伤亡人民调查表》,《重庆大轰炸档案文献·轰炸经过与人员伤亡》(上),重庆出版社2011年版,第151—152页。

续表

姓名	性别	年龄	籍贯	住址或遇难地点	遇难时间	资料来源
徐顺华	-	-	-	金紫门马家岩防空洞	1941-6-2	档案①
周智民	男	34	-	重庆市南区马路上段（今南区公园附近）	1941-6-2	资料②
王叔珍	女	-	-	较场口大隧道	1941-6-5	同上
张大林	男	27	巴县	太华楼镇太华楼街11	1941-6-5	档案③
张东琴	男	43	合川	□□镇洪崖洞街39	1941-6-5	同上
陈 铭	男	34	湖南	□王庙镇□巷子28	1941-6-5	同上
郭永才	男	23	江北	大河□城街16	1941-6-5	同上
魏王森	男	13	南京	塞家桥镇	1941-6-5	同上
涂兴发	男	78	江北	□牌坊镇守桥街41	1941-6-5	同上
陈海洲	男	61	巴县	□牌坊镇守桥街41	1941-6-5	同上
陈蒋氏	女	38	巴县	□牌坊镇守桥街41	1941-6-5	同上
陈万芳	女	13	巴县	□牌坊镇守桥街41	1941-6-5	同上
毛云华	男	35	江北	□牌坊镇瞿家沟55	1941-6-5	同上
邓长寿	男	14	巴县	□牌坊镇瞿家沟65	1941-6-5	同上
叶汉成	男	44	蓬溪	□牌坊镇花街子69	1941-6-5	同上
叶重国	男	13	蓬溪	□牌坊镇花街子69	1941-6-5	同上
黄陈氏	女	57	巴县	□牌坊镇瞿家沟55	1941-6-5	同上
易学明	女	7	巴县	□牌坊镇大巷子18	1941-6-5	同上
吴自南	男	17	广东	东华□镇林森路263	1941-6-5	同上
丁超华	男	22	巴县	东华□镇林森路302	1941-6-5	同上
陶万氏	女	28	宜昌	东华□镇林森路126	1941-6-5	同上
陶书来	男	11	宜昌	东华□镇林森路126	1941-6-5	同上
邓王氏	女	63	巴县	□□店镇新民街27	1941-6-5	同上
张世福	女	14	巴县	□□店镇新民街27	1941-6-5	同上
孙家女	女	10	江北	□□店镇新民街27	1941-6-5	同上

① 重庆市档案馆档案:0067-3-5117。
② 周勇、潘洵等:《重庆大轰炸档案文献·证人证言》,重庆出版社2011年版。
③ 重庆市档案馆档案:0053-12-117。

续表

姓名	性别	年龄	籍贯	住址或遇难地点	遇难时间	资料来源
汤连生	男	56	遂宁	□□店镇新民街5	1941-6-5	同上
李玉常	女	48	江北	□□店镇新民街5	1941-6-5	同上
田苏氏	女	48	江北	□□店镇新民街5	1941-6-5	同上
石坤三	男	50	巴县	□□店镇新民街6	1941-6-5	同上
肖金会	男	52	合川	□□店镇新民街6	1941-6-5	同上
王东义	男	4	巴县	□□店镇新民街6	1941-6-5	同上
李昌俑	男	2	巴县	□□店镇新民街6	1941-6-5	同上
蒋李氏	女	50	巴县	□□店镇新民街3	1941-6-5	同上
黄炳章	男	55	巴县	□□店镇新民街26	1941-6-5	同上
李树勋	男	15	巴县	□□镇伍家街15	1941-6-5	同上
彭德卿	男	32	合川	石板坡镇一字街2	1941-6-5	同上
邓雨霖	男	16	巴县	菜园坝镇燕喜洞2	1941-6-5	同上
韩清云	男	48	武胜	□□花园镇□□□56	1941-6-5	同上
胡银盛	男	45	巴县	中二路镇中二路139	1941-6-5	同上
万何氏	女	38	江北	刘□古镇廖家台街59	1941-6-5	同上
刘广成	男	36	广安	刘□古镇刘家台街82	1941-6-5	同上
唐治中	男	32	江北	刘□古镇廖家台街13	1941-6-5	同上
刘□氏	女	22	湖北	□墟庙镇□墟庙横街21	1941-6-5	同上
王德栓	男	13	-	□墟庙镇□墟正横街17	1941-6-5	同上
郭蒋氏	女	34	富顺	桂花街镇米亭子26	1941-6-5	档案①
郭光富	男	3	富顺	桂花街镇米亭子26	1941-6-5	同上
郭光贵	男	1	富顺	桂花街镇米亭子26	1941-6-5	同上
许贤英	女	6	合川	桂花街镇米亭子26	1941-6-5	同上
许贤林	男	2	合川	桂花街镇米亭子26	1941-6-5	同上
毛周氏	女	27	万县	桂花街镇米亭子44	1941-6-5	同上
梁代氏	女	36	铜梁	桂花街镇米亭子44	1941-6-5	同上

① 《重庆市警察局为补造送窒息死难同胞家属调查册呈复》，重庆市档案馆档案：0053-12-117。

续表

姓名	性别	年龄	籍贯	住址或遇难地点	遇难时间	资料来源
张孙氏	女	38	铜梁	桂花街镇米亭子44	1941-6-5	同上
张九长	男	1	巴县	桂花街镇米亭子44	1941-6-5	同上
黄曹氏	女	24	巴县	桂花街镇米亭子24	1941-6-5	同上
胡仲康	女	40	江北	桂花街镇米亭子22	1941-6-5	同上
胡光国	田	2	江北	桂花街镇米亭子22	1941-6-5	同上
白陈氏	女	38	巴县	桂花街镇米亭子22	1941-6-5	同上
姜玉林	男	26	资阳	桂花街镇米亭子22	1941-6-5	同上
李卢氏	女	60	巴县	桂花街镇米亭子44	1941-6-5	同上
黄神方	男	20	渠县	桂花街镇米亭子18	1941-6-5	同上
王刘氏	女	38	江北	桂花街镇米亭子18	1941-6-5	同上
唐吕氏	女	33	巴县	桂花街镇米亭子44	1941-6-5	同上
唐利贞	女	8	巴县	桂花街镇米亭子44	1941-6-5	同上
唐利云	男	6	巴县	桂花街镇米亭子44	1941-6-5	同上
唐利华	男	2	巴县	桂花街镇米亭子44	1941-6-5	同上
杨德全	男	30	合川	桂花街镇米亭子19	1941-6-5	同上
张海林	男	33	巴县	桂花街镇米亭子19	1941-6-5	同上
郭玉林	男	16	巴县	桂花街镇老街43	1941-6-5	同上
刘唐氏	女	27	巴县	桂花街镇磁器街38	1941-6-5	同上
刘润贞	女	2	巴县	桂花街镇磁器街38	1941-6-5	同上
董树堂	男	52	渠县	桂花街镇米亭子50	1941-6-5	同上
何进辉	女	25	成都	桂花街镇磁器街43	1941-6-5	同上
沈少黎	男	48	华阳	桂花街镇磁器街59	1941-6-5	同上
沈手氏	女	40	华阳	桂花街镇磁器街59	1941-6-5	同上
陶洪兴	男	53	长寿	桂花街镇老街59	1941-6-5	同上
田佑安	男	25	江北	桂花街镇老街59	1941-6-5	同上
彭德贵	男	21	江津	桂花街镇米亭子52	1941-6-5	同上
周刘氏	女	38	岳池	桂花街镇米亭子44	1941-6-5	同上

续表

姓名	性别	年龄	籍贯	住址或遇难地点	遇难时间	资料来源
吕陈氏	女	28	巴县	桂花街镇米亭子22	1941-6-5	同上
曾玉龙	男	30	成都	桂花街镇米亭子52	1941-6-5	同上
郑玉贞	女	25	遂宁	桂花街镇米亭子14	1941-6-5	同上
李成明	男	24	江北	桂花街镇米亭子18	1941-6-5	同上
陈述积	男	25	合川	桂花街镇米亭子45	1941-6-5	同上
刘世碧	女	14	巴县	桂花街镇米亭子45	1941-6-5	同上
刘小女	女	1	巴县	桂花街镇米亭子45	1941-6-5	同上
陈善高	男	27	江北	桂花街镇老街81	1941-6-5	同上
王金康	男	17	江北	桂花街镇老街81	1941-6-5	同上
钱 嫂	女	31	巴县	桂花街镇米亭子30	1941-6-5	同上
魏黄氏	女	27	巴县	桂花街镇老衣服街18	1941-6-5	同上
童李氏	女	30	巴县	桂花街镇荒市街6	1941-6-5	同上
骆森云	男	26	巴县	桂花街镇荒市街15	1941-6-5	同上
许蒲氏	女	42	潼南	桂花街镇鼎兴街22	1941-6-5	同上
刘邓氏	女	42	涪陵	桂花街镇老衣服街10	1941-6-5	同上
杨冉氏	女	32	合川	桂花街镇鼎兴街18	1941-6-5	同上
王江氏	女	30	涪陵	桂花街镇鼎兴街18	1941-6-5	同上
王杨氏	女	50	涪陵	桂花街镇鼎兴街18	1941-6-5	同上
郭良材	男	19	江北	桂花街镇鼎兴街13	1941-6-5	同上
谢董氏	女	21	巴县	桂花街镇老衣服街23	1941-6-5	同上
谢重弟	男	1	巴县	桂花街镇老衣服街23	1941-6-5	同上
赵树林	男	50	巴县	桂花街镇老衣服街20	1941-6-5	同上
赵素贞	女	16	巴县	桂花街镇老衣服街20	1941-6-5	同上
唐金廷	男	20	遂宁	桂花街镇鼎兴街19	1941-6-5	同上
刘庆之	男	15	江北	桂花街镇鼎兴街23	1941-6-5	同上
罗李氏	女	32	安岳	桂花街镇荒市街21	1941-6-5	同上
夏光荣	男	40	巴县	桂花街镇荒市街21	1941-6-5	同上

续表

姓名	性别	年龄	籍贯	住址或遇难地点	遇难时间	资料来源
严左氏	女	30	武胜	桂花街镇老衣服街5	1941-6-5	同上
余郭氏	女	42	丰都	桂花街镇老衣服街3	1941-6-5	同上
王蒋氏	女	71	江北	桂花街镇老衣服街19	1941-6-5	同上
王应氏	女	28	岳池	桂花街镇老衣服街19	1941-6-5	同上
杨水娃	男	1	广安	桂花街镇老衣服街19	1941-6-5	同上
王万亮	男	25	岳池	桂花街镇老衣服街12	1941-6-5	同上
罗平江	男	15	长寿	桂花街镇老衣服街18	1941-6-5	同上
王正华	男	20	巴县	桂花街镇荒市街27	1941-6-5	同上
陈德合	男	48	隆昌	桂花街镇鼎兴街24	1941-6-5	同上
杨国海	男	10	江北	桂花街镇鼎兴街23	1941-6-5	同上
周兴文	男	24	巴县	桂花街镇新衣服街4	1941-6-5	同上
李熊氏	女	27	巴县	桂花街镇新衣服街6	1941-6-5	同上
李三妹	女	1	巴县	桂花街镇新衣服街6	1941-6-5	同上
刘吉之	男	25	巴县	桂花街镇新衣服街8	1941-6-5	同上
张怀安	男	48	巴县	桂花街镇老衣服街24	1941-6-5	同上
魏双喜	男	6	巴县	桂花街镇老衣服街18	1941-6-5	同上
袁明清	男	22	射洪	桂花街镇新衣服街1	1941-6-5	同上
丁光银	男	34	隆昌	桂花街镇尚武巷42	1941-6-5	同上
陈玉林	男	22	巴县	桂花街镇木货街61	1941-6-5	同上
徐进如	男	33	巴县	桂花街镇磨房街44	1941-6-5	同上
左少致	男	22	合川	桂花街镇磨房街57	1941-6-5	同上
李万顺	男	53	巴县	桂花街镇磨房街35	1941-6-5	同上
李刘氏	女	42	巴县	桂花街镇磨房街35	1941-6-5	同上
陈子江	男	46	巴县	桂花街镇磨房街35	1941-6-5	同上
周江氏	女	50	江北	桂花街镇磨房街55	1941-6-5	同上
周家少	女	4	江北	桂花街镇磨房街45	1941-6-5	同上
罗德荣	男	50	巴县	桂花街镇磨房街49	1941-6-5	同上

续表

姓名	性别	年龄	籍贯	住址或遇难地点	遇难时间	资料来源
黄小娃	男	2	巴县	桂花街镇磨房街46	1941-6-5	同上
朱张氏	女	30	潼南	桂花街镇磨房街56	1941-6-5	同上
朱小女	女	3	潼南	桂花街镇磨房街56	1941-6-5	同上
陈光全	女	12	巴县	桂花街镇磨房街55	1941-6-5	同上
梅相甫	男	36	巴县	桂花街镇尚武巷39	1941-6-5	同上
许伍氏	女	26	巴县	桂花街镇磨房街13	1941-6-5	同上
张树清	男	44	巴县	桂花街镇尚武巷55	1941-6-5	同上
王显余	男	25	巴县	桂花街镇草药街32	1941-6-5	同上
王黑娃	男	11	巴县	桂花街镇草药街32	1941-6-5	同上
王陈氏	女	24	巴县	桂花街镇草药街32	1941-6-5	同上
李壁光	男	13	巴县	桂花街镇草药街32	1941-6-5	同上
胡刘氏	女	24	巴县	桂花街镇磨房街60	1941-6-5	同上
曾胡氏	女	45	江北	桂花街镇草药街25	1941-6-5	同上
熊永均	男	17	巴县	桂花街镇草药街25	1941-6-5	同上
王孝良	男	28	隆昌	桂花街镇尚武巷51	1941-6-5	同上
丁光银	男	28	隆昌	桂花街镇尚武巷42	1941-6-5	同上
简银山	男	54	江北	桂花街镇磨房街38	1941-6-5	同上
樊修田	男	15	长寿	桂花街镇天主堂21	1941-6-5	同上
余陈氏	女	37	巴县	桂花街镇天主堂19	1941-6-5	同上
余润生	男	8	巴县	桂花街镇天主堂19	1941-6-5	同上
余小女	女	1	巴县	桂花街镇天主堂19	1941-6-5	同上
刘荣清	男	54	巴县	桂花街镇天主堂5	1941-6-5	同上
朱大昌	男	55	巴县	桂花街镇民生路15	1941-6-5	同上
王中吾	男	26	巴县	桂花街镇民生路47	1941-6-5	同上
杨燕卿	男	20	巴县	桂花街镇民生路64	1941-6-5	同上
杜文德	男	13	万县	桂花街镇民生路55	1941-6-5	同上
唐树卿	男	38	合川	桂花街镇民生路56	1941-6-5	同上

续表

姓名	性别	年龄	籍贯	住址或遇难地点	遇难时间	资料来源
魏平元	男	15	四川	桂花街镇民生路52	1941-6-5	同上
秦何氏	女	34	巴县	桂花街镇天主堂5	1941-6-5	同上
霍树林	男	58	巴县	桂花街镇中华路149	1941-6-5	同上
童东娃	男	1	江北	桂花街镇中华路136	1941-6-5	同上
李周氏	女	46	合川	桂花街镇中华路75	1941-6-5	同上
郭碧芳	女	1	巴县	桂花街镇中华路102	1941-6-5	同上
郭碧珍	女	13	巴县	桂花街镇中华路102	1941-6-5	同上
郭碧贵	女	6	巴县	桂花街镇中华路102	1941-6-5	同上
李陈氏	女	40	巴县	桂花街镇中华路102	1941-6-5	同上
徐光烈	男	15	江北	桂花街镇民权路68	1941-6-5	同上
游洪兴	男	37	资中	桂花街镇民权路93	1941-6-5	同上
柳振寿	男	43	江苏	桂花街镇民权路43	1941-6-5	同上
刘严氏	女	24	宜昌	桂花街镇民权路5	1941-6-5	同上
刘源中	男	17	巴县	桂花街镇民权路45	1941-6-5	同上
范德全	男	21	璧山	桂花街镇民权路45	1941-6-5	同上
王敬恒	男	25	巴县	桂花街镇民权路23	1941-6-5	同上
蓝炳青	男	45	江北	桂花街镇民权路51	1941-6-5	同上
刘李氏	女	48	湖北	桂花街镇米亭子24	1941-6-5	同上
刘德满	男	4	湖北	桂花街镇米亭子24	1941-6-5	同上
李唐氏	妇	22	潼南	桂花街镇中华路73	1941-6-5	同上
李春梅	女	1	潼南	桂花街镇中华路73	1941-6-5	同上
李长河	男	5	潼南	桂花街镇中华路73	1941-6-5	同上
何小娃	男	14	巴县	桂花街镇中华路73	1941-6-5	同上
徐合九	男	43	璧山	桂花街镇中华路144	1941-6-5	同上
李杨氏	女	46	潼南	桂花街镇关庙巷6	1941-6-5	同上
李伯山	男	32	安岳	桂花街镇关庙巷6	1941-6-5	同上
李陶氏	女	22	安岳	桂花街镇关庙巷6	1941-6-5	同上

续表

姓名	性别	年龄	籍贯	住址或遇难地点	遇难时间	资料来源
刘金廷	男	26	潼南	桂花街镇关庙巷8	1941-6-5	同上
滕陈氏	女	32	潼南	桂花街镇关庙巷8	1941-6-5	同上
涂前方	男	20	湖北	桂花街镇中华路19	1941-6-5	同上
王礼臣	男	19	江北	桂花街镇中华路19	1941-6-5	同上
吴树云	男	34	江北	桂花街镇民权路49	1941-6-5	同上
吴月南	男	15	广东	桂花街镇民生路32	1941-6-5	同上
李马氏	女	39	潼南	桂花街镇关庙巷4	1941-6-5	同上
李小妹	女	3	潼南	桂花街镇关庙巷4	1941-6-5	同上
蒲伯书	男	34	成都	桂花街镇民权路66	1941-6-5	同上
刘栋成	男	24	巴县	桂花街镇民权路66	1941-6-5	同上
刘子祥	男	26	巴县	桂花街镇民权路66	1941-6-5	同上
王徐氏	女	51	巴县	桂花街镇磨房街11	1941-6-5	同上
潘段氏	女	44	合川	桂花街镇关庙巷17	1941-6-5	同上
罗蒋氏	女	18	安岳	桂花街镇关庙巷14	1941-6-5	同上
廖郭氏	女	24	潼南	桂花街镇关庙巷1	1941-6-5	同上
廖小娃	女	3	潼南	桂花街镇关庙巷1	1941-6-5	同上
廖子仲	男	29	巴县	桂花街镇老衣服街7	1941-6-5	同上
王杨美君	女	23	合川	桂花街镇中华路102	1941-6-5	同上
任何明芳	女	20	巴县	桂花街镇天主路5	1941-6-5	同上
蒋邓氏	女	35	巴县	桂花街镇勉励街15	1941-6-5	同上
王贤芳	女	15	巴县	桂花街镇磨房街15	1941-6-5	同上
熊陆氏	女	45	湖北	北坛庙镇兴隆台21	1941-6-5	同上
熊曾氏	女	32	湖北	北坛庙镇兴隆台21	1941-6-5	同上
熊二毛	女	32	湖北	北坛庙镇兴隆台21	1941-6-5	同上
熊三毛	女	10	湖北	北坛庙镇兴隆台21	1941-6-5	同上
熊珍荣	女	5	湖北	北坛庙镇兴隆台21	1941-6-5	同上

续表

姓名	性别	年龄	籍贯	住址或遇难地点	遇难时间	资料来源
熊清明	男	1	湖北	北坛庙镇兴隆台21	1941-6-5	同上
陈光福	男	20	巴县	北坛庙镇九倒拐2	1941-6-5	同上
詹云臣	男	48	江北	大阳沟镇官井巷3	1941-6-5	同上
詹海清	男	36	江北	大阳沟镇官井巷3	1941-6-5	同上
刘于云	男	21	南川	大阳沟镇官井巷3	1941-6-5	同上
邓银安	男	33	江北	大阳沟镇官井巷3	1941-6-5	同上
邓王氏	女	18	巴县	大阳沟镇官井巷3	1941-6-5	同上
杨明生	男	2	巴县	大阳沟镇官井巷7	1941-6-5	同上
王宝凤	女	17	巴县	大阳沟镇官井巷6	1941-6-5	同上
印张氏	女	38	璧山	大阳沟镇官井巷21	1941-6-5	同上
印玉莲	女	10	璧山	大阳沟镇官井巷21	1941-6-5	同上
印玉秀	女	8	璧山	大阳沟镇官井巷21	1941-6-5	同上
印石氏	女	21	永宁	大阳沟镇官井巷21	1941-6-5	同上
印承之	女	1	巴县	大阳沟镇官井巷21	1941-6-5	同上
但成明	男	43	江北	大阳沟镇官井巷18	1941-6-5	同上
但代氏	女	40	江北	大阳沟镇官井巷18	1941-6-5	同上
李魏氏	女	37	威远	大阳沟镇保安路247	1941-6-5	同上
朱云武	男	41	自流井	大阳沟镇保安路124	1941-6-5	同上
王郑氏	女	41	广安	大阳沟镇官井巷20	1941-6-5	同上
沈大立	男	40	成都	骡马店镇新民街64	1941-6-5	档案[①]
沈王氏	女	30	成都	骡马店镇新民街64	1941-6-5	同上
何张氏	女	20	成都	骡马店镇新民街64	1941-6-5	同上
廖张氏	女	30	璧山	骡马店镇火药局36	1941-6-5	同上
廖德瑶	女	8	璧山	骡马店镇火药局36	1941-6-5	同上
艾卢氏	女	41	合川	骡马店镇和平路195	1941-6-5	同上
艾三娃	女	4	合川	骡马店镇和平路195	1941-6-5	同上

① 《重庆市警察局六月五日隧道窒息死难同胞家属调查册》。重庆市档案馆档案：0053-12-117。

续表

姓名	性别	年龄	籍贯	住址或遇难地点	遇难时间	资料来源
李银洲	男	61	巴县	骡马店镇吴师爷巷29	1941-6-5	同上
杨春堂	男	12	巴县	骡马店镇吴师爷巷29	1941-6-5	同上
徐炳全	男	56	巴县	骡马店镇吴师爷巷5	1941-6-5	同上
陈树林	男	34	巴县	骡马店镇吴师爷巷14	1941-6-5	同上
彭文章	男	6	巴县	骡马店镇吴师爷巷18	1941-6-5	同上
白世芳	女	26	巴县	骡马店镇吴师爷巷19	1941-6-5	同上
刘维全	女	2	巴县	骡马店镇水市巷14	1941-6-5	同上
戴继臣	男	38	巴县	骡马店镇水市巷14	1941-6-5	同上
王家壁	男	36	巴县	骡马店镇和平路101	1941-6-5	同上
谭炳生	男	45	巴县	骡马店镇和平路120	1941-6-5	同上
童光階	男	40	巴县	骡马店镇和平路121	1941-6-5	同上
吴陈氏	女	36	巴县	骡马店镇和平路130	1941-6-5	同上
杨周氏	女	40	巴县	骡马店镇和平路130	1941-6-5	同上
陈子祥	男	16	巴县	骡马店镇和平路142	1941-6-5	同上
余德轩	男	42	巴县	骡马店镇和平路142	1941-6-5	同上
余程氏	女	38	巴县	骡马店镇和平路142	1941-6-5	同上
古德云	男	28	巴县	骡马店镇和平路160	1941-6-5	同上
向申之	男	45	巴县	骡马店镇潘家沟4	1941-6-5	同上
□黄氏	女	42	巴县	骡马店镇潘家沟4	1941-6-5	同上
□黑妹	女	6	巴县	骡马店镇潘家沟4	1941-6-5	同上
□小女	女	2	巴县	骡马店镇潘家沟4	1941-6-5	同上
杨吴氏	女	46	合川	骡马店镇潘家沟7	1941-6-5	同上
杨赖氏	女	42	合川	骡马店镇潘家沟9	1941-6-5	同上
吴清明	女	40	巴县	骡马店镇潘家沟9	1941-6-5	同上
马初清	男	10	巴县	骡马店镇潘家沟9	1941-6-5	同上
张炳发	男	40	巴县	骡马店镇潘家沟9	1941-6-5	同上
赵胡氏	女	36	巴县	骡马店镇潘家沟1	1941-6-5	同上

续表

姓名	性别	年龄	籍贯	住址或遇难地点	遇难时间	资料来源
谭曹氏	女	26	合川	骡马店镇潘家沟9	1941-6-5	同上
李王氏	女	41	巴县	骡马店镇潘家沟7	1941-6-5	同上
刘龙氏	女	36	巴县	骡马店镇潘家沟7	1941-6-5	同上
□祥材	男	12	巴县	骡马店镇潘家沟17	1941-6-5	同上
□小女	女	5	巴县	骡马店镇潘家沟20	1941-6-5	同上
王九九	男	7	江北	骡马店镇潘家沟20	1941-6-5	同上
谢炳生	男	35	巴县	骡马店镇潘家沟20	1941-6-5	同上
谢小女	女	7	巴县	骡马店镇潘家沟20	1941-6-5	同上
谢代氏	女	38	江北	骡马店镇潘家沟20	1941-6-5	同上
谢运民	男	12	江北	骡马店镇潘家沟20	1941-6-5	同上
任林氏	女	10	巴县	骡马店镇潘家沟20	1941-6-5	同上
□邦珍	女	8	巴县	骡马店镇潘家沟20	1941-6-5	同上
黄云林	男	38	巴县	骡马店镇潘家沟20	1941-6-5	同上
周徐氏	女	39	巴县	骡马店镇潘家沟34	1941-6-5	同上
李白苹	女	6	江北	骡马店镇潘家沟26	1941-6-5	同上
□生林	男	3	江北	骡马店镇潘家沟26	1941-6-5	同上
邓少云	男	39	江北	骡马店镇潘家沟26	1941-6-5	同上
唐光明	男	40	巴县	骡马店镇潘家沟26	1941-6-5	同上
何潘树群	女	30	巴县	骡马店镇潘家沟24	1941-6-5	同上
王桂林	男	22	巴县	骡马店镇潘家沟26	1941-6-5	同上
徐仲达	男	29	巴县	骡马店镇潘家沟54	1941-6-5	同上
吴　氏	女	42	巴县	骡马店镇潘家沟54	1941-6-5	同上
游天才	男	40	巴县	骡马店镇和平路11	1941-6-5	同上
彭世昌	男	16	江北	骡马店镇和平路11	1941-6-5	同上
曹金文	男	13	巴县	骡马店镇和平路11	1941-6-5	同上
杨贵阶	男	20	岳池	骡马店镇和平路11	1941-6-5	同上
吕廷中	男	20	巴县	骡马店镇和平路11	1941-6-5	同上

续表

姓名	性别	年龄	籍贯	住址或遇难地点	遇难时间	资料来源
张春云	男	22	巴县	骡马店镇和平路6	1941-6-5	同上
朱刘氏	女	24	巴县	骡马店镇和平路14	1941-6-5	同上
罗炳全	男	28	巴县	骡马店镇和平路7	1941-6-5	同上
罗张氏	女	34	巴县	骡马店镇和平路7	1941-6-5	同上
李吴氏	女	40	巴县	骡马店镇和平路7	1941-6-5	同上
宋炳文	男	26	江北	骡马店镇和平路9	1941-6-5	同上
李方氏	女	25	江北	骡马店镇和平路12	1941-6-5	同上
李春妹	女	1	江北	骡马店镇和平路12	1941-6-5	同上
李方氏	女	26	江北	骡马店镇和平路13	1941-6-5	同上
李光华	女	4	巴县	骡马店镇和平路13	1941-6-5	同上
陈志方	男	17	巴县	骡马店镇和平路22	1941-6-5	同上
罗含英	男	32	巴县	骡马店镇和平路19	1941-6-5	同上
彭大贞	女	2	巴县	骡马店镇和平路34	1941-6-5	同上
邓刘氏	女	32	巴县	骡马店镇和平路30	1941-6-5	同上
王吕容芳	女	42	富顺	骡马店镇和平路30	1941-6-5	同上
杨廷修	男	27	自流井	骡马店镇和平路30	1941-6-5	同上
周长生	男	17	合川	骡马店镇和平路30	1941-6-5	同上
杨张氏	女	23	合川	骡马店镇和平路30	1941-6-5	同上
杨学尧	男	17	巴县	骡马店镇和平路33	1941-6-5	同上
彭双喜	男	4	巴县	骡马店镇和平路46	1941-6-5	同上
彭群英	女	13	成都	骡马店镇和平路46	1941-6-5	同上
赵刘氏	女	42	巴县	骡马店镇和平路46	1941-6-5	同上
朱锡光	男	42	巴县	骡马店镇和平路39	1941-6-5	同上
卜洪兴	男	31	合川	骡马店镇和平路46	1941-6-5	同上
黄李氏	女	31	泸州	骡马店镇和平路46	1941-6-5	同上
黄宝珠	女	15	泸州	骡马店镇和平路46	1941-6-5	同上
王黄氏	女	28	遂宁	骡马店镇和平路46	1941-6-5	同上

续表

姓名	性别	年龄	籍贯	住址或遇难地点	遇难时间	资料来源
赖李根	男	14	巴县	骡马店镇和平路42	1941-6-5	同上
蔡陈氏	女	18	涪陵	骡马店镇和平路42	1941-6-5	同上
代树成	女	13	合川	骡马店镇和平路42	1941-6-5	同上
卜明星	男	28	巴县	骡马店镇和平路46	1941-6-5	同上
张炳良	男	24	涪陵	骡马店镇和平路50	1941-6-5	同上
卜玉合	男	50	岳池	骡马店镇和平路50	1941-6-5	同上
周李氏	女	41	巴县	骡马店镇和平路51	1941-6-5	同上
周玉亨	女	9	巴县	骡马店镇和平路51	1941-6-5	同上
姚世明	女	10	巴县	骡马店镇和平路54	1941-6-5	同上
王谢氏	女	51	武胜	骡马店镇和平路53	1941-6-5	同上
叶合明	男	13	长寿	骡马店镇和平路55	1941-6-5	同上
李包氏	女	42	长寿	骡马店镇和平路55	1941-6-5	同上
邱及乔	男	12	隆昌	骡马店镇和平路53	1941-6-5	同上
杨云明	女	45	巴县	骡马店镇和平路64	1941-6-5	同上
张坤三	男	66	巴县	骡马店镇和平路70	1941-6-5	同上
王代氏	女	28	巴县	骡马店镇和平路75	1941-6-5	同上
王猪尔	男	4	巴县	骡马店镇和平路75	1941-6-5	同上
梁小女	女	1	南川	骡马店镇和平路75	1941-6-5	同上
王志成	男	36	南川	骡马店镇和平路66	1941-6-5	同上
王张氏	女	24	南川	骡马店镇和平路66	1941-6-5	同上
王家四	女	3	南川	骡马店镇和平路66	1941-6-5	同上
戴建奎	男	20	合江	骡马店镇和平路83	1941-6-5	同上
戴月生	男	2	合江	骡马店镇和平路83	1941-6-5	同上
陈志云	男	48	铜梁	骡马店镇和平路83	1941-6-5	同上
蔺庞氏	女	20	涪陵	骡马店镇和平路77	1941-6-5	同上
胡小女	女	2	江北	骡马店镇和平路77	1941-6-5	同上
何黑娃	男	1	巴县	骡马店镇和平路77	1941-6-5	同上

续表

姓名	性别	年龄	籍贯	住址或遇难地点	遇难时间	资料来源
包全安	男	50	武胜	骡马店镇和平路77	1941-6-5	同上
□小女	女	1	武胜	骡马店镇和平路77	1941-6-5	同上
张小女	女	2	长寿	骡马店镇和平路77	1941-6-5	同上
刘王氏	女	76	陕西	骡马店镇和平路77	1941-6-5	同上
向益三	男	58	巴县	骡马店镇和平路82	1941-6-5	同上
向周氏	女	50	巴县	骡马店镇和平路82	1941-6-5	同上
李卢氏	女	40	内江	骡马店镇和平路84	1941-6-5	同上
李利容	女	3	内江	骡马店镇和平路84	1941-6-5	同上
李青氏	女	16	巴县	骡马店镇和平路84	1941-6-5	同上
龙兴贞	女	13	巴县	骡马店镇和平路84	1941-6-5	同上
李杨氏	女	24	巴县	骡马店镇和平路84	1941-6-5	同上
游罗氏	女	32	涪陵	骡马店镇和平路89	1941-6-5	同上
罗季广	男	14	岳池	骡马店镇和平路94	1941-6-5	同上
李小女	女	12	巴县	骡马店镇和平路95	1941-6-5	同上
王成之	男	13	岳池	骡马店镇和平路95	1941-6-5	同上
刘向氏	女	36	岳池	骡马店镇和平路95	1941-6-5	同上
刘家久	男	6	岳池	骡马店镇和平路95	1941-6-5	同上
余曹氏	女	26	武胜	骡马店镇和平路95	1941-6-5	同上
余金生	女	6	武胜	骡马店镇和平路95	1941-6-5	同上
唐云廷	男	51	遂宁	骡马店镇和平路77	1941-6-5	同上
王海清	男	26	合川	骡马店镇和平路77	1941-6-5	同上
王包氏	女	20	合川	骡马店镇和平路77	1941-6-5	同上
黄尚文	男	14	巴县	骡马店镇和平路98	1941-6-5	同上
谢赵氏	女	41	巴县	骡马店镇棉弩街33	1941-6-5	同上
陈梁氏	女	38	江北	骡马店镇棉弩街26	1941-6-5	同上
杜卫氏	女	58	蓬溪	骡马店镇棉弩街53	1941-6-5	同上
杜春妹	女	3	蓬溪	骡马店镇棉弩街53	1941-6-5	同上

续表

姓名	性别	年龄	籍贯	住址或遇难地点	遇难时间	资料来源
王海廷	男	44	巴县	骡马店镇四贤巷2	1941-6-5	同上
王氏	女	42	巴县	骡马店镇四贤巷2	1941-6-5	同上
严国贞	女	14	巴县	骡马店镇四贤巷2	1941-6-5	同上
罗树廷	男	37	巴县	骡马店镇四贤巷22	1941-6-5	同上
李廷勋	男	48	潼南	骡马店镇四贤巷25	1941-6-5	同上
李刘氏	女	35	潼南	骡马店镇四贤巷25	1941-6-5	同上
李中元	男	6	潼南	骡马店镇四贤巷25	1941-6-5	同上
简李氏	女	27	潼南	骡马店镇四贤巷25	1941-6-5	同上
段陈氏	女	25	顺庆	骡马店镇四贤巷25	1941-6-5	同上
王四毛	男	4	江苏	骡马店镇鲁祖庙6	1941-6-5	同上
朱炳然	男	38	合川	骡马店镇鲁祖庙14	1941-6-5	同上
朱李氏	女	28	合川	骡马店镇鲁祖庙14	1941-6-5	同上
田开祥	男	12	铜梁	骡马店镇鲁祖庙14	1941-6-5	同上
蒋汉卿	男	32	铜梁	骡马店镇鲁祖庙14	1941-6-5	同上
龚世民	男	16	江北	骡马店镇鲁祖庙14	1941-6-5	同上
唐陈氏	女	24	乐至	骡马店镇鲁祖庙33	1941-6-5	同上
杨蒋氏	女	39	岳池	骡马店镇黄葛店4	1941-6-5	同上
杨秀芳	女	7	岳池	骡马店镇黄葛店4	1941-6-5	同上
杨家五	男	3	岳池	骡马店镇黄葛店4	1941-6-5	同上
曾张氏	女	28	巴县	骡马店镇黄葛店3	1941-6-5	同上
谢何氏	女	38	巴县	骡马店镇黄葛店2	1941-6-5	同上
胡世贵	女	13	巴县	骡马店镇黄葛店6	1941-6-5	同上
蒋周氏	女	29	江北	骡马店镇黄葛店9	1941-6-5	同上
石张氏	女	60	巴县	骡马店镇黄葛店11	1941-6-5	同上
陈余氏	女	49	万县	骡马店镇百子巷1	1941-6-5	同上
陈玉珍	女	13	万县	骡马店镇百子巷1	1941-6-5	同上
苏黄氏	女	31	潼南	骡马店镇百子巷特号	1941-6-5	同上

续表

姓名	性别	年龄	籍贯	住址或遇难地点	遇难时间	资料来源
苏家妹	女	1	潼南	骡马店镇百子巷特号	1941-6-5	同上
文全三	男	52	遂宁	骡马店镇百子巷8	1941-6-5	同上
张三妹	女	6	巴县	骡马店镇百子巷3	1941-6-5	同上
杨宋氏	女	31	巴县	骡马店镇百子巷5	1941-6-5	同上
杨家妹	女	1	巴县	骡马店镇百子巷5	1941-6-5	同上
王家明	女	13	巴县	骡马店镇百子巷5	1941-6-5	同上
黄中孝	女	11	巴县	骡马店镇百子巷23	1941-6-5	同上
朱赵氏	女	30	合川	骡马店镇百子巷21	1941-6-5	同上
龙朝金	男	35	南充	骡马店镇百子巷33	1941-6-5	同上
罗炳全	男	28	巴县	骡马店镇百子巷24	1941-6-5	同上
罗张氏	女	39	巴县	骡马店镇百子巷24	1941-6-5	同上
雷绍卿	男	45	合川	骡马店镇百子巷76	1941-6-5	同上
唐世年	男	16	合川	骡马店镇百子巷76	1941-6-5	同上
李海册	男	50	合川	骡马店镇百子巷75	1941-6-5	同上
周正贵	男	7	巴县	骡马店镇百子巷88	1941-6-5	同上
张载轩	男	20	河北	骡马店镇百子巷82	1941-6-5	同上
喻世年	男	13	河北	骡马店镇百子巷82	1941-6-5	同上
孙玉臣	男	46	合川	骡马店镇百子巷98	1941-6-5	同上
王曾氏	女	42	巴县	骡马店镇百子巷42	1941-6-5	同上
朱玉龙	男	42	巴县	骡马店镇百子巷44	1941-6-5	同上
朱陈氏	女	25	巴县	骡马店镇百子巷44	1941-6-5	同上
李占云	男	30	巴县	骡马店镇百子巷37	1941-6-5	同上
王聂氏	女	60	巴县	骡马店镇百子巷11	1941-6-5	同上
张　春	男	16	渠县	骡马店镇百子巷55	1941-6-5	同上
范杨氏	女	46	岳池	骡马店镇百子巷55	1941-6-5	同上
魏陈氏	女	31	合川	骡马店镇百子巷55	1941-6-5	同上
肖杨氏	女	26	合川	骡马店镇百子巷54	1941-6-5	同上

续表

姓名	性别	年龄	籍贯	住址或遇难地点	遇难时间	资料来源
吴炳卿	男	50	岳池	骡马店镇百子巷63	1941-6-5	同上
李双全	男	50	合川	骡马店镇百子巷60	1941-6-5	同上
陈银女	男	46	璧山	骡马店镇百子巷65	1941-6-5	同上
杨胡氏	女	30	长寿	骡马店镇百子巷69	1941-6-5	同上
李国清	男	15	江北	骡马店镇百子巷94	1941-6-5	同上
马俊卿	男	62	北平	骡马店镇百子巷93	1941-6-5	同上
马氏	女	60	北平	骡马店镇百子巷93	1941-6-5	同上
冯子云	男	48	巴县	骡马店镇百子巷86	1941-6-5	同上
刘素英	女	15	巴县	骡马店镇百子巷99	1941-6-5	同上
周平安	男	41	仁寿	骡马店镇百子巷103	1941-6-5	同上
唐海云	男	30	合川	骡马店镇百子巷115	1941-6-5	同上
潘吴氏	女	58	合川	骡马店镇百子巷115	1941-6-5	同上
唐树轩	男	35	巴县	骡马店镇百子巷115	1941-6-5	同上
邓小女	女	13	巴县	骡马店镇百子巷115	1941-6-5	同上
陈炳祥	男	30	潼南	骡马店镇百子巷115	1941-6-5	同上
孙介	女	6	巴县	骡马店镇百子巷115	1941-6-5	同上
罗金山	男	37	自井	骡马店镇百子巷115	1941-6-5	同上
王炎南	男	48	巴县	骡马店镇百子巷116	1941-6-5	同上
张怀德	男	38	万县	骡马店镇百子巷106	1941-6-5	同上
郑冯氏	女	18	巴县	骡马店镇百子巷119	1941-6-5	同上
邱树梅	女	14	巴县	骡马店镇百子巷119	1941-6-5	同上
张陈氏	女	30	巴县	骡马店镇百子巷130	1941-6-5	同上
罗长明	女	9	巴县	骡马店镇曹家庵45	1941-6-5	同上
王蓝氏	女	38	长寿	骡马店镇曹家庵5	1941-6-5	同上
夏胡氏	女	28	汉口	骡马店镇曹家庵5	1941-6-5	同上
夏了了	女	5	汉口	骡马店镇曹家庵5	1941-6-5	同上
牟正贵	男	14	巴县	骡马店镇曹家庵35	1941-6-5	同上

续表

姓名	性别	年龄	籍贯	住址或遇难地点	遇难时间	资料来源
殷正忠	女	12	江北	骡马店镇鲁祖庙59	1941-6-5	同上
李明贞	女	2	江北	骡马店镇蜈蚣岭	1941-6-5	同上
张四娃	女	1	巴县	骡马店镇百子巷130	1941-6-5	同上
顾少泽	男	21	广安	骡马店镇百子巷131	1941-6-5	同上
刘张氏	女	20	璧山	骡马店镇百子巷148	1941-6-5	同上
周彭氏	女	-	-	骡马店镇百子巷149	1941-6-5	同上
张唐氏	女	26	富顺	骡马店镇百子巷146	1941-6-5	同上
张氏	女	-	璧山	骡马店镇百子巷20	1941-6-5	同上
张水二	男	4	璧山	骡马店镇百子巷20	1941-6-5	同上
谢信之	男	59	江北	骡马店镇三模范市场2	1941-6-5	同上
谢段氏	女	41	江北	骡马店镇三模范市场2	1941-6-5	同上
廖治华	女	8	-	骡马店镇三模范市场3	1941-6-5	同上
王春林	男	13	涪陵	骡马店镇三模范市场57	1941-6-5	同上
吴舟清	男	47	浙江	骡马店镇三模范市场12	1941-6-5	同上
冯联生	男	50	巴县	骡马店镇三模范市场11	1941-6-5	同上
李王氏	女	40	江北	骡马店镇三模范市场11	1941-6-5	同上
段李氏	女	31	巴县	骡马店镇三模范市场38	1941-6-5	同上
段四娃	男	9	巴县	骡马店镇三模范市场38	1941-6-5	同上
冯绍康	男	41	江北	骡马店镇三模范市场39	1941-6-5	同上
梁富氏	女	20	巴县	骡马店镇三模范市场34	1941-6-5	同上
李绍成	男	51	璧山	骡马店镇仓坝子6	1941-6-5	同上
李吴氏	女	50	巴县	骡马店镇仓坝子6	1941-6-5	同上
方春山	男	8	湖北	骡马店镇冉家巷5	1941-6-5	同上
余陈氏	女	20	湖北	骡马店镇冉家巷4	1941-6-5	同上
李焕章	男	34	巴县	骡马店镇冉家巷10	1941-6-5	同上
蒋合兴	男	26	武胜	骡马店镇冉家巷10	1941-6-5	同上
涂前义	男	46	湖北	骡马店镇冉家巷15	1941-6-5	同上

续表

姓名	性别	年龄	籍贯	住址或遇难地点	遇难时间	资料来源
罗益	男	22	湖北	骡马店镇冉家巷15	1941-6-5	同上
罗张氏	女	25	湖北	骡马店镇冉家巷15	1941-6-5	同上
罗毛毛	女	25	湖北	骡马店镇冉家巷15	1941-6-5	同上
曾元洪	男	16	岳池	骡马店镇冉家巷15	1941-6-5	同上
曾元林	男	17	岳池	骡马店镇冉家巷15	1941-6-5	同上
陈绍铭	男	25	湖北	骡马店镇冉家巷15	1941-6-5	同上
周发志	男	16	湖北	骡马店镇冉家巷15	1941-6-5	同上
席文龙	男	9	巴县	骡马店镇德兴里14	1941-6-5	同上
廖能明	男	17	巴县	骡马店镇冉家巷16	1941-6-5	同上
犹素贞	女	3	巴县	骡马店镇德兴里9	1941-6-5	同上
梅华云	男	16	长寿	骡马店镇冉家巷76	1941-6-5	同上
李简德	男	9	巴县	骡马店镇德兴里9	1941-6-5	同上
张敬贞	女	21	长寿	骡马店镇冉家巷19	1941-6-5	同上
刘汉森	男	28	湖北	骡马店镇德兴里31	1941-6-5	同上
张小毛	男	4	长寿	骡马店镇冉家巷19	1941-6-5	同上
李姜世珍	女	40	遂宁	骡马店镇冉家巷20	1941-6-5	同上
李义成	男	10	巴县	骡马店镇仓坝子6	1941-6-5	同上
李义合	女	13	巴县	骡马店镇仓坝子6	1941-6-5	同上
毛云华	男	35	巴县	金马寺镇厚慈街10	1941-6-5	档案[1]
张子云	男	35	永川	金马寺镇厚慈街10	1941-6-5	同上
卢绍华	男	12	遂宁	金马寺镇厚慈街10	1941-6-5	同上
温正合	男	16	江津	金马寺镇厚慈街57	1941-6-5	同上
彭月树	男	11	合川	金马寺镇厚慈街60	1941-6-5	同上
刘来生	男	10	武胜	金马寺镇厚慈街60	1941-6-5	同上
田陈氏	女	26	巴县	金马寺镇十八梯61	1941-6-5	同上
陈文清	男	43	璧山	金马寺镇十八梯69	1941-6-5	同上

[1]《重庆市警察局六月五日大隧道窒息死难同胞家属调查册》，重庆市档案馆档案：0053-12-117:2。

续表

姓名	性别	年龄	籍贯	住址或遇难地点	遇难时间	资料来源
何玉兴	男	54	涪陵	金马寺镇自信巷18	1941-6-5	同上
傅炳章	男	55	江北	金马寺镇自信巷18	1941-6-5	同上
赵廖氏	女	39	巴县	金马寺镇自信巷10	1941-6-5	同上
赵小妹	女	1	巴县	金马寺镇自信巷10	1941-6-5	同上
何云才	男	49	巴县	金马寺镇自信巷17	1941-6-5	同上
何世元	男	1	巴县	金马寺镇自信巷17	1941-6-5	同上
廖洪兴	男	48	巴县	金马寺镇自信巷3	1941-6-5	同上
张德厚	男	41	涪陵	金马寺镇十八梯96	1941-6-5	同上
任其林	男	21	涪陵	金马寺镇十八梯93	1941-6-5	同上
孙绍全	男	15	涪陵	金马寺镇十八梯93	1941-6-5	同上
方刘氏	女	25	江北	金马寺镇十八梯64	1941-6-5	同上
方宪廷	男	50	江北	金马寺镇十八梯64	1941-6-5	同上
李方氏	女	26	江北	金马寺镇十八梯64	1941-6-5	同上
李光华	男	6	江北	金马寺镇十八梯64	1941-6-5	同上
杨荣光	男	38	江北	金马寺镇十八梯64	1941-6-5	同上
周洪顺	男	61	江北	金马寺镇十八梯127	1941-6-5	同上
董明聚	男	46	江北	金马寺镇十八梯栈南东	1941-6-5	同上
朱炳林	男	38	大足	金马寺镇十八梯栈南东	1941-6-5	同上
李寿之	男	50	巴县	金马寺镇十八梯栈南东	1941-6-5	同上
管中元	男	40	荣阳	金马寺镇永兴巷7	1941-6-5	同上
黄复兴	男	32	荣阳	金马寺镇永兴巷7	1941-6-5	同上
肖中健	男	20	合川	金马寺镇中兴路77	1941-6-5	同上
李海帆	男	39	铜梁	金马寺镇中兴路77	1941-6-5	同上
王家妹	女	11	巴县	金马寺镇中兴路77	1941-6-5	同上
袁大德	男	12	铜梁	金马寺镇蒋家院25	1941-6-5	同上
邓中堂	男	26	璧山	金马寺镇中兴路63	1941-6-5	同上
周元兴	男	15	长寿	金马寺镇蒋家院11	1941-6-5	同上

续表

姓名	性别	年龄	籍贯	住址或遇难地点	遇难时间	资料来源
罗德云	男	35	巴县	金马寺镇蒋家院25	1941-6-5	同上
苏廖氏	女	52	巴县	金马寺镇蒋家院18	1941-6-5	同上
苏栋梁	男	32	巴县	金马寺镇蒋家院18	1941-6-5	同上
唐德贞	女	8	巴县	金马寺镇蒋家院20	1941-6-5	同上
邓杨氏	女	39	江津	金马寺镇蒋家院20	1941-6-5	同上
唐义均	女	7	巴县	金马寺镇蒋家院20	1941-6-5	同上
田胡氏	女	20	巴县	金马寺镇蒋家院20	1941-6-5	同上
吴家玉	女	16	巴县	金马寺镇蒋家院20	1941-6-5	同上
黄姜氏	女	43	巴县	金马寺镇蒋家院20	1941-6-5	同上
李蔡氏	女	18	巴县	金马寺镇蒋家院20	1941-6-5	同上
简朱氏	女	40	巴县	金马寺镇蒋家院29	1941-6-5	同上
唐何氏	女	37	巴县	金马寺镇蒋家院29	1941-6-5	同上
唐音六	男	12	巴县	金马寺镇蒋家院29	1941-6-5	同上
唐音必	男	10	巴县	金马寺镇蒋家院29	1941-6-5	同上
雷唐氏	女	17	巴县	金马寺镇蒋家院29	1941-6-5	同上
何惠安	男	50	巴县	金马寺镇蒋家院29	1941-6-5	同上
何赵氏	女	35	巴县	金马寺镇蒋家院29	1941-6-5	同上
赵有量	男	35	江北	金马寺镇二十梯6	1941-6-5	同上
向炳安	男	68	巴县	金马寺镇二十梯1	1941-6-5	同上
蒋汉卿	男	51	长寿	金马寺镇二十梯16	1941-6-5	同上
田银洲	男	40	巴县	金马寺镇二十梯16	1941-6-5	同上
田彭氏	女	20	武胜	金马寺镇二十梯16	1941-6-5	同上
吴三妹	女	11	江北	金马寺镇二十梯15	1941-6-5	同上
吴公娃	男	9	江北	金马寺镇二十梯15	1941-6-5	同上
杨海全	男	52	江津	金马寺镇二十梯11	1941-6-5	同上
殷德三	男	50	永川	金马寺镇二十梯14	1941-6-5	同上
李根华	男	12	合川	金马寺镇二十梯18	1941-6-5	同上

续表

姓名	性别	年龄	籍贯	住址或遇难地点	遇难时间	资料来源
戴永清	女	2	长寿	金马寺镇二十梯20	1941-6-5	同上
周游氏	女	34	巴县	金马寺镇二十梯20	1941-6-5	同上
周文芳	女	10	巴县	金马寺镇二十梯20	1941-6-5	同上
徐德三	男	43	巴县	金马寺镇二十梯19	1941-6-5	同上
黄海清	男	50	巴县	金马寺镇清真寺11	1941-6-5	同上
黄海云	男	45	巴县	金马寺镇清真寺11	1941-6-5	同上
马晓辉	男	41	巴县	金马寺镇清真寺7	1941-6-5	同上
周海全	男	52	广安	金马寺镇中兴路80	1941-6-5	同上
王炳全	男	46	巴县	金马寺镇中兴路72	1941-6-5	同上
张中玉	女	10	巴县	金马寺镇清真寺17	1941-6-5	同上
张淑清	女	38	巴县	金马寺镇清真寺17	1941-6-5	同上
罗德福	男	54	涪陵	金马寺镇清真寺17	1941-6-5	同上
田树贞	女	3	巴县	金马寺镇清真寺17	1941-6-5	同上
田李氏	女	34	巴县	金马寺镇清真寺12	1941-6-5	同上
杨西安	男	38	江津	金马寺镇清真寺2	1941-6-5	同上
杨均生	男	2	巴县	金马寺镇清真寺2	1941-6-5	同上
马青山	男	42	巴县	金马寺镇回水沟5	1941-6-5	同上
马林氏	女	36	巴县	金马寺镇回水沟5	1941-6-5	同上
杨俊德	男	40	遂宁	金马寺镇回水沟10	1941-6-5	同上
杨玉林	男	4	遂宁	金马寺镇回水沟10	1941-6-5	同上
唐光明	男	15	巴县	金马寺镇回水沟13	1941-6-5	同上
罗纪尧	女	26	泸县	金马寺镇回水沟19	1941-6-5	同上
龙文英	女	26	泸县	金马寺镇回水沟19	1941-6-5	同上
陈周氏	女	29	巴县	金马寺镇回水沟30	1941-6-5	同上
陈东娃	男	4	巴县	金马寺镇回水沟30	1941-6-5	同上
吴徐氏	女	48	巴县	金马寺镇回水沟32	1941-6-5	同上
周黄氏	女	70	璧山	金马寺镇回水沟43	1941-6-5	同上

续表

姓名	性别	年龄	籍贯	住址或遇难地点	遇难时间	资料来源
郭华玉	女	15	巴县	金马寺镇回水沟44	1941-6-5	同上
王树娃	男	6	邻水	金马寺镇回水沟49	1941-6-5	同上
王作金	男	1	邻水	金马寺镇回水沟49	1941-6-5	同上
郑姚氏	女	42	巴县	金马寺镇回水沟53	1941-6-5	同上
郑国珍	女	2	巴县	金马寺镇回水沟53	1941-6-5	同上
杨吴氏	女	36	岳池	金马寺镇回水沟57	1941-6-5	同上
杨顺臣	男	9	岳池	金马寺镇回水沟57	1941-6-5	同上
彭德芳	女	15	巴县	金马寺镇回水沟96	1941-6-5	同上
周玉兰	女	17	巴县	金马寺镇回水沟96	1941-6-5	同上
凌张氏	女	42	巴县	金马寺镇回水沟95	1941-6-5	同上
凌忠信	女	14	巴县	金马寺镇回水沟95	1941-6-5	同上
凌宗义	女	8	巴县	金马寺镇回水沟95	1941-6-5	同上
黄仁秀	女	3	武胜	金马寺镇回水沟88	1941-6-5	同上
杨国华	女	17	巴县	金马寺镇回水沟10	1941-6-5	同上
徐志远	男	32	巴县	金马寺镇回水沟47	1941-6-5	同上
段国华	男	12	巴县	金马寺镇回水沟18	1941-6-5	同上
彭仁远	男	28	武胜	金马寺镇玉爷石堡22	1941-6-5	同上
曾徐氏	女	53	巴县	金马寺镇凉亭子5	1941-6-5	同上
陈罗氏	女	38	合川	金马寺镇长什间25	1941-6-5	同上
邓月香	女	10	涪陵	金马寺镇放牛巷64	1941-6-5	同上
杨何玉贞	女	22	涪陵	金马寺镇放牛巷64	1941-6-5	同上
王成壁	女	1	巴县	金马寺镇放牛巷64	1941-6-5	同上
向任氏	女	34	涪陵	金马寺镇九块桥12	1941-6-5	同上
向玉怀	男	8	巴县	金马寺镇九块桥12	1941-6-5	同上
徐德辉	男	20	巴县	金马寺镇马蹄街50	1941-6-5	同上
殷海清	男	42	西充	金马寺镇马蹄街20	1941-6-5	同上
殷王氏	女	35	西充	金马寺镇马蹄街20	1941-6-5	同上

续表

姓名	性别	年龄	籍贯	住址或遇难地点	遇难时间	资料来源
姚炳林	男	50	潼南	金马寺镇马蹄街63	1941-6-5	同上
王素贞	女	10	巴县	金马寺镇□井街12	1941-6-5	同上
王玉山	男	30	岳池	金马寺镇书邦公所36	1941-6-5	同上
王田氏	女	20	岳池	金马寺镇书邦公所36	1941-6-5	同上
王小女	女	1	岳池	金马寺镇书邦公所36	1941-6-5	同上
刘邓氏	女	26	□□	金马寺镇书邦公所33	1941-6-5	同上
石双全	男	49	江北	金马寺镇书邦公所65	1941-6-5	同上
何和尚	男	18	遂宁	金马寺镇厚慈街171	1941-6-5	同上
王素贞	女	10	巴县	金马寺镇中兴路4	1941-6-5	同上
谭杏林	男	72	遂宁	金马寺镇凤凰台39	1941-6-5	同上
周治平	男	40	巴县	金马寺镇凤凰台50	1941-6-5	同上
江启贵	男	31	福建	金马寺镇凤凰台41	1941-6-5	同上
肖　文	男	17	福建	金马寺镇凤凰台41	1941-6-5	同上
肖炳章	男	15	福建	金马寺镇凤凰台41	1941-6-5	同上
杨继成	男	38	铜梁	金马寺镇螃蟹井8	1941-6-5	同上
杨王氏	女	24	巴县	金马寺镇螃蟹井8	1941-6-5	同上
杨张氏	女	62	巴县	金马寺镇螃蟹井8	1941-6-5	同上
陈大发	男	28	江北	金马寺镇螃蟹井7	1941-6-5	同上
兰杨氏	女	46	巴县	金马寺镇螃蟹井21	1941-6-5	同上
赵兴顺	男	36	巴县	金马寺镇螃蟹井21	1941-6-5	同上
徐海三	男	52	铜梁	金马寺镇螃蟹井21	1941-6-5	同上
王宪章	男	33	长寿	金马寺镇二十梯27	1941-6-5	同上
李王氏	女	40	巴县	金马寺镇螃蟹井8	1941-6-5	同上
龙光禄	男	30	顺庆	－	1941-6-5	档案①
谢青发	女	31	巴县	－	1941-6-5	同上
曾绍全	男	51	同上		1941-6-5	同上

---

①重庆市档案馆档案:0053-12-117:2。

续表

姓名	性别	年龄	籍贯	住址或遇难地点	遇难时间	资料来源
王云安	-	-	-	观音岩防空洞	1941-6-5	档案①
田开祥	-	-	-	观音岩防空洞	1941-6-5	同上
郭云清	-	-	-	观音岩防空洞	1941-6-5	同上
王云舫	-	-	-	观音岩防空洞	1941-6-5	同上
陈友全	-	-	-	观音岩防空洞	1941-6-5	同上
何本之	-	-	-	观音岩防空洞	1941-6-5	同上
贺金全	-	-	-	观音岩防空洞	1941-6-5	同上
赵炳成	-	-	-	观音岩防空洞	1941-6-5	同上
周成之	-	-	-	观音岩防空洞	1941-6-5	同上
赖云清	-	-	-	观音岩防空洞	1941-6-5	同上
李茂生	-	-	-	观音岩防空洞	1941-6-5	同上
吴明轩	-	-	-	观音岩防空洞	1941-6-5	同上
唐九思	-	-	-	衣服街公共防空洞	1941-6-5	档案②
曾玉龙	-	-	-	衣服街公共防空洞	1941-6-5	同上
米元鼎	-	-	-	衣服街公共防空洞	1941-6-5	同上
石理孝	-	-	-	衣服街公共防空洞	1941-6-5	同上
袁元发	-	-	-	衣服街公共防空洞	1941-6-5	同上
袁宗林	-	-	-	衣服街公共防空洞	1941-6-5	同上
王童子	-	-	-	衣服街公共防空洞	1941-6-5	同上
罗理正	-	-	-	衣服街公共防空洞	1941-6-5	同上
周明相	-	-	-	衣服街公共防空洞	1941-6-5	同上
杨宗善	-	-	-	衣服街公共防空洞	1941-6-5	同上
周宗兴	-	-	-	衣服街公共防空洞	1941-6-5	同上
谢宗修	-	-	-	衣服街公共防空洞	1941-6-5	同上

①《树发祥营造厂经理陈树荣关于工人窒息死亡恐误工期及家属如何安抚给重庆市工务局的呈（1941年6月12日）》，重庆市档案馆档案：0067-3-5117。

②《重庆市道教会关于报知遇难人员名单给重庆防空司令部的呈（1941年6月22日）》，重庆市档案馆档案：0044-1-66。

续表

姓名	性别	年龄	籍贯	住址或遇难地点	遇难时间	资料来源
谢荣森	-	-	-	演武厅大隧道	1941-6-5	档案①
李栋良	男	18	-	演武厅大隧道	1941-6-5	同上
刘源中	男	18	-	演武厅大隧道	1941-6-5	同上
顾起林	男	18	-	演武厅大隧道	1941-6-5	同上
柳振寿	男	28	-	演武厅大隧道	1941-6-5	同上
吴树源	男	37	-	演武厅大隧道	1941-6-5	同上
王国安	男	37	-	演武厅大隧道	1941-6-5	同上
李兴隆	男	18	-	演武厅大隧道	1941-6-5	同上
黄汉臣	男	22	-	演武厅大隧道	1941-6-5	同上
王泽民	男	40	-	石灰市大隧道	1941-6-5	档案②
陈炳祥	男	28	-	石灰市大隧道	1941-6-5	同上
张春云	男	28	-	石灰市大隧道	1941-6-5	同上
蒋万铃（蒋云森）	男	18	-	较场口瓷器街大隧道防空洞	1941-6-5	资料③
王素华	女	18	-	同上	1941-6-5	同上
田泽周二哥	男	-	-	十八梯隧道	1941-6-5	同上
杨永富	男	-	-	老衣服街防空洞	1941-6-5	同上
杨伍氏	女	-	-	同上	1941-6-5	同上
陈玉珍	女	-	-	十八梯防空洞	1941-6-5	同上
余时彬弟	男	7	-	十八梯防空洞	1941-6-5	同上
余时彬妹	女	4	-	十八梯防空洞	1941-6-5	同上
陈伯川	男	22—23	-	十八梯防空洞	1941-6-5	同上
赖锡山	男	49	-	大隧道惨案	1941-6-5	同上

①《重庆市防护团第二区团桂花街分团造呈三十年六月五日空袭后在演武厅大隧道因公伤亡班长团员姓名表》,重庆市档案馆档案:0044-1-66。

②《重庆市防护团第四区团骡马店分团造呈三十年六月五日空袭石灰市大隧道因公伤亡班长团员姓名表》,重庆市档案馆档案:0044-1-66。

③周勇、潘洵等:《重庆大轰炸档案文献·证人证言》,重庆出版社2011年版。

续表

姓名	性别	年龄	籍贯	住址或遇难地点	遇难时间	资料来源
伍伯英	男	29	-	石灰市隧道	1941-6-5	同上
柳贺氏	女	-	-	较场口防空洞	1941-6-5	同上
陈德和	男	48	-	石灰市隧道	1941-6-5	同上
杨顺发	男	-	-	较场口石灰市防空洞	1941-6-5	同上
杨张氏	女	-	-	较场口石灰市防空洞	1941-6-5	同上
杨海清	男	36	-	较场口石灰市防空洞	1941-6-5	同上
蒋万铃	男	-	-	较场口大隧道	1941-6-5	同上
陈素华	女	-	-	较场口大隧道	1941-6-5	同上
李先慧	女	-	-	-	1941-6-5	同上
马胡氏	女	-	-	渝中区十八梯观音岩大惨案	1941-6-5	同上
胡陈氏	女	23	-	-	1941-6-6	档案①
陈廷富	男	12	-	-	1941-6-6	同上
李朝全	男	8	-	-	1941-6-6	同上
李朝有	男	12	-	-	1941-6-6	同上
李朝权	男	13	-	-	1941-6-6	同上
杨仁杰母	女	-	-	-	1941-6-10	资料②
余刘氏	女	22	-	康宁路34	1941-6-11	档案③
邓子和	女	36	-	康宁路31	1941-6-11	同上
罗周氏	女	27	-	康宁路26	1941-6-11	同上
罗群弟	男	2	-	康宁路26	1941-6-11	同上
郑海全	-	-	-	巴县永石乡豆湾	1941-6-11	档案④
黄海清	男	29	-	5保2甲杨义湾黄金堡	1941-6-18	档案⑤

①《巴县县政府第二区区署呈6月6日敌机投弹伤亡调查表》，四川省档案馆档案:41-6155。
②周勇、潘洵等:《重庆大轰炸档案文献·证人证言》，重庆出版社2011年版。
③《重庆市第七区造具抗敌伤亡人民调查表》，《重庆大轰炸档案文献·轰炸经过与人员伤亡》(上)，重庆出版社2011年版，第160—161页。
④四川省档案馆档案:41-6155。
⑤《重庆市第十四区抗战伤亡人民调查表》，《重庆大轰炸档案文献·轰炸经过与人员伤亡》(上)，重庆出版社2011年版，第165页。

续表

姓名	性别	年龄	籍贯	住址或遇难地点	遇难时间	资料来源
老谭	男	40	-	5保11甲黄角湾53	1941-6-18	同上
陈吉三	男	-	-	长寿城大巷子	1941-6-18	档案①
陈海山	男	-	-	长寿城大巷子	1941-6-18	同上
任春堂	男	-	-	长寿城大巷子	1941-6-18	同上
何杨氏	女	60	-	6保12甲双巷子55	1941-6-20	档案②
敖陈氏	女	35	-	6保12甲双巷子37	1941-6-20	同上
张明修	男	50	-	6保13甲双巷子20	1941-6-20	同上
张刘氏	女	46	-	6保13甲双巷子20	1941-6-20	同上
高青云	男	58	-	6保11甲陈家湾7	1941-6-20	同上
丁华斋	-	40	忠县	忠县	1941-6-26	档案③
张陈氏	女	-	-	南泉新春	1941-6-28	档案④
郑新芳	-	-	-	南泉新春	1941-6-28	同上
马化山	-	-	-	南区马路	1941-6-29	档案⑤
杨树云	-	-	-	南区马路	1941-6-29	同上
李清方	-	-	-	南区马路	1941-6-29	同上
周占荣	-	-	-	南区马路	1941-6-29	同上
褚兰香	-	-	-	南区马路	1941-6-29	同上
周国臣	-	-	-	南区马路	1941-6-29	同上
田又山	-	-	-	南区马路	1941-6-29	同上
夏树清	-	-	-	南区马路	1941-6-29	同上
李绍平	-	-	-	南区马路	1941-6-29	同上
冯世康	-	-	-	南区马路	1941-6-29	同上
邓李氏	-	-	-	南区马路	1941-6-29	同上

①重庆长寿区档案馆档案:1280卷。
②《重庆市第十四区抗战伤亡人民调查表》,《重庆大轰炸档案文献·轰炸经过与人员伤亡》(上),重庆出版社2011年版,第165页。
③《忠县空袭被灾调查登记表》1941年5月17日,四川省档案馆档案:41-9512。
④重庆市档案馆档案:0067-1-947。
⑤《陪都空袭救护委员会振恤处掩埋组造具1941年6月29日——7月10日被炸死亡人口殓埋日报统计表》,转引自唐润明主编:《重庆大轰炸档案文献:轰炸经过与人员伤亡(上)》。

续表

姓名	性别	年龄	籍贯	住址或遇难地点	遇难时间	资料来源
周根生	-	-	-	观音桥	1941-6-29	同上
陈李氏	-	-	-	江北马号街	1941-6-30	同上
傅祝氏	-	-	-	江北马号街	1941-6-30	同上
杨海和	-	-	-	江北马号街	1941-6-30	同上
杨永新	-	-	-	江北马号街	1941-6-30	同上
黄刘氏	-	-	-	江北马号街	1941-6-30	同上
王述云	男	29	-	警察局第十分局	1941-6-30	档案①
易绍德	男	31	-	警察局第十分局	1941-6-30	同上
逯陆氏	女	36	-	中一支路2	1941-6	档案②
逯三娃	男	12	-	中一支路2	1941-6	同上
逯学珍	女	13	-	中一支路2	1941-6	同上
吴昭明	-	36	忠县	忠县	1941-6	档案③
王良成	-	56	梁山	忠县	1941-6	同上
黄□□	-	48	忠县	忠县	1941-6	同上
赵元蓉	-	36	忠县	忠县	1941-6	同上
何正才	-	63	忠县	忠县	1941-6	同上
王炳元	-	56	忠县	忠县	1941-6	同上
陈廷柱	-	9	忠县	忠县	1941-6	同上
牟毛	-	10	忠县	忠县	1941-6	同上
王刘氏	-	56	梁山	忠县	1941-6	同上
汪妹	-	-	-	忠县	1941-6	档案④
王成氏	-	-	-	忠县	1941-6	同上
黄冬林	-	-	-	忠县	1941-6	同上
吴妹	-	-	-	忠县	1941-6	同上

① 重庆市档案馆档案:0061-15-2952。
② 《重庆市第四区公所抗战伤亡人民调查表》,《重庆大轰炸档案文献·轰炸经过与人员伤亡》(上),重庆出版社2011年版,第151页。
③ 四川省档案馆档案:41-9512。
④ 四川省档案馆档案:41-9512。

续表

姓名	性别	年龄	籍贯	住址或遇难地点	遇难时间	资料来源
周大毛	-	-	-	忠县	1941-6	同上
周二毛	-	-	-	忠县	1941-6	同上
周幺毛	-	-	-	忠县	1941-6	同上
吴兴发	-	-	-	忠县	1941-6	同上
毛胡氏	-	-	-	忠县	1941-6	同上
牟二毛	-	-	-	忠县	1941-6	同上
陈友山	-	-	-	忠县	1941-6	同上
陈毛	-	-	-	忠县	1941-6	同上
吴大妹	-	-	-	忠县	1941-6	同上
余树清	-	-	-	忠县	1941-6	同上
桂周氏	-	-	-	忠县	1941-6	同上
龚小水子	-	16	安徽	忠县	1941-6	同上
陈永翔	-	29	湖北	忠县	1941-6	同上
陈静珠	-	26	湖北	忠县	1941-6	同上
陈大毛	-	5	湖北	忠县	1941-6	同上
陈二女	-	1	湖北	忠县	1941-6	同上
陈大女	-	3	湖北	忠县	1941-6	同上
陈思云	-	33	东坡镇	忠县	1941-6	同上
王育之	-	41	忠县	忠县	1941-6	同上
张启贞	女	21	-	18保1甲金蓉巷5号	1941-7-1	档案①
宋瑞阳	男	18	-	18保1甲金蓉巷13号	1941-7-1	同上
周张氏	女	48	-	18保4甲金蓉正街223号	1941-7-1	同上
陈毛娃	男	9	-	18保1甲金蓉巷15号	1941-7-1	同上
唐金玉	女	2	-	化龙桥	1941-7-1	资料②

①《重庆市第十四区抗敌伤亡人民调查表》,《重庆大轰炸档案文献·轰炸经过与人员伤亡》(上),重庆出版社2011年版,第166页。
②周勇、潘洵等:《重庆大轰炸档案文献·证人证言》,重庆出版社2011年版。

续表

姓名	性别	年龄	籍贯	住址或遇难地点	遇难时间	资料来源
邓景州	-	-	-	江北觐阳门	1941-7-4	档案①
刘罗氏	-	-	-	江北觐阳门	1941-7-4	同上
陈大发	-	-	-	江北觐阳门	1941-7-4	同上
陈大泗	-	-	-	江北觐阳门	1941-7-4	同上
萧金州	-	-	-	江北觐阳门	1941-7-4	同上
李万全	-	-	-	江北保定门	1941-7-4	同上
郑黄氏	-	-	-	南岸玄坛庙	1941-7-4	同上
萧绍州	-	-	-	千厮门大码头	1941-7-4	同上
蒋中英	-	-	-	千厮门大码头	1941-7-4	同上
杨德章	-	-	-	千厮门大码头	1941-7-4	同上
张保山	-	-	-	千厮门大码头	1941-7-4	同上
罗友臣	-	-	-	千厮门大码头	1941-7-4	同上
郭青云	-	-	-	千厮门大码头	1941-7-4	同上
谭登五	-	-	-	千厮门大码头	1941-7-4	同上
张兴仁	-	-	-	千厮门大码头	1941-7-4	同上
袁银州	-	-	-	千厮门大码头	1941-7-4	同上
陈显荣	-	-	-	死于第一重伤医院	1941-7-4	同上
何健	-	-	-	回水沟日升当巷	1941-7-5	同上
伍海云	-	-	-	回水沟日升当巷	1941-7-5	同上
张畔农	-	-	-	回水沟日升当巷	1941-7-5	同上
邹王氏	-	-	-	回水沟日升当巷	1941-7-5	同上
周华清	-	-	-	回水沟日升当巷	1941-7-5	同上
曹强富	-	-	-	石桥铺直辖分所辖区内	1941-7-5	档案②
曹书贞	-	-	-	石桥铺直辖分所辖区内	1941-7-5	同上
曹立生	-	-	-	石桥铺直辖分所辖区内	1941-7-5	同上

①《陪都空袭救护委员会振恤处掘埋组造具1941年6月29日——7月10日被炸死亡人口殓埋日报统计表》，转引自唐润明主编：《重庆大轰炸档案文献：轰炸经过与人员伤亡（上）》。
②重庆市档案馆档案：0061-16-3226。

续表

姓名	性别	年龄	籍贯	住址或遇难地点	遇难时间	资料来源
施秀英	-	-	-	石桥铺直辖分所辖区内	1941-7-5	同上
曹海生	-	-	-	石桥铺直辖分所辖区内	1941-7-5	同上
袁炳清	-	-	-	-	1941-7-5	同上
陈德绪	男	-	-	奉节永安镇10保6甲	1941-7-7	档案①
张陈氏	女	-	-	奉节永安镇10保6甲	1941-7-7	同上
沈其明	男	-	-	奉节永安镇10保6甲	1941-7-7	同上
颜胡氏	女	-	-	奉节永安镇10保7甲	1941-7-7	同上
李张氏	女	-	-	奉节永安镇10保7甲	1941-7-7	同上
李甘氏	女	-	-	奉节永安镇10保12甲	1941-7-7	同上
朱家万	男	-	-	奉节永安镇10保13甲	1941-7-7	同上
关作书	男	-	-	奉节永安镇14保	1941-7-7	同上
李正本	男	-	-	奉节永安镇14保2甲	1941-7-7	同上
张杨氏	女	-	-	奉节永安镇16保2甲	1941-7-7	同上
王李氏	女	-	-	奉节永安镇16保2甲	1941-7-7	同上
邹前□	男	-	-	奉节永安镇9保	1941-7-7	同上
陈大善	男	-	-	奉节永安镇9保	1941-7-7	同上
胡明甲	男	-	-	奉节永安镇9保	1941-7-7	同上
熊□林	男	-	-	奉节永安镇9保	1941-7-7	同上
刘吴氏	女	-	-	奉节永安镇9保	1941-7-7	同上
聂维俊	男	-	-	奉节永安镇9保	1941-7-7	同上
郭应秀	女	-	-	奉节永安镇9保	1941-7-7	同上
陶黄氏	女	-	-	奉节永安镇9保	1941-7-7	同上
易兴顺	男	-	-	奉节永安镇9保	1941-7-7	同上
方卢氏	女	-	-	奉节永安镇9保	1941-7-7	同上
无名氏	女	-	-	奉节永安镇9保	1941-7-7	同上
李顺发	男	-	-	奉节永安镇15保	1941-7-7	同上

①《奉节县突袭服务联合办事处报永安镇1941年"七七"被炸死亡姓名册》，四川省档案馆档案：41-9513。

续表

姓名	性别	年龄	籍贯	住址或遇难地点	遇难时间	资料来源
刘徐氏	女	-	-	奉节永安镇15保	1941-7-7	同上
杨茂金	男	-	-	奉节永安镇15保	1941-7-7	同上
沈弟发	男	-	-	奉节永安镇15保	1941-7-7	同上
张杨波	男	-	-	奉节永安镇临时保	1941-7-7	同上
易炳兴	男	-	-	奉节永安镇临时保	1941-7-7	同上
谢文清	男	-	-	奉节永安镇临时保	1941-7-7	同上
兰作舟	男	-	-	小南门	1941-7-7	资料①
邵前金	男	-	-	长顺街	1941-7-7	同上
熊伯林	男	-	-	长顺街	1941-7-7	同上
张周氏	女	-	-	码头上	1941-7-7	同上
张小儿	男	-	-	码头上	1941-7-7	同上
张小女	女	-	-	码头上	1941-7-7	同上
沈第发	男	-	-	码头上	1941-7-7	同上
张扬波	男	-	-	河风溪	1941-7-7	同上
张本溶	男	-	-	-	1941-7-7	资料②
张庆云	男	-	-	黄家垭口武器库防空洞	1941-7-8	档案③
龙云卿	男	-	-	中一路防空壕	1941-7-8	同上
龙王氏	女	-	-	中一路防空壕	1941-7-8	同上
龙小孩	-	-	-	中一路防空壕	1941-7-8	同上
谭清云	男	-	-	中一路防空壕	1941-7-8	同上
谭张氏	女	-	-	中一路防空壕	1941-7-8	同上
马开源	男	-	-	死于第十二重伤医院	1941-7-8	同上
马公时	男	-	-	死于第十二重伤医院	1941-7-8	同上

①《抗战时期的四川·档案史料汇编(中)》,重庆出版社2014年版,第1093页。
②周勇、潘洵:《重庆大轰炸档案文献:证人证言》,重庆出版社2011年版。
③《陪都空袭救护委员会振恤处掩埋组造具1941年6月29日——7月10日被炸死亡人口清理日报统计表》,转引自唐润明主编:《重庆大轰炸档案文献:轰炸经过与人员伤亡(上)》。

续表

姓名	性别	年龄	籍贯	住址或遇难地点	遇难时间	资料来源
陈玉顺	男	62	-	5保16甲马家岩大堰塘	1941-7-9	档案①
张海清	男	52	-	5保17甲马家岩大堰塘	1941-7-9	同上
张小幺妹	女	7	-	5保17甲马家岩大堰塘	1941-7-9	同上
张明修	男	-	-	双巷子张家院（遇难地）	1941-7-9	档案②
夏金山	男	-	-	复兴关新市场	1941-7-10	档案③
李勤方	男	-	-	复兴关新市场	1941-7-10	同上
王子如	男	-	-	复兴关新市场	1941-7-10	同上
卢中华	男	-	-	复兴关新市场	1941-7-10	同上
郑汉章	男	-	-	复兴关新市场	1941-7-10	同上
杨海廷	男	-	-	复兴关新市场	1941-7-10	同上
李世民	男	-	-	第三区第22保石门坎	1941-7-11	档案④
伍海洲	男	-	-	第三区第22保石门坎	1941-7-11	同上
夏吉玉	男	-	-	第三区第22保新通街	1941-7-11	同上
朱崇秀	女	10	-	小龙坎正街216	1941-7-16	档案⑤
高毛	女	14	忠县	忠县	1941-7-27	档案⑥
李喻氏	女	22	忠县	忠县	1941-7-27	同上
喻王氏	女	48	忠县	忠县	1941-7-27	同上
罗石氏	女	43	忠县	忠县	1941-7-27	同上
莫杨氏	女	37	忠县	忠县	1941-7-27	同上
谭明浦	男	-	-	警察局第十分局	1941-7-28	档案⑦

①《重庆市第十四区抗战伤亡人民调查表》，《重庆大轰炸档案文献·轰炸经过与人员伤亡》（上），重庆出版社2011年版，第165页。

②重庆市档案馆档案:0066-1-1156。

③《陪都空袭救护委员会振恤处掩埋组造具1941年6月29日——7月10日被炸死亡人口殓埋日报统计表》，转引自唐润明主编：《重庆大轰炸档案文献:轰炸经过与人员伤亡（上）》。

④《重庆市第三区抗战伤亡人民调查表》，《重庆大轰炸档案文献·轰炸经过与人员伤亡》（上），重庆出版社2011年版，第145页。

⑤《重庆市第十四区抗战伤亡人民调查表》，《重庆大轰炸档案文献·轰炸经过与人员伤亡》（上），重庆出版社2011年版，第165页。

⑥四川省档案馆档案:41-9512。

⑦重庆市档案馆档案:0061-15-2952。

续表

姓名	性别	年龄	籍贯	住址或遇难地点	遇难时间	资料来源
刘金和	男	38	-	19保3甲萬笋沟	1941-7	档案①
冯万才	男	25	-	19保12甲洗布塘	1941-7	同上
易国杨	男	27	-	19保12甲洗布塘	1941-7	同上
陈 明	男	17	-	19保17甲金蓉街后面	1941-7	同上
刘世元	男	46	-	奉节县	1941-7	档案②
李田氏	女	38	-	奉节县	1941-7	同上
李元常	男	59	-	奉节县	1941-8-1	档案③
黄平娃	男	17	-	奉节县	1941-8-1	同上
向刘氏	女	24	-	奉节县	1941-8-1	同上
施陈氏	女	-	-	奉节县	1941-8-1	同上
谭长满	男	60	-	奉节县	1941-8-1	同上
翟毛娃	男	3	-	奉节县	1941-8-1	同上
白妹娃	女	6	-	奉节县	1941-8-1	同上
童世才	-	38	浙江义乌	-	1941-8-1	档案
陈光辉	-	38	四川璧山	-	1941-8-1	同上
张才价	-	28	湖南新化	-	1941-8-1	同上
朱起发	-	38	湖南宝庆	-	1941-8-1	同上
王金才	-	-	-	-	1941-8-1	著作④
杨清白	-	-	-	-	1941-8-1	同上
李国栋	-	-	-	凤溪路下陈家溪	1941-8-8	档案⑤
尹绍全	-	-	-	凤溪路下陈家溪	1941-8-8	同上
张老幺	-	-	-	凤溪路下陈家溪	1941-8-8	同上
杨述云	-	-	-	凤溪路下陈家溪	1941-8-8	同上

①《重庆市第十四区抗敌伤亡人民调查表》,《重庆大轰炸档案文献·轰炸经过与人员伤亡》(上),重庆出版社2011年版,第166页。
②《奉节县人口作废调查表》1941年8月18日,四川省档案馆档案41-9513。
③《奉节县人口作废调查表》1941年8月18日,四川省档案馆档案41-9513。
④陈铭德、邓季惺等著:《〈新民报〉春秋》,重庆出版社1987年版,第123页。
⑤重庆市档案馆档案:0270-1-147。

续表

姓名	性别	年龄	籍贯	住址或遇难地点	遇难时间	资料来源
秦顺友	-	-	-	凤溪路下陈家溪	1941-8-8	同上
徐鸿禄	-	-	-	《中央报》经理部及营业处	1941-8-9	著作①
张刘氏	女	27	-	警察局第十分局	1941-8-8	档案②
王泽民	男	53	-	重庆市警察局第十分局	1941-8-10	同上
陈泽森	男	27	-	重庆市警察局第十分局	1941-8-10	同上
余秀英	男	13	-	重庆市警察局第十分局	1941-8-10	同上
侯国臣	男	28	-	开县温泉镇	1941-8-11	档案③
罗 狗	同上	37	-	开县温泉镇	1941-8-11	同上
胡德厚	同上	42	-	开县温泉镇	1941-8-11	同上
彭德清	同上	48	-	开县温泉镇	1941-8-11	同上
李周氏	女	21	-	开县温泉镇	1941-8-11	同上
邓土猪	男	37	-	开县温泉镇	1941-8-11	同上
万先义	同上	48	-	开县温泉镇	1941-8-11	同上
万大义	同上	35	-	开县温泉镇	1941-8-11	同上
陈清六	同上	51	-	开县温泉镇	1941-8-11	同上
周基安	男	47	-	开县温泉镇	1941-8-11	同上
徐永达	同上	32	-	开县温泉镇	1941-8-11	同上
曾凡贵	同上	28	-	开县温泉镇	1941-8-11	同上
邓世培	同上	39	-	开县温泉镇	1941-8-11	同上
龚祁氏	同上	28	-	开县温泉镇	1941-8-11	同上
刘松柏	男	21	-	开县温泉镇	1941-8-11	同上
余二女	女	12	-	开县温泉镇	1941-8-11	同上
雷双光	男	15	-	开县温泉镇	1941-8-11	同上
邓大光	同上	14	-	开县温泉镇	1941-8-11	同上
邓大女	女	8	-	开县温泉镇	1941-8-11	同上
谢陈氏	同上	52	-	开县温泉镇	1941-8-11	同上

① 王文彬编著:《中国现代报史资料汇辑》,重庆出版社1996年版,第1000—1001页。
② 重庆市档案馆档案:0061-15-2952。
③ (台北)国史馆档案:302-1696。

续表

姓名	性别	年龄	籍贯	住址或遇难地点	遇难时间	资料来源
陈刘氏	同上	48	-	开县温泉镇	1941-8-11	同上
马厚举	男	37	-	开县温泉镇	1941-8-11	同上
熊大元	同上	38	-	开县温泉镇	1941-8-11	同上
向大女	女	8	-	开县温泉镇	1941-8-11	同上
何鼓眼	男	16	-	开县温泉镇	1941-8-11	同上
徐李氏	女	42	-	开县温泉镇	1941-8-11	同上
杨云安	男	38	-	开县温泉镇	1941-8-11	同上
袁汝宽	男	32	-	开县温泉镇	1941-8-11	同上
杨菊香	女	15	-	开县温泉镇	1941-8-11	同上
傅开全	男	34	-	开县温泉镇	1941-8-11	同上
杨王氏	女	36	-	开县温泉镇	1941-8-11	同上
杨猪儿	男	4	-	开县温泉镇	1941-8-11	同上
任光顺	男	43	-	开县温泉镇	1941-8-11	同上
老 向	男	46	-	开县温泉镇	1941-8-11	同上
廖兴明	男	36	-	开县温泉镇	1941-8-11	同上
饶杜氏	女	21	-	开县温泉镇	1941-8-11	同上
李杜氏	女	37	-	开县温泉镇	1941-8-11	同上
谢云朋	男	40	-	第七区5保民乐村26	1941-8-12	档案[1]
谭治明	男	28	-	重庆市警察局第十分局	1941-8-12	档案[2]
龙谢氏	女	48	-	重庆市警察局第十分局	1941-8-12	同上
龙刘氏	女	52	-	重庆市警察局第十分局	1941-8-12	同上
谢云鹏	-	-	-	益世报报社	1941-8-13	著作[3]
李荣江	男	38	巴县	神仙洞街150	1941-8-13	档案[4]

---

[1]《重庆市第七区造具抗战伤亡人民调查表》,《重庆大轰炸档案文献·轰炸经过与人员伤亡》(上),重庆出版社2011年版,第161页。

[2]重庆市档案馆档案:0061-15-2952。

[3]陈铭德、邓季惺等著:《〈新民报〉春秋》,重庆出版社1987年版,第123页。

[4]《重庆市警察第四分局观音岩分驻所辖内八一三被炸180防空洞死伤难胞家属调查表》。重庆市档案馆档案:0053-12-116;0053-12-118。

续表

姓名	性别	年龄	籍贯	住址或遇难地点	遇难时间	资料来源
曹海清	男	42	合川	神仙洞街150	1941-8-13	同上
曹张氏	女	38	合川	神仙洞街150	1941-8-13	同上
曹袖南	女	13	合川	神仙洞街150	1941-8-13	同上
吴王氏	女	26	洪雅	神仙洞街168	1941-8-13	同上
吴朱氏	女	66	巴县	神仙洞街168	1941-8-13	同上
姜王氏	女	48	潼南	神仙洞街168	1941-8-13	同上
姜甘氏	女	22	潼南	神仙洞街168	1941-8-13	同上
姜七娃	男	7	潼南	神仙洞街168	1941-8-13	同上
陈海泉	男	42	合川	神仙洞街168	1941-8-13	同上
陈张氏	女	34	合川	神仙洞街168	1941-8-13	同上
陈小娃	男	1	合川	神仙洞街168	1941-8-13	同上
陈家善	女	15	合川	神仙洞街138	1941-8-13	同上
陈家芝	女	13	合川	神仙洞街168	1941-8-13	同上
陈小女	女	2	合川	神仙洞街168	1941-8-13	同上
赵忠臣	男	30	渠县	神仙洞街186	1941-8-13	同上
陈子清	男	42	顺庆	神仙洞街194	1941-8-13	同上
杨炳云	男	42	江北	神仙洞街198	1941-8-13	同上
刘甫臣	男	28	阳县	神仙洞街204	1941-8-13	同上
张庆云	男	47	巴县	神仙洞街206	1941-8-13	同上
张雨臣	男	52	巴县	神仙洞街213	1941-8-13	同上
张陈氏	女	41	巴县	神仙洞街213	1941-8-13	同上
李家三	女	7	巴县	神仙洞街213	1941-8-13	同上
余梓材	男	36	巴县	神仙洞街220	1941-8-13	同上
余刘氏	女	26	巴县	神仙洞街220	1941-8-13	同上
余秀贞	女	1	巴县	神仙洞街220	1941-8-13	同上
全金廷	男	47	潼南	神仙洞街220	1941-8-13	同上
全田氏	女	42	潼南	神仙洞街220	1941-8-13	同上

续表

姓名	性别	年龄	籍贯	住址或遇难地点	遇难时间	资料来源
全周氏	女	36	潼南	神仙洞街220	1941-8-13	同上
全印奎	男	10	潼南	神仙洞街220	1941-8-13	同上
全远娃	男	3	潼南	神仙洞街220	1941-8-13	同上
戴吴氏	女	22	江北	神仙洞街224	1941-8-13	同上
邱海林	男	48	钢梁	神仙洞街220	1941-8-13	同上
邱徐氏	女	37	钢梁	神仙洞街220	1941-8-13	同上
范成三	男	28	潼南	神仙洞街220	1941-8-13	同上
范刘氏	女	20	潼南	神仙洞街220	1941-8-13	同上
谭青山	男	32	遂宁	神仙洞街222	1941-8-13	同上
谭邓氏	女	29	遂宁	神仙洞街222	1941-8-13	同上
吴大兴	男	13	遂宁	神仙洞街222	1941-8-13	同上
何青云	男	42	武胜	神仙洞街226	1941-8-13	同上
何邓氏	女	30	武胜	神仙洞街226	1941-8-13	同上
何文高	男	6	武胜	神仙洞街226	1941-8-13	同上
刘焕章	男	54	广安	神仙洞街225	1941-8-13	同上
杨炳兴	男	63	合川	神仙洞街223	1941-8-13	同上
杨何氏	女	38	合川	神仙洞街223	1941-8-13	同上
杨桂芳	女	12	合川	神仙洞街223	1941-8-13	同上
杨小女	女	8	合川	神仙洞街223	1941-8-13	同上
杨锡光	男	36	合川	神仙洞街223	1941-8-13	同上
杨周氏	女	30	合川	神仙洞街223	1941-8-13	同上
杨禄发	男	5	合川	神仙洞街223	1941-8-13	同上
秦仁山	男	54	丰都	神仙洞街223	1941-8-13	同上
秦陈氏	女	40	丰都	神仙洞街223	1941-8-13	同上
秦家林	男	4	丰都	神仙洞街223	1941-8-13	同上
秦小娃	男	1	丰都	神仙洞街223	1941-8-13	同上
赵桑氏	女	35	泸县	神仙洞街223	1941-8-13	同上

续表

姓名	性别	年龄	籍贯	住址或遇难地点	遇难时间	资料来源
赵小女	女	2	泸县	神仙洞街223	1941-8-13	同上
彭炳林	男	54	巴县	神仙洞街213	1941-8-13	同上
彭郑氏	女	52	巴县	神仙洞街213	1941-8-13	同上
张德才	男	54	巴县	神仙洞街213	1941-8-13	同上
张周氏	女	35	合川	神仙洞街213	1941-8-13	同上
廖云臣	男	35	江北	神仙洞街213	1941-8-13	同上
廖林氏	女	34	江北	神仙洞街213	1941-8-13	同上
吴松廷	男	51	巴县	神仙洞街213	1941-8-13	同上
吴明贞	女	15	巴县	神仙洞街213	1941-8-13	同上
吴小女	女	3	巴县	神仙洞街213	1941-8-13	同上
钟茂云	男	36	涪陵	神仙洞街213	1941-8-13	同上
李苏氏	女	43	巴县	神仙洞街212	1941-8-13	同上
李国贞	女	13	巴县	神仙洞街212	1941-8-13	同上
苏吴氏	女	20	成都	神仙洞街213	1941-8-13	同上
苏小娃	男	1	成都	神仙洞街213	1941-8-13	同上
王兴臣	男	26	巴县	神仙洞街211	1941-8-13	同上
田王氏	女	22	巴县	神仙洞街211	1941-8-13	同上
陈述森	男	34	潼南	神仙洞街209	1941-8-13	同上
李知全	男	13	潼南	神仙洞街209	1941-8-13	同上
李龙氏	女	49	潼南	神仙洞街209	1941-8-13	同上
刘华涛	男	48	安徽	神仙洞街209	1941-8-13	同上
陈绍元	男	25	浙江	神仙洞街218	1941-8-13	同上
陈邓氏	女	21	巴县	神仙洞街218	1941-8-13	同上
陈石氏	女	48	浙江	神仙洞街218	1941-8-13	同上
陈小娃	男	2	浙江	神仙洞街218	1941-8-13	同上
甘志云	男	29	邻水	神仙洞街218	1941-8-13	同上
廖伯卿	男	46	江北	神仙洞街217	1941-8-13	同上

续表

姓名	性别	年龄	籍贯	住址或遇难地点	遇难时间	资料来源
陈吴氏	女	20	巴县	神仙洞街216	1941-8-13	同上
陈八妹	女	8	巴县	神仙洞街216	1941-8-13	同上
李国瑞	男	45	潼南	神仙洞街215	1941-8-13	同上
李莲春	女	12	潼南	神仙洞街215	1941-8-13	同上
朱张氏	女	24	南京	神仙洞街215	1941-8-13	同上
周张氏	女	37	蓬溪	神仙洞街215	1941-8-13	同上
周才云	男	7	蓬溪	神仙洞街215	1941-8-13	同上
杨之清	男	14	潼南	神仙洞街215	1941-8-13	同上
刘禅如	男	13	潼南	神仙洞街215	1941-8-13	同上
邓张氏	女	36	合川	神仙洞街215	1941-8-13	同上
邓小女	女	1	合川	神仙洞街215	1941-8-13	同上
周李氏	女	23	武胜	神仙洞街215	1941-8-13	同上
高吴氏	女	27	江苏	神仙洞街214	1941-8-13	同上
高小娃	男	1	江苏	神仙洞街214	1941-8-13	同上
李朱氏	女	37	巴县	神仙洞街193	1941-8-13	同上
王楚氏	女	57	巴县	神仙洞街193	1941-8-13	同上
吴梁氏	女	36	贵州	神仙洞街193	1941-8-13	同上
吴明芝	女	12	贵州	神仙洞街193	1941-8-13	同上
秦永庆	男	58	巴县	神仙洞街193	1941-8-13	同上
吕海珊	男	50	江津	神仙洞街193	1941-8-13	同上
吕小女	女	7	江津	神仙洞街193	1941-8-13	同上
傅炳云	男	45	巴县	神仙洞街193	1941-8-13	同上
傅祥安	男	12	巴县	神仙洞街193	1941-8-13	同上
沈陈氏	女	58	浙江	神仙洞街184	1941-8-13	同上
刘戴氏	女	31	江北	神仙洞街134	1941-8-13	同上
刘世顺	男	7	江北	神仙洞街134	1941-8-13	同上
邓罗氏	女	34	武胜	神仙洞街134	1941-8-13	同上

续表

姓名	性别	年龄	籍贯	住址或遇难地点	遇难时间	资料来源
周兴贵	男	24	梁山	神仙洞街231	1941-8-13	同上
周唐氏	女	40	梁山	神仙洞街231	1941-8-13	同上
周黑儿	男	1	巴县	神仙洞街231	1941-8-13	同上
陈培元	男	64	合川	神仙洞街132	1941-8-13	同上
文绍卿	男	41	江津	神仙洞街138	1941-8-13	同上
陶润芝	男	36	遂宁	神仙洞街156	1941-8-13	同上
张岩氏	女	60	合川	神仙洞街168	1941-8-13	同上
赵德荣	男	36	遂宁	神仙洞街14	1941-8-13	同上
李段氏	女	57	涪陵	神仙洞街27	1941-8-13	同上
丁洪氏	女	33	巴县	神仙洞街27	1941-8-13	同上
唐顺臣	男	54	广安	神仙洞街28	1941-8-13	同上
唐王氏	女	47	安居	神仙洞街28	1941-8-13	同上
唐王氏	女	21	广安	神仙洞街28	1941-8-13	同上
冉从德	男	13	江北	神仙洞街28	1941-8-13	同上
蒋姜氏	女	33	江北	神仙洞街28	1941-8-13	同上
蒋国贞	女	8	江北	神仙洞街28	1941-8-13	同上
李　灿	男	40	广安	神仙洞街28	1941-8-13	同上
李张氏	女	30	广安	神仙洞街28	1941-8-13	同上
谢李氏	女	53	巴县	神仙洞街62	1941-8-13	同上
谢大福	男	23	巴县	神仙洞街62	1941-8-13	同上
古蒋氏	女	45	合川	神仙洞街65	1941-8-13	同上
古小女	女	7	合川	神仙洞街65	1941-8-13	同上
王海臣	男	26	合川	神仙洞街78	1941-8-13	同上
孙汉卿	男	39	潼南	神仙洞街28	1941-8-13	同上
孙彭氏	女	34	潼南	神仙洞街28	1941-8-13	同上
舒罗氏	女	39	江津	神仙洞街28	1941-8-13	同上
舒照壁	女	7	永川	神仙洞街28	1941-8-13	同上

续表

姓名	性别	年龄	籍贯	住址或遇难地点	遇难时间	资料来源
杨德明	男	29	合川	神仙洞街34	1941-8-13	同上
杨徐氏	女	24	江北	神仙洞街34	1941-8-13	同上
杨长寿	男	1	巴县	神仙洞街34	1941-8-13	同上
徐正华	女	13	江北	神仙洞街34	1941-8-13	同上
徐六妹	女	4	江北	神仙洞街34	1941-8-13	同上
廖素华	女	32	巴县	神仙洞街34	1941-8-13	同上
邓居如	男	17	巴县	神仙洞街34	1941-8-13	同上
庞国洪	男	17	涪陵	神仙洞街34	1941-8-13	同上
李顺清	男	48	长寿	神仙洞街34	1941-8-13	同上
宋治彬	男	40	遂宁	神仙洞街34	1941-8-13	同上
刘利生	男	62	江北	神仙洞街52	1941-8-13	同上
陈泰吉	男	62	大足	神仙洞街67	1941-8-13	同上
王杨氏	女	49	潼南	神仙洞街65	1941-8-13	同上
王兴禄	男	9	潼南	神仙洞街65	1941-8-13	同上
王兴福	男	6	潼南	神仙洞街65	1941-8-13	同上
邹杜氏	女	40	南充	神仙洞街13	1941-8-13	同上
魏小女	女	4	铜梁	神仙洞街13	1941-8-13	同上
黄炳兴	男	57	江北	神仙洞街13	1941-8-13	同上
黄九九	男	5	江北	神仙洞街13	1941-8-13	同上
何云臣	男	22	巴县	神仙洞街13	1941-8-13	同上
周松浪	男	35	江苏	神仙洞街212	1941-8-13	同上
魏吉祥	男	45	-	神仙洞街173	1941-8-13	同上
夏梁臣	男	35	-	神仙洞街173	1941-8-13	同上
傅炳元	男	60	-	神仙洞街193	1941-8-13	同上
傅祥宗	男	16	-	神仙洞街193	1941-8-13	同上
傅祥华	男	8	-	神仙洞街193	1941-8-13	同上
傅祥英	男	16	-	神仙洞街193	1941-8-13	同上

续表

姓名	性别	年龄	籍贯	住址或遇难地点	遇难时间	资料来源
李宋氏	女	40	-	神仙洞街193	1941-8-13	同上
杨炳荣	男	50	-	神仙洞街193	1941-8-13	同上
吕海山	男	54	-	神仙洞街193	1941-8-13	同上
吕家少	男	8	-	神仙洞街193	1941-8-13	同上
秦永廷	男	60	-	神仙洞街193	1941-8-13	同上
王嫂	女	63	-	神仙洞街193	1941-8-13	同上
张庆云	男	47	-	神仙洞街105	1941-8-13	同上
张秀敏	女	24	-	神仙洞街205	1941-8-13	同上
孙冶顺	男	52	-	神仙洞街205	1941-8-13	同上
杨炳兴	男	61	-	神仙洞街227	1941-8-13	同上
杨何氏	女	40	-	神仙洞街227	1941-8-13	同上
杨锡光	男	35	-	神仙洞街227	1941-8-13	同上
杨德明	男	28	-	神仙洞街227	1941-8-13	同上
杨邹氏	女	30	-	神仙洞街227	1941-8-13	同上
杨徐氏	女	20	-	神仙洞街227	1941-8-13	同上
杨桂芳	女	8	-	神仙洞街227	1941-8-13	同上
杨淑芳	女	10	-	神仙洞街227	1941-8-13	同上
杨之华	男	4	-	神仙洞街227	1941-8-13	同上
周张氏	女	35	-	神仙洞街305	1941-8-13	同上
周方华	男	6	-	神仙洞街305	1941-8-13	同上
周方荣	男	3	-	神仙洞街305	1941-8-13	同上
张淑琴	女	34	-	神仙洞街248	1941-8-13	同上
黄云成	男	50	-	警察局第十分局	1941-8-13	档案①
黄德明	男	18	-	警察局第十分局	1941-8-13	同上
黄唐氏	女	38	-	警察局第十分局	1941-8-13	同上
黄陈氏	女	14	-	警察局第十分局	1941-8-13	同上
曹老么	男	24	-	警察局第十分局	1941-8-14	同上

①重庆市档案馆档案:0061-15-2952。

续表

姓名	性别	年龄	籍贯	住址或遇难地点	遇难时间	资料来源
徐长生	男	4	-	警察局第十分局	1941-8-14	同上
邓子武	男	-	-	-	1941-8-13	档案①
孙又明之父	男	-	-	-	1941-8-13	同上
朱吉普之妻	女	-	-	-	1941-8-13	同上
张寅生	男	-	-	-	1941-8-13	同上
刘宜忠	男	-	-	-	1941-8-13	同上
张徐氏	女	39	江苏江宁	重庆南岸铜元局	1941-8-13	档案②
张翠英	女	10	江苏江宁	重庆南岸铜元局	1941-8-13	同上
张长华	男	8	江苏江宁	重庆南岸铜元局	1941-8-13	同上
张长富	男	6	江苏江宁	重庆南岸铜元局	1941-8-13	同上
邓胡氏	女	43	四川巴县	重庆南岸铜元局	1941-8-13	同上
邓发源	男	18	四川巴县	重庆南岸铜元局	1941-8-13	同上
刘张氏	女	48	四川巴县	重庆南岸铜元局	1941-8-13	同上
朱何氏	女	48	四川巴县	重庆南岸铜元局	1941-8-13	同上
孙春全	-	40	湖北黄冈	重庆南岸铜元局	1941-8-13	同上
张凤英	-	18	江苏**	重庆南岸铜元局	1941-8-13	同上
詹国臣	-	28	四川巴县	重庆南岸铜元局	1941-8-13	同上
魏国志	-	32	梁山	忠县	1941-8-14	档案③
汪安珍	女	36	-	开县城厢镇	1941-8-17	档案④
汪唐氏	女	32	-	开县城厢镇	1941-8-17	同上
刘德明	男	21	-	开县城厢镇	1941-8-17	同上
陈立才	男	35	-	开县城厢镇	1941-8-17	同上
汪世福	男	45	-	开县城厢镇	1941-8-17	同上
陈树儿	男	3	-	开县城厢镇	1941-8-17	同上

①重庆市档案馆档案:0175-1-927。
②唐润明主编:《重庆大轰炸档案文献·财产损失(军工企业部分)》,重庆出版社2013年版。
③《忠县空袭被灾人领款表》,1941年8月15日,四川省档案馆档案:41-9512。
④(台北)国史馆档案:302-1696。

续表

姓名	性别	年龄	籍贯	住址或遇难地点	遇难时间	资料来源
王秀光	男	4	-	开县城厢镇	1941-8-17	同上
陈王氏	女	63	-	开县城厢镇	1941-8-17	同上
梁宗平	男	13	-	开县城厢镇	1941-8-17	同上
彭明玉	男	13	-	开县城厢镇	1941-8-17	同上
朱元海	男	40	-	开县城厢镇	1941-8-17	同上
朱刘氏	女	37	-	开县城厢镇	1941-8-17	同上
朱恒三	男	2	-	开县城厢镇	1941-8-17	同上
黄兴长	男	30	-	开县城厢镇	1941-8-17	同上
雷聘九	男	50	-	开县城厢镇	1941-8-17	同上
雷英伯	男	22	-	开县城厢镇	1941-8-17	同上
戴泽之	男	36	-	开县城厢镇	1941-8-17	同上
彭胡氏	女	30	-	开县城厢镇	1941-8-17	同上
李仲景	男	55	-	开县城厢镇	1941-8-17	同上
李小妹	女	8	-	开县城厢镇	1941-8-17	同上
陈张氏	女	61	-	开县城厢镇	1941-8-17	同上
陈忠秀	女	5	-	开县城厢镇	1941-8-17	同上
王陈氏	女	60	-	开县城厢镇	1941-8-17	同上
陈杨春	男	2	-	开县城厢镇	1941-8-17	同上
陈二姐	女	30	-	开县城厢镇	1941-8-17	同上
杨唐氏	女	38	-	开县城厢镇	1941-8-17	同上
曾月三	男	18	-	开县城厢镇	1941-8-17	同上
刘彭氏	女	30	-	开县城厢镇	1941-8-17	同上
刘曾氏	女	27	-	开县城厢镇	1941-8-17	同上
李宏富	男	35	-	开县城厢镇	1941-8-17	同上
王李氏	女	32	-	开县城厢镇	1941-8-17	同上
郑颜氏	女	58	-	开县城厢镇	1941-8-17	同上
向胡氏	女	69	-	开县城厢镇	1941-8-17	同上

续表

姓名	性别	年龄	籍贯	住址或遇难地点	遇难时间	资料来源
蒋大班	男	30	-	开县城厢镇	1941-8-17	同上
张树三	男	12	-	开县城厢镇	1941-8-17	同上
向王氏	女	39	-	开县城厢镇	1941-8-17	同上
程康氏	女	30	-	开县城厢镇	1941-8-17	同上
程一新	男	8	-	开县城厢镇	1941-8-17	同上
王程氏	女	50	-	开县城厢镇	1941-8-17	同上
周王氏	女	43	-	开县城厢镇	1941-8-17	同上
蔡倪氏	女	35	-	开县城厢镇	1941-8-17	同上
蔡元芝	女	18	-	开县城厢镇	1941-8-17	同上
蔡全香	女	14	-	开县城厢镇	1941-8-17	同上
陈范氏	女	37	-	开县城厢镇	1941-8-17	同上
王云山	男	31	-	开县城厢镇	1941-8-17	同上
何王氏	女	22	-	开县城厢镇	1941-8-17	同上
张树福	男	27	-	开县城厢镇	1941-8-17	同上
谭宗炳	男	58	-	开县城厢镇	1941-8-17	同上
郭树清	男	8	-	开县城厢镇	1941-8-17	同上
吴春元	男	65	-	开县城厢镇	1941-8-17	同上
蒋秉青	男	41	-	开县城厢镇	1941-8-17	同上
段吉全	男	6	-	开县城厢镇	1941-8-17	同上
王道菊	女	9	-	开县城厢镇	1941-8-17	同上
刘游氏	女	68	-	开县城厢镇	1941-8-17	同上
周李氏	女	40	-	开县城厢镇	1941-8-17	同上
张树贞	女	13	-	开县城厢镇	1941-8-17	同上
张　么	女	33	-	开县城厢镇	1941-8-17	同上
鄢孟平	男	59	-	开县城厢镇	1941-8-17	同上
鄢安安	男	7	-	开县城厢镇	1941-8-17	同上
何郭氏	女	24	-	开县城厢镇	1941-8-17	同上

续表

姓名	性别	年龄	籍贯	住址或遇难地点	遇难时间	资料来源
胡安扬	男	19	-	开县城厢镇	1941-8-17	同上
潘贺氏	女	32	-	开县城厢镇	1941-8-17	同上
王继和	男	40	-	开县城厢镇	1941-8-17	同上
饶杜氏	女	40	-	开县城厢镇	1941-8-17	同上
陈秋林	男	9	-	开县城厢镇	1941-8-17	同上
唐赵氏	女	30	-	开县城厢镇	1941-8-17	同上
王纪玉	女	15	-	开县城厢镇	1941-8-17	同上
李开贵	男	20	-	开县城厢镇	1941-8-17	同上
杨明德	男	36	-	开县城厢镇	1941-8-17	同上
杨八英	女	16	-	开县城厢镇	1941-8-17	同上
秦自才	男	30	-	开县城厢镇	1941-8-17	同上
杨志尧	男	25	-	开县城厢镇	1941-8-17	同上
赵德寿	男	24	-	开县城厢镇	1941-8-17	同上
鄢孟屏	男	-	-	-	1941-8-17	资料①
鄢小清五表叔	-	-	-	鲍家巷	1941-8-17	同上
朱冉氏	-	60	忠县	忠县	1941-8-19	档案②
朱 川	-	10	忠县	忠县	1941-8-19	同上
张 道	-	14	忠县	忠县	1941-8-19	同上
周达祥	-	59	忠县	忠县	1941-8-19	同上
吴正宽	-	52	忠县	忠县	1941-8-19	同上
陈潘氏	-	53	忠县	忠县	1941-8-19	同上
叶天明	-	42	忠县	忠县	1941-8-19	同上
李王氏	-	55	忠县	忠县	1941-8-19	同上
王何氏	-	75	忠县	忠县	1941-8-19	同上
王范氏	-	51	忠县	忠县	1941-8-19	同上

①周勇、潘洵:《重庆大轰炸档案文献:证人证言》,重庆出版社2011年版。
②《忠县空袭被灾人领款表》,1941年8月19日,四川省档案馆档案:41-9512。

续表

姓名	性别	年龄	籍贯	住址或遇难地点	遇难时间	资料来源
陈青云	-	-	-	-	1941-8-22	档案①
刘志舟	-	-	-	-	1941-8-22	同上
邱绍卿	-	-	-	民俗轮巫山青石洞水域航行中被日机轰炸沉没	1941-8-22	文献
李晖汉	-	-	-	民俗轮遇难船员	1941-8-22	同上
王炳荣	-	-	-	民俗轮遇难船员	1941-8-22	同上
陈志昌	-	-	-	民俗轮遇难船员	1941-8-22	同上
陈新阶	-	-	-	民俗轮遇难船员	1941-8-22	同上
龙海云	-	-	-	民俗轮遇难船员	1941-8-22	同上
熊道新	-	-	-	民俗轮遇难船员	1941-8-22	同上
李元茂	-	-	-	民俗轮遇难船员	1941-8-22	同上
潘楚金	-	-	-	民俗轮遇难船员	1941-8-22	同上
杨培元	-	-	-	民俗轮遇难船员	1941-8-22	同上
李太元	-	-	-	民俗轮遇难船员	1941-8-22	同上
熊安乐	-	-	-	民俗轮遇难船员	1941-8-22	同上
邱宝定	-	-	-	民俗轮遇难船员	1941-8-22	同上
徐伯臣	-	-	-	民俗轮遇难船员	1941-8-22	同上
倪臣相	-	-	-	民俗轮遇难船员	1941-8-22	同上
张民丰	-	-	-	民俗轮遇难船员	1941-8-22	同上
陈禺延	-	-	-	民俗轮遇难船员	1941-8-22	同上
薛敬利	-	-	-	民俗轮遇难船员	1941-8-22	同上
黄连清	-	-	-	民俗轮遇难船员	1941-8-22	同上
杨海廷	-	-	-	民俗轮遇难船员	1941-8-22	同上
罗绍轩	-	-	-	民俗轮遇难船员	1941-8-22	同上
刘树荣	-	-	-	民俗轮遇难船员	1941-8-22	同上
陶国斋	-	-	-	民俗轮遇难船员	1941-8-22	同上
邓全德	-	-	-	民俗轮遇难船员	1941-8-22	同上

①重庆市档案馆档案:0053-12-132。

续表

姓名	性别	年龄	籍贯	住址或遇难地点	遇难时间	资料来源
邓国祥	-	-	-	民俗轮遇难船员	1941-8-22	同上
徐寿廷	-	-	-	民俗轮遇难船员	1941-8-22	同上
戴子谦	-	-	-	民俗轮遇难船员	1941-8-22	同上
朱一鸣	-	-	-	民俗轮遇难船员	1941-8-22	同上
杨全盛	-	-	-	民俗轮遇难船员	1941-8-22	同上
唐泽民	-	-	-	民俗轮遇难船员	1941-8-22	同上
袁文彬	-	-	-	民俗轮遇难船员	1941-8-22	同上
彭协华	-	-	-	民俗轮遇难船员	1941-8-22	同上
罗光楷	-	-	-	民俗轮遇难船员	1941-8-22	同上
戴如概	-	-	-	民俗轮遇难船员	1941-8-22	同上
邹国祥	-	-	-	民俗轮遇难船员	1941-8-22	同上
曾国祥	-	-	-	民俗轮遇难船员	1941-8-22	同上
申志忱	-	-	-	民俗轮遇难船员	1941-8-22	同上
曹 述	-	-	-	民俗轮遇难船员	1941-8-22	同上
张更新	-	-	-	民俗轮遇难船员	1941-8-22	同上
李坤山	-	-	-	民俗轮遇难船员	1941-8-22	同上
谢海清	-	-	-	民俗轮遇难船员	1941-8-22	同上
孙铭钦	-	-	-	民俗轮遇难船员	1941-8-22	同上
刘让修	-	-	-	民俗轮遇难船员	1941-8-22	同上
戴清云	-	-	-	民俗轮遇难船员	1941-8-22	同上
戴鸣和	-	-	-	民俗轮遇难船员	1941-8-22	同上
王金山	-	-	-	民俗轮遇难船员	1941-8-22	同上
殷国庆	-	-	-	民俗轮遇难船员	1941-8-22	同上
戴长发	-	-	-	民俗轮遇难船员	1941-8-22	同上
田焕章	-	-	-	民俗轮遇难船员	1941-8-22	同上
周树荣	-	-	-	民俗轮遇难船员	1941-8-22	同上
杨明俊	-	-	-	民俗轮遇难船员	1941-8-22	同上

续表

姓名	性别	年龄	籍贯	住址或遇难地点	遇难时间	资料来源
杨明会	-	-	-	民俗轮遇难船员	1941-8-22	同上
邓金山	-	-	-	民俗轮遇难船员	1941-8-22	同上
秦海泉	-	-	-	民俗轮遇难船员	1941-8-22	同上
张兴高	-	-	-	民俗轮遇难船员	1941-8-22	同上
黄少轩	-	-	-	民俗轮遇难船员	1941-8-22	同上
唐荣华	-	-	-	民俗轮遇难船员	1941-8-22	同上
雷成甫	-	-	-	民俗轮遇难船员	1941-8-22	同上
邓其训	-	-	-	民俗轮遇难船员	1941-8-22	同上
李仲书	-	-	-	民俗轮遇难船员	1941-8-22	同上
李光荣	-	-	-	民俗轮遇难船员	1941-8-22	同上
王荣宗	-	-	-	民俗轮遇难船员	1941-8-22	同上
邱绍卿	-	-	-	民俗轮遇难船员	1941-8-22	同上
陈天星	-	-	-	民俗轮遇难船员	1941-8-22	同上
夏禹舟	-	-	-	民俗轮遇难船员	1941-8-22	同上
袁乐兴	-	-	-	民俗轮遇难船员	1941-8-22	同上
刘益三	-	-	-	民俗轮遇难船员	1941-8-22	同上
徐耀光	-	-	-	民俗轮遇难船员	1941-8-22	同上
沈文品	-	-	-	民俗轮遇难船员	1941-8-22	同上
徐国良	-	-	-	民俗轮遇难船员	1941-8-22	同上
龚吉云	-	-	-	民俗轮遇难船员	1941-8-22	同上
赵盛荣	男	-	-	湖北巴东青石洞	1941-8-22	资料①
姚占元	男	-	-	湖北巴东青石洞	1941-8-22	同上
程其麟	男	-	-	湖北巴东青石洞	1941-8-22	同上
罗光发	男	-	-	湖北巴东青石洞	1941-8-22	同上
陶润之	男	35	-	神仙洞街156	1941-8-23	档案②

① 周勇、潘洵:《重庆大轰炸档案文献:证人证言》,重庆出版社2011年版。
②《重庆市第四区公所抗战伤亡人民调查表》,《重庆大轰炸档案文献·轰炸经过与人员伤亡》(上),重庆出版社2011年版,第148—152页。

续表

姓名	性别	年龄	籍贯	住址或遇难地点	遇难时间	资料来源
刘郑氏	女	30	-	神仙洞街158	1941-8-23	同上
刘长寿	女	3	-	神仙洞街158	1941-8-23	同上
丁熊氏	女	-	-	云阳县城	1941-8-24	档案①
丁小儿	男	-	-	云阳县城	1941-8-24	同上
罗小儿	男	-	-	云阳县城	1941-8-24	同上
蒲罗氏	女	-	-	云阳县城	1941-8-24	同上
郝余氏	女	-	-	云阳县城	1941-8-24	同上
贺黄氏	女	-	-	云阳县城	1941-8-24	同上
贺文秀	女	-	-	云阳县城	1941-8-24	同上
谢甫臣	男	-	-	云阳县城	1941-8-24	同上
龙杨松	男	-	-	云阳县城	1941-8-24	同上
向义和	男	-	-	云阳县城	1941-8-24	同上
杨 氏	女	-	-	云阳县城	1941-8-24	同上
侯士光	男	-	-	云阳县城	1941-8-24	同上
谢陈氏	女	-	-	云阳县城	1941-8-24	同上
谢小儿	男	-	-	云阳县城	1941-8-24	同上
王袁氏	女	-	-	云阳县城	1941-8-24	同上
楚文和	男	-	-	云阳县城	1941-8-24	同上
楚钟氏	女	-	-	云阳县城	1941-8-24	同上
张学富	男	-	-	云阳县城	1941-8-24	同上
李天有	男	-	-	云阳县城	1941-8-24	同上
余孟生	男	-	-	云阳县城	1941-8-24	同上
熊老娘	女	-	-	云阳县城	1941-8-24	同上
傅光明	男	-	-	云阳县城	1941-8-24	同上
朱万钟	男	-	-	云阳县城	1941-8-24	同上
朱万钟妻	女	-	-	云阳县城	1941-8-24	同上

①重庆市云阳县档案馆档案:3-2-1227。

续表

姓名	性别	年龄	籍贯	住址或遇难地点	遇难时间	资料来源
谭老娘	女	-	-	云阳县城	1941-8-24	同上
张西文	男	-	-	云阳县城	1941-8-24	同上
谯昌荣	男	-	-	云阳县城	1941-8-24	同上
张家才	男	-	-	云阳县城	1941-8-24	同上
余子清	男	-	-	云阳县城	1941-8-24	同上
李庭信	男	-	-	云阳县城	1941-8-24	同上
颜正三	男	-	-	云阳县城	1941-8-24	同上
方正六	男	-	-	云阳县城	1941-8-24	同上
方正六子	男			云阳县城	1941-8-24	同上
周家正	男	-	-	云阳县城	1941-8-24	同上
谭云和	男	-	-	云阳县城	1941-8-24	同上
彭兴良	男	-	-	云阳县城	1941-8-24	同上
王家伙夫	男	-	-	云阳县城	1941-8-24	同上
吴云三	男	-	-	云阳县城	1941-8-24	同上
牟之芬	女	-	-	云阳县城	1941-8-24	同上
李祥云	男	-	-	云阳县城	1941-8-24	同上
赖云廷弟	男	-	-	云阳县城	1941-8-24	同上
覃恒栋	男	-	-	云阳县城	1941-8-24	同上
黄冉氏	女	-	-	云阳县城	1941-8-24	同上
何贺氏	女	-	-	云阳县城	1941-8-24	同上
邓祖全母	女	-	-	云阳县城	1941-8-24	同上
陈□氏	女	-	-	云阳县城	1941-8-24	同上
刘张氏	女	-	-	云阳县城	1941-8-24	同上
李四娃	女	-	-	云阳县城	1941-8-24	同上
张希元	-	50	云阳	云阳县城	1941-8-24	档案①

①重庆市云阳县档案馆档案:3-6-1384。

续表

姓名	性别	年龄	籍贯	住址或遇难地点	遇难时间	资料来源
张元春	-	21	云阳	云阳县城	1941-8-24	同上
李胡子	女	-	-	云阳县城	1941-8-29	档案①
全小娃	男	-	-	云阳县城	1941-8-29	同上
全小妹	女	-	-	云阳县城	1941-8-29	同上
姚松柏	男	-	-	云阳县城	1941-8-29	同上
姚小娃	女	-	-	云阳县城	1941-8-29	同上
聂小娃	男	-	-	云阳县城	1941-8-29	同上
林昌富	男	-	-	云阳县城	1941-8-29	同上
杨郭氏	女	-	-	云阳县城	1941-8-29	同上
杨精益	-	-	-	四川省立教育学院	1941-8-30	档案②
唐班长	-	-	-	黄山蒋介石卫士班	1941-8-30	档案
便衣卫士	-	-	-	-	1941-8-30	档案
刘焕章	男	65	-	警察局第十三分局高滩岩	1941-8-30	档案③
谢明贵	男	65	-	警察局第十三分局高滩岩	1941-8-30	同上
田耀卿	男	52	-	警察局第十三分局高滩岩	1941-8-30	同上
李子龙	男	52	-	警察局第十三分局高滩岩	1941-8-30	同上
龙金甫	男	65	-	警察局第十三分局高滩岩	1941-8-30	同上
陈其书	男	52	-	警察局第十三分局高滩岩	1941-8-30	同上
田小凤	女	52	-	警察局第十三分局高滩岩	1941-8-30	同上
庞官氏	女	63	-	警察局第十三分局高滩岩	1941-8-30	同上
何廉之子	-	-	-	-	1941-8-31	文献④

①重庆市云阳县档案馆档案:3-2-994。
②国民政府教育部档案,《四川省立教育学院院长颜欸呈报被炸损失及维修购置计划仰祈鉴核惠拨巨款救济员工损失由》,中国第二历史档案馆档案:5-847。
③重庆市档案馆档案:0061-16-3226。
④《翁文灏日记》,转引自李学通:《国命阽危我独嗟——〈翁文灏日记〉中的重庆大轰炸》,《给世界以和平——重庆大轰炸暨日军侵华暴行国际学术讨论会论文集》,重庆出版社2008年10月。

续表

姓名	性别	年龄	籍贯	住址或遇难地点	遇难时间	资料来源
魏尧卿	男	28	-	重庆市警察局第十分局	1941-8-31	档案①
邢吉定	男	18	-	重庆市警察局第十分局	1941-8-31	同上
邢长生	男	9	-	重庆市警察局第十分局	1941-8-31	同上
赵海廷	男	64	-	重庆市警察局第十分局	1941-8-31	同上
赵幺姑	女	18	-	重庆市警察局第十分局	1941-8-31	同上
魏张氏	女	39	-	重庆市警察局第十分局	1941-8-31	同上
郑赵氏	女	59	-	重庆市警察局第十分局	1941-8-31	同上
魏延氏	女	25	-	重庆市警察局第十分局	1941-8-31	同上
魏小妹	女	5	-	重庆市警察局第十分局	1941-8-31	同上
郑书友	男	-	-	梁平县城的北门	1941-8	资料②
郑梅书	女	-	-	梁平县城的北门	1941-8	同上
杨栋成	男	-	-	梁平县城的北门	1941-8	同上
郑彦化	女	-	-	梁平县城枝园树院子	1941-8	同上
张国瑞	男	-	-	重庆会仙桥"求天宝"银楼	1941-8-底	同上
许尚银	-	35	云阳	云阳县城	1941-8	档案③
朱开福	-	32	云阳	云阳县城	1941-8	同上
赵胜义	-	-	-	云阳县城	1941-8	同上
侯世先	-	27	云阳	云阳县城	1941-8	同上
唐顺元	-	25	云阳	云阳县城	1941-8	同上
梁廖氏	女	32	-	丰都	1941-8	档案④
梁大毛	男	14	-	丰都	1941-8	同上
李胡氏	女	28	-	丰都	1941-8	同上
殷王氏	女	66	-	丰都	1941-8	同上
殷湛氏	女	24	-	丰都	1941-8	同上

---

① 重庆市档案馆档案:0061-15-2952。
② 周勇、潘洵:《重庆大轰炸档案文献·证人证言》,重庆出版社2011年版。
③ 重庆市云阳县档案馆档案:3-6-1384。
④ 《抗战时期的四川·档案史料汇编(中)》,重庆出版社2014年版,第1127—1128页。

续表

姓名	性别	年龄	籍贯	住址或遇难地点	遇难时间	资料来源
陈素平	男	21	-	丰都	1941-8	同上
殷王氏	女	28	-	丰都	1941-8	同上
李海庆	-	39	湖北汉阳	-	1941-9-1	档案①
张李氏	女	-	-	重庆市南岸大兴场中街	1941-9-13	资料②
宋子祥	男	-	-	重庆市南岸大兴场中街	1941-9-13	同上
杨德安大儿媳	女	-	-	重庆市南岸大兴场中街	1941-9-13	同上
杨德安二儿子	男	-	-	重庆市南岸大兴场中街	1941-9-13	同上
付顺海夫妇	-	-	-	重庆市南岸大兴场中街	1941-9	同上
修钟表夫妇	-	-	-	重庆市南岸大兴场中街	1941-9	同上
陈国清妻	女	-	-	重庆市南岸大兴场中街	1941-9	同上
黄正秀婆婆	女	-	-	重庆北碚黄桷镇王家花园龙井王晏平	1941-10-10	同上
黄正秀五弟	男	-	-	重庆北碚黄桷镇王家花园龙井王晏平	1941-10-10	同上
崔香玉子	男	-	-	重庆涪陵	1941	资料③
杨玉青长子	男	-	-	重庆小龙坎	1941	同上
陈元善	男	-	-	涪陵县城	1941	档案④
余兴谟	男	-	-	涪陵县城	1941	同上
汪致文	男	-	-	涪陵县城	1941	同上
陈周氏	女	80	-	万县聚鱼沱	1943-3-16	档案⑤
刘兴五	男	40	-	万县聚鱼沱	1943-3-16	同上

①唐润明主编:《重庆大轰炸档案文献·财产损失(军工企业部分)》,重庆出版社2013年版。
②周勇、潘洵:《重庆大轰炸档案文献:证人证言》,重庆出版社2011年版。
③李丹柯:《女性、战争与回忆:35位重庆妇女的抗战讲述》,重庆出版社2015年版。
④重庆市涪陵区档案馆档案:J010-1-585。
⑤《抗战时期的四川·档案史料汇编(中)》,重庆出版社2014年,第1135—1136页。

续表

姓名	性别	年龄	籍贯	住址或遇难地点	遇难时间	资料来源
赵世美	男	46	—	万县聚鱼沱	1943-3-16	同上
赵大妹	女	12	万县	万县聚鱼沱	1943-3-16	同上
赵小妹	女	10	万县	万县聚鱼沱	1943-3-16	同上
黎大云	女	30	万县	万县聚鱼沱	1943-3-16	同上
敖领江	男	67	万县	万县聚鱼沱	1943-3-16	同上
李王氏	女	44	万县	万县聚鱼沱	1943-3-16	同上
魏太民	男	57	万县	万县聚鱼沱	1943-3-16	同上
晏登云	男	70	万县	万县沙嘴河坝	1943-3-16	同上
张长发	男	32	万县	万县沙嘴河坝	1943-3-16	同上
李向氏	女	40	万县	万县沙嘴河坝	1943-3-16	同上
杨刘氏	女	29	万县	万县草盘石	1943-3-16	同上
王世显	男	41	万县	万县草盘石	1943-3-16	同上
陈明发	男	32	万县	万县草盘石	1943-3-16	同上
陈帮富	男	60	万县	万县草盘石	1943-3-16	同上
姚永田	男	33	万县	万县草盘石	1943-3-16	同上
牟长福	男	28	万县	万县草盘石	1943-3-16	同上
罗其贵	男	36	万县	万县草盘石	1943-3-16	同上
黎永才	男	31	万县	万县草盘石	1943-3-16	同上
向之田	男	37	万县	万县草盘石	1943-3-16	同上
冉崇州	男	20	万县	万县草盘石	1943-3-16	同上
向云鹏	男	—	—	夫子池隧道(遇难地)	1943-5-29	档案①
杨少清妻	女	—	—	夫子池隧道	1943-5-29	同上
钟小妹	女	—	—	夫子池隧道	1943-5-29	同上

①《重庆市防护团造呈夫子池隧道拥挤踏死及受伤民众调查表》,重庆市档案馆档案:0053-12-115。

续表

姓名	性别	年龄	籍贯	住址或遇难地点	遇难时间	资料来源
何德福	-	-	-	梁山县	1943-6-6	档案①
首王氏	-	-	-	梁山县	1943-6-6	同上
廖老娘	-	-	-	梁山县	1943-6-6	同上
刘吉珍大姐双胞胎女儿	女	-	-	万县高庙子	1943-8-22	资料②
梁晓之	男	-	-	磐溪水坝内	1943-8-23	资料③
孙福林	-	-	-	梁山县城	1944-5-29	档案④
张世昌	男	55	-	第4区8保1甲	未详	档案⑤
靳世清	男	46	-	施母亭6号	未详	同上
雷桂林	男	42	-	重庆市警察局辖区	未详	档案⑥
袁治章	男	41	-	重庆市警察局辖区	未详	同上
赖志成	男	18	-	重庆市警察局辖区	未详	同上
杨罗氏	女	30	-	重庆市警察局辖区	未详	同上
王远全	男	22	-	重庆市警察局辖区	未详	同上
徐忠友	男	13	-	重庆市警察局辖区	未详	同上
刘绍清	男	34	-	重庆市警察局辖区	未详	同上
李华清	女	10	-	重庆市警察局辖区	未详	同上
唐茂生	男	32	-	重庆市警察局辖区	未详	同上
唐叶氏	女	51	-	重庆市警察局辖区	未详	同上
谢金山	男	49	-	重庆市警察局辖区	未详	同上
谢尹氏	女	48	-	重庆市警察局辖区	未详	同上

①四川省档案馆档案:41-6156;郭廷以著:《中华民国史事日志》第四册,(台北)中研院近代史研究所1985年版,第243页。中共梁平县委党史研究室编:《梁平县抗战资料选编》,第83页,中国文史出版社2008年11月。
②周勇、潘洵:《重庆大轰炸档案文献·证人证言》,重庆出版社2011年版。
③周勇、潘洵:《重庆大轰炸档案文献·证人证言》,重庆出版社2011工。
④重庆市梁平县档案馆档案:民政科1-2-28。
⑤《重庆市第四区公所抗战伤亡人民调查表》,《重庆大轰炸档案文献·轰炸经过与人员伤亡》(上),重庆出版社2011年版,第152页。
⑥重庆市档案馆档案:0061-15-4007。

续表

姓名	性别	年龄	籍贯	住址或遇难地点	遇难时间	资料来源
吴银章	男	37	-	重庆市警察局辖区	未详	同上
唐晓南	-	-	-	-	未详	档案①
刘华全	-	-	-	-	未详	同上
张作斌	-	-	-	-	未详	同上
周世昌	-	-	-	-	未详	同上
胡陈氏	女	-	-	-	未详	同上
陈延富	男	-	-	-	未详	档案②
李朝全	女	-	-	-	未详	同上
李朝友	男	-	-	-	未详	同上
李朝权	女	-	-	-	未详	同上
徐荣隆	-	-	-	罗家坝	未详	档案③
彭 广	-	-	-	涪陵	未详	档案④
刘群英子	男	-	-	重庆	未详	资料⑤
刘群英女	女	-	-	重庆	未详	同上
李素华子	男	-	-	重庆市区	未详	同上
李素华女	女	-	-	重庆市区	未详	同上
秦克玲之外婆	女	60	-	重庆七星岗水塔下兴隆街	未详	资料⑥
关善举之三位哥姐	-	-	-	-	未详	同上
晏子珍之三个孩子	-	-	-	-	未详	同上

①重庆市档案馆档案:0061-154511:1:2
②重庆市档案馆档案:0066-1-44。
③重庆市档案馆档案:社会局-12-65。
④四川省档案馆档案:0193-2-427。
⑤李丹柯:《女性、战争与回忆:35位重庆妇女的抗战讲述》,重庆出版社2015年版。
⑥周勇、潘洵等:《重庆大轰炸档案文献·证人证言》,重庆出版社2011年版。

续表

姓名	性别	年龄	籍贯	住址或遇难地点	遇难时间	资料来源
晏子珍之婆子妈	女	-	-	弹子石翘角沱桃子木	未详	同上
甘海云	男	-	-	弹子石翘角沱桃子木	未详	同上
甘炳发之三兄弟	男	-	-	弹子石翘角沱桃子木	未详	同上
甘炳发之妹妹	女	-	-	弹子石翘角沱桃子木	未详	同上
文祖华之妹	女	4岁半	-	-	未详	同上
贾照华（又名颜天凤）之母亲	女	-	-	较场口石灰市的防空洞	未详	同上
贾照华弟	男	-	-	较场口石灰市的防空洞	未详	同上
刘树林	-	-	-	柏树林	未详	同上
黎素华	女	-	-	大梁子四大天王庙	未详	同上
李彪	男	-	-	大梁子四大天王庙	未详	同上
李氏	女	64	-	梁平县城	未详	同上
周定全	男	26	-	梁平县城	未详	同上
周昌兰	女	24	-	梁平县城	未详	同上
周昌余	女	22	-	梁平县城	未详	同上
蒋周氏	女	-	-	梁平县城	未详	同上
刘代玺祖母	女	60	-	梁平县北门外机场附近	未详	同上
罗立炳	男	-	-	汤溪－上游附近的防空洞	未详	同上
罗立堂	女	-	-	汤溪－上游附近的防空洞	未详	同上
李亲民	男	-	-	云阳县云安镇	未详	同上
喻高氏（孕妇）	女	-	-	今西永镇兴隆沟村彭家塘经济合作社	未详	同上
喻高氏子	男	7	-	今西永镇兴隆沟村彭家塘经济合作社	未详	同上

续表

姓名	性别	年龄	籍贯	住址或遇难地点	遇难时间	资料来源
喻高氏子	男	5	-	今西永镇兴隆沟村彭家塘经济合作社	未详	同上
陈冲文	男	-	-	重庆菜园坝下南区支二路	未详	同上
文昌合	男	-	-	重庆中坝新庄路	未详	同上
易代祥母	女	-	-	重庆万县南津街附近码头	未详	同上
张慎万	男	-	-	万州区兴福寺附近	未详	同上
周敬熙	男	40	-	重庆市中华基督教会青-会电影院	未详	同上
张隆华	男	-	-	-	未详	同上
石祖高	男	-	-	川江航务处附近的茶馆	未详	同上
朱大贵	男	-	-	同上	未详	同上
张汉青	男	-	-	同上	未详	同上
李少成	男	-	-	同上	未详	同上
朱国成大儿子	男	3	-	江北	未详	同上
朱国成小儿子	男	2	-	江北	未详	同上
石仲英父	男	-	-	朝天门码头	未详	同上
石仲英母	女	-	-	朝天门码头	未详	同上
陈钦钊父	男	48	-	合川瓦平口	未详	同上
陈钦钊大姐	女	20	-	合川瓦平口	未详	同上
陈钦钊岳母	女	-	-	合川瓦平口	未详	同上
李淑君	女	-	-	都邮街鸡街口	未详	同上
程燕平	男	-	-	-	未详	同上
廖口山	男	-	-	-	未详	同上
廖志辉母	女	-	-	-	未详	同上
张孝珍	女	-	-	梁山县南正街后街天灯院	未详	同上
扈焕章	男	-	-	梁山北门新化一屠宰场	未详	同上
刘天信弟	男	16	-	望龙门防空洞	未详	同上

续表

姓名	性别	年龄	籍贯	住址或遇难地点	遇难时间	资料来源
潘 氏	女	-	-	-	未详	同上
傅子介	男	-	-	-	未详	同上
卢定云祖母	女	-	-	-	未详	同上
杨长福母	女	39	-	-	未详	同上
陈文科父	男	-	-	-	未详	同上
曾繁贤（思齐）	男	29	-	-	未详	同上
王 氏	女	40	-	-	未详	同上
杨昌华姐	女	17	-	-	未详	同上
何克铁	女	2	-	大坪沙井湾	未详	同上
何克钊	女	4	-	白市驿	未详	同上
闻采臣	男	37	-	-	-	档案①
戴少康	-	-	-	市卫生局清洁总队	-	档案②
冯茂林	-	-	-	-	失踪	同上
杜华云	-	-	-	-	失踪	同上
余文才	-	-	-	-	失踪	同上
刘汉如	-	-	-	-	失踪	同上
黄树云	-	-	-	-	失踪	同上
胡清云	-	-	-	-	失踪	同上
胡明山	-	-	-	-	失踪	同上

①重庆市档案馆档案：电信厂－1－1383。
②重庆市档案馆档案：0053－12－101。

附录三
重庆大轰炸相关诗文选录

一、罗斯福总统致书重庆市民①

余兹代表美利坚合众国人民,敬致此卷轴于重庆市民,以表示吾人对贵市勇毅的男女老幼人民之赞颂。远在世界一般人士了解空袭恐怖之前,贵市人民迭次在猛烈空中轰炸之下,坚毅镇定,屹立不挠。此种光荣之态度,足证坚强拥护自由的人民之精神,绝非暴力主义所能损害于毫末。君等拥护自由之忠诚,将使后代人民衷心感谢而永垂不朽也。

二、重庆大轰炸期间流传的民谣②

[佚名]

不怕你龟儿子轰,不怕你龟儿子炸!
老子们有坚固的防空洞——不怕!
让你龟儿子凶,让你龟儿子恶!
老子们总要大反攻——等着!

[佚名]

让你龟儿子轰!让你龟儿子炸!
老子有很好的防空洞!不怕!
让你龟儿子轰!让你龟儿子炸!
老子们有广大的农村,不怕!

---

①《重庆地方志》,1989 年第 5 期。
②关于大轰炸民谣,有多个版本,此处收录其中的两个版本。

让你龟儿子轰!让你龟儿子炸!
老子们总要大反攻,怕啥!

三、五三凌劫记①

敬伯

(一)

炸弹吗?
是雨点吧?为什么那么密?
是雹子吧?为什么那么响?
六七丈深的防空洞,
如同落在屋顶上,
沉住气,管它呢!

(二)

出了洞,呀!都落到俺们的房子上,
幸免的,也是瓦落灰飞,间架徒存!
这玩笑开的可有点大发些!

(三)

善后总动员开始了,
这一群冲锋的战士,
新做的制服,落上灰,溅上泥,裂开口子。
他自己还没看到呢。

(四)

不仅我们自己的,
就是邻近的房舍也都开了天窗,

---

①敬伯:《五三凌劫记》,《学生月刊》,1941年第2卷第6期,第68—69页。

天黑了,该在哪里存身呢?
清一清地板上的瓦砾,还是住在自己的办公厅吧,
好新颖的集中营!

(五)

睡到后半夜,雨可越来越大了。
贪睡的还只顾蒙上头,
实在挨不住,起来吧,怕湿透了这唯一的财产,
捡块不漏雨的角落,
大家来一个雨中夜话。

(六)

恳切的邻居在深夜中匀给我们一间办公厅,
仿佛一群小偷,悄悄地一个肩着一个,
展开了,横陈在这御碑亭式的新天地。

(七)

凶残的轰炸,
继以凄零的夜雨,更拨起胸中炽烈的火焰。

(八)

没有凄惶,只有坚定;
没有悲哀,只有愉快;
没有泪,只有笑。

(九)

另一个角落围着一群女同学,
问她们是不是要搬到新桥去,
不,不,为公为私,为工作的联系,

我们不愿意离开这神圣的岗位!

　　　　（十）
　　拿什么答复敌人的狂炸呢？
　　损失减到最低，
　　恢复做到最速！

　　　　（十一）
　　"凡事预则立"，
　　经过这次五三的经验，
　　认识得更清楚了。

　　　　（十二）
经过了多少次的滥炸震动，
我们的壁钟始终未曾停过摆，
这就是我们工作的象征。

　　　　（十三）
　　凭这副愉快的心情，
　　来担负艰巨的工作。

　　　　（十四）
瓦砾中有弦歌，
播迁中有欢唱，
你们这群青年财政的战士啊，
真棒！
　　　——三〇·五·六于渝州川师瓦砾中

四、惨目吟①

郭沫若

五三、五四大轰炸,死者累累。书所见如此,以志不忘。

五三与五四,
寇机连日来,
渝城遭残炸,
死者如山堆,
中见一尸骸,
一母与二孤,
一人横腹下,
一人抱右怀,
骨肉成焦炭,
凝结难分开,
呜呼慈母心,
万古不能灰。

五、不死的山城②

戈矛

五月的风,吹开了浓密的山雾,空前的灾难与不幸终于来了。

二十五日傍晚,一个暮色苍茫的黄昏,日本法西斯的机翼象鸦群一样成队的嗡鸣着飞旋在重庆的上空,眼望着一颗颗沉重的炸弹从高高的天空投掷下来,万千迅雷的巨响,震荡了抖战的山城,人类的血肉、弹片、碎石、尘灰,像烟雾一样一齐飞扬起来,然后,又像秋天萧萧的落叶纷纷飘坠下来,这情景的凄凉与悲惨,是不能想象的。

"法西斯主义就是战争",看吧,这就是他们所成就的罪恶的

---

① 《惨目吟》,《郭沫若全集·文学编》第二卷,人民文学出版社1982年版,第398页。
② 戈矛:《不死的山城》,《群众》第3卷第4期(1939年6月11日),第141—143页。

结果。

　　有人到过重庆的,遥望翠绿的群峰,浩浩大江东流,清湛澄澈的嘉陵江,多少热情的诗人、骚客、游子,缅怀古老的山城,发出咏叹的向往;然而,在日本法西斯轰炸之下,一切都变了。全城已经成了疯魔。远远近近从几层楼的屋顶到处冒着熊熊的火光,一阵阵浓黑的烽烟,直蠡天空,像是万道云霞,这时江水也被烈火的光焰映得通红。空前的炎难窒息着千千万万的无辜的人民。"血肉横飞,烽火连天",这一类的句子实在不够形容这等凄惨的景象。

　　飞机去了,人声嚣浮起来,千百的人群熙熙攘攘地忙乱地走着、跑着、叫着,这真是忘魂失魄的号叫,悲痛凄人的惨叫,和失望无救的绝叫呵!这时,许多人已经像潮水一样把马路堵塞住了,时候已入暗夜,灯笼、手电筒,四处照射着。马路两旁山积的箱包、家用木器、锅盆,乱杂杂地全堆满了,男男女女老老少少坐在马路上,成了无家可归的流民,小孩子睡在母亲怀里咿咿唔唔不知说些什么。一排排的房屋高楼横倒下来,瓦片伴着飞灰腾舞,火焰里燃烧着人类焦灼的骷髅,房屋的木架零乱地塌了下来,青葱的树木连根都拔倒了。仅存的那些歪歪斜斜的屋宇,被弹片打得零零落落,满身疤痕,走到××××,看到那些树木破碎的桠枝上,张挂着烂缕布片,血紫的肉块、破帽、断臂、花花绿绿的肚肠,天哪,这竟是人间的景象吗?

　　是谁毁灭了这一切?

　　翌日早晨,我又爬××的石阶,天色阴惨惨的,防护团、红十字会、青年会、各机关团体的服务队,仍在继续挖掘尸体,我们人与人之间发着关切的询问,喁喁的琐谈,啧啧的骇叹,大家似乎不相信世界上会有这样骇人听闻的不幸的悲惨事件。谁都怀疑自己在做梦。

　　然而,事实却竟是如此。

　　梦幻的慰藉,不能医治现实的创痛呵!

　　今天,我看不到谁的眼里还有泪水,是否枯竭了? 难道人们没有了人类的同情吗？不，这是冤枉，这是不公平的！"悲哀"，这字眼在我们已经不值得珍贵了，丢掉它，于我们反而是更好。你们看见那些捏紧拳头默默立在马路上的一张张愤怒的脸吗？他们要复仇，要战斗，除了这个以外，眼泪是可耻的！

英勇的中华儿女，永远不是懦夫！

一具具乌木的棺材、救护床，向着遥远的市郊逝去，最好的画家已不能描出这幅悲惨的图画了，因为这是没有方法可以涂抹得出的。

××甬道的走廊上，丛林下，岩石间，横三竖四躺卧着支离破碎的人体，这里，那里，一片片赭红的血渍，有两处把人肉挖掘出来堆积在地上，苍蝇贪婪地在上飞舞着。我真不愿眼见这悲凉凄惨的人间呀！

这时，有一个肚肠被炸出来的人呼喊着："拿毒药来，让我死吧！"这永世不灭的人类死亡的绝叫，一股愤怒的冲击是可以想象得出来的。

往日的人们那么欢喜太阳和月亮的光芒，但今天人们却一齐对他们发出最深痛的诅咒了。人愿意笼罩着烟雾的阴雨日子托得更长些，不要为日寇法西斯去作义务的探照灯。

重庆，这不幸的山城，被一股大的骚动震荡得跳跃起来了，咆哮吧，不死的山城，让扬子江、嘉陵江，暴烈地怒吼吧，汹涌吧！

重庆没有死灭，万恶的日寇法西斯任你怎么残酷，决毁灭不了我们坚决的战斗的意志！

万千的人们正伸直着铁的臂膀，高声呐喊："战下去，我们要自由，我们要胜利！"

不死的山城正怀抱千千万万的生灵，支撑着一个坚强地不死的心脏。

六、敌机狂炸了重庆[1]

陆诒

十一年前济南的血仇未报,五三纪念日敌机又来狂炸我们的战时首都——重庆!

多少同胞血肉横飞,多少房舍化为灰烬?山城里弥漫了浓烟、火焰。疯狂的侵略者又造成了一笔血债!

"五四"的午后,敌机再来作第二次的屠杀。市区,惨遭盲目投弹,酿成空前的火灾。

当敌人的炸弹,随着"嘘嘘"的声响着地时,爆炸声和惨叫声,响成一片!男的,女的,老的,幼的,同胞们的血肉,和他们的家具器材,都细细的破碎地飞散漫天烟火的半空中!乌黑的烟幕,把太阳遮蔽了。

入晚,多少枝火柱升在空中,照澈了扬子江两岸,火舌贪婪地吞食了一处,又席卷一处,人们疯狂似的抢出仅有的财物,呼儿唤女的逃奔到江边。

人们想哭,但已没有眼泪,只有咬着牙诅咒着残暴的敌人!记者因在难民之中,由临江门下坡,被一位疯狂似的老太太揪住问:"是东洋强盗毁了我们一家人吗?我也要拿起菜刀当游击队去!我要替我一家人报仇啊!"

从江边仰望火光烛天的山城,耳边嘈杂着咒骂、呼唤、呻吟的声音。这火光,这声音,将永远深埋在人们的记忆中,即使是幼小的婴孩,也不会忘却敌人所欠我们的血债!

难民,顷刻间变成无家可归的难民,流浪到街头,箱笼什物狼狈地堆在一旁,露宿度过那凄凉恐怖的一夜。

健壮的,就在那一夜连晚下乡,长长的难民行列,突过余烬未熄的市区,伸到郊外。

蒋委员长,当晚亲冒烟火,到市区巡视,一面慰问灾民,一面指

---

[1]陆诒:《敌机狂炸了重庆》,《群众》第2卷第24、25期(1939年6月11日),第799—800页。

挥全城党军政各机关,全体动员办理善后工作。

翌日,黎明前的薄雾中,杂着烧焦木炭的气息,难民像潮涌一样的徒步到郊外去。可是另一方面,有大批国军开入市区,他们只有极少数带的有武装,大部分仅仅带了铁铲、扁担、绳子和担架。臂膀上缠着"助民队"的标记。他们是帮助老百姓搬运东西,救护、掩埋、清理火场的。在炎热的阳光下,在余烬未熄烧灼中,他们英勇的工作着。纵然形式上有别于前线打仗,但巩固抗战后方,救助难民,整理灾区,同样是光荣的任务!

起初,难民中还有对军队抱着畏惧的心理的,经过这一次事实的教训,他们恍然领悟军民要合作的重要!有的老太婆感动得掉泪,不断问那些帮助他们搬行李的士兵们:"你们这样对待我们,叫我们怎样报答呢?"

军委会政治部派出做难民工作的孩子剧团,告诉他们军队帮助人民,老百姓也要帮助军队,就有好几十个老太婆自动跑到附近伤兵医院中,为战士们补缝衣服,洗衣裳。

"五五"那天各机关的公私汽车,甚至是蒋委员长林主席的汽车,都贴上了招贴!输送难民专车,各机关的公务人员,执着小旗伫立在街头,照料难民下乡,开始,虽有的人畏怯不前,但经过一番解释后,大家都井然有序的上车,疏散到乡下去。

沿途有许多机关许多团体在各站设招待所,送茶、送粥,并免费医治疾病。新运总会,三民主义青年团,孩子剧团还有许多学校工厂等都设立了茶粥站。新华日报也组织了两个服务队积极的参加这个工作,他们一面照料难民,一面进行抗战宣传。每个人都在敌机狂炸下,改变了平时只关心自己不问他人的传统习惯。当你踏进难民收容所时,一定可以听到下列的语句。"你走累了,我帮你拿些东西,好吗,""你渴吗?我的热水壶里还有些水哩!"

在抗战烈火的锻炼下,我们同胞的团结,越发结得巩固,敌人的狂炸,果然使我们遭受损失,但绝不能摇撼我坚持抗战的决心。相反,它只有促进了政府与民众的团结,促进了军民合作,更坚定了全民族一致的敌忾同忾!

领导全国妇运的蒋夫人,数日来奔走巡视新运会主办的各站难胞招待所,慰问受难同胞。而且她曾亲自护送数百难童至保育院。她又向孩子剧团训话,勉励他们努力工作,并竭力救助一切无家可归的难童。

有许多难民,即使是平时不关心国事的,这一次经过敌机狂炸的教训后,他们都自发的要求做救亡工作,实践"抗战报仇!"甚至有许多儿童,他们会向孩子剧团要求做服务工作,也有不愿再随父母逃亡到乡下,要求进保育院,去受战时教育的。

政府当局这次能以最快速度,相当动员所属各机关,进行善后工作,使战时首都能在最短期内,恢复秩序,这是可喜的现象!不仅这样,而且各机关公务人员的服务工作,今后由临时变为经常的,这更可以促进政府与民众间的团结,愈趋巩固!最后,谨先提出三点意见,供进行工作时的参考。

(一)据记者在难民区中调查,以及难民工作者的谈话,有一部分难胞,下乡只认为是临时逃避,待至相当时期,仍想进城。因此希望做难胞服务工作的,特别注意这一点,进行说服解释,而政府机关,尤须予以一切方便,以达疏散人口的鹄的。

(二)我们选择设站的地方,必须是需要工作,而又缺少工作人员的地方,不使各机关的服务队拥挤得一处,而有的地方,竟一队也没有。汽车输送比较减少了,船舶运输要增加,因此服务队应机动的转移到水上交通的要道去工作,尤其要注意延绵不绝的徒步难胞。

(三)经过这次敌机狂炸的事实教训后,同胞们的抗敌情绪,异常高涨,尤其是受难的同胞。他们不仅要求救济,而且更要求做抗战的工作。现在是动员民众的良机,我们希望政府机关,不仅仅是积极的救济难胞,而且要积极的从事组织民众的工作。

蒋委员长训勉我们要使国耻的五月,变为雪耻的五月。愿我们将永远记住这一次敌机狂炸的血仇,全民族一致坚持抗战,向残暴的敌人,索还血债。

——五九纪念日于重庆

七、五四之夜①

老舍

五四。我正赶写剧本。已经好几天没出门了,连昨日的空袭也未曾打断我的工作。写,写;军事战争,经济战争,文艺战争,这是全面战争,这是现代战争:每个人都当作个战士,我勤磨着我的武器——笔。下午4时,周文和之的、罗烽来了。周文来自成都,刚下车,即来谈文艺协会成都分会今后会务推动的办法,谈了没好久,警报!到院中看看,又回到屋中,继续谈话。5时,又警报,大家一同下了地洞;我抱着我的剧本。一直到6点多了,洞中起了微风——天空上什么变动;微风从腿下撩过去;响了!响了!洞中没有光,没有声,没有任何动静;都听着那咚咚的响声,都知道那是死亡的信号,全咬着牙!

7时了,解除警报。由洞里慢慢出来,院里没有灯火,但天空全是亮的。不错,这晚上有月;可是天空的光亮并非月色,而是红的火光!多少处起火,不晓得;只见满天是红的。这红光几乎要使人发狂,它是以人骨、财产、图书为柴,所发射的烈焰。灼干了的血,烧焦了的骨肉,火焰在喊声哭声的上面得意的狂舞,一直把星光月色烧红!

之的、罗烽急忙跑出去,去看家里的人。知道在这刹那间谁死谁生呢。狂暴的一刻便是界开生死的鸿沟。只剩下周文与我,到屋里坐下。没的谈,我们愤怒,连口水也没的喝,也不顾得喝!有人找,出去看,赵清阁!她头上肿起一个大包,脸上苍白,拉着一个十二三岁得小学生。几句话就够了:她去理发,警报,轰炸,她震倒,上面的木石压在身上;她以为是死了,可是苏醒了过来。她跑,

---

① 老舍:《五四之夜》,《七月》,1939年7月第4集第1期。

向各路口跑,都被火截住了;火,尸,血,断臂,随时刺激着她,教她快走;可是无路可通。那小学生,到市内去买书,没有被炸死,拉住了她;在患难中人人是兄弟姐妹。她拉着他,来找我,多半因为只有这条路可以走过去;冲天得火光还未扑到这边。

安娥也来了。她还是那么安闲,只是笑不出;她的脸上有一层形容不出来的什么气色与光亮;她凝视着天上的红光,像沉思着什么一点深奥的哲理。

清阁要回家,但无路可通。去看晶清,晶清已不知上哪儿去了。我把周文请出来,打算去喝点水,找点东西吃。哪里还有卖水卖饭的呢,全城都在毒火的控制下!

院中喊起来,"都赶快离开!"我回到屋中,拿起小皮包,里面是我的剧本底稿与文艺协会的重要文件。周文一定叫我拿点衣服,我抓了一把,他替我拿着。

到院中,红光里面飞舞着万朵金星,近了,离近了,院外的剧团开着窗子,窗心是血红通亮的几个长方块!到门口,街上满是人,有拿着一点东西的,有抱着孩子的,都静静的往坡下走——坡下是公园。没有哭啼,没有叫骂,火光在后,大家静静的奔向公园。偶然有声高叫,是服务队的"快步走";偶然有阵铃声,是救火车的疾驰。火光中,避难男女静静的走,救火车飞也似的奔驰,救护队服务队摇着白旗疾走;没有抢劫,没有怨骂,这是散漫惯了的,没有秩序的中国吗?像日本人所认识的中国吗?这是纪律,这是团结,这是勇敢——这是五千年的文化教养,在血与火中表现出它的无所侮的力量与气度!

在公园坐了会儿,饿,渴,乏。忽然我说出来,看那红黄的月亮!疯狗会再来的,向街上扫射;烧了房,再扫射人,不正是魔鬼的得意之作么?走,走,不能在这里坐夜!绕道出城。大家都立起来。

我们想到的,别人也想到了,谁还不认识日本鬼子的那点狡猾呢!出了公园,街巷上挤满了人,都要绕道出城,街两旁,巷两旁,在火光与月色下，到处是直立的砖柱，屋顶墙壁都被炸到烧毁；昨天暴敌是在这一带发的疯。脚底下是泥水，碎木破瓦，焦炭断线；脸上觉得两旁的热气，鼻中闻到焦味与血腥。砖柱焦黑的静立，守着一团团的残火，像多少巨大的炭盆。失了家，失了父母或儿女的男女，在这里徘徊，低着头，像寻找什么最宝贵东西似的，他们似乎没有理会到这第二次空袭，没有心思再看今晚的火光，低着头，不再惊惶，不再啼哭，他们心中嚼着仇恨。我们踏过多少火塘，擦肩的走过多少那样低头徘徊的同胞，好容易，走到城郊。地势稍高，火头更清楚了；我们猜想着，哪处哪处起了火，每一猜想，我们心中的怒火便不由的燃起；啊，那美丽的建筑，繁华的街市，良善的同胞，都在火中！啊，看那一股火苗，是不是文艺协会那一带？假若会所遇难？呕，有什么关系呢，即使不幸会所烧没，还有我们的手和笔，烧得尽的物质，烧不尽的精神，无可征服的心足以打碎最大的侵略的暴力！啊，我们的朋友呢？篷子的家昨日被炸坏，今晚他在哪儿呢？是不是华林、平陵、沙雁在观音岩呢？那最远的一个火烽是不是观音岩呢？罗荪呢，纪滢呢，他们的办事处昨日被炸毁，今天或者平安呢？我们慢慢的走，看看火苗，想想朋友，忘了饿，忘了渴，只是关心朋友们；差几秒钟，差几尺路，就能碰上死亡，或躲开死亡，这血火的五四之夜！

转过小山，四顾火光，仍是那么猛烈。火总会被扑灭，这仇这恨无休止。打倒倭寇，打倒杀人放火的强盗，有日本军阀在世上，是全人类的耻辱。我们不仅是要报仇，也是要为世界铲除恶霸呀；这是仇恨，也是天职。

领周文到胡风处，他一家还未睡；城外虽比较安静，可是谁能不注意呆视那边的火光呢？从火光中来了朋友，那热烈，那亲密；啊，有谁能使携起手来的四万万五千万屈膝呢！

那位小学生已能找到自己的家，就嘱咐他快快回去，免得家中悬念；他规规矩矩鞠了躬，急忙的走去，手里还拿着城内买来的一张地图。

安娥与清阁都到了家,倚窗望着刚刚离开的火城。路上不断的行人,像赴什么夜会那样。2点左右又有警报,大家早已料到,警报解除已到天明,街上的人更加多了。

次日早晨,听到消息,文艺协会幸免于火!在会中的梅林、罗烽、辉英,都有了下落。晚间到文艺社去,得到更多的消息,朋友中没有死伤的,虽然有几位在物质上受了损失,朋友们,继续努力,给死伤的同胞们复仇;记住,这是"五四"!人道主义的,争取自由解放的"五四",不能接受这火与血的威胁;我们要用心血争取并必定获得大中华的新生!我们活着,我们斗争,我们胜利,这是我们"五四"的新口号。

八、五月的血火——重庆惨炸纪实①

梦星

朋友:

中华民族血的五月降临的时节,"五三"一十一周年那一天,敌机三十余架毒炸重庆——我们战时的首都,是在午后一点多钟的时光,美丽的山城,遭受了敌人血的屠杀,烧夷弹,炸弹,机枪,多少生命和财产在敌人肆意轰炸下牺牲了,那天傍晚的时节,我跑到中央公园一望(是渝城较高的地区)火舌仍在熊熊地吐着无情的毒焰,继续焚毁无辜同胞们的财产,新丰街陕西街一带部算是热闹的市区,被敌人的烧夷弹和炸弹破坏得疮痍满目,有不少地段变成瓦砾废墟了,大公报馆也被焚毁,听说抢救得力,还没有受甚么顶大的损失,新华日报在苍平街,被敌机投中一弹,街头,新增了许多无家可归的难民,箱笼什物散乱地摆在街头,没精打采地伴着受难的主人。街头的人,更加拥挤露着紧张而悲愤的神情,奔向着灾区跑去,瞧见片片的瓦砾,熊熊的火焰,受难者的流徙,不由得心情在咒恨着,日帝国主义者的仇恨,血债是更加重加深了。敌人选择着五

---

① 梦星:《五月的血火——重庆惨炸纪实》,《防空军人》,1939年第1卷第2期,第15—16页。

三这天来毒炸重庆,它的出发点,也许是着重在威胁,然而在血火中洗礼下的战时首都人民,是更加清楚的认识了敌人狰狞的面目,在苦痛中强化着奋斗的情操,这该是敌人所没有料想得到的罢。

五月四日是一个晴朗的日子,是中国青年节的一天,真是谁也没有想到敌人是这样兽性猖狂,惨无人道,在三日狂炸后,又接着在四日午后六时许,二十七架敌机恣意地在我们的首都之上空,大量地烧夷弹和重磅炸弹,我和同事们静静地蹲在防空壕里。倏地听见轰轰敌机的音响,接着高射炮、炸弹爆裂声混成一片恐惧的交响曲。响声似乎很近,大众用手掩着耳朵,张开着嘴,以防巨大的音响震坏鼓膜,突然一股撕的音响和风力,严重地袭击耳鼓,大家不约而同地想着,这颗炸弹是投在极近极近的地带。解除警报了,踏出黑黝的防空洞,接触着我们眼帘的是火!火!火!东西南北四向都是火,"火光烛天"这句话,不折不扣是当时渝市炸后的写照。跑到二层楼办公室里,都邮街、柴家巷一带火势正猛烈异常,站在窗子前,脸部也感到灼热。火星像信号枪弹一样不断地飞进窗内来,急遽地把玻璃窗门掩上,瞧着熊熊的火舌,随着风势,火力更活跃地加速地不断地伸入毗连的建筑物,有时似乎是火势小了,连着着火的屋子从屋顶上冒出阵阵的浓烟,接着火舌像毒蛇的舌子一样陡地伸出来了,是这样扩大着火的领域,重庆最繁华的市区,都邮街、柴家巷、苍平街……许多地区,变成了一片火海,重庆繁华的市区,是这样在敌机大量的燃烧弹,炸弹的投掷下毁灭了。虽然,我们的救火队,是很勇敢地出动着,但自来水的蓄量用罄了,加以渝市本身是山城,上下石板坡度颇高,有些地区,救火车根本无法输送过去,就是挑水也很感不便,因此,有些地区,大火燃烧继续在两三天以上,方才救熄。

我们的宿舍在会仙桥,也算是渝市繁华的地区,往日下办公室回宿舍是一直跑到都邮街的尽头拐一个弯就是会仙桥,但四日的晚间从柴家巷口到都邮街北段,全是火的领域,没法走过去,只好绕道大阳沟一带,在瓦砾、砖头、电线横七竖八的倒置下一高一低地和颜君回到宿舍。宿舍对门是有名的华华绸缎公司,从汉口搬到重庆来的,它的大门便中了一个巨磅炸弹,窟窿的面积直径有八九尺宽,深度也差不多,华华公司全部震塌了,附近的房子,也震坏了一部分,《中央日报》的编辑部就在华华的附近,有许多图书搬到我们宿舍的门口来了,踏进宿舍的门口,房屋虽还完整,但地上已堆满了泥土和碎的瓦片,玻璃窗碎了,寝室里的桌子上面,脸盆漱口杯里全是泥尘,大约有分把厚。没有吃晚饭,跑到厨房里,锅里满是混合着泥灰的菜,厨工跑光了,设法只好把饭的上层混合着泥沙的扒去,胡乱用手抓了一点饭菜塞进肚里去,生活确乎有点恐慌,睡,不敢和平常一样,只好和衣睡下,并且和同室的颜君相约,如果一听到警报的声音,谁先听到就谁先喊,睡时差不多已是十二点多钟了,刚刚睡好不久,隐约地听到警报的声音,连忙叫醒颜君起来,以急遽的步伐跑出寝室,碰了华君,他说是紧急警报,街上已禁止通行,没法出去,只好在走廊上轻轻地踱来踱去,同时脑海里在度忖着找一个比较安全的地方,举首望望像银盘一样的月亮,正吐着清幽的光辉,笼罩着正在大火中的重庆。我真有点恨月亮了,假如敌机果真来夜袭的话,不是助长着敌机的肆虐吗!幸而那晚敌机没来,警报时间差不多有两小时,那晚几乎没有睡什么。

五日早上起来,依着昨晚回来的路线,由光华楼大阳沟一带转到油市街去,火,仍在不住地吐着毒焰,噼噼啪啪的声响,火的燃烧声,房子的倒塌声,在沉重地打入人们的心坎深处,唉!在这样的场合下,我的神经真感到痉挛和异样的刺痛了,昨晚经过的路线,因为光线昏暗,没有发觉什么,现在在强烈的阳光下,清楚地瞧到那沿途倒下的尸体,有的是给机枪扫射的,有的给房屋倒坍而压毙的,有的是直接死于炸弹下的,有的是给炸弹的强烈震动而死的,街头,瓦砾下,都有不少的尸首,有的是蹲着的,有的是卧倒的,更有些尸首不完整的。不留心,脚下往往会踏到断肢碎肉,那殷红的血渍,虽给泥尘瓦砾吸收了,尚可很明显地看出来。这是我有生以来才碰到这样惨绝人寰的场合,一直到现在,只要脑海里想到这悲惨的一幕,便觉脑海昏闷,感到异样的难受。

记不大清楚是五号还是六号的午后,宿舍离火区不远,我和颜君跑回去抢救一点自己的行李,因为火势的蔓延,原来的路线走不通,随着挑夫由会仙桥曲折走回油市街,中间经过了若干火后的街道,火气熏蒸,赤足的挑夫,感到皮肤的灼热,不自然地急遽地走着,我虽然竭力缩小我的视野,但那烧焦的尸体,是不断地跃进我的眼帘,有的横卧在铺店的门首,有的横七竖八地倒在街头,被火烧焦了的尸首像烧焦了的木头。辨不出四肢来了,有的给火力的压迫,腹部异样的膨大,肠子也爆裂出来了。眼珠鼓凸着像是切齿痛恨敌人;摆在街头被火灾稍轻的尸体,皮肤虽未如何烧焦,但易着火的衣服,头发都烧光了。朋友!请闭目想想被火同胞死难的情形,那种走投无路活活被焚致死的情态,你的心情这样做怎样一个感想呢?

虽然,战时的首都,是这样遭受敌机的狂轰惨炸,然而,在这患难艰危的场合,也充分发挥了民族精神的极致,五日,蒋委员长即以其私人汽车输送难民疏散,并下手谕征集所有渝市公私汽车义务输送疏散难民,各团体服务队的林立,和受难者加强敌忾,热爱领袖的精神,战时的首都是表现了战时的精神。

四号狂炸后的重庆生活,是限于异样的不安和贫乏,最困难的是找不到饮料和食品。那几天的生活恐怕谁也要失常态,我于六号随着服务机关由油市街迁到城外牛角沱,算是暂别战时受难的首都了。

在血的五月中,敌机毒炸重庆,一共有四次,三、四日连炸两次。接着是十二日和二十五日,但这四次当中要算四日为最惨。死伤的人数有的说是上万,这数目也许稍大,恐至少当在五千以上,重庆在三四号以前人口疏散没有严格执行,而敌机轰炸,又系向市区肆意投弹,所以死伤人数甚重。在四号以后两三天内自动疏散的人口,据当局的统计,约二十万以上,可见重庆人口密集的一斑。

十二日晚际七时许,敌机二十七架又袭重庆,我和会中一位同事赵君在嘉陵江边的崖石下蹲着,当空战剧烈展开的时候,我的心情,不是躲避在防空洞中那样的带着纯恐惧的意味,而含着异样的兴奋,瞧着我方的高射炮像春雷一样怒吼着,跟着信号枪弹后面的高射炮弹像闪电一样向空中魔鬼——敌机射去,接着炮弹的炸裂和一股浓的黑烟,在高空敌机身边展开了奇异的炮火之花。眼光锐利的人们,瞧着敌机完整的队形被我们猛烈的高射炮火轰乱了,瞧着万恶的敌机被我们的高射炮击中摇曳下坠,虽在敌机肆意投弹情态严重的局势下,仍抑止不了热情的奔放,兴奋的叫起来:"啊!三架!打落了敌机三架!"大家的心情都异样的兴奋激扬起来,恨不得把所有的敌机都扫射下来,作为死难同胞们的祭礼。

高射炮的怒吼声停止了,江北县起了火,这次敌机没在渝市投弹,江北县遭受了毒炸,焚毁房屋甚多。敌机是七时许来的,紧张的时间不到半小时,嘉陵江边一切仍是静悄悄的,水,汩汩地兀自流着,蛙声在阁阁地刺激着耳鼓,夜色渐渐的浓厚起来,对岸葱茏的绿林,隐约地消沉于苍茫中了,大地上一切的一切,都是和平幽闲的象征,谁又料到几分钟以前即是敌机在演奏着最残酷的轰炸兽行呢!

二十五日,渝市在血的五月中最后一次受敌人轰炸残酷的洗礼,刚刚午后六时下办公室,预备吃晚饭的时节,警报叫了,急遽地拿着未办好的文件向××局的防空洞跑去,这洞依山开凿,高处有十多丈,确有相当的保证,从六时警报起。直到夜晚十时才解除警报,在黑黝黝的洞中消磨了四个钟头,真怪难受了。这次敌机三十几架分好几批进袭,所以解除警报的时间特别长,被炸的区域仍是重庆市区,小什字街等处及中央公园一带,都邮街被"五四"毒火化为灰烬的地方,这次又遭敌机的投弹。足征敌机盲目瞎投的一斑。五月四日,英、德使馆的被炸,也是强有力的证明。

总计敌机在五月中四次狂炸渝市,被我方空军和高射炮所击落的敌机,有十余架,二十五号袭渝市敌机被击落已发现的有三架,指挥机在江北×地发现了,敌机师七人已毙命,并从其身边搜出轰炸渝市目标地,均系市区,足征敌人惨无人道的所谓"鬼畜性"的一般。

卅八,六,四,晚在重庆城郊牛角沱

九、在轰炸中①

白朗

　　从前阔人们避暑的胜地,如今已变成逃亡者避难的处所了,于是,这世外桃源也随着逃难之群繁荣起来,扰攘起来。这里,整天地喧噪,烦扰拥挤着,再没有一刻儿的宁静;娴雅,幽静和清新,已不属于这胜地了,在这平和美丽的山间,旋荡起骚扰的气流,空气也显得混浊了些,这是享惯清福的人们所不能忍受的。

　　环立的群山,正如都市里的高楼,触目皆是,苍郁,葱绿弥漫着,每一座壮丽的山峦,树木,野草以及杂色的山花,茂密地丛生在山峦之上,那仿佛皇冠上的美饰一样,把那些雄伟秀丽的山峦,点缀得如何的幽美,如何的娇媚呵。当落日的余晖射映到山峦的时候,一层淡色的光灿悄悄地覆盖了群山,群山上的树木,野草以及杂色的山花,都仿佛蒙上了一层忧郁的枯黄,减褪了它们固有的葱绿,然而,那景色终究还是美的,欣快的。渐渐淡黄色的光灿缓缓隐去,于是,群山便也逐渐地网罩在黑暗的夜幕中了。

　　在两排山麓之间,缓流着一条小河,河水虽然混杂着浊黄的泥沙,但衬映着苍翠的青山、无尽的岩石以及那斜梯形险峻崖壁,却又显得格外美妙。湍急的飞泉,响激着群山,它从那高高的山头,用一种冲锋的惊人的姿态,汹涌地,暴躁地直扑来,白色的飞沫四溅着,浑黄的河水也被激起海涛似的浪花,翻腾了河底的泥沙,翻腾着,翻腾着,永无休止!

　　天然的温泉,诱引着每一个游人,沐浴在带着硫磺味的暖流之

---

①白朗:《在轰炸中》,《抗战文艺》第4卷第3、4期合刊(1939年3月3日)。

中，真不能不歌颂大自然的神秘了。

倘如是在平时呢？能够有机会游览这样幽美的胜地，精神上将是如何的欣愉？可是，现在我们却不是特来游历的，为了避免敌机残暴的迫害，为了静一静让恐怖与惨象创伤了的心灵，才投到它的怀抱里，希图在它那静穆青葱的掩蔽之下求得暂时的喘息。然而，谁又敢断定这地方真的安全呢？在残酷的敌人疯狂屠杀的氛围中，一切的安全，幸福，都不过是渺茫的幻想而已；更何况这高价而黑暗的旅馆，不规则消靡过巨的餐食，都没有使我们久留这胜地的能力！

我们将到哪里去呢？回到那满目疮痍的重庆的故居吗？

回到故居，是再理想不过的去处了，我愿意归去。可是，一回忆起那两天所受的刺激，便把所有的勇气都赶跑了，填补那一隙的是无边的仇愤，火的威胁和死的恐怖。

愤恨，悲痛，惊恐与紧张，滋长在居留重庆的每一个人的心里。经过了第一天敌机狂炸之后，新都绚丽的面容已失去了整个的壮观，这里那里的显出了许多的疮疤与血迹，新都的市民们已变成惊弓之鸟了，走出街上的人，都露出了极度张惶的神色，尖侧起耳朵，同时观察着每个行人的动作和嘴巴，只要有人喊一声"警报"，或是汽车喇叭的遽然长鸣，人们就会飞跑起来，一个跑，大家都随着狂奔，店铺的门板也在混乱中紧闭了。维持治安的警察制止不住这狂澜的人潮，一会儿的工夫，这狂澜的人潮退去，秩序安静下来，继之而来的另一批行人，仍然露着张惶不安的神色走着，但他们却不跑，因为他们没有受到假警报的恫吓。

就在这样扰乱的状态下，我们整日处在不安中，五个小时之间，我们已经逃避了三次。躲在那阴湿黑暗的洞中，拥挤得透不过气来，闷热，窒息、塞住了矮矮的石洞，人们屏息着，忍受着一切痛苦，求生的欲望盘踞在每个人的心窝，大家互相探问着：

"是空袭警报吗？"

"根本就没有听见发警报！"被问的人总是摇手摆头地这样回

答。无知的孩子是不能安于这种环境的,这一次我们是已经躲在洞中半小时以上了,孩子哭闹起来,看看人们都陆续地平静地走出洞去,知道又是一次虚惊,于是,取得了同来的朋友们的同意,便也随着人群拥了出来。

透了一口清鲜的空气,胸腔便舒畅得多了。街上是平时的状态,人往来的走着,汽车也照常驰行,店铺的门板早已敞开了,只是路口交通警的四周,围满了人,你一言我一语地向警察探询:

"是空袭警报还是紧急的?倒是解除了没有呢?"

"究竟有没有警报啊?"

"没有啊!一点影子都没有啊!"警察安详地回答着。

"不,听说有二十一架敌机向成都飞去了……"一个壮丁认真地说。

"是的,方才我沿着江边走回来,听到很急的钟声,走吧,我们还是躲起来好!"不知是谁这样说了。

正在犹疑的时候,一个苍白着脸孔的男人飞跑着狂喊起来:

"同胞们,赶快躲起来吧,敌机已在我们头上了!"

这一声严重的警告,比任何一次正式的警报都来得使人恐怖,立刻,街头骚乱了,人们拼命地飞奔,狂暴地冲撞着,一直向那有着坚实防空洞的米粮堆栈奔去。

可是,当蜂拥的人群跑到米粮堆栈门前的时候,那黑色宽大的门扇却已紧闭,任凭人们怎样地敲打,呼救,哀求或咒骂,里面始终是寂无声息。不得已,人群带着愤怒奔向堆栈的另一个小门,然而那门也闭着了。从那厚厚的木栅门扇的隙缝中,可以清晰地看到两个人的身子抵住了门的横闩,庞大的愤怒与恐惧使得人们大声地吼叫。

以勇猛的群力推掉了被抵住的门扇,门扇的上端向外斜倒下来,人们终于一个压着一个从门扇的下面爬了进去。我望着那覆倒的门扇,看了看怀抱中幼小的孩子和身边孩子的白发的祖母,如果我也像别人那样不顾一切地冲撞进去,人的拥挤,踏践,门扇的压轧,这一老一小也许会惨遭不幸。虽然顶空的机枪已在串响,而我终于没有那样冒险的勇气。这时,那被挤落的门扇突然又完好地关闭了,一群懦弱的人被摒于门外。和我们同来的朋友,早被适才的骚乱冲散了,除了一老一少之外,我面前全是些陌生的惊慌失措的面孔,我感到了极端的孤独和恐怖。

敌机野兽般的吼声越发清晰了,机枪像年卅的爆竹似的串响着,在黄昏的清空中,扫射着无数道火的光条,远处的炸弹震颤着地面,急切中找不到可以藏身的处所。除了那黑色大门顶端伸出来的一尺多宽的遮檐而外,这通衢里的一切都在露天之下裸现着。然而,那遮檐当我发现的时候,早已堆满人了,就连四周的墙角下,也匍匐无数颤栗的生灵。机枪的子弹落到我的身旁了,我迅速地蹲伏下去,为了保护这新中国幼年的主人,我拼出了所有的力气与技术,用我整个的上半身,严密地掩住我臂腕里因惊恐而号哭的孩子,另一只手臂环抱着蹲伏在我身边的孩子的祖母。街上的人仍在奔着,叫着,哭喊着……

一枚重量的炸弹投掷下来,在不远处爆炸了!那简直就像在我的眼前,一阵神怪的风,从天外带来了无数的弹片与木片,雨点似的向我的身上射击。我用力地掩住了孩子的耳朵和身体,孩子挣扎地号啕着。那过分强烈的爆炸声的震击,我仿佛有过一瞬的昏厥,当我再抬头来的时候,对面的小楼后边,冲天的浓烟升起了,弥漫了我们所在的通衢,那浓重的硫酸气熏得使人窒息。街上的人在浓烟里更加狂乱地飞奔,呼救声,惨叫声,以及听不清的喊声混成了极度的骚乱。

在那极度的骚乱中,黑色大门前的避难者,以那哭声哀求,向着门内:

"救命吧,开开门放我们进去吧!炸弹下来,我们就没有命啦……"

"善心的人,开门吧!救人一命,胜造七级浮屠,修修好吧……"

"彼此都是中国人,难道你的心不是肉长的吗?"

可是，门内那善心的人竟是毫无所动，门扇仍牢牢地闭着。于是人们便把那悲愤移向了我怀里可怜的孩子。孩子的脸色青紫了，孩子的喉咙喑哑了，为了制止孩子的哭声，人们用那硕大肮脏有力的手掩住孩子的嘴，一只手下去，一只手又上来了，孩子无力地挣扎着，然而，他怎能挣脱那粗暴的大手呢？那样小的孩子的哭声，是绝不会超过他们粗野的喊叫的。他们为什么单来作践这可怜的孩子呢？眼看着孩子快被他们窒息了，于是，我运足了所有的气力，推开了那硕大肮脏的手，接着，把已经断食一个月的乳头塞进孩子的嘴里，然而他不吃，仍在哭着，但，那哭声已经无力了：

"孩子震坏了！孩子吓坏了！孩子完了。"孩子的祖母像祷告似的绝望地叨念着，她那斑白的发丝上满是木屑与尘灰，两只盈泪的眼，呆视着吁喘的孩子。

千万支笔都难描写出当时的紧张与惨厉，千万支笔都难描写出当时澎湃的庞杂的情绪。在机枪、弹片和烟雾的弥漫中，自己的生死仿佛已经决定了，然而我决不能让那残暴的刽子手屠杀了我的孩子，一息尚存，我就要尽量地尽到我卫护他的责任，他是刚茁芽的嫩苗、他是新中国的幼年主人，我怎能看着他昏蒙地死去呢？

在不知觉中，机枪已经停止扫射，敌机远去了，周遭的人们多半在烟雾中四散奔逃了，这时，那扇救生之门才戛然开放。

走下防空洞去，大家都深深地舒了口气。在手电的微光之中，我看见朋友英和周两双焦虑的眼睛，那两双眼睛一看到了我们，马上让泪水充溢了。远远地，我们互伸出手臂，紧紧地，紧紧地握住了，在那一刻的工夫，我深切地感到了复生的欢愉和友情的可贵。

然而，孩子的神经却已变态了，他软软地躺在我的臂里，微张着眼睛吁喘着，他用那无力的小手轻拍着自己的嘴唇，粪便也在他不知觉中撒在我的怀里！虽然我接受了英和周的安慰，同时也附和着他们安慰着孩子年老的祖母，但我的心是在多么担忧而疼痛。一切庞杂的情感全远离了我，把整个神经都贯注在孩子的身上了。

"孩子完了！"这样想着，我的心灵里感到了稀有的空虚。

"火烧起来了,还不逃命吗?"是一个颤抖的喉咙向着洞中狂喊。

宛如一枚炸弹飞进石洞,黑暗的窑洞开始翻腾,人们怒潮似的汹涌起来,人挤着人,人踏着人,狼狈地,仓惶地奔出了石洞。火光漫天起了,是那么强烈,那么普遍,夜雾中的星星已被火光照射得无影无踪,街道上堆满了行李,箱笼和无家可归的人群,他们是让敌人罪恶的炸弹和火焰迫出了家的!

远远地看到我们居住的楼房,它虽是完好地挺立着,但它已被包围在烈火的核心了!

所有的邻居在火的威胁之下慌忙地整理着什物,当我们跑到自己的住室的时候,房门已敞开,可是检查什物,却没有一点遗失,无疑地,门锁是被炸弹震断的。

英和周帮助孩子的祖母把重要的衣物捆包起来,预备火焰逼近的时候把它们抢救出去。

什么我都无心整理,什么我都不想要了。极度的疲倦袭了上来,我抱着孩子颓然地坐在小凳上,脑子像万马奔腾似的窜扰起来,我幻想着灾区里的死伤同胞,那殷红的血,那白的脑浆,那残肢断臂,那烧焦了炸碎了的肢体,以及那些安危莫明无从慰问的朋友们……

孩子睡去了,我的心感到微微的轻松,孩子的祖母经过了两小时的磨难的结果,面孔上已呈露出不曾有过的憔悴,她两眼含着泪,焦急地叨念着她唯一的儿子:

"我的孩子呵,我的孩子呵,怎么还不回来哟!他莫非……"

是的,这一个最大的担忧,已经在我的灵中猛刺千百遍了。他是在警报以前出去的,为什么还不归来呢?倘如他真的……

我不敢往下想去,然而又不能不想,这时朋友们挚情的安慰是完全无用了。倾听着楼梯上一阵阵的脚步声,心不住地跳着。最后;他竟安全地归来了,他没有遇难,也不曾受伤。像发现奇迹似的,我的精神突然振奋起来。

外面的救火车的警铃声混杂着千万人的喊叫。火焰猛舔着天空,屋宇和楼房,火花飞迸着,一切建筑,都随着火焰到处坍塌了,毁灭了,这骚乱,通宵都不曾停止。

"只要今夜敌机不来,这火就可救熄,被难的同胞也得救了!"

仰视着夜空中亮晶晶圆圆的月亮,人们都在这样似祈祷般的自语着。

然而,终于那悠长的警报声又响了,于是人们更加慌乱地逃进了防空洞去。

再由防空洞走出来的时候,东方已现出微明,我们没有余暇去探望我们悬念着的朋友们和抛弃在火的威胁中的家屋与什物,便卷入逃生之群冲过了许多意想不到的危险,达到江边。

江上栉密的木板房,已在敌机的摧毁下粉碎了。余烬在挣扎着,被难同胞的尸骸到处裸露着,我不敢看,也不忍看;然而我终于看到了。

悲愤填了胸腔,胸腔快爆裂了,然而在这紧张危险的逃难途程中这悲愤我无法排泄!

岸边堆满了千万的人和行李,箱笼,这千万的人都抱着同一个求生的热望。

五月在南泉

十、血染的两天①

秋江

给血染过了的五月三日,天空像扫过了似的。这一天的惨剧,加深了一层中日民族的仇恨!

阳光吻着山城的重庆,扬子江风平浪静,咽呜般的警报,丝带一条似的哀音,骚动了这里的人们。躲进地下室,横着眼睛,侧着耳朵,静听着高楼上面沉重的机声过了没有。

---

①秋江:《血染的两天》,《七月》,1939年7月第3卷第4期。

"呼……"炸弹掠过空气的声音。

"轰……轰……"炸弹炸裂了。

人都本能地自然地伏在地上。

浓烟和尘灰卷成一团,像法西斯的魔手,撑上半空。舐血的火舌吐出屋顶。一个人在青年会大餐厅的窗口上叫喊:

"好了!好了!救火车来了!"

好几间坚固的房子,给法西斯强盗毁灭了,解除空袭的警报声,还是很沉默。防护团忠实的干涉着人们的行动,但是没有人顾念自己目前的安危,跑出去了。千万只的眼睛去慰问被难的同胞,千万颗的心记住了这笔血债!

门板上睡着五分钟前呼吸着世界上和平空气的人们,现在不相识的人抬着他了。

小伙计用了全身的力量替他的老板抢东西。出于至诚的努力,经理先生的心,给汗水浸软了。雪白的手帕,去为小伙计拭着头上的汗水。

第二天。人们是骚动了。一个人的行动,也会波及全体。因为,大家的心上留着一个悲惨的影子。

下午四点钟了,夫子池公共体育场,一群青年人,正在纪念"五四"运动。丝带一条的警报声又响了。十八架重轰炸机飞过了重庆市空。

扬子江上的船已系了缆,望日的圆月,将照着江水。紧急警报,把准备晚饭的人们赶下防空室。每个人的心上压着一块新石头,——天夜了,怎么还能来呢?地上起了震动以后,每个人的心上又换了一个想象——血与火的交流。

火,把玻璃窗照得锅炉上的火门一样红。火星像无数的红蝴蝶飞舞,重庆成了一只火炉了。

人,潮水一样逃出火坑。警察,防护团,士兵,发掘砖瓦堆中的同胞,红十字会的先生,记录着伤者的姓名地址。

宽仁医院离轰炸还不到半点钟,漆黑的大门里已经躺着五六个被炸伤的人。一个两只脚乱跳的人头浸在红墨水里一样。有一个失去了知觉,大呼混蛋!

铁板街附近,炸塌的房子逃出来的一位少女,她拉住了一个在防空洞口侥幸未被炸死的青年,忘记了一切的社会礼教哀求他,"我的家没有了,跟你走,你到哪里,我也到哪里!"像她这样的人今晚上不知有多少?

中央公园,变成了人的海。每个人的眼前,放着一串悲痛的事,父亲想着儿子,母亲想着女儿,儿女想着父母,哥哥想着弟弟,妹妹想着姊姊。他们死得太惨了!他们怎样死的?我相信三岁的孩子,忘记不了鲜红的血,毁灭的火!

火光接着阳光,无家可归的难民,受着全国人关怀的重庆难民,坐着汽车,走着他们自己辛苦筑成的公路,离开了重庆。

贴着"义务输送难民"字样的汽车,是世界上最美丽的汽车。

十一、轰炸前后①

萧红

从五月一号那天起,重庆就动了,在这个月份里,我们要纪念好几个日子。所以街上有多少人在游行,他们还准备着在夜里火炬游行。街上的人带着民族的信心成行的大队的沉静的走着。五三的中午××飞机二十六架飞到重庆的上空,在人口最稠密的街道上投下燃烧弹和炸弹,那一天就有三条街起了带着硫磺气味的火焰。

五四的那天,××飞机又带了多量的炸弹,投到他们上次没完全毁掉的街上和上次没可能毁掉的街道上。

大火的十天以后,那些断墙之下,瓦砾堆中仍旧冒着烟。人们走在街上用手帕掩着鼻子或者挂着口罩。因为有一种奇怪的焦糊的气味满街散布着。那怪味并不十分浓厚,但随时都觉得吸得到。

---

①萧红:《轰炸前后》,《鲁迅风》,1939年第8期,第296—298页。

似乎每人都用过于细微的嗅觉存心嗅到那说不出的气味似的。就在十天之后发掘的人们,还在深厚的灰烬里寻出尸体来。

断墙笔直的站着,在一群瓦砾当中,只有它那么高而又那么完整。设法拆掉它,拉倒它,但它站得非常坚强。段牌坊就站着这断墙,很远就可以听到几十人在喊着,好像拉着帆船的牵绳,又像抬着重物。

"唉呀……喔呵……唉呀……喔呵……"

走近了看到那里站着一队兵士,穿着绿色的衣裳,腰间挂着他们喝水的瓷杯,他们相同出发到前线上去差不多。但他们手里挽着绳子,绳子的另一端系在离他们很远的单独的五六丈高站着一动也不动的那断墙上。他们喊着口号一起拉它,但它不倒,连歪斜也不歪斜,它坚强地站着。步行的人停下了,车子走慢了,走过去的人回头了,用一种坚强的眼光,人们看住了它。

被那声音招引着,我也回过头去看它,可是它不倒,连动也不动。我就看到了这大瓦砾场的近边,那高坡上仍旧站着被烤干了的小树。有谁能够认得出那是什么树,完全脱掉了叶子,并且变了颜色,好像是用赤色的石头雕成的。靠着小树那一排房子窗上的玻璃脱掉了,只有三五块碎片,在夕阳中闪着金光。走廊的门开着,一切可以看得到。门帘扯掉了,墙上的镜框在斜垂着。显然的,在不久之前,他们是在这儿好好地生活着,那墙壁日历上,还露着四号的"四"字。

街道是哑默的,一切店铺关了门,在黑大的门扇上贴着白贴或红贴,上面写着退房或搬家。路的两旁偶尔张着席棚或布棚,里边坐着苍白着脸色的恐吓的人,用水盆子,当时在洗刷着弄脏了的胶皮鞋,汗背心……毛巾之类这东西都是从火中抢救出来的。

被炸过了的街道,飞尘卷了白沫扫着稀少的行人。行人挂着口罩,或用帕子掩着鼻子。街是哑默的,许多人生存的街毁掉了,生活的秩序被破坏了,饭馆关起了门。

大瓦砾场一个接着一个,前边是一群人在拉着断墙,这使人一看上去就要低了头，无论你的心胸怎样宽大，但你的心不能不跳，因为那摆在你面前的是荒凉的，是横遭不测的，千百个母亲和小孩子是吼叫着的，哭号着的，他们嫩弱的生命在火里边挣扎着，生命和火在斗争。但最后生命给谋杀了。那曾经狂喊过的母亲的嘴，曾经乱舞过的父亲的胳膊，曾经发疯对着火的祖母的眼睛，曾经依偎在妈妈怀里吃乳的婴儿，这些最后都被火杀死了。孩子和母亲，祖父和孙儿，猫和狗，都同他们凉台上的花盆一道倒在火里了。这倒下来的全家，他们没有一个是战斗员。那凶残的放火的××人，假若他只杀我们前线上的战士，他就不算凶残了。那就算我们中国人造谣说谎了。

白洋铁壶成串的仍在那烧了一半的房子里挂着，显然是一家洋铁制器店被毁了。洋铁店的后边，单独的三楼三底的房子站着，它两边的都倒下去了，只有它还歪歪裂裂的支持着。楼梯分作好几段自己躺下去了，横睡在楼脚上。窗子整张的没有了，门扇也看不见了，墙壁穿着大洞，相同被打破了腹部的人那样可怕的奇怪的站着。但那摆在二楼的木床，仍旧摆着，白色的床单还随着风飘着那只巾角。就在这二十个方丈大的火场上同时也有绳子在拉着一道断墙。

就在这火场的气味还没有停息，瓦砾还会烫手的时候，坐着飞机放火的××人又要来了，这一天是五月十二号。

警报的笛子到处叫起，无管大街，无管深巷，无管听得到的听不到的，无管要加以防备的或是没有知觉的都卷在这声浪里了。

那拉不倒的断墙也放手了，前一刻在街上走着的那一些行人，现在狂乱了，发疯了，开始跑了，开始喘着，还有拉着孩子的，还有拉着女人的，还有脸色变白的。街上象来了狂风一样，尘土都被这惊慌的群带着声响卷起来了，沿街响着关窗和锁门的声音。招呼着家人的名字的声音，街上什么也看不到，只看到跑，逃……我想疯狂××法西斯刽子手们，要看见这刻的时候，他们一定会满足的吧，他们是何等可以骄傲呵，他们可以看见……一个卷头发的女人拉着一个穿红衣裳的漂亮的女孩,那女人抓着女孩的头发,和抓着一颗小红辣椒似的向前跑,所以一边跑着那女孩一边哭。一个老头被挤掉了帽子,他的胡子全白了,他有八十岁的样子。一个穿西装的男人脱下他的外衣来,扯在他的手里好像扯着一个扫把似的。

在公园里的上边的往下跑,下边的往上跑,一大群跑到国际联欢社,看看那铁门关了,就转过来往回跑……这时候跑的那些人的头发也像蓬开了,所以人们的头看上去特别大。人们的衣襟都张开了,所以人们的腿看上去特别宽。

十几分钟之后,都安定下来了,该进防空洞的进去了,躲在墙根下的躲稳了。第二次警报(紧急警报)发了。躲在防空洞深处的也许听不到,但是遗留下来选中了墙根或空地的那些人们,没有一个不贯注了全副精神在分辨着那是紧急警报还是解除警报。明知必定是紧急警报,但总希望那声音要一直拉长下去。一直到杀尾,可是不能了,完全失望了。短促的叫了起来,叫了八九次……

听得到一点声音了,而越听越大。我就坐在公园石级铁狮子附近。这铁狮子旁边坐着好几个老头,大概他们没有气力挤进防空洞去,而又跑也跑不远的缘故。

飞机的响一大起来,就有一个老头招呼着我。

"这边……到铁狮子下边来……"这话他并没有说,我想他是这个意思,因为他向我招手。

为了呼应他的亲切,我去了,蹲在他的旁边。后边高坡上的树枝树叶遮着头顶上的天空,致使想看飞机不大方便,但在树叶的空间看到飞机了,六架,六架。飞来飞去的总是六架,不知道为什么高射炮也不发,也不投弹。

穿蓝布衣裳的老头问我:"看见了吗?几架?"

我说:"六架。"

"向我们这边飞……"

"不,离我们很远。"

我说瞎话,我知道他很害怕,因为他刚说过了:"我们坐在这儿的都是善人,看面色没有做过恶事,我们良心都是正的……死不了的。"

大批的飞机在头上飞过了,那里三架三架的集着小堆,这些小堆在空中横排着,飞得不算顶高,一共四十几架。高射炮一串一串的发着,红色和黄色的火球象一条长绳似的扯在公园的上空。

那老头向着另外的人而又向我说:

"看面色,我们都是没有做过恶的人,不带恶像,我们不会死……"

说着他就伏在地上了。他看不见飞机,他说他老了。大概他只能看见高射炮的连串的火球。

飞机象是低飞了似的。那声音沉重了,压下来了,守卫的宪兵喊了一声口令:"卧倒。"他自己也就挂着枪伏在水池子旁边了。四边的火光起来,有沉重的爆击声,人们看见半天上有红光。

公园在这一天并没有落弹。在两个钟头之后,我们离开公园的铁狮子,那个老头悲惨的向我点头,而且和我说了很多话。

下一次,五月二十五号那天,中央公园便炸了。水池子旁边连铁狮子都被炸碎了。在弹花飞溅时,那是混合着人的肢体,人的血,人的脑浆。这小小的公园,死了多少人?我不愿说出他的数目来,但我必须说出他的数目来:死伤三百人。而重庆在这一天,有多少人从此不会听见解除警报的声音了……

六月九日北碚

十二、轰炸给了重庆些什么?[1]

冯英子

一、一个特写

今天,重庆市区遭到第六次的狂炸了。

警报解除以后,人们从防空洞中钻出来,吐一口气,伸出头来

---

[1] 冯英子:《轰炸给了重庆些什么?》,《星岛周报》,1939年第6期,第16—17页。

望望四周,四周密如繁星的灯火,已经恢复了它的光辉,除了在市区的天空中蒙上一些红光之外,其他全然与二小时前一样,人们几乎不相信刚才如梦一样的恐怖,如死一样的威胁,曾经统治过他们一个短促的时间。

街上的人开始拥挤,一切交通工具又恢复了它的性能,救护车出动了,消防队出动了,急促的步子与风驰的车轮全向着一个方向,那方向在冒着融融的火光。

像平常失火一样,人们并不惊慌,有些被警报阻止在途中的公务员,此刻,镇静地伴着太太踏上归途了;也有些人,拖着疲乏的身子踏进小茶馆,看街上往返的过客。

在被炸的地方:士兵们在黑暗中打扫着街上的瓦砾,横在会仙桥街上的巨石和破片经常绊住了他们的脚,但他们的工作不因之而停留,他们没有怨尤之色,他们赶着在最短的一个时间内,清理被炸的街道和恢复重庆的秩序。新川饭店门口与道门口的弹洞像一个小池,但不久这小池就在人们的努力下被填平了。

救火车的马达在吼叫,穿着蓝布制服和悬着红十字章的看护妇,带着药箱在找寻受伤者,担架队和妇女工作队,和别的机关的服务队一样,勇敢地跑上火场面前,融融的火光照红了她们的脸,但她们失望了,火场中找不出几个受伤者,只好失望地掮着空架空担架回去。

在新丰街上,黄仁霖先生陪着几个外国人,望西大街上的火势。英国绅士愤然有不平之色,这火光使他愤怒了!尽管同盟社的宣传如何巧妙,但残酷的现实是足以击破一切谬论的。

在火光、瓦砾、玻璃片、血迹之中,重庆市上充满了严肃、悲壮的镇静,人们张大了嘴说:"进步了,在轰炸教育下的重庆城!"

二、轰炸中的进步

这些进步反映在什么地方呢?

到五月二十五日为止,重庆已经遭受过五次的狂炸,重庆市上的商业区，几乎全被焚毁。但×人是不会心死的。被日本法西斯××所麻醉的日本空军，他们准备着对重庆做第六次第七次乃至于无数次的狂炸。到今天——六月九日，第六次的狂炸又在重庆开始了，但这些狂炸的结果得到些什么反响呢？这是日本法西斯××所意料不到的，在狂炸教育下的新都人民，却有着飞跃的进步。

五三、五四以后，重庆市上充满了半疯狂的女人，充满了血肉的故事，两天的连续狂炸造成世界历史上最无耻最残酷的纪录。万人以上的死伤已使重庆陷于极度的恐怖之中，人们漫无目的的向城外迁移，向外埠流亡，但今天则不同了，这些血肉的故事教育了重庆的人民，重庆市上没有一个人对于空袭会有了不起的恐惶。警报发出之后，人们会镇静的走入防空洞；解除了，人们又继续工作，继续营业，几乎好像没有过这回事一样，人们已知道空袭之并不可怕，问题只是在自己的防空做得好不好而已。

防空部队也在这些血肉的教训中进步了，沉着了，六月九日，二十一架×机中，就被打下了三架，显然的，在这样情形与成绩之下，已使×人陷于得不偿失的境地。

重庆的各报联合版上有两句防空口号，说是："×人多投一颗炸弹，我们多增一分力量。"这口号是不错的，今天重庆市上，不管八十岁的老人或十岁以下的孩子，谈到×机的轰炸，他们会异口同声的答复你："××××××××××"这些残酷的事实告诉了民众，谁是汉奸？汉奸的害处在什么地方？一颗炸弹的力量，比之一个民众学校半个月的教育成绩，在这些故事中是没有什么差别的。

特别显著的是死伤人数的减少，谁也不会忘记，五三、五四两次的轰炸，重庆死伤数目在万人以上，但这一个月以后的比例，是难于解答的，我看见担架队掮着担架赶往灾区，不久，他们空着手回来了，我问他们为什么没有救护人，他们的答复是：

"没有什么死伤！"

好几个地方都是这样。二十一架飞机的威力，三架飞机与无数磅炸弹的代价,换到重庆的是什么?是九个人的死伤,是千万颗愤恨的心,和世界爱好和平人士的痛恨和讥嘲而已!

三、两个问题

要答复轰炸对重庆起了什么影响这问题,要答复重庆市民怎样对付×人的轰炸这个问题,两句话可以说完,前者,轰炸是重庆进步的教育,×人的炸弹在今天是万金难买的课本,后者,重庆市民对付×人的轰炸唯一法宝是镇静,镇静。

今天,全重庆与全中国全世界的人民坚信着,在轰炸中毁灭不是中国,而是日本法西斯麻醉下的军阀。

六、九、晚重庆

十三、从轰炸中长成[①]

李华飞

一

山城一到夏天来,气候变得特别炎热,尤其是近几日里,小小的石头城,人口已达五十七八万之多,而流动的尚不在数!除了受到自然热力的压制外,还要遭遇人身热气的侵袭。疏散的效果,不过是使一切人们在上午离开重庆过江,下午又回转这金迷纸醉,粉白黛绿的繁华都市的怀抱里来。

据一般自以为专家的人估计,敌机可能来袭重庆是在午前十钟至午后二钟这一段时间,于是,许多机关改成午后二时才开始办公。二时以前就作预先疏散的准备。我们并非不怕死,而是把那段可宝贵的光阴白花在往返去过河、爬山、流汗之上,觉得太可惜!还不如干一点有意义的事情为民族解放运动吃一点惊,受一些儿灾难也觉得良心快慰!所以,少雄差不多每天都拖着她瘦弱的身子跑到老远的妇慰分会去工作,我除了每早晨到会计学校上课外,

---

① 李华飞:《从轰炸中长成》,《流火》第9期,1939年9月16日。

多半时间都花在银励会的办公室里,兵役实施协进会在礼拜二、五两晚也一定得去。这不值得夸耀,这是抗战途程中每个中华儿女应有的责任。

五月三日的一早我们就分头出去,筹划布置明日的事情,出特刊,请人讲演,……因为少雄的朋友要到家吃中午饭,十二点大家就陆续来了。金红的太阳正在窗外的墙上闪着光辉,无数黑灰色的屋顶上都冒出大缕弯曲的炊烟,山城的喧嚣渐渐沉入寂静,嘉陵江里间或有一两声轮船开头前的笛鸣,天净得只是一片蓝,这美好的河山,哪儿知道在数十分钟之后就有着上万的人死亡,无数的高楼大厦变成灰烬呢?

"街上的人跑的凶得很,有警报啊!"这声音从门外传进来。

朋友们正沉默着翻阅相簿与画报,由于这突如其来的刺激,大家本能的同时抬起头来互相惊奇的目光交流一下,吐出了一句"真的吗?"

"我就不信,一请你们吃饭就有警报。"少雄用怀疑的态度想否定这过路人带来的消息,但她的话刚说完就听着断断续续的"空袭警报"的笛声,大家慌了,赶急加紧足力走向防空洞去。

那儿离家只有一条街,是少雄她们银行里曾用了四五万块钱修建的,还相当可靠。来到大街上,行人都疯狂了似的跑,只有警察、宪兵、防护团员很镇静的守住他们的岗位。走下洞去,已宣告人满,许多熟悉的友人,都只默默相对一笑,似乎慌急得什么似的倒有些滑稽。热气夹着汗臭四边不断袭击,简直无法抵抗。避难虽多数有着紧张的表情,但同时也有人学着蟋蟀讲话,惹动有人在干涉,小孩无知的哭泣,又惹动有人在吵骂。本来静静的一个防空洞,由这细小的变故而闹哄哄起来,使心内充满恐怖的人们更加烦躁,因之,不约而同的发出了一长长的声音"死,滚出去!"

有"孔孔"的飞机声从远处波涛似的漾进洞来,大家才静无一语,知道是"敌机"降临了。不一会,"孔孔"的声音来至头顶,高射炮连续响了,轰轰的炸弹也连续响了,钢骨架轻轻震动,烛光闪了闪,全洞的人像禾苗顺风吹了一下仆在地上。在我身旁的一位老太太骇得周身发抖,落齿的嘴不断吒语着"观世音菩萨,救苦救难!"我无眼去看她枯瘦的脸上作何表情,我只侧耳探听着敌机的去向,机声小了,远了,大家慢慢抬起头来,叹息着生命的侥幸尚存,洞内又发出似乎有节拍的拂去衣服上泥灰的声音。

"陕西街中弹起火!"穿黑制服的警察从洞外进来报告。

闹杂的话声起了,彼此的心中是要知道更详细的报告,有性急的大声问:

"除了陕西街还有什么地方?"

"现在电话不通,无从知道。"

防空洞里的人像火在燃烧一般,焦灼的盼望着警报的解除,有人失常态的走来走去,有人在清点亲戚是否失散……好容易那悠长的声音响彻四野,大家如潮水似的涌出去,争先恐后的着魔一般去看自己的家,自己的亲人……

阳光在马路上拖着许多纷乱的影子。

我们回家去见粉蒸肉还有点热气,大家就赶快吃完饭,向陕西街一趟。得知的消息甚为恶劣,下半城有好些地方都糟糕了。于是,我向商业场跑去,在路上碰着中央社的记者刘君,他说××日报社发行部中了弹。敬之的家恰好就在××日报隔壁,我回头又一趟,心中的跳,比敌机临头时还难受,中央公园那条长坡,我拼命爬上去,几处大火我都无心观看,埋头向上蹿,汗珠流到了眼里,口里,但我一心却挂念着知交情厚的敬之夫妇的安全。跑达他的大门时,只见全是颓墙倒屋,剩下只有一个完整的大黑漆门,幸而没有起火!心慌得不得了,冲进门去,在四围瓦砾中仅存两间的房子里我看见了敬之在整理倒下的家具,和玉伏在桌上有气无气的抬头看我一眼。我高兴的说不出一句安慰他俩的话。但敬之却首先说了:

"今天,我第一次感到了死的悲哀!"

敬之脸色清癯得可怕,余惊仍然残留在失神的眼角上.

"你不知道我们是多么危险！躲在进大门石梯下的简易防空洞里，周围都中弹，碎片也飞进洞来，我以为今天就是这样完了……"

地下是震粉碎了的茶杯、花瓶，桌上扑满泥土灰尘，我喊和玉，她只是摇头，我知道她被震得心中很难受，精神还没有复原。

"你们好好休息一下，暂时到我家去住两天吧。只要人无恙，受点物质的损失也没什么关系的。"

"我们要把未毁的东西搬走，不留人在家不行，搬完后再说吧。"

"那么，我还要往储奇门看延弟去！"

在路上碰着施仁夫与谢家松，家松笑着说："我才从倒塌的屋子里爬出，真危险！报馆没有受什么损失。"他身上不少泥土，那毫无惊恐的神情，使我的胆子也壮了。

沿着大梁子向三圣殿跑，踏过路上炸弹的大坑，像蛛丝一样遍地的电线，路边躺着满身灰土而断脚破头的尸体，婴儿死了还衔着妈妈的奶头……愈看愈愤怒，残酷的敌人，你以这种卑劣野蛮的手段，难道就能摇动我们民众抗战的决心吗？这不行，只有增强对你——日寇的仇恨的，你是太愚蠢了。

到储奇门，远望着延弟住的屋子没有毁坏，心中安定，没有会着人，但知道他们都无意外。绕道至新蜀报馆，见钦岳先生正忙着指挥工人扑灭屋后的火，葛乔、鲁漆都忙个不了，头圆而发光的张骏记者，不住跑上跑下，用四川官话在各方交涉。慰问数语，就在人潮中夺路回至商业场，见各地火焰仍烈，消防人员在火光中努力扑灭，车夫轿夫被组成了无数的担架队，抬着死去的同胞，惨不忍睹！最令人感动的是，许多小学生也在抢救受伤的同胞，因为力气太小，乃由四五人担一个，那种勇敢的精神实在叫人泪盈欲滴！青年的一代，新中国的主人啊。

几个国际友人，也卷着衣袖，奔忙于重伤垂危的同胞们之前。

是日击落敌机两架，听说驾驶者有一两个是来自亚平林半岛尽管日寇会轰炸，我们却要从轰炸中成长。

二

整夜里，都在忆念着那些被炸的民众，与灾区的悲惨景色，有的全家死尽，七八个尸体横放在储奇门外的河边，有的全家死了剩下一二个，哭得来不知人事，抱着那留下惟一的手膀或头颅在马路上乱跑，与疯人无异！乌紫的血，烧焦了的墙，歪倒的电杆，顶篷被炸弹破片打个大洞的汽车，点着红灯告诉行人急走，那儿有未爆炸弹的街心……

刚一合上眼，又突然惊醒，窗外漆黑，好像远远有人哭泣，仔细一听，却什么也没有。这残酷的印象，全中华的儿女们，哪一个又忘记得了呢？

天亮了，街上充满搬家者的声音。

延弟与广蕙两口儿一路叫一路闹的冲上楼来。

"昨天来看你们，两口儿都不在。"

敬之夫妇还未来，我就约着延弟去找他们，弄了一点菜，算是替他们压惊，殊知，大家饭后才分手走进办公室，街上已是大群大群的人在跑，愈跑愈多，办公室内也受到了波动，跑，跑，跑；……警报并未发，问跑的理由与根据，谁也说不出。

三点多钟了，才证明因灾区的颓墙倒下来，过路的人跑着，看的人也跑，商店的人也跑，于是造成了一场虚惊。

四点多钟，谣言又起，街上又有在跑的人群，这时天空的云层里又有飞机声音。弄得莫名其妙，朋友们都你劝我，我劝你的避下防空洞，等了许久，跑的人少了，警报笛仍然未鸣。这时已快六点钟了，银励会纪念五四的工作剩下只有晚间的讲演，其他一切均无形停顿。我忙着回家吃饭，在路上看见许多救亡团体拿着火把到夫子池参加游行，心中无限的愧惭，真热烈，勇敢！我们做的工作还太不够。

才回到家的门前，就又有人在叫发警报了，这次听见了笛鸣，我回头向防空洞跑,警察与宪兵挡着我说:"紧急警报,不准走。"幸而领来已半年的"防空通过证"发生了一点效力,跑下防空洞时,炸弹已在不断的,如爆竹似的连续响了,我默默无言,汗珠从嘴边掉下。

警报解除,向西一望,天红了,黑烟还在一团团的冒起,上半城的精华是付之一炬!我在走出洞的人群中看遍了也无少雄的影子,忙向家中一趟,问,未回去,又向她们银行一趟、没有消息,望着那越燃越大,红得越宽越高的火,那些以血肉构成的建筑物,我禁不住有些悲怆起来。

算好在一家大商人的防空洞内找着了她,回家后,敬之、和玉、延弟、广蕙等十余人都到我家来了,街上搬家的人络绎不绝。敬之的家又被投中了燃烧弹,可说,人未亡家却已破。我叫他们睡一会起来吃晚饭,大家都跑得很疲倦,第二天早点搬下乡。

挨近天亮时,敬之延弟两对夫妇刚走不久,又发警报了。

黑沉沉的夜,没有灯,沿街又尽是未完成的小水池——陷入坑,跑起来实在恐怖悲惨之至。

火光慢慢小了,河里的汽船将受灾同胞向江北免费送运,××师的士兵们非常勇敢的在帮着民众抢救东西……

有进口无出路的××防空洞,烧死了很多人,一家正在做丧事,和尚死了七八个,新逝者的尸首被抛了半节挂在屋顶,×街口的警察剩下一只手悬在电线上……

悲惨的五月四日被一轮红日送去,那是敌人第二次最残忍的屠杀重庆民众的纪念日。

三

敌机自七日夜来窥探即返之后,又是数日无消息,重庆慢慢恢复了原有的热闹。

十二日的午后,我们因不在重庆住宿已一礼拜,从江北回家看看,六点多钟发警报,结果江北、弹子石……被炸。

许多炸弹落在嘉陵江中,江边的沙滩上。

火光又将黯黑夜的青纱烧破。

二十五日,少雄被调往广安,我从歌乐山赶回重庆,幸而因友人的生日,午后到江北去了,六点多钟,重庆无数雄伟的建筑物受到了灾害。中央公园内因孔雀的啼叫而惹得敌机投弹后又低空来回扫射,那儿树荫之下,新增了许多血迹。

狂炸各地的大小城池,这是敌伪动摇我民心的阴谋,我们并不怕,却从轰炸中愈益坚决而成长起来。

1939年7月于新都

十四、五五早起书怀[①]

张恨水

七年前的五四,我一家,几乎没炸死烧死。五五天不亮,我护送着妻儿离开重庆市区。我知道渡江不易,由七星岗倒走向两路口,取道浮图关下的山路走向菜园坝。大街上,店户闭着门,穷苦百姓,挑着行李,提着包袱,全不作声,人像水样,向市区外流。一路脚步擦着路面声。看任何人的脸子,全是忧愁所笼罩。我惊于空袭对心理上作用之大,我知道国家抗战之苦,我更知道,这不过是一小点的空袭,若一个国家,整个被打垮了,而兵临城下,那又是什么景象。

我们在山上一看江滩上待渡的人,说什么万头攒动,像块乌云,像一片蚂蚁。这如何能过江?万一敌机这时到了,那事真不能想象。因之我越发倒走,尽量离开市区。在坟堆的桃树林下,遇到一位挑江水的。我们花两毛钱(至少值现时一千元)要了一瓢冷水,站着互递了洗脸漱口。所有洗脸用具,是妻一条手绢,完全代表。各喝一口冷水,逆流而行,离开码头四五里,在木筏外面,有一批小船。我看四周还无抢渡的群众,我以川语高呼:"我们是跳(读

[①]张恨水:《五五早起书怀》,曾智中、尤德彦编:《张恨水说重庆》,四川文艺出版社2007年版,第17—19页。

如条)警报的,哪个渡我们过河,我出五元钱。"这是个可惊的数目,当日可以买到五斗米,一个渔夫,懒洋洋的船篷下伸头望了我们一下。他带了笑说:"再多出两元,要不要得?"我没有考虑。立刻说声:"就是吗!"踏过六七十公尺的一片木筏,我们上了船。二分钟后,我们到了南岸的沙滩上。跑了一夜警报的她,始终面如死灰,这时微微对我一笑,问:"脱离危险区了吗?"我竟是把妻当了朋友,热烈地握着她的手说:"我们相庆更生了。"抬头一看,一片蔚蓝色的天,悬着一轮火样的烈日。重庆在隔江山上,簇拥着千家楼阁像死去了的东西,往下沉,往下沉。天空里兀自冒着几丛烧余不尽的黑烟。对岸几片江滩,人把地全盖住了。呼唤和悲泣声,隐隐可闻。江流浩浩,无声的流去,水上已没有渡轮,偶然有一只小船过江,上面便是人堆。人堆在黄色的水面上悄悄的移。

这日子,妻正向我学诗,不知她套着那书上的成句,告诉我说:"愿我有生年,不忘今日惨。"她眼圈儿一红。看了孩子,牵着我的衣服。我恨了日本人七年,直到广岛吃原子弹,而松了这口气。

七年后的五五,我和妻,相隔三四千里,纪念着这个惨痛的日子。早起,我孤独地站在院子里,有点惘然。……

老槐树上,一架航机,轰然飞过。怕听的马达声,我已不怕了,算是我获得的胜利。我惘然什么?

十五、无题①

吴锡泽

断壁残门自在开,
空街寂寞几人来!
半江月色临焦土。
一代繁华付劫灰!
极目山山草自簇,

---

① 吴锡泽:《川居漫寄:重庆在轰炸中进步》,《胜利》,1939年第56期,第14页。

伤心处处骨盈堆,

凄凉最是寒风起,

遍野啼号鸣叫哀!

——重庆炸后凭吊

十六、燃烧与埋葬[①]

丽尼

燃烧

燃烧罢,城;燃烧罢,山,旷野,和大地!

刽子手,敌人,杰作啊,最现代的血的把戏。

用达姆达姆和毒瓦斯屠杀了我们底兄弟,在这里,用烧夷弹来毁灭我们底城市。

杰作啊,用铁和火向中国人索取血祭,用屠杀使中国人向着中国屈膝。

无耻无耻,一百个无耻!

对着流着的兄弟们底血液,对着躺着的兄弟们底尸体,我们中间的血债我们是知道的。

燃烧起来吧,城;燃烧吧,大地,旷野,森林!

燃烧罢,每一个祖国底儿子;燃烧罢,千万条血管,千万颗祖国底儿子底心!

我们不屈膝,我们不要和平。

我们要继续这光荣的战争。

我们没有怀疑,我们只有一个信念(知道么,刽子手,敌人,我们千万人底心里只燃烧着一个惟一的信念):

用血与肉将强盗赶出我们的国境!

埋葬我说,把我们底死者埋葬起来罢,他是死在我们底土地里。

[①]《国民公报》,1938年8月15日,第4版。

(不要低垂着头,我们底兄弟;不要哭泣,妇人。

眼泪和悲愤偿还不了这血的债和仇恨。

不要说那脸面已经模糊,不要说,我看不清……

虽然是身躯已经焦黑,然而火烧不去那新鲜的血痕;虽然是面目已经模糊,然而血盖不住那英勇的脸。)

我说,把我们底死者埋葬起来罢,他是死在我们底土地里,(不要低垂着头,我们底兄弟;不要哭泣,妇人。眼泪和悲愤偿还不了这血的债和仇恨。)

从烈焰里,从火场,从瓦砾场,从倾斜的角落从断墙,从地底深处从最低下的低层!

掘吧!(掘开泥和土,掘开血和肉,掘开我们昨日仅存的物品,掘开我们永远亲爱着的亲人。)

(呜,我的儿子!)

(呜,我的父亲)

(呜,我的亲人)

他的眼珠突出,他的眼睛不闭。

在远远的电线杆上挂着他的腿。

(是他底,是他们底。)

一个英勇的兄弟死了,在他自己底岗位。

十七、抬①

艾青

请你们让开,

请你们走在人行道上,

让我们把他们抬起来。

请你们不要拥挤,

请你们站在街旁,

---

① 艾青:《抬》,《艾青诗选》,中国友谊出版公司2018年版,第121—123页。

让我们把他们抬起来。
请你们不要叫嚷，
请你们用静默表示悲哀，
让我们抬起他们来。
这是一个妇人，
她的脑盖已被弹片打开，
让她闭着眼好好地睡，
让她过一阵能慢慢地醒来，
让我们抬起她送回她的家，
让她的家属用哭泣与仇恨安排。
这是一个服务队的队员，
灰色的制服上还挂得有他的臂章，
你们认识他么——他的脸已蒙上了土灰，
无情的弹片打断了他勤劳的臂，
请你们让开，请向他表示悲哀，
他已为了减少你们的牺牲而被残害。
请你们不要挤，这里还有更多的，
他们都是伤兵住在伤兵医院里，
他们在前方受了伤躺在床上，
等着伤好了再上战场，
现在无耻的敌人已把医院炸倒，
现在他们已受到了更大的创伤。
请大家让开，
让我们抬起他们来，
请大家站在旁边，
让我们抬着异床走来，
请大家记住，
这些都是血债……

一九四〇年六月十一日 重庆

十八、步田汉《游缙云山寺》原韵和诗

郭沫若

"无边法海本汪洋,

贝叶群经灿烂装。

警报忽传成底事,

顿教白日暗无光。"

二十九年七月三十一日,偕法国总领事杨克维夫妇、用之及鹤龄夫妇来游。见此册前有寿昌(田汉原名田寿昌)题诗记遇警报。正拟用其原韵和之,锣声忽传,继而有飞机声,又有轰炸声甚近,盖炸北碚也。日光为暗淡。

游缙云山寺

田汉

太虚浮海自南洋,带得如来着武装。

今世更无清净地,九天飞锡护真光。

偕太伟、子展、双云诸兄及姗姊、维中等,登缙云山瞻仰太虚法师携归宝物,适遇警报,云敌机百五十架又来肆其残暴。今日为光明与黑暗之战,我僧伽同志在太虚法师领导下必能成为文化抗战之生力军也。

十九、毒炸后[①]

王礼锡

仲华兄:重庆连日轰炸的惨状,据目击京汉各役者谓此为最毒。诗两首。纪两日感愤,敬录奉。弟礼锡

---

① 王礼锡:《毒炸后》,《星岛周报》,1939 年第 2 期,第 14—15 页。

(一)

而今是人血人肉烤成的瓦砾,
昨天是一个古色古香的书店,
一部木刻宣纸丝装的古书,
我的手指曾给它多次的抚恋。
昨天是一个北方的小吃馆,
而今是人血人肉烤成的瓦砾,
在万众母子夫妇团圆的新年,
是它供给我半打油香的锅贴。
为了要温一温平津的声音笑貌,
我曾几度到此坐对清茶与大鼓,
而今是人血人肉烤成的瓦砾,
谁更把国仇家恨悲壮地从头数!

(二)

你也曾抚过你的爱儿,
你也曾抱过你的娇妻,
是谁把蜜爱化作毒仇?
呵,这一段血淋淋的手臂!
你也曾将脑力体力充富文化,
你也曾在世间有过生的神奇,
是谁把美的生变做丑的死?
呵,这一段烧焦的尸体像木乃伊,
你曾是爹娘手中的宝贝,
你是小神仙初降到人间,
你与谁也无仇无怨,
呵,为什么你这样血肉凌乱?

(三)

菜和饭美味成了焦炭，

臭气冲天的曾是绫罗绸缎，

我穿过繁华的苍坪都邮街，

街两旁流着血水溅溅！

火照红了疲乏的脸孔，

烟呛塞了嘶哑的喉咙，

从绣壁，白象，转到新丰，

一路有从虎口争余肉的水龙。

我想象沈阳北平沪与京，

武汉广州南昌贵阳桂林，

黄河大江珠江都给糟踏尽，

天高海深哪敌得这万事仇恨！

五月四日于重庆

二十、风入松①

熊昌翼

廿八年五月三四两日，寇机袭渝，焚烧甚惨，追怀今昔，怆然赋此。

晴空万里碧无云，大地绿如茵。层楼杰阁连山起，凭高望、纵目难巡。薄暮灯光绿树，满城车马阗堙。

无端飞寇动风尘，天地一般昏。繁华文物全遭劫，嗟多少、断首残身！此恨人人须记，匈奴不灭难伸！

一九三九年五月三四两日寇机袭渝

---

①熊昌翼:《风入松》，《民族诗坛》,1939年第3卷第2辑,第70页。

二十一、巷①

杜谷

破碎的巷

坍倒的巷

我看到了

灾难的风暴

刮过我们城市的踪迹

你断裂的窗棂

你倒塌的楼台

你无顶的房舍

你破碎的庭园

你烧焦的墙壁……

都在雾蒙的天空下

裸露着乌黑的疤痕

扶着那锯齿似的残垣

在破瓦堆上

一拐,一拐

艰难地寻找着的老母亲

你脸苦痛地皱结着

喃喃地诅咒些什么

是的,我知道

我们每一个

热爱祖国的人民

心里都种着仇恨

---

①杜谷:《巷》,《抗战文艺》,1941年第7卷第1期,第55页。

二十二、鸽子①

冰心

砰,砰,砰,
三声土炮;
今日阳光好,
这又是警报!

我忙把怀里的小娃娃
交给了他
"城头树下好藏遮,
两个病孩子睡着了,
我还看守着家。"

驮着沉重的心上了小楼,
轻轻的倚在梯口;
群鹰在天上飞旋,
人们往山中奔走。
这几声
惊散了稳栖的禽鸟
惊散了歌唱的秋收

轰,轰,轰
几声巨响!
纸窗在叫,
土墙在动,
屋顶在摇摇的晃。

---

① 冰心:《鸽子》,《满地红》,1941年第3卷第3期,第31页。

一翻身我跑进屋里,两个仓皇的小脸
从枕上抬起:

"娘,你叫什么响?"
"别嚷,莫惊慌,
你们的耳朵病聋了,
这是猎枪。"

"娘,你头上怎有这些土?
你脸色比吃药还苦。"
我还来不及应声,
一阵沉重的机声
又压进了我的耳鼓,

"娘,这又是什么?"
"你莫做声,
这是一群带响弓工的鸽子,
我去听听。"

檐影下抬头,
整齐的一群铁鸟,正横过我的小楼。
傲慢的走,欢乐的追,
一霎时就消失在
天末银灰色的云堆。
咬紧了牙齿我回到房中,
相迎的小脸笑得飞红,
"娘,看见了那群鸽子?
有几个带着响弓?"

豆大的泪点忽然

滚到我的脸上,

乖乖,我的孩子,

我看见了五十四只鸽子,

可惜我没有枪。

二十九年除夕重庆

二十三、一月十五日午敌机猛袭渝市,与炜翁季则星桥并全家人入防空洞中赋此①

易君左

一洞深嵌古墓旁,

为人为鬼两茫茫。

横空荒鹫张牙舞,

卫国神鹰奋翅扬。

震耳欲聋惊电劈,

捶心止咳苦风伤。

可怜呼吸存亡里,

何不捐躯上战场?

二十四、敌机夜袭②

黄炎培

江城怒沸千家火,

山月寒轰万壑雷;

老许吾身亲战阵,

广驱生命返尘埃。

深岩镬穴惊波动,

---

①易君左:《一月十五日敌机猛袭渝市防空洞中赋此》,重庆文史研究馆编:《中国抗日战争诗词曲选》,重庆出版社1997年版,第262页。

②黄炎培:《黄炎培日记》第7卷,华文出版社2008年版,第139页。

磐石飞霄压屋来；

一刹那前谁更忆，

撑云金碧尽楼台。

二十五、罪恶的金字塔①

郭沫若

心都跛了脚——

你们知道吗？

只有愤怒，没有悲哀，

只有火，没有水。

连长江和嘉陵江都变成了火的洪流，

这火——

难道不会烧毁那罪恶砌成的金字塔么？

雾期早过了。

是的，炎热的太阳在山城上燃烧，

水成岩都鼓爆着眼睛，

在做着白灼的梦，

它在回想着那无数亿万年前的海洋吧？

然而，依然是千层万层的雾呀，

浓重得令人不能透息。

我是亲眼看见的，

雾从千万个孔穴中涌出，

更有千万双黑色的手，

掩盖着自己的眼睛。

朦胧吗？

不，分明是灼热的白昼

那金字塔，罪恶砌成的，

---

①郭沫若：《罪恶的金字塔》，《诗创作》，1941 年第 3—4 期，第 63 页。

显现得十分清晰。

（六月七日）

编者按：郭先生来信说："……最近很少写诗，尤其是新诗，……×月×日大隧道惨事发生，曾亲往洞口看运尸，写了这首印象的东西，……恕我不加解释吧。……"

这首诗是为大隧道惨祸而写的。寇飞机仅三架，夜袭重庆，在大隧道中闷死了万人以上。当局只报道为三百余人。

二十六、六月五日敌机夜袭时，重庆城内大隧道窒息死万余人，闻之悲愤作歌以纪之[①]

杨沧白

城乌夜啄枭声恶，狂寇机鸢晚犹作。
忽闻隧道骇变生，窒息骈尸葬盈壑。
愁月云阴黯澹明，天公忍泪不能倾。
孰意修罗在尘境，万人一夕如秦坑。
大块噫气群生息，洞中炭养万忧积。
何缘牢锁不开关，重门严闭无风入。
生道杀民昏岂知，草菅人命安得辞。
更传临命惨呼吸，军吏铁面方无私。
老夫聆此悲心骨，夜半唯余万家哭。
长日城头纷鬼车，裂衣啮指惊相哗。
防空奇耻污中华！

二十七、第二次大战回忆歌（节选）[②]

于右任

群山万壑拥夔门，万众一心招国魂。

[①] 杨沧白：《天隐阁集》，重庆出版社1991年版，第259页。
[②] 于右任：《第二次大战回忆歌》，《草书月刊》，1948年第1卷第56期，第42页。

避寇西行真有幸,禹之兴也故泽存。
五三五四敌肆虐,回念陪都恍如昨。
疲劳轰炸劳者谁,千计百计都无着。
山川效命百工忙,雷雨及时万族乐。
自来国危思共济,抗战春秋烦笔削。

二十八、重庆,在轰炸中!①

张天授

重庆,

着火了!

在敌人的残暴下,

被轰炸!

在火的炼狱里。

新中国的摇篮!

重庆

燃烧着火!

房屋坍塌了……

焚烧吧!

焚烧掉屈辱,

偷生……

一切污秽的名字。

轰!

焚烧吧!

炸吧!

街市着火了!

---

① 张天授:《重庆,在轰炸中!》,《笔阵》,1940年第1期,第10页。

血流着……
抗战的马拨
唱着,
新中国站起。

血,
流着……
江流吼着——!
"抵抗啊,
打击侵略者!"
旧的
让他毁灭吧。
新的起来了啊!

血,
仇恨!
法西斯的飞机
着火了!
落下了,
轰隆——!

二十九、敌机去后(素描三章)[①]

张天授

(一)牛角沱所见

敌机去后,
解除了警报。
百姓们在被炸毁的
自家房屋的跟前,

[①] 张天授:《敌机去后(素描三章)》,《挥戈》,1940年第1卷第2期,第56—57页。

佝着腰,收拾灰烬里的破烂。

他们不叹息,也没有眼泪;

把仇恨埋在心里。

阴天

在这里,

要起一间更坚固的房舍哪!

　　(二)一个年轻人

一个年轻人,

从地上翻了起来!

望着燃烧着的家,

望着血里躺着的妈妈,

疯狂地

指着天穹:

"烧吧!

恶魔,

你来替我们举行灵山祭祀。①

炸吧!

我们

大中华的儿女,

要在血海里写下血的誓言。"

于是

他荷起枪,

向那遥遥的远方

奔驰而去了。

---

　　①灵山祭祀:古代希腊阿林匹克火炬的传送,在阿林匹克山做灵山祭,用凹凸镜从太阳取得火炬的火种。

（三）一个老妈妈

一个老妈妈

抱着她的

被炸死了的婴儿。

一面流泪，一面呼号；

"孩子，

你死了吗？

你不要只恨鬼子啊！

这飞机是那民族的叛徒

汪精卫派来的哪！"

她仰望着苍天，

太阳戴上了黑纱。①

　　　　　　　五月二十八日

三十、过轰炸中之渝城②

　　杨乎彬

蜀中盛地又重游，

警报频传客恼秋；

三面江流一面陆，

全城瓦砾半城洲，

摧残骚扰难逞计，

抗建韬谋一样筹，

营业依新民气壮，

徒教不共戴天仇。

---

①"太阳戴上了黑纱"——兼指五月二十八日"日晕"。
②杨乎彬：《过轰炸中之渝城》，《原野（福清）》，1940年第2卷第3期，第16页。

三十一、空袭的故事一束①

无双

人们几乎每天都到空袭掩蔽处去,因此有许多关于空袭的故事,这些故事一本书也说不完。

据说某次轰炸,一个炸弹使一把椅子从这家飞上了那家的屋顶,端端正正的放在上面。

又说,有人在棺材堆里躲着,而免于死。有一个留学生,他的房子烧掉了,什么东西都没有了,他只得买了一把牙刷和一支牙膏到朋友家里去住,后来朋友的家也被炸了,他又买了一把牙刷和一支牙膏,这样继续着一直到他买了四组牙刷和牙膏。后来他不再把这些东西放在家里,无论到什么地方去,都带着他最后一次买来的牙刷和牙膏。

有一家有三层楼的房子。当第三层楼炸了时。他们搬到第二层楼去住,第二层楼炸了时,又搬到底下的一层去住,最后连底下的一层也炸了时,他们只好搬家了,一个人真能连得三次"航空奖券"的头彩!

有些人非常害怕警报,或者是由于有恐怖的经验吧,警报一响,他们就面孔惨白。我们家的福嫂在这时候便流着汗,什么东西也不能吃,什么事情也不能做,一直要等到警报解除。她三次险些炸死了。许先生和萧先生也是两个极端者,他们一定要走呀,走呀,到一个十分远的特别的洞里去躲,他们觉得只有那儿才最保险。

有一个面包师不去防空洞,一次突然有炸弹落在他的旁边,据说他捏了一块生面团把炸弹的引信堵住,使它不致爆炸。他做这件事,从政府得到了二十块钱的奖励。

有一个家庭包括一个丈夫,一个妻子,一个小老婆和四个月大的儿子。突然间(那是炸北碚第一次,还没有入躲防空洞)炸弹落

---

①林如斯等:《战时重庆风光》,重庆出版社1986年版,第130—132页。

下了。在此之前,那个小老婆很灵敏的把最宝贵的孩子放在地板上叫丈夫俯在孩子身上,小老婆又俯在丈夫身上,妻子被指定用她的身子覆盖着小老婆。

四个人堆在一起,结果妻子受了一点伤,她的一片肉炸掉了。因为她是在最上的一层,但小老婆、丈夫和孩子全都平安,孩子也没有闷死或压死。

还有一个人,他看见炸弹落下时,像一个鸵鸟似的,把他的头插在一处沟渠里,自以为十分安全,但是他的后臀炸掉了。

奇怪的是当战争拖下去时,中国的士气越来越高了。当收复了一座城池,在空袭后就有提灯会和游行来庆祝。端午节照样有成千的人观看龙船比赛。我们依然举行庆祝,照常生活着。孩子们在解除警报后,立刻拿起书包到学校去。夜袭以后人们又在第二天六点或七点钟起身工作。还有的孕妇在防空洞里生产孩子。

空袭不能破坏我们的幸福。炸弹怎能摧残我们的士气,怎能摧毁我们的精神?它可以落下而且爆炸,但我们无论如何却要抗战到底。

三十二、一九四一年轰炸集①

易君左

(一)"八卅"纪念歌②

一家命托悬崖下,瓜棚李树交[低]桠,亲朋谈笑破孤岑,流离不作伤心话。秋日炎炎将近午,敌机疯似群魔舞。头批二批弹乱投,飞沙走石风飕飕。三批音响近且大,俄然突向悬崖炸。疾如大帚扫桔叶,猛若巨斧劈弧厦。砰砰[二声],雷霆震[之],洞裂石碎,泥溅土崩,昏天暗地,旋乾转坤;儿啼女哭,犬[跃]鸡[腾]。我时两腿被土压,拂石[挥]泥急抽拔,狂呼[艺]妻应声

---

① 易君左:《一九四一年轰炸集》,《文化先锋》,1942年第1卷第13期,第14页。
② 易君左:《一九四一年轰炸集》,《文化先锋》,1942年第1卷第17期,第19页。

作,急寻老母[隅]然坐,力与秋慧扶出躲,层楼裂似乌龟壳。乱土堆堤封洞口,山路高低劳母走。天空一碧晴无云,不管人间血泪痕!行至中途声陡起,四批敌机又至矣!趋口扶携入小洞,翠竹笈笈映流水,其旁一弹穴,大如小鹅塘,堤溃田遭殃,积水决四方。将炸悬岩前,群儿回家饭,忽见黑烟飞,直冲后山上。鸿几十三龄,殿儿甫九岁,奔至悬崖不见亲,哭哭啼啼心胆碎!觅入小洞拭眼泪,近山烈焰红如醉。五批荒鹫又临头,寻声知向市区溜。巨鳌吞吐高射砣,闻之心稍解烦忧。下午五时解警报,浑如泥人翻自笑,鞋穿袜破衣裤湿,发长[骨]削眼珠凹。患难同经有两家:黄立人与王公遐。是夕公遐邀我饮,昂然畅论美援华。嗟我险[□]三次逃:一在长沙戥子桥,一在嘉定苏稽道,一在此次渝南郊。我曾有句情豪迈,"百炸千轰终健在"!若非老母在高堂,早入冲锋敢死队。□□魄寇猖狂□无聊,尚发荒谬传单希混淆。ABCD阵营牢,太平洋上战云[高],最后胜利我终操!世界和平尔屠刀,合力同心扑此獠!民国二十八年,八月三十日!一身不死天之赐,一家不死祖[宗]赐,数家不死悬崖赐,万家不死[国]恩赐。[留]此男男女女,老老少少,儿儿女女,孙孙子子,报仇雪耻,千秋万世!呜呼,明日清晨我去吊悬崖,徘徊重徘徊,瓜棚倒,李树[摧],和泪凄然土一堆!

(二)三月十四日纪事①

挟被携箱入洞天,西飞荒鹫忽惊传。全家都避蓉郊外,[尘]涧枯坟密竹边。绝无怕死贪生意,但涌同仇敌忾情。闷坐浑然飞入梦,神鹰万队炸东京?

---

① 易君左:《一九四一年轰炸集》,《文化先锋》,1942年第1卷第13期,第14页。

(三)"五三"敌机狂炸重庆,洞中怀成都之家,口占二绝,寄慰艺妻①
巨弹如雷震耳聋,如何空穴忽来风?
炎黄圣裔真肝胆,烛照苍崖黑石红。
大忠大孝不言私,此是天崩地坼时。
百炸千轰终健在,劳卿珍重护慈晖。

(四)大轰炸后,过某地②

前天我经过,破瓦成堆,残砖成垛,电线如乱发婆娑,大坑小坑几个!

昨天我经过,努力支架!努力钉板!努力接线!努力装锅!

今天我经过,依旧招牌,依旧酒肉,依旧灯光照耀,依旧醉颜酡。

(五)"五九"敌机再袭重庆,洞中口占③
闷坐沉思百感滋,男儿何入洞中为?
不挥利剑诛强寇,亦系降王舞大旗。
破焰冲烟瓦砾场,危楼又散酒花香。
年年"五九"应牢记:百世千秋血债偿!

(二)"五十"敌机三袭重庆,洞中口占④
庞然妇孺愧鬓眉,笑语喧阗度战时。
全市不知轰炸苦,但求米勿等珠玑。
三袭陪都问死伤,山城誓与国存亡!
疏烟野火清江岸,赚取倭儿九断肠。

---

①易君左:《一九四一年轰炸集》,《文化先锋》,1942年第1卷第13期,第14页。
②易君左:《一九四一年轰炸集》,《文化先锋》,1942年第1卷第13期,第14页。
③易君左:《一九四一年轰炸集》,《文化先锋》,1942年第1卷第14期,第15页。
④易君左:《一九四一年轰炸集》,《文化先锋》,1942年第1卷第14期,第15页。

(三)"五一六"敌机四袭重庆,洞中口占
习闻沉重响工工,一弹开花半穴风。
何物剪除天上寇?同仇敌忾气如虹。
四袭陪都逞兽狂,放书高论耻松冈。
榴花五月红如火,不及歼倭战血香!

(四)某夜

好鱼,好肉,好朋友,抗战已四年久。
斗室中,红灯下,歌一回,舞一回,不管门前劫灰。
泪成河,不如双笑涡。今日朱颜,明日白发婆娑——奋起执干戈!

(五)"六二"敌机六袭重庆
七星岗上血横飞,大恨深仇尽裂眦。
今日洞中惊震动,弹花如雨集周围。
一杖双包紧紧随,拍灰清路上楼层。
似怜寒士求薪苦,飞送权枒大树枝。

出洞见火光烛天,闻被炸多处,敬向死者致哀。

月淡星稀布暗云,市声初复闹纷纷。
东南东北天飞赤,一片低檐矮屋焚。
露宿荒郊夜已深,不愁不哭不呻吟。
欲安死者于泉下,鼓舞同仇敌忾心。

"六六"敌机八袭重庆,大火几毁余寓。

夜袭凶残午又来,陪都八次惨蒙灾。
凭风吹旺城头火,烧尽倭儿骨化灰!
商场百货供求多,毁后重务日几何?
不乐不安安乐洞,如何火舌亦爬坡。

"六一一"敌机九袭重庆,洞中隐闻弹声。

狂轰滥炸苦平民,更炸侨民美与英。
独怪强邻太姑息,养痈贻患祸将成!
似闻烈焰起沙磁,有戚蜗居念在兹。
终古杨公桥畔路,何时新立杀倭碑?

"六一三"敌机十袭重庆,洞中口占。

溽暑层楼热汗煎,频挥热汗写雄篇。
忍饥避炸无虚日,始信文章不值钱。
灯影摇摇照洞源,儿啼女哭妇人喧。
机声初过娇声起,"惟有三花粉晟妍"。

三十三、轰炸后①

郭沫若

黄昏将近的时分了,
从墓道中复活了转来,
怀着新生的喜悦。
成了半裸体的楼房
四壁的粉衣都被剥去了,
一片片的肋骨露着
还在喘息未定。
不远处有好些贫家都被炸了,
人们已在忙碌着收拾废墟。
——我率性去看看吧,
心里正这样想着;
顺从的脚已把我运走了出来。
好大的一个深坑,
怕已摧毁了二十来户人家吧?
巷道无法通行了,
人们都在尘灰中忙碌,

---

①郭沫若:《轰炸后》,《文艺生活(桂林)》,1941年第1卷第2期,第41页。

但丝毫也没有怨色。
——回来了吗?
一位忙碌着的中年丈夫
远远招呼着从昏蒙的巷道
若无其事地走回来的女人:
回来了吗? 遭①了啦,遭了啦,
窝窝都遭了啦,怎么办呢?
——窝窝都遭了吗?
妻平静的回应了一句。
这深沉的,超越一切的,
怎么也难譬喻的镇定哟,
这是"疲劳轰炸"的最确切的回答,
是摧毁法西螳群的最重量的炸弹。
毕竟是生的喜悦,
战胜了死的威胁呀!

三十四、在敌机连日轰炸重庆之登楼作②

刘翼云

眼底嘉陵万木稠,

山围四面翠当楼。

轰烧莫碍林峦美,

历练较深胆力道。

九月故乡秋色老,

十年归梦大江流。

登高特觉雄豪甚,

吾壮犹能为国谋。

---

① "遭"字四川土语往往读阴平声,即遭祸之意,但非类动词之"糟"字。
② 刘翼云:《在敌机连日轰炸重庆之登楼作》,《九一八》,1941年,十周年纪念特刊,第18页。

三十五、重庆!

曾卓

我回来了。
短短的日子里,
出入在山与山所环锁住的孤落的村舍,
缘深的竹丛,
和沿着山脊而倾斜的幼弱而稀疏的松林,
和乱石与野草缀满的山中,
披着满身的尘泥,
拖着沉重的蹒跚的脚步,
我回来了。

重庆
今夜,你不以辉煌的霓虹灯
映红半边深蓝的天;
你不以万道耀眼的闪闪的光幅,
向我呼召。
远远的看去你似乎在稀落的微光下熟睡了。
不,你没有。
愈近,我就愈清晰的听见了,
那些交织着轰然而来的混杂的喧嚣声,
轰轰的马达声,
汽车的吼叫声,
汽笛的嘶鸣声,
……
那千百种声音交响的大合奏,
于我

---

① 曾卓:《重庆!》,《诗创作》,1941 年第 6 期,第 30—32 页。

像听见了久别的情人的歌声啊。
血液在我滚烫的周身加速的流转。
一切疲惫,困倦都飞走了,
我向你奔去。
……

重庆
我走在你凸起的背脊上,
我走在你低凹的胸膛上,
我似乎也听见:
你的脉搏在震荡的起伏,
你的心也在狂跳。

各种气息:
酒馆的喷香的气息,
女人的脂粉的气息,
煤油,桐油的气息,
各种怪味的气息,
先后拥挤的撞进我的鼻门,
如草原上的气息一样的为我所熟稔。
好几年来,
我就是都市的浪客啊。
生活的皮鞭抽鞑我,
常常踏着破乱的皮鞋彳亍在反射着各色灯光的
光滑的柏油路上。
我记起那些夜间,
那些暗长的荒寒而寂静的夜间,
我是怎样的在一个并着一个的路灯下徘徊,
直到黎明的薄光,

照着我支撑不开的眼皮。

重庆!
你被称为"中国的古罗马,中国的玛德里"的山城!
你受伤了。
我走过那些
残垣与颓墙的暗街。
瓦砾,焦木,碎砖和电线杆上断垂下的皮线,
常常要绊跌我的脚。
高高的,只剩下几面破墙的楼身
胸脏被挖去了
由这一边窗子一直可以望透那一边窗子的天空。
却还傲视一切的兀立着。
你们——
瘦弱的身躯披着褴褛的衣衫的孩子们,
匍匐在瓦砾上,
用你们无力的小手,
要抓寻出一点什么来呢?

但是,街上还是
这么多,这么多的人。
在两旁店铺油灯散发出的淡黄的弱光下,
叫嚣着,撞挤着。

那些街道,
在未炸前还是不平与狭窄的街道,
已修筑得广阔而平坦;
那些房屋,
在未炸前还是驾空的与古旧的房屋,

已修筑得漂亮而结实；
那些在未炸前还是死巷，是没有路的地方，
已修筑起坚固而美丽的石阶。

是几条大街的中心点，
是人的潮流的汇合处，
是炸不死的精神的庄严的标帜。
那是一个在废墟上，
新辟出的广场。
在园场的正中一个高伟的旗杆
刺向星光闪烁的夜空……

走在洒过同胞的血，
而又由同胞的汗所铺成的路上，
我深深的交织着痛苦与骄傲啊！

不站在店铺的大玻璃窗下，
为那些炫目的光色所吸引；
不正视那些摩登的仕女，
我挺起胸穿走在熙攘的人群里，

我又走到往日常常走过的石桥下来了。
破乱低矮的草屋，
连头也伸不直的草屋。
到处散发着污水的腐烂的气息，
蛙声，蚊子的嗡嗡声。
白日为繁重的工作所折磨的人群，
永远为穷困，不幸所袭击的人群，
在高声的吵骂着，

或是尖锐的唱着淫秽的小调。
而那对面就是高声的洋房呀
住着的是:
不断制造着罪恶日夜都消磨在饮酒,享乐,
大三元,冠生园,
汇利,摩登俄国大餐厅的
呸:我们的绅士,商贾,名流
还有那些妖形的女人……

我忿怒的回过头
向前走去,

呀!看:
这是怎样一幅动人的画面
深黑的山腰亮几星灯火,
几个赤裸着肌肉凸出的上身的人
他们将铁锤高高的举起,
他们嘴里发出使人战栗的原始的嚎叫。
随着一声沉重的喘息,
铁锤重重的打在岩石上,
迸出万道火星。

啊,你辛勤的石工,
用你的血汗,你的手
开拓护障千万人生命的岩洞。
有一天,
在不及躲避的大石的飞落下,
在偶一不小心的失足中,
你就不能再打开涉猎世界万物的眼门……

重庆,

你炸不毁的山城,

你在抗战中繁荣与健壮起来的山城,

你"一面是庄严的工作,

一面是荒淫与无耻"的山城,

我们要用劳动者的血汗,

如电流灌通一样流入你的每一处神经,

使你霍然光亮。

我们要用如石工一样的手,

一凿一锤的敲打你,

敲通你通达自由与光明的路。

今夜,在临着江干的小楼上,

我听着江水触碰在岩石上所发出的哀鸣。

我想着有许多人,离开你的怀抱而远走了,

我向你投以悲哀的眼光,

我的脑海,如江潮一样的起着汹涌的波涛。

我为你,唱我的歌,

献出我拙劣的诗,

重庆!

一九四一、九月海棠溪

三十六、受难的山城[①]

曾卓

一对红球

在高高的杆挂起又落下时,

(无数的心随着沉落了下去)

重庆,在大太阳下安详地午睡。

喧嚣的阔街,沉寂了,

店铺的大门,关上了,

喧嚷的人群,不见了,

静静的重庆!

静静的重庆!

品字形的银光闪闪的飞机队,

带着隆隆的沉重的马达声,

穿过高射炮开出的云朵般的弹花,

在蓝天下飞到了你的上空,

成千的,成百的炸弹投掷下来了。

随着黑烟与红光的冒起,

传来使大地震抖的巨响,

一阵阵的,一阵阵的"隆隆"的响过去……

火,四方熊熊的燃烧着了,

火,舌烟张舞着,爬过一道墙又一道墙,

火,吱吱的唱着,又带着爆炸的声响,

火,愈烧愈大,愈宽的火,

沉重的,浓厚的灰黑色的烟柱,

[①] 曾卓:《受难的山城》,《文学月报(重庆)》,1941年第3卷第1期,第58—64页。

绞扭着冲上天,
接近了白云,而将白云也点染成灰黑色的了,
烟云低沉的悲惨的笼着整个的城市
太阳不能穿射过密密的烟云层
只是隐露着红红的比红火车红的圆脸。

而放下毒火的罪恶的机群,
却远远地飞去,飞去了。
红球又在高高的杆上挂起。
无数的人群,复杂的声音
刹那间同时充溢了市街,
充溢在愈烧愈炽的四方大火的市街。

人们,拥挤着,嘈嚷着,
向着火的地方跑去,
火光映着他们的
挂着汗珠的悲惨的脸;
火光照着他们的
含着激动的泪水的眼睛;
火光烤灼着他们的
忙乱的挥舞着的手;

火舌张舞着:

江中着火的木船
被解下了系住的绳索
顺着浩浩的江水流……

灰白的脸上流着血

或是衣上印着血块的人,
躺在被两人抬着的架床上,
呻吟着,呼痛着,
血流透过了帆布,
又流到了大街上。
一滴一滴的血,一行一行的血。

火舌张舞着……

一个孩子跄跄在人群的急流里
大声的哀叫着!
"妈你到哪里去了?
我在这里呀!妈!"
一位警察将这孩子领着去了
一个女人,长发零乱的散在肩上
鞋子失去一只了,
不顾怀里哭叫着的孩子
疯狂似的跑着又嚷着:
"那起火的是我的家!"
一个学生扶她在一块石上坐着
"你不幸的妇人
坐下来息会吧,
拍一拍怀中的孩子
你看你的家那边……"

那边——
戴着黄色铜帽的救火员,
爬立在近火的屋顶上。
水柱从他们掌着的龙头里急速的喷出,

戴着阔边草帽
穿着蓝布背心的工人，
用铁钩,用铁锤,用利斧,
敲击着墙拉推着墙,
墙,终于痛苦的轰然的倒下了,

火舌张舞着……

在火中失去家的人群
散落的坐在空场上
守护着抢救出的零乱的什物。
头发上,两肩上都披着灰白色的粉层,
没有一个人哭泣,只是
切齿的咒骂着
向着远远的天,
一个发白须的老人
沉毅的苦笑着接受旁人的慰问
他用手摸着秃头只是说:
"炸了再来过,再来过
不在乎,不在乎。"

火舌张舞着,
黑烟更浓更密也更高了。
受着灾难的城市,
受着灾难的人群,
然而没有一个人哭泣……

不知何时,
一长条白底黑字的横布

已而四方烈烈火焰的大街燃烧

"重庆是炸不毁的,

敌人愈残酷

我们抗战的意志愈坚强!"

八、廿一、晚、重庆

八、廿二重抄于南岸

三十七、轰炸篇①

吴铭

轰炸——跨过太平洋,亚细亚的海

黄帝子孙的扬子江,

舞蹈在这静穆城市的浮云中。

树在战栗,街在哭泣。

人们在忙乱——

(忍着苦恼,带着烦忧)

钻进阴沉幽暗的洞穴

没有温煦的阳光,

没有新鲜的气息。

炸弹与机枪,俯冲与瞄准

这是原始时代的野蛮,

这是二十世纪的文明?

这文明,毁灭了我们无数的生命

烧焦了我们无数的城乡

践踏了我们无数的田园!

摧残了我们无数的文化宝藏与新芽!

---

① 吴铭:《轰炸篇》,《广东妇女》,1940 年第 1 期第 2 卷,第 25 页。

但也激起每一个人心里无边的愤怒同最坚定的决心。

决心为——

延续民族的生命

挣扎光荣的呼吸,去流血汗。

这血汗要同前方的血汗合成一个巨大的洪流

新中国会在这洪流中健全地成长!!

抗战周年纪念于重庆

三十八、过轰炸中之渝城①

杨乎彬

蜀中盛地又重游,

警报频传客恼秋;

三面江流一面陆,

全城瓦砾半城洲,

摧残骚扰难逞计,

抗建韬谋一样筹,

营业依新民气壮,

徒教不共戴天仇。

三十九、轰炸②

徐建甫、舒群

飞机飞,

炸弹炸,

中国国民不害怕!

房炸坏,

屋炸塌,

---

①杨乎彬:《过轰炸中之渝城》,《原野(福清)》,1940年第2卷第3期,第16页。
②徐建甫等:《轰炸》,《田家半月报》,1941年第8卷第11期,第9页。

重新建设生气发!

炸弹声,

似洪钟,

一闻炸声永世苏醒!

知努力,

知团结,

誓把仇敌打消灭!

四十、轰炸后①

方敬

贼去城空。复苏了,

失了知觉的市街。

在主人眷顾的足下,

我心里也空,也愤慨。

满城心寻找着心,

遗失寻找着遗失,

人的错乱,物的错乱,

全失掉了固有的位置。

人向废墟要家屋,

眼光向瓦砾寻问,

人心走失在灰烬里,

电杆标着灾祸的里程。

去路,各处是我们的去路,

一片尘土,一片空凉的大地,

摇摇欲坠的楼房,

通往小巷昨日的记忆。

让打结的电线记着

---

①方敬:《轰炸后》,《诗垦地丛刊》,1941年第1期,第23页。

这时,时间的停顿,倒退:
让盏盏油灯真实地
描出这世纪的阴晦。
关着半破的窗,半坍的门,
从焦土里发掘创伤,
快把屋顶的窟窿堵上,
暂用残坏的木板围道短墙。
看看,指指,又点点,
让碎檐断柱记的这账,
你清算,我清算,家家
都清算直到天亮。

四十一、我徘徊在嘉陵江上①

李一痕

我徘徊在
嘉陵江上,
我的心啊,
为什么充满忧伤?

透明的蓝天,
飘来几朵乌云,
像沉重的石板,
压在我的心上。

我是出来写生的,
江景却无心画赏。
岩石上的杜鹃花啊,

---

① 魏荒弩,吴朗编:《遗忘的脚印》,花城出版社1985年版,第131—132页。

是谁的热血浇洒?

纤夫的号子,
声音里有饥饿、疲劳,
他拉着的岂止是一只古老的木船,
而是一个民族的生存或沦亡。

空袭警报,
像饿狼的嚎叫,
朝天门码头上又高悬,
血色的红球信号。

疲劳的轰炸,
标志着太阳旗的炸弹,
目标是中国人的胸膛,
仇恨的火在人民心里燃烧……

疯狂的警备车,
叫人见了就心跳。
是谁天天下达黑手令?
有罪的镣铐
戴在无罪者的手上……

我徘徊在
嘉陵江上,
我懂得我心里,
为什么充满着忧伤。

1944 年于重庆沙坪坝

四十二、在五月的首都

[日] 绿川英子

您,可爱的大陆首都,重庆哟!

银翼飞来了,恶魔出现在天空,

轰!轰!轰!

我的脚下,大地在流血,

您的头上,天空在燃烧。

人们这就……

啊,您摇动着头,

关于这个世界的悲剧,

我怎么说,您才会高兴,

您失去了几千人,

留下了那么多可怜的孤儿、寡妇,

您哭泣,因为您折断了手,因为您烧伤了……

您正处在痛苦中,

您满身流血——可是您不怕。

四十三、重庆——风云际会的焦点(节选)①

[美] 白修德、贾安娜

　　重庆第一次遭大轰炸之夜,四川恰巧遇到月蚀。据中国的民间传说,月蚀是由于天狗吞月。只有敲打铜锣,才能把天狗吓走,使它不致把月吞掉。五月三日空袭至五月四日空袭之间的夜里,救月的铜锣通宵在敲打,锣声响彻城中,和火爆声及许多受难者的哀痛之声混成一片。

　　使重庆成为伟大,而把各种各样参差不齐的男女融合成为一个社会的是大轰炸。重庆是一个不设防城市。它的高射炮几乎是

---

①[美]白修德、贾安娜:《重庆——风云际会的焦点》,《中国抗日战争时期大后方文学书系》第十编,重庆出版社1989年版,第2562—263页。

无用的,在日本开始对该城大轰炸的时候,炮筒的来复线因为用得久,磨光了。该城没有雷达,也没有任何值得称为空军的东西。该城的居民拥挤得可怕。房屋是引火的,救火器具和水源少得等于没有。该城对付日本飞机的只有三件东西:城内崖石之间的大山洞,中国人的聪明很快地掌握住的近乎拼命的防空制度,以及人民的不屈不挠的意志。

轰炸是在一九三九年五月开始的。在一九三八年汉口陷落之后,日本人等了几个月。他们向蒋介石提出了议和的奴隶条件,蒋拒绝了。所有的大城市都在侵略者手中,七零八落的中国军队,无助地散布在蒙古至广东一线的山岭上。日本人觉得,中国的抵抗力已经破碎了,剩下的事,只是以火焰来惩罚依然顽强的中国政府使它认识到失败。这个任务,日本人交给空军来做。当冬天的雾于四月底在重庆周围退清的时候,日本飞机来了。新的时期以两次空袭开始,第一次空袭刚过去,第二次接着就来。第一次空袭发生在一九三九年五月三日,破坏很少,炸弹多半落在长江的水里。下一天的第二次空袭才是一个大灾难。轰炸机从北面的暮霭之中飞出去,泰然自若地排着整齐的队伍,翅膀接着翅膀,穿过旧城的市中心区。没有效力的高射炮弹在殷红的天上找寻弹道,爆成粉红色,但永远打不到,永远打在轰炸机队的后面。

炸弹所能引起的一切恐怖袭击了重庆。看得见的东西,如尸首,血淋淋的人,以及数十万挤不进防空洞的人们,引起了恐怖。看不见的东西——迷信观念,引起了更大的恐怖,对于隆隆而来的新式飞机所发生的迷信观念,是无法解释,而且无药可医的。日本燃烧弹引起了十几处小火头,在一两个钟头之内,延展成许多火堆,永远吞灭了那些古老的街巷。在后街,小巷以及转弯抹角的弄堂里,数千男女被火烤死,没有办法抢救。许多风格特殊的古庙,被火海一映,夜里尤其显得别致。大火的一切混杂声音,由于古城的没落,更来得强烈——木头在折裂,嘶叫,人在呼喊,木板和竹子搭成的陋屋在猛火之中熔化的时候,竹节断断续续地发生爆裂之声。

潮水一样的人,从那条由旧城通到郊外的主要街道上涌出去。恐怖的传布,是由于一种群众的无言的现象——由于半明半暗中紧张的脸,由于身体的挤轧,由于婴孩的啼哭,由于妇人的悲泣,由于男人们坐在土堆和石块上摇摇摆摆,而一声不响。飞机是走了,人们在一个现代世界的玩意儿之前逃出来了,这是他们所能了解得最为可怕的东西。他们在惊慌的一霎那间,带着奇奇怪怪的东西:有的人带着活的鸡;有的人带着家用物品,褥子,茶壶,或亲戚的尸体。这一大队人很快地走入田野的黑暗中,杂乱的脚步在尘土之中翻滚,连绵不断。有时轿子,黄包车,军用卡车或漂亮的小轿子挤入人群,人们就让它们过来,让完路,人的行列又合拢来,拖着疲惫的步子急速向前走。

四十四、月光与炸弹①

[美]斯诺

实际上,重庆并不象我们意想中那样恐慌。许多人度过了所有的空袭,甚至没有过一次千钧一发的逃避。从全体居民说来,民气正在一天一天进步着。日本已经作好了几十次的空袭投下了好几万磅有高度爆炸力的炸弹和燃烧弹,但它不能毁灭这个首都的精神;那已经是很明白的事情了。日本第一次空袭重庆,是在一九三九年五月,刚在冬天云雾散消,暴露了这个城市的隐藏处以后,当一般人的希望最为微弱的时候。重庆没有防空的武力,只有少数几架高射炮。由国际情势看来,光景也很惨淡。美国没有停止供给日本军需品的征兆。张伯伦似乎准备由克雷吉爵士在东京发动远东慕尼黑会议。重庆政府还在动摇不定。许多人正在经受着生平最大的苦闷。和平传说在垂头丧气的氛围中荡漾,某些官员

---

①[美]埃德加·斯诺:《月光与炸弹》,《斯诺文集》第三卷,新华出版社1984年版,第125—128页。

据说跟汪精卫有私人的谅解。

在接连三天中,日机把重庆进行了最残暴的轰炸,任何城市都还没有经受过的轰炸。它们是四川最初的猛烈空袭。象一切从没有看见过炸弹的作为的人一样,数千市民忽然视当面的危险,随便站在露天下观望。好几百人被炸死在街道上,或被陷在火墙后面,因为在二天内烧毁了十二分之一的市区。大多数炸弹都在众人拥挤的商业区爆炸,商人们和工人们都挤集在商店里和其他房屋里,它们象熟透了的甜瓜一样坍落下来。差不多有五十万左右的民众逃走了,商业停顿了,市政给破坏了,政府各部院准备更往西迁。这时候,日机突然停止访问了。为什么?它们显然相信自己已经"扫荡了重庆——正如占领南京以后,他们就以为"消灭了中国军队一样。

……

但在这日机莫明其妙地给重庆以喘息时期中,市政府重新组织起来了,几百个避弹所和防空壕从岩石上修筑成了,强有力的救护队和清除队组织起来了,避火道贯穿了最拥挤的市区,政府办公处和司令部迁移到四郊去,分散在广大的地区上。当我从华北长期旅行回来时,重庆也许成了全世界最安全的战时足以抵御最重炸弹的避弹所。可惜一开始没有这样做,那当然是很可悲叹的事——但中国人大都在过桥时才开始搭桥的。中国也象英国一样,有时在灾祸未来以前也有所谓应付计划,但难得实行这项计划。现在,日本可以炸毁这古老的城区范围内所有的建筑物,但依旧无法毁灭作为中国政治中心的重庆。

然而轰炸使我第一次明白如下的:日机的空袭不是完全不能理解的事,而在某些条件下,毁灭首都的民气和设施,是可以用这种手段来完成的。然而这些条件都是很特别的。第一,市民对于本市的防卫工作和预防设施的反应必须很弱,以致他们脑子里出现了一种信念,认为本城已注定了灭亡命运,无法挽救。第二,有高度爆炸力的炸弹必须配合着燃烧弹,投落在最广大的地区上,使恐怖变为绝望,绝望变为惊慌,惊慌变为民气败坏,抱头鼠窜。第三,侵掠的飞机必须实行长期的不断轰炸,以保持此种心理上的压迫,使市民陷入肉体败坏的状态,使全市的经常生活趋于毁灭。市民的睡眠、饮食和安逸必须不断加以剥夺;交通、工业和市政必须使其麻痹。

恐怖的持续是战胜民气可怕的因素,为要达到这个目标,无须庞大的空军。每次只要少数几架飞机飞那么一两个钟头就够了,如果有几次用大队飞机轰炸一天一晚。这样不停地干两个星期,便足以粉碎一个防备不周的城市中心,使它不能再起一个和战争因素的作用。如果这个城市靠近陆地前线,可能用伞兵和第五纵队先行攻陷,再用突击队加以占领,则上述轰炸行动才有其"公平"的代价。如果他们的任务在那样情形下被"完成"了,则以歼灭市民为目的的空袭才算得"成功"。

这样占领城市的可能性既不存在于重庆的场合,也不存在于其他大多数被日机轰炸的场合。直到一九四零年八月,日机在中国已经作了一万一千多次零星的空袭,其中六千多次是发生在远离前线的民众住所和始终没有军事目标的地区。这些空袭所毁灭的生命财产,还不及它们所创造的新生的斗志之半。因为那些空袭没有完成上述的任务,它们反而激起反侵略的浪潮。它们不过更加提高了人民大众的抗战精神,同样提高了他们的物质力量,使人们加强自己的团结,准备支持必要的措置,以实行更大的持久战斗。

被对于中心市民区的广泛滥炸所杀死的人数还比较少,三年来日机炸死的民众不到二十万人。但一切被城市里的几百万劫后余生却因此激起了深深的狂怒和厌恶,他们对于侵略者有一种特别切身的憎恨,你如果没有钻过地洞,没有伏在田野上躲过直插下来的轰炸机,没有看见过母亲找寻她儿子的尸体的破碎头颅的光荣,没有闻过被烧死的学童的气味,你决不能完全了解这种憎恨。这恐怕是对于中国的统一的最大贡献。

但最重要的,还是轰炸在中国人的脑子里唤醒一种重建中国的决心,比敌人能够毁灭的还要快。现在让我们看看他们抱着什么希望、工具,干着这个不平常的尝试。

四十五、战时的首都——重庆(节选)①

[德]王安娜

五十万重庆市民约有五分之四,在五月空袭后离开了重庆。市内既没有自来水,也没有电,一切交通均告停顿。政府利用第一次空袭后的空隙,成功地建成了防空设施。仅在数月之间,重庆便改变了面貌,甚至可以说它成了战争期间全世界最安全的首都。由于四川省的石工努力开凿,在岩山里修建了巨大的坑道。每个坑道都可容几百人。

只有黑色火药才能炸坏岩山。从早到晚,爆炸的声音接连不断,震得大地都摇撼了。第一个"炸弹的季节"即将结束时,即一九三九年十月,建成的防空洞已能容纳全市居民,但政府仍然号召没有必要留在市内的居民疏散到周围的村落去。尽管如此,大多数市民还是陆续重返市内。因为在大城市毕竟比较容易谋生。

就这样,日军的恐怖轰炸毫无所得。政府的办公厅、办多处、剧场,没有一处迁出重庆。

相反,这种轰炸加强了市民共患难的互助精神。由于轰炸,日本起了使中国坚如磐石、团结一致的作用,它比千万次政治议论更有效地防止了抗日统一战线内部些微的隙缝所能导致的无可挽回的分裂。

---

① [德]王安娜:《中国——我的第二故乡》,李良健、李希贤校译,生活·读书·新知三联书店1980年版,第310—311页。

后 记

  日军对中国战时首都重庆的轰炸，是侵华日军无差别轰炸最集中、最典型的代表，是第二次世界大战时期一个吸引国际社会多方关注的焦点事件。它不仅创造了对中国城市无差别轰炸的新纪录，也开启了第二次世界大战中大规模持续战略轰炸的恶例，是世界战略轰炸发展进程中的重要一环，对人类和平事业造成了巨大的灾难。面对日军的残暴轰炸，重庆人民进行了英勇的反轰炸斗争。重庆大轰炸历史文化资源，既是日本发动侵略战争、制造非人道暴行的铁证，也是中国人民不屈不挠反抗侵略精神的体现，内涵丰富，价值重大。保护和利用好这些资源，不仅有助于还历史一个真实，给世人一个交待，也有助于留后人一笔财富。

  重庆大轰炸历史文化资源的保护利用倍受社会各界的关注，提出了包括建立重庆大轰炸博物馆、重庆大轰炸纪念馆、重庆大轰炸死难同胞纪念碑、重庆大轰炸殉难者纪念性标志、重庆大轰炸群雕、重庆大轰炸主题和平公园等众多建议方案，由于多方面的原因，相关建议和意见并未得到采纳和实施。迄今为止，重庆大轰炸历史资源的保护利用并不令人满意，在重庆市委、市政府审议通过的《重庆抗战遗址保护利用总体规划》中，仅仅只将"六五"隧道惨案遗址、重庆市消防人员殉职纪念碑、抗战民用防空洞、北碚报警台和大轰炸死难同胞墓地整合为重庆大轰炸遗址群，列入重庆市61个重点抗战遗址之一，但抗战民用防空洞、北碚报警台和大轰炸死难同胞墓地等遗址并未得到有效保护利用。总体而言，人们对重庆大轰炸历史文化资源的认识还存在偏差，遗址遗迹保护利用缺乏统筹规划，缺乏有影响力和显示度的遗址遗迹，重庆还没有一处大轰炸遗址成为国家重点文物保护单位，这不仅是重庆的遗憾，也说明重庆过去在此方面保护利用工作的不足或缺失。

本书立足于重庆大轰炸历史文化资源保护利用的现状、立足于对重庆大轰炸历史文化资源内涵和价值的深刻认识、立足于服务共建人类命运共同体、人类和平事业和国家外交战略，提出了重庆大轰炸历史文化资源保护利用的目标、思路和举措。希望本书的出版有助于推动重庆大轰炸历史文化资源的保护利用工作，有助于将重庆大轰炸历史文化资源打造成国家重点文物保护单位，有助于实现建成警示性世界文化遗产、爱国主义教育基地和国际和平交流基地的发展愿景，进而提升重庆的文化软实力，扩大重庆城市的国际、国内影响力。

本书是在重庆市社会科学规划抗战文化重大委托项目"重庆大轰炸文化资源的保护与纪念园建设研究"（2014-ZDZX23）结项成果的基础上充实完善而成的。同时也是国家社科基金重大招标项目"侵华日军无差别轰炸的史料整理与研究"（14ZDB048）和国家社科基金抗日战争研究专项项目"中国抗战大后方历史文献资料整理与研究"（19KZD005）的重要阶段性成果。在研究和修改完善过程中，还得到西南大学中央高校基本科研业务费专项创新团队项目的资助。

本书的完成得到了相关单位和专家学者的关心、支持和指导，中共重庆市委宣传部、中共重庆市委党史研究室、重庆市文物局、重庆中国三峡博物馆、重庆市档案馆、重庆市图书馆、西南大学历史文化学院、中国抗战大后方研究中心等给予了项目研究多方支持。周勇、王川平、杨清明、曾维伦、幸军、黄晓东、徐光煦、张荣祥、阳奎兴、唐润明、唐旺虎、周大庆、熊子华、赵国壮、艾智科、唐伯友等，或关心鼓励，或支持帮助，使我得益良多。同时，也要感谢在研期间我的研究生和博士后郭亮、吴光会、郭兰、汤斯惟、姚春海、高佳、程亚运、蒋娜、向倩、李佳、周狄、侯智林、张天力、谢若兰、阎李熠、林坤等，他们或帮助查找资料，或整理遇难同胞名单，或校对部分文稿，使本书能够在我繁忙的工作之余得以顺利完成。

在本书的写作过程中，作者参阅和借鉴了众多学者的研究成果和一些未公开出版的文献，尤其是文物部门组织的文物调查方面的文献，对公开发行的文献，在书稿注释中多有反映，但对一些未刊资料，限于多方面原因，没有一一列出，在此深表歉意。该书的出版得到了重庆出版社的大力支持，在此一并表示衷心的感谢。由于时间匆忙、学识水平有限,问题纰漏在所难免,敬请专家学者和广大读者不吝赐教。